原色京都

古典与摩登的交响

徐静波 著

上海交通大学出版社
SHANGHAI JIAO TONG UNIVERSITY PRESS

内容提要

本书是一本讲述京都真实像的轻学术文化类读物。内容包含京都都城格局的奠定与演变、佛教对京都文化的影响、京都的神社、京都的建筑与庭园、"京料理"、京都茶道、京都的学术与教育氛围、京都器具等。作者以翔实的文献为基础，同时以自己长期在京都的生活阅历为基底，力图以生动而不滞涩的笔调写出作者自己所理解的京都，尽可能为中国读者展现出一个真实的京都像。

图书在版编目（CIP）数据

原色京都：古典与摩登的交响/徐静波著．—上海：上海交通大学出版社，2021（2022重印）

ISBN 978-7-313-23888-7

Ⅰ．①原… Ⅱ．①徐… Ⅲ．①地方文化—京都 Ⅳ．①G131.32

中国版本图书馆CIP数据核字（2020）第197512号

原色京都：古典与摩登的交响

YUANSE JINGDU: GUDIAN YU MODENG DE JIAOXIANG

著　　者：徐静波

出版发行：上海交通大学出版社　　地　　址：上海市番禺路951号

邮政编码：200030　　电　　话：021-64071208

印　　制：苏州市越洋印刷有限公司　　经　　销：全国新华书店

开　　本：880mm×1230mm　1/32　　印　　张：15.25

字　　数：326千字

版　　次：2021年1月第1版　　印　　次：2022年7月第2次印刷

书　　号：ISBN 978-7-313-23888-7

定　　价：98.00元

目录 Contents

上篇

实像与虚像的交错

我的第一次京都体验是在1991年的12月上旬，这也是我第一次去日本。那一年受日本国际协力机构（JICA）的邀请和全程资助，我随教育部（那时称为国家教委）的一个青年教师代表团去日本访问，自东京一直至广岛，历时20余日。12月上旬自广岛折返东京，中途在京都逗留了3天，同时还去了奈良。日本方面的安排，或许是想让我们这些中国的中生代能够在短期内体验到日本的现代成就和传统文化。可那个时代的绝大多数中国人刚刚转入向现代迈进的轨道，整个中国相对还处于比较落后的状态（全国最前端的大都市上海，1991年时没有一家超市，没有一家便利店，也没有一条地铁线，那一年，刚刚开通了上海市区至郊县嘉定的中国第一条高速公路），比起那些蒙尘的传统和暗旧的往昔来，人们还是对宽阔畅达的高速公路、舒适迅捷的新干线、光鲜亮丽的都市街景和琳琅满目的商品，内心怀有更多的憧憬。第一次的京都体验，主人安排我们去看了金阁寺、清水寺等至今依然响亮的名胜地，还去看了友禅美术馆、西阵织会馆等传统工艺品的展示场。不巧那几天正值寒流袭来，户外北风呼啸，天空阴沉晦暗，对那些昔日的寺院，大家只是缩着脖子随着队列匆匆走过，日本人热心介绍的传统染织品，也只是粗粗浏览一过而已。主人安排我们品尝京料理，可那时大部分人都不敢尝试生食的刺身。那时，摩登敞亮的京都新车站还没有建造，冬日的京都给我的印象，就是暗暗的、旧旧的，甚至还有点萧索和荒寂的感觉，远远不及东京霓虹闪烁的魅力。

后来又去过几次京都。1993年3月，在早稻田大学做一年研究，临近回国时陪同妻子去关西旅行，下榻在大阪的酒店。之前虽有一次京都之旅，却完全是跟着团队的走马观花，连方位都有些模糊，于是这次就购买了每人6 500日元的京都一日游，跟随观光车和导游小姐，蜻蜓点水似的走了三十三间堂—岚山—金阁寺—银阁寺—平安神宫—清水寺等金牌景点的行程。那天天气还不坏，多少有点春风骀荡的感觉，可是樱花基本上还没有绽开，岚山一带大堰川的清澈水流和对岸逶迤绵延的山峦，还有渡月桥南岸猴山上的野生猕猴，都让我们觉得很开心。1997年10月下旬，与复旦的两位年长的同事一同去访问京都外国语大学，中文科主任（一位教授）开车又带我们去看了金阁寺，然后向西转入岚山一带。季节正是秋日，枫叶有一点点转红，午后的阳光有点灿烂，由廖承志题写的周恩来总理的诗碑，让我们印象深刻。那时，我已对日本文化产生了些许兴趣，阅读了一些书籍，有了一点肤浅的知识，对京都的感觉，也慢慢立体起来了。

2005年1月，我与两位同事一起去日本做学术调研。一日下午，从大阪坐了阪急电车，抵达车站后，原先相识的卓南生教授夫妇开车来接我们。卓南生教授是新加坡人，早稻田大学毕业后曾在东京大学任教，同行的李双龙兄曾是他的门下，那时卓教授早已转入京都的龙谷大学任教。卓教授夫妇先是请我们在“醉心”（这家店我以后还会写到）品尝了京都料理，然后又开车去了河原町附近的一家咖啡馆MUSE，饮咖啡，听音乐。出门不远处，就是窄窄的高濑川，前后都可看到架在河上的小桥，灯光摇曳下，浅浅的河水多少孕生出些诗情画意。走到大街上，就可见到四条通（“通”在日语中是街或路的意思，我查了一下《辞源》，古汉语中“通”一般用作动词或形容词，虽有“九省通衢”这样的说法，但表示街或路的意思几乎没有，这大概是日本人自己的发明吧），沿街的白炽灯照得四周一片通明，街上车水马龙，大部分商店还亮着灯光，间或也有霓虹闪耀。卓教授告诉我们，这里是京都最繁华的街区了。京都的形象在我头脑里渐渐亮了起来。当然，不仅仅是因为街灯和霓虹的光亮。

这一年的初秋，我又一次游览了京都。其时我正在山口大学做三个月的“外国人教授”，这期间有一个国内的小团来关西访问，希望我陪他们到京都去转转。某日我坐了新干线来到大阪，翌日陪他们去了京都，雇了两辆出租车，又是照例走访了那些最著名的景点，凭我一点有限的知识，做了一天的临时导游，自己却毫无快感。

我对京都真正产生感觉，萌发想要了解这座城市并通过这一古都进而去深入了解日本的历史和文化的欲念，是在2010年。那一年春天我应邀去神户大学任教一年，住在六甲山的半山腰，上下山虽然有些不便，毕竟在所谓的“京阪神”都市圈，坐电车（市内或都市间的轨道交通）去京都，单程大约在一个半小时。那时我有一个学生在京都大学大学院教育学研究科读研究生，经她推荐，参加了她导师主导的一个有关东亚传统文化的项目，讨论、发表、实地考察，还有一个由中日韩三国学者共同参加的小型研讨会，因而经常往来。我所尊敬的京都大学山室信一教授此前刚刚因杰出的学术成就而获得了日本政府授予的“紫绶褒章”，我也常去那里向他请益，顺便通过他在京都大学借些书籍文献。恰好也有一位熟稔的复旦同事在那里跟随山室教授做研究，因而也时常结伴漫游。在神户大学的一年，我大概去了京都二十几次，很多场合是一人独行，徜徉在市内的大街小巷，或在各家寺院神社间闲走，也凑热闹观赏了“葵祭”等展示传统文化的游行。京都仲春的新绿、夏季的浓荫、深秋的红叶和冬日的冷寂，都试图在慢慢品味。我深深觉得，要细细地辨识一个都市的原色，避免蜻蜓点水的浮光掠影，必须是一个人踽踽独行。这一年的晚秋，我得以去了皇家的三处离宫：修学院离宫、桂离宫和仙洞御所，这三者都必须提前预约（据说有大半的日本人迄今无缘进入），也进入了一年开放一次的昔日皇宫“御所”。偶尔得暇，我也喜欢一个人去逛京都的新旧书店，不觉间半天流逝，而屡有收获。这一年，我算是有点沉浸在京都里面了。其实，我仍是一个旅行者。

2015年，我获得一个机会，去京都大学人文科学研究所做半年的研究，终于在京都有了一段时期的居住体验。在左京区区政府，有我作为一个居民的登录，而且，我还是一个纳税人，也算是半个京都市民了。我试图更加深入地沉下去，同时也力图保持我一个外来者的观察眼。我在体验、观察和理解京都这座城市，也试图通过五感获得的表象，来把握由京都所透现出来的日本文化的脉络和肌理。京都作为延续了一千多年的日本政治、经济和文化中心，它的内蕴太过深厚，它的色相太过丰富，以一个外国人的短暂体验和肤浅知识，要揭示它的全貌，本来就是一个妄想。我知道自己的肤浅，也知道自己兴趣的偏颇，但这没有关系，我只需写出我视角中的京都、留存我自己的观察和思考，就好了。

平安京的湮灭

平安京之前

1894年，已经设立市制的京都大兴土木，建造平安神宫，以纪念平安京建都1 100周年。京都历史上称为平安京，历史上经常说到的平安时代，就源于平安京，京都的名称是后来出现的。在述及日本的都城或京城之前，先来粗略地说一下日本的文明史。而说到日本的文明史时，必定会提及隔海相望的中国。

撇去夏朝不说，中国有明确文献记载和考古确证的王城，至少从殷商就开始了，西周已经形成了比较成熟的都邑，建立了规模宏大的都城和宫殿，到了春秋时，各国王权的所在地，都有比较像样的城郭。秦统一六国后，平定天下，以咸阳为都。不久秦亡，汉在咸阳附近另建都城长安，主要是以王宫（主要有长乐宫和未央宫）为中心，且大部分宫殿沿袭秦制，多为坐西朝东，以东墙的城门为正门。光武帝刘秀重振汉室，迁都洛阳，后改坐西朝东为坐北朝南，城内设有北宫和南宫两座宫城。以后坐北朝南的王城格局就确定下来了。隋王朝建立后，于582年在今天的西安地区建大兴城，统一南北以后，605年建东都（即洛阳）。618年唐兴起后，改大兴为长安，又重建东都洛阳，与长安并称“京、都”或“两京”，都是规模宏大的条坊制的都城。

日本大约在公元前三四百年前，从中国并经朝鲜半岛传入了稻作和金属文明，从此进入农耕时代，随后陆续形成大小部落国家，并在此基础上于6世纪前后形成了以“大和”为主体的王权国家。但这个时代，中国正处于南北朝的分裂时期，日本列岛与大陆的交往也就时断时续。“倭五王”以后，准确地说，公元502年起，日本列岛与中国大陆之间的官方交往中断了一百余年。这一时期，大陆文明多经由朝鲜半岛传入日本列岛。

相对于中国大陆，日本列岛上的文明进程是比较滞后的。大和朝廷建立以后，一开始并没有像样和确定的王城或都城，天皇（最初的称谓只是“王”，到了7世纪中叶以后，才产生了“天皇”）的居所，就称为某某宫，比如现在位于奈良县的飞鸟净御原宫等。说是宫，其实当时的建筑还比较粗陋，规模也不大，甚至是茅草屋顶。7世纪以后，日本多次向中国派遣了遣隋使和遣唐使，见识到了中国都城长安的宏伟整齐，于645年在交通便利之地的难波（现在大阪市东淀区和北区交界的地方）建造了难波宫（也称为难波京）。难波宫或难波京的具体形制目前已不可考。目前有确切考古实绩证实的日本第一座京城，是藤原京。7世纪末的694年，在距离现在奈良不远的地方，确切地说，是在今天奈良县橿原市高田一带，模仿唐代的长安，营造了日本历史上第一座真正称得上京城的藤原京。根据后来考古研究，藤原京已有相当的规模，东西4.8千米，南北5.2千米，正中间是天皇居住的藤原宫，宫内有太极殿。这是一座完全模仿长安条坊制格局营建的都城，从现在根据史料复原合成的图像来看，也是相当气派。当然，今天除了挖掘出来的一部分地基之外，整个藤原京已经荡然无存了。我曾专门去那里凭吊，只是一片留存了少量残迹的空阔的荒原而已。也不知是为了什么，造了才十几年，朝廷就决定废弃不用，于710年重新又建造了一座平城京，也就是今天的奈良。

根据历史学家绘制的平面图，可以说平城京是一个缩小版的长安城，东西4.3千米，南北4.8千米。顺便说及，根据中国社会科学院考古研究所的实际测量，唐代长安城的外郭东西9 721米，南北8 652米（据傅熹年主编《中国古代建筑史》第二卷第316页）。2010年，平城京建城1 300周年，王城的遗迹也早就得到了确认，奈良时代的东大寺、兴福寺、唐招提寺的相当部分至今依然留存。日本虽然已经历了差不多20年的泡沫经济

复建的平城京太极殿

崩溃后的景气低迷，资金上颇有些捉襟见肘，但还是多方筹资，在奈良市中间偏西的地方，复建了当年平城京王城内最主要的建筑——太极殿和南端的朱雀门，以此来隆重纪念平城京建城1 300周年。那一年我正好在神户大学任教，在一个风和日丽的五月天，专程去了那里。太极殿，宽44米，高27米，进深20米，有直径70厘米的朱色廊柱44根，周边一片空旷，在蓝天的映衬下，显得巍峨壮丽。不要说对于当时的日本人，即便以今天的视野来说，也足够气派宏伟。

整座平城京的正北端，是称为平安宫的皇宫，其中最重要的建筑，就是近年复建的太极殿，这里是天皇即位、会见外国使节的最重要的场所，应该也是当年平城京内最壮丽宏伟的建筑了。太极殿的正中向南，是一条宽广的大道，称为朱雀大道，大道的最南端便是皇城的正门朱雀门，重檐歇山墙式样，正面有六根朱红色廊柱，端庄气派。这条大道和朱雀门，如今也已经修复了。整个城市，有九条东西向的大路，从北到南，分别称为一条到九条。有意思的是，平城京在接近四方形的城市东北端，还建造了一座外城，东西1.6千米，南北2.1千米，与方整的内城连成一体。如今已被列为世界文化遗产的东大寺和兴福寺，就在外城的东边，而赫赫有名的西大寺（现已不存）自然是在内城的西北边，而我们中国人比较熟悉的、由鉴真和尚及其弟子营造的唐招提寺，则在西大寺的南边。经过了1 300年的岁月沧桑，平城京的旧貌也已大大改变，当年的整个旧城格局，一下子还很难捕捉。今天我们如果去奈良观光，会感到整个城市有些散漫，除了奈良市政府和奈良县政府前的那条东西

复建的平城京朱雀门

向大道外，整个城市都找不出一条像样的大街。除了在西大寺车站附近还有些许繁华的景象，整个城市更像一个巨大的有些散漫的公园，当年整齐的王城格局，已经被一千多年的岁月分割得支离破碎了。

为什么是平安京?

可是，好好的一个平城京，朝廷却想要迁都了。迁都的决定是桓武天皇（737—806）做出的。桓武天皇在日本的历史上算是一个比较有作为、也是很要折腾的天皇。他虽然是父亲的第一个皇子，却没有被列为太子，主要的原因是，他不是正室所出。他的母亲只是一位妃子，且从血统上来说，不是一个纯粹的日本人。他母亲的祖上，是所谓的渡来人（以前称归化人），当时的史书上称为“东汉值”，一般认为是应仁天皇时期来自海外的阿知使主的子孙。应仁天皇这个人来历有点不明，是后来在《日本书纪》（720年成书）上记载的天皇，却没有生卒年和在位年代的记录，而没有生卒年的天皇，虚构的成分很大。有历史学家推测他大概是中国史书上记载的“倭五王”中的某一个，就年代来说，应该是在418—473年间，也就是中国南北朝时的东晋和宋的时候。根据日本学界比较可靠的研究，日本最早具有天皇称谓的统治者是天武天皇，即位于673年，也就是说，在这之前朝廷最高领袖的称谓是“王”，而不是“皇”。有点扯远了，话题还是回到桓武天皇母系的祖上阿知使主。如果是“倭五王”的时代来到日本的，那就应该是6世纪中期前后，据《日本书纪》的记载，他们最早是生活在“吴”这个地方的掌握编织技术的缝衣技工，而“吴”正是东晋和南朝时宋王朝统治的领域。后由应仁天皇（这里暂时还使用这个词语）派遣使者把他们请到列岛上来，日后为日本织布技术的发展做出了重大贡献。从血统上来说，桓武天皇的母亲正是阿布使主这一脉的后代。也许由于上述的原因，他在皇室中一直不被视为正统。后来由于各种原因，原本的皇太子被废，45岁的他才获得了登上帝位的机会。为了与不大走运的前半生做一个切割，他决定另外建立一个都城。还有一个动机是，他父亲及祖上的一脉，是与天武天皇相对立的在野的一派，这一派失势已久，平城京是天武天皇这一脉建立起来的都城。而促使他离弃平城京的另一个原因是，由前几代天皇在平城京里扶植起来的佛教势力，一般被称为“南都六宗”的三论宗、成实宗、俱舍宗、法相宗、华严宗、律宗等，都跟桓武天皇这一派缘分很浅，他们势力的壮大，至少构成了一个不大友好的群体力量。桓武天皇有意摆脱这些日益强盛的佛教势力。诸种因素的叠加，使得他做出了迁都的决定。

新首都选在了哪里呢？是位于今天京都西南面的长冈。784年，他任命心腹藤原种继为造宫使，全力推进新都城的建造。6月[1]工程全面启动，翌年正月，天皇在新落成的太极殿内接受群臣的朝贺，新都的建成，指日可望。就在这时候的9月，主导建设的藤原遭人暗杀。桓武天皇怀疑他的弟弟、已被立为太子的早良亲王参与了此事，于是就把他关了起来。早良亲王鸣冤叫屈，拒绝认罪，但仍被流放到了淡路岛。为表示抗议，他在流放途中绝食自尽。此后不久，长冈京一带多次遭到洪水侵害，疫病流行，桓武天皇的母亲和妻子也先后因病亡故，连后来新立的皇太子也染病不起。于是宫廷内和民间就流言四起，说这是早良亲王的怨灵在作祟，长冈京已成了一个冤魂游荡之地。桓武天皇也害怕了起来。为了抚慰亡灵，他一面追封早良亲王为崇道天皇，将他的坟墓从淡路岛移葬到了大和（今属奈良），另外决定再度迁都，离开这一是非之地，于是就有了平安京，也就是后来称为京都的城市的诞生。

平安京的所在地，之前的名称是“山背国”，后来改成“山

---

1 在年份的标注上，本书一般仅以公元年份表示，有些场合也会注明日本的年号。日本自1872年开始在沿用年号纪年外，同时采用西历的公元纪年，月日与西历相同，在此之前为旧历纪年，因此本书在1872年前的月日表示为旧历。

城国”，在日语中的读音是一样的，早年在此地开发和营生的，主要是一个被称为“太秦”的外来移民集团。太秦一族，据说最早与徐福东渡时的大陆移民有关，现在具体的考证和研究还在进行中。793年1月，桓武天皇任命藤原小黑麻吕为第一任造宫长官。那个时候，中国的阴阳风水说已经传入日本，在都城的选址和宫殿等的建造上，要考虑地形地势和“地相”。这一年的12月，他带领一拨人马来到山背国葛野郡考察。在地点的选择上完全信奉了中国道家“四神相应”的风水理念，即东青龙、西白虎、南朱雀、北玄武。青龙是水，京都东面有一条鸭川；白虎是大道，这里有一条山阳（阴）道；朱雀是洼地，以前京都的南面有一个面积很大的巨椋池；玄武是丘陵，京都北面有一座船冈山。因此，整个京都的地势是北高南低，背面仰靠逶迤的山峦，南边则是有些低洼的平川。考察结果认定这是一块适合做迁都候选地的“吉地”。

当时京都盆地的北部，已经有太秦一族的先民在这里开辟了耕地和农庄，还有不少自北向南流淌的大小河流。在建城之前，要迁移不少原先的住民，为他们指定一些可开垦的新土地，免除所有的捐税。安排好了这一切之后，藤原等便着手开始新都城的建造。以当时的筑城技术来看，建造的速度还是相当快的。翌年的794年10月23日，天皇的车辇就浩浩荡荡驶入新城，当然新城的建造还远远没有完成，然而桓武天皇在11月8日就迫不及待地发布诏书，改原地名山背国为山城国，此地山河襟带，宜于作城，新都号“平安京”。这就是平安京筑城最初的缘起。

“大内里[1]”与“内里”：平安京的宫城与皇居

就规模而言，平安京比现称奈良的平城京要大一些，南北长5 200米，东西宽4 500米，其总面积大概是长安城的四分之一多一些。平安京也依然是模仿长安城的格局，采用条坊制，从空中俯视的话，整座城市就像一个巨大的围棋棋盘，大致与唐代的长安城相似，但长安城是东西宽（外郭东西9 721米）大于南北长（8 652米），接近正方形，而平安京则是南北大于东西的长方形。皇室居住的宫城和官府所在的皇城都在城市的正中最北端，但平安京与长安城一个较大的不同点是，长安城的内城明确地分为宫城和皇城两部分，宫城的主体是太极宫，砌有宫墙，中间有承天门可供进出，而平安京则将两者合二为一，统称“平安宫”。皇室所在的宫城称为“大内里”，居最北端，坐北朝南，是至尊之地。南边中央设有朱雀门。现在奈良复建的平城京太极殿和朱雀门，应该显现了这一格局。而唐代长安城的朱雀门，则开设在皇城，也就是设置官衙区域的南端正中，这是平安京与长安城较大的不同之处。

另一个比较大的差异，是唐代的长安城明确地分为内郭（包含宫城与皇城）和外郭两个部分，内郭和外郭均有郭墙（我们一般也可以把它理解为城墙），而日本的平安京只有朝廷所在地的

1　日文的汉字表示就是大内里。本书中对历史上固有的日语汉字名词，一般会做些注释，而不更改表述，以便于中国读者在日本旅行或阅读日文文献时会有更直接的感受。

大内里有围墙，整个京城并无城墙。虽然在最南端的正中建造了一座罗城门，城门面宽大约12.6米，进深约3.6米。城门上有一座重檐的城楼，城楼内，放置了一尊“兜跋毘沙门天像”，这也是对唐的模仿。在唐代，城楼上安置这样的神像，主要是威慑、吓退西戎的进犯，日本为岛国，当时并无外患，但可见平安时代的日本人对唐文化的膜拜。城楼的两侧，象征性地建造了一小段罗城墙，从南面进入平安京的话，感觉上要通过一座城门，实际上四周并无绵延的墙垣。也就是说，平安京基本上是一座无墙之城，日本历史上，也不存在像中国的古城那样四周有城墙的城市。一直到15世纪末期的室町幕府时代的晚期，才开始在险要的山关等地建造主要用于军事目的的城堡。到了16世纪下半期的战国时代，在平地上开始建造用于权势者居住的城。人们现在能看到的大阪城、名古屋城和熊本城等大致属于这一类，一般会有用大石块垒筑起来的高巍厚重的城墙。大一点的城，城墙四周有角楼（日语称为“橹”），权势者（将军或者各地的大名）的居住地称为“天守阁”，并且以这样的城为中心，形成一个居民集聚区，日语中称为“城下町”。这是后来出现的。因此，早年的藤原京、平城京以及本书重点述及的平安京，除了宫城之外，并没有城墙（后来丰臣秀吉建造的京都“御土居”，是一种比较独特的形态，下文再细说），这是与中国古代城市非常不同的一点。

现在说一下平安京的皇城或者宫城，也就是大内里（日语念作daidairi）。从皇城的正南门朱雀门进入后往北，正中就是朝堂院，其主体建筑是太极殿，是天皇主持重大公务、举行重大庆贺活动的场所。太极殿的名称和制式也都来自中国。235年，魏明帝曹睿在洛阳宫内建造了太极殿，为帝制的最高庙堂，这大概是太极殿的缘起，后来就沿袭下来。唐代时把隋朝的大兴殿重新改为太极殿，大兴宫也改称太极宫。7—8世纪的日本全面学习中国，所以在皇城的大内里中最重要的建筑便是太极殿，它的整个建制，应该与2010年在奈良复建的平城京的太极殿基本一样。我前面已经说到，那时我曾去观访，登上楼殿，周边是一片旷野，向南可清晰地望见不远处的朱雀门。虽然是新复原的，但严格按照旧制重建，仍可感受到大唐文化在日本的流脉。太极殿的两侧，是朝廷各官衙的办公地。

大内里偏东北的区域，有一个由墙垣围起来的“内里”（念作dairi），或许也可称之为皇居或内宫，是天皇、皇后以及皇家成员居住活动的区域。内里这个词语，大概也是日本人自己造出来的。古汉语中的“内”，有皇宫的意思，比如白居易的《长恨歌》中有“西宫南内多秋草”，这里的“内”，就是宫室的意思。古汉语中，“里”有人民集聚之地的意思，但好像与宫廷无关，似乎也未见把内和里连在一起合用的先例。在日语中，内里专指天皇的宫室，也可转为天皇皇后夫妇的意思。比如三月三上巳节的“雏祭”（俗称女儿节）的时候，就有一种专门的人偶——模拟天皇皇后的一对男女，雍容华贵，可作为上等礼物送给女童，这样的人偶，就称为“内里雏”。好，话题再回到平安京的内里。长安城后来在内城的东北面，加建了一个称为“光明宫”的内宫，其正中的主体建筑称为“紫宸殿”。平安京的内里中，也建了一个规模不小的紫宸殿，这都是模仿唐的体制。紫宸殿后来曾替代了太极殿的功能，今天京都御所（即皇宫）内，最主要的建筑也是紫宸殿。当然，这只是称谓的沿袭，地点和建筑本身，与当初平安京内里的紫宸殿，差不多已经完全没有关系了。

整个平安京，从北边的朱雀门一直到最南端的罗城门，开辟了一条笔直而宽阔的朱雀大路，宽84米（长安城内的朱雀大路宽150米），长3 800米，虽然不及长安城，但即便以现在的眼光来看，也是一条非常宽阔的大道了。当然在大路的两边沿着各个坊，还开挖了沟渠，沿沟渠种植了婀娜的柳树，因此道路的实际宽度要窄于84米。即便如此，也完全堪称大道了，其目的除了用于日常交通之外，天皇的车辇行列经过或外国的使者进入时，也显得很有气派，而在日常，很多时候都成了市民活动的广场了。

比较有意思的是，当时日本的当局，仰慕中国的大唐文化，以朱雀大路为中界线，将大路以西的区域称为"长安"，以东的区域称为"洛阳"（长安在西，洛阳在东）。唐代的首都，虽然设在长安，但在隋炀帝的时候有感于大兴城（即后来唐代的长安城）地理位置偏西，粮食物资等也每每有赖于中原和南方，就开始在洛阳建设东京。605年时，改称东京为东都。唐以后，改东都为洛州。唐高宗时，又立洛州为东都，差不多确立了其与长安并列的地位，进行了大规模的建设，其气势规模完全可媲美长安，且物产丰饶更甚于关中的长安。武则天称帝以后，曾常住此地，后来的帝王也时常在此办公。因此严格来说，唐代其实有东西两个都城。日本的遣唐使也屡屡来到洛阳，为洛阳城市的宏大、繁荣、富庶而震撼。这些信息传到日本，使得日本人对洛阳平生敬仰，在当时日本人的心目中，长安与洛阳是并驾齐驱的双璧。今天京都的别称为洛阳，去京都被称为"上洛"，京都市内的地名和机构学校名，洛阳两个字比比皆是，其缘由即在于此。但为什么叫洛阳而不叫长安呢？下面再说。后来，根据朝廷坐北朝南的位置，将朱雀大路以东的区域称为左京，以西的区域称为右京，或者东京和西京。左京、右京的称谓一直留到了今天，如今成了京都市两个区的名称，当然区域范围已有了很大的变化。

平安京的营造

平安京根据各个坊的间隔，从北到南，设计了九条东西向的大路，由北而南，依次是一条至九条（实际上共有13条），宽度并不一致，大约在24米到50米之间，它的称谓和道路的基本路径，到今天仍然保留了下来。九条大路之间，则有各种小路（共计22条）。中下级官吏和仆役随从等为主的居民，大都居住在坊里。有意思的是，平安京虽然没有环绕四周的城墙，每一个坊，却是与长安、洛阳一样，都有用土垒围起来的夯土墙，居民进出，要经由南北的门，面朝朱雀大路等大道的一面，不许开设门墙。有官爵的上层人物，被分到的使用地相当宽敞，最大的有将近10 000平方米，可以营建豪奢的大宅和宽大的庭院，而一般的庶民，其分得的面积只有300平方米多一点。听上去好像也不小，但这并不是居住的房屋面积，一般而言，他们只是用其中的一部分来建造狭小的住宅，其余则辟作稻田菜畦，以充作日常的营生。虽然平安京里也仿造长安和洛阳，设有东市和西市两个市场，但一般小民应该没有那么充裕的钱财来消费。由此看来，平安京并不是人们想象中的那么屋檐相接、房舍楼宇鳞次栉比的城市模样，实际上还很有些田园风。城市的人口，那时自然没有严密的统计，根据历史学家的推测，9世纪时大概在12万人左右（高桥昌明《千年古都 京都》中译本第9页）。顺便说及，平安京其实并没有按照最初的规划全部建成。连年的大兴土木，征调劳役，使民众颇受其苦，国家财政也是捉襟见肘。再加上那时日本本州的东北部，也就是今天的青森县、岩手县一带，还没有归顺大和朝廷，时时与朝廷作对，朝廷不得不征调数量庞大的兵员进行远征，这也耗去了国家的大量财力。于是桓武天皇在他的晚年，就宣布停止京城的大规模营建，因此，事实上平安京的西北部和东南部都没有完全建成。

定都平安京之后，当局觉得也应该在京城营建具有皇家背景的佛寺，于是便以罗城门，或者说是朱雀大路为中心，在罗城门南侧的东西两边，于796年同时开始建造两座大的佛寺。这就是俗称西寺的右大寺和俗称东寺的左大寺。天皇希望佛教能够帮助朝廷来镇护国家。不过由于财力窘迫，寺院的建筑迟迟未能竣工。东寺在823年由朝廷赐给了从唐回来的空海和尚，之后就成了一座传播真言密教的寺院，正式的名称是真言宗总本山教王护国寺，祭出了镇护国家的旗号。由于空海的声名，也由于真言宗的魅力，东寺后来一直很兴盛，而西寺则随着时光的流逝，慢慢颓败了。除了东寺、西寺之外，在平安京的各个坊里边，后来也出现了一些小型寺院，如鞍马寺等，而在城市的郊外，后来陆续出现了大觉寺、仁和寺、延历寺、清水寺等。自从佛教传入日本以后，日本的宫廷与三宝（佛、法、僧）世界一直有着极为密切的关系，在很多场合，两者甚至是融为一体的（当然，6世纪以后的日本始终不是一个政教合一的国家）。在虔诚的佛教徒白河天皇主政的11世纪，在京城郊外营造了六胜寺、法胜寺等诸多巍峨壮丽的宏大寺院。尤其是法胜寺，在1083年建造了日本史上第一高的八角九重塔（高81米），成了平安京的标志性建筑。这些我想在本书的下篇有关佛寺的这一节再详细叙说。

条坊制的城市构造，其实是比较缺乏活力的。无论是隋唐的长安洛阳，还是日本的平城京平安京，每一个坊四周都由夯土墙围着，每户人家生活的主要场所，就局限在土墙内的坊里边。除了官营的东市和西市两个市场，人们也不可随意设摊开商店。那里的居民，主要是为朝廷和官衙服务的，当差役、跟从、仆人、女佣等等。因此，市民阶级还没有真正发展起来。

但是，上层的宫廷贵族，却是过着比较优渥的日子。他们或者是联袂结伴，参加宫廷里的各种宴饮酬酢，或者是游园赏花，月夜听风，间或也走出京城，到近郊的野外去，但足履的行迹，大都局限在京城。他们常常在一起吟诗作歌，一开始是唐代传来的汉诗，从五言到七言，于是结集出版了《怀风藻》《凌云集》《文华秀丽集》等汉诗文集，后来用汉字作音声词，创作本民族的和歌，那就是《万叶集》，再后来，创制了可以记录语言的假名，于是，《古今和歌集》等诞生了。他们还时常在宫苑中吹奏尺八，练习舞蹈，击鼓吟唱。长期这样地生活，逐渐修造出了他们对于森罗万象的自然世界的敏锐纤细的感受力，同时也滋生出了狭小的胸襟和柔弱甚至是羸弱的精神。对于艺术诗文，他们具

从每年5月15日在京都举行的“葵祭”中，还可稍稍感知一点平安时代人们的生活

有精细的鉴赏力和精致的创作力，却也渐渐褪去了精进向上的淋漓元气。这就是后人所说的“公家文化”，公家，在日语中是宫廷圈的王公贵族的意思。11世纪初，也就是平安时代中期问世的长篇小说《源氏物语》，描写的就是在这些场景中优游岁月的王公贵族、深闺侍女的日常岁月及情感纠葛。在这样没有外患也没有严重内忧、平缓而有些凝滞的氛围中，以天皇为核心的政权也开始慢慢衰败了。

大家都知道，日本历史上有一个平安时代，指的就是以平安京为都城的时代，一般的理解是794—1184年这四百年间。那么，是不是这之后平安京就不再是日本的首都了呢？当然不是，在1869年天皇迁往东京之前，朝廷一直在平安京这个地方，将近1100年内，日本没有在别的任何地方建过都城。这在全世界都是极为罕见的。中国的长安，随着唐王朝的灭亡，作为中国国都的历史也从此画上了句号。洛阳也是如此，汴京（开封）和杭州，则只有过短暂的辉煌。南京有六朝古都之称，但那都不是大一统王朝的首都，朱元璋在此肇始明王朝不久，朱棣就把都城迁到了北京。说起北京，自元在此设立首都，一直到1927年，一直是中国的政治中心，如果从1267年算起，也蒙罩了700多年的京城光环，虽然民国的大部分时期（1927—1949）在南京开辟了新首都。总之，在中国，具有首都历史的城市，最长还没有达到800年的。再放眼世界，罗马，从公元前6世纪初到公元476年西罗马帝国灭亡为止，差不多一直是罗马共和国和罗马帝国的首都，拥有将近一千年的首都历史。在后来漫长的一千多年里，只不过是教皇的所在地而已，不是一国之都，一直到1871年才再度成为意大利王国的首都，当时的人口还不到20万。不过，可贵的是，罗马依然留存了罗马帝国时代的圆形剧场、罗马万神殿等遗迹，让人们依然可以联想当年罗马城的宏伟壮观。君士坦丁堡，东罗马或拜占庭帝国、奥斯曼帝国的首都，作为一座城市的历史，可以追溯到公元前7世纪中叶，作为拜占庭（东罗马）帝国的首都，则始于330年，以后又作为奥斯曼帝国的首都一直延续到1923年，然后改名为伊斯坦布尔，首都的历史从此休止。中世纪的时候，这里的人口就已超过了100万，至今还留存着6世纪上半叶东罗马皇帝建造的圣索菲亚大教堂。就我有限的知识而言，平安京所在的这个都城，作为首都的历史，在全世界大概仅次于君士坦丁堡，且君士坦丁堡还经历了拜占庭帝国、奥斯曼帝国、土耳其共和国三个大的时代，虽然在历史和文化上有一定的延承，但毕竟是三个不同的国家，而平安京这个地方，则一直只是日本的首都，仅此一点，也足以让日本人感到自豪。

平安时代的谢幕

细心的读者也许注意到了，我上文中用的词是平安京这个地方，而不是平安京。在12世纪以后，人们更多地称这个地方叫京都、京或者洛。事实上，12世纪以后，可以看见的、可以触摸的、可以感受的平安京这座都城差不多湮灭了。作为一种物质的存在，差不多从地面上消失了。虽然建造这座都城的天皇朝廷依然在这片土地上存在，虽然这里仍是王权的所在地，而且，这里依然是日本的首都，只是，平安京消失了。

渐渐把平安京从有形变成无形的，是地震、火灾、兵燹、水灾和病疫，以及朝廷的渐趋衰败。岁月本身也是一种强大的隐性销蚀剂，不知不觉间，人类营筑的有形物象，都会在长期的风霜雨雪中失去它原本的面貌。在东方，尤其是东亚文明中，早期的建筑物多为木材构筑，早年的屋顶，也多为树皮茅草铺敷，而近代之前的燃料，则多为薪柴草秸，不慎的几许星火，就可能引起熊熊的火焰，引燃连片的屋宇，因而火灾和兵燹，是当年物质文明的最大杀手。

平安京也不例外，即便是最高端的皇城大内里和内里，也曾屡屡遭到大火的摧毁。先是876年，完工还不到80年的宫内最重要的建筑物太极殿被烧毁了。后来虽有重建，也是屡建屡毁，到1177年烧毁之后就再也没有复建。天德四年（960年），相当于宫城的内里发生了大火，几乎将内里的各座殿宇悉数烧毁，不得不耗资重新修建。可仅仅过了十几年，到了贞元一年（976年）5月，内里再度遭到祝融之灾，宫室的重建不仅耗资费财，而且一时半会难以竣工，于是从这一年开始，当时的圆融天皇就住到太政大臣藤原兼通的宅邸堀河院去了。

皇帝住到了臣下的家里去，听起来有点匪夷所思，这里稍微说一下平安中期形成的"摄关政治"。从9世纪末开始，藤原家族便在日本的权力核心中崛起，往往通过将自己的女儿嫁给天皇做皇后或妃子的方式，以摄政和关白[1]的身份渐渐控制了皇权，这就是日本历史上所谓的"摄关政治"。藤原兼通的妹妹就是村上天皇的皇后，藤原兼通借着外戚的关系当上了关白，后来又出任相当于中国宰相的太政大臣，权势显赫。这个时候，作为外戚的藤原家族已拥有很大的权力和财产，他们大多在皇宫之外营造了豪奢的宅邸，规模宏大，堀河院就是其中之一。作为内宫或皇居的内里被烧毁后，天皇家族就不得不寄居在他们的住所，这样的地方，后来被称为"里内里"，也可理解为临时的皇宫。在以后的岁月里，内里屡建屡毁，总共被烧毁了17次。最后一次是在镰仓时代的初期，这次烧毁以后，索性就不再重建了（很久以后再重建的，则被称为"御所"），天皇皇后就一直住在权贵的大宅内，也就是所谓的里内里，有时候也临时借住在大的寺院里。

1　平安时代开始设置的官职，是辅佐天皇执行公务的要职，后来成了实际操纵政权或具有强大威权的人物的代名词。

好端端的一个天皇，到了后来，连自己固定的住处也没有了，虽然还是贵为天皇，但是就居无定所这一点而言，已经有点像一个流浪者了。

由外戚主政的摄关政治在历经了近200年之后，与藤原家族没有外戚关系的后三条天皇开始起来反抗摄关政治，到了下一任的白河天皇，就肇始了一种有点奇怪的政治形态——“院政”，通过院政的方式，重新夺回天皇的政治权力。还是以白河天皇为例来解说一下到底什么是院政。1053年出生的他，在19岁时登上皇位，33岁的时候，就把皇位让给了他的第三个儿子，自己则称为“上皇”，而做了天皇的儿子因为年纪尚小，无法理政，就由退位的上皇来实际主政。作为宫城的内里已经烧毁，上皇在哪里主政呢？就在让位之前，白河天皇在平安京东南郊外的伏见营造了一处鸟羽离宫。根据后来的考古发掘，这处离宫占地约一万平方米，里面建造了御殿、御堂等一组楼宇，还开挖了宽广的水池，池内筑岛，岛上建有马场殿等，有小桥相连，也通舟船，宛如正宫。退位以后，他就在别院的鸟羽离宫内展开对国家政治的管理。后来的上皇，多把这样公私合一的宅邸称为某某院，地点已不在内里了。1107年即位的鸟羽天皇，也是一个强人。在他4岁的时候，上一代的堀河天皇就把皇位让给了他，他自己在20岁的时候又把皇位让给了他的儿子，即后来的崇德天皇，此后他以上皇和法皇的身份控制了三代天皇，是一个权力欲很强的人物。他后来在鸟羽离宫的泉殿之东，又营造了一个东殿，把这里作为自己统治天下的后院。虽然仍有天皇但实际权力掌控在上皇手里的这种政权运作方式，在日本历史上就被称为“院政”，是一种有点怪异的政治形态。更怪异的是，禅让了皇位的天皇，随即皈依佛门，出家做了和尚，或是去某家寺院做住持，这样的天皇，日语中称为“法皇”，暗中依然可以操纵皇权。还有的在寺院里待了几年，觉得太过寂寞，就重新返俗，继续做上皇。总之，院政时代，朝廷的实际权力是掌握在上皇或法皇的手里，天皇本人因为年幼或资历浅，往往只是一个摆设。如此一来，内里的作用和地位也就日趋下降，到了最后，就没有人去修建被烧毁的内里了。渐渐地，原来是一个国家中至尊之地的内里，也就是宫城，就变成了一片荒芜之地，野草丛生，动物出没，宛如一片荒郊野地。于是，人们就把原来内里的旧迹称为“内野”，这一地名一直留存到了今天。因此可以说，平安京的衰败和湮灭，是从最核心的内里开始的。

当年巍然矗立在平安京的南侧正中间的罗城门，在816年和980年两次遭到大风的侵袭，尤其是第二次，已经比较破败的城门，在一阵猛烈的狂风之后，便轰然倒塌，彻底圮坏了，以后再也没有重建过。后来这一带日渐荒凉，以至于盗贼出没，死尸横陈。《今昔物语集》曾对此有令人毛骨悚然的描写，芥川龙之介的《罗生门》也再现了当年荒芜凄凉的场景。如今，只有在九条通上的花园儿童公园里，有一块毫不起眼的遗迹碑，告诉人们这里曾是平安京的南大门。

在今天的京都市中京区御池通神泉苑町的地方，以前真有个神泉苑，平安京的时候位置在大内里（皇宫）的南侧，794年平安京建造的时候在这里设计营造了一个附属于皇宫的皇家花苑。据后来考古挖掘的研究，南北有516米，东西有252米，是一个以水池为中心的占地广大的庭园，池中筑有假山，可在水面上泛舟游乐，池边上建造了乾临阁等的楼阁和钓殿[1]、泷（日语中是瀑布之意）殿等亭台楼阁，天皇及其廷臣、贵族等可在此宴游寻欢。这里原本地势低洼，后在此凿池建园，地下有涌泉，久旱不涸，被称为神泉，因而大旱之年，人们往往在此作法祈雨。我上文说到的平安时期王公贵族优游岁月，神泉苑是他们主要的玩乐场。然而随着朝廷的衰败，神泉苑也渐渐荒芜起来，到了镰仓幕府的时代以后，已完全不复当年的风雅。1603年德川家康在京都建造二条城时，把神泉苑的北部划入他的二条城的领域，此后，荒芜的神泉苑连遗迹也无处可寻。一直到了1990年代在建造京都市内东西线地铁时，才发现了神泉苑建筑的地下遗迹。如今，除了在这一街区设立的表示方位的石碑外，昔日的优雅和诗情，早已烟消云散了，平安京的遗风余韵，也完全无法捕捉了。

更重要的是，当年平安京的位置，跟今天的京都市相比，也发生了很大的偏移。当年贯穿南北的最主要的大道朱雀大路，今天也无迹可寻。根据方位，大致可判断，今天京都市中心区偏西的千本通，大致相当于当年朱雀大路的所在地，可是千本通在今天已是一条相对冷僻的道路。后来的京都市，基本上都是在朱雀大路的东侧，或者说是当年的左京地区发展起来的。最初营造的两座宏大的寺院中，西寺在990年和1233年两次遭到大火的焚烧，整个寺院彻底毁灭，后来再也没有重建，已经在人们的视线中消失久远了，只有在西寺町的西寺儿童公园内，有一个低低的

---

1 一种建在正殿南侧的面临水池的水榭式建筑，可在此钓鱼游乐，日语中称为“钓殿”。

土坛，告诉人们这里是当年西寺讲堂的旧址；而当年被称作东寺的，在如今的京都地图上，也已经落在了西南角。也就是说，当年平安京的中心街区，现在已经是京都市相对偏远的地方了。实际上在平安京的时代，朱雀大路以西的地域，就因为地势相对低洼，沼泽较多，气候潮湿，常常有水灾发生，后来就渐渐遭到嫌弃，人们纷纷迁居到地势较高的东面。右京或者说西京的地区，在都城建立后不久，就没有得到非常充分的发展。

平安京的命运，其实始终与以天皇为首的朝廷的命运直接连在一起，可以说，是朝廷或天皇权力的陨落最后导致了平安京的衰败乃至最后的湮灭。

平安时代末期，即12世纪中叶，围绕着皇位的继承权，崇德上皇与后白河天皇之间发生了激烈的对立，同时引发了权臣藤原赖长和藤原忠通兄弟之间的权力争斗，由此触发了保元（1156）之乱。各自的武力以京城为舞台进行了交战，战乱给原本已经凋敝的平安京带来了进一步的破坏。这场变乱，一度以后白河天皇的胜利而告中止，上皇被流放到了四国的赞岐。得胜的后白河天皇想借此依靠手下人来整顿庄园经济，加强对寺院和神社的管理，并重新建造大内里（皇城），复兴朝廷的礼仪规矩，再度振兴京城。可是这场战乱却显示了武士集团的力量，3年之后后白河天皇退位，又引发了平治（1159）之乱。曾经帮助后白河天皇获得胜利的源义朝等，为了打倒势力不断增强的平清盛，举兵向其进攻，不料兵败反而被杀。这场变乱中，平安京的中心城区成了战场，战火焚毁了京城内的主要建筑，并烧毁了比较僻远的鸟羽离宫的北殿等大部分建筑。此后平清盛以及平氏家族一度得势，掌控了大半个朝廷，后来遭到源赖朝等反击，最后被源氏军队所打败。这一系列的战乱，使平安京屡屡遭到重创。

源赖朝是东部崛起的武士，他的根据地在现在的关东一带，历史上与天皇家族和朝廷没有什么关系，也从来没有通过联姻的方式来靠近朝廷的权力。在打败并清除了平氏家族的力量之后，源赖朝于1185年在镰仓开创了日本历史上的第一个武家政权——镰仓幕府。1190年，他率领军队开进了平安京，先是获得了右近卫大将的任命，1192年又被朝廷任命为征夷大将军，由此确立了他的权力核心地位。源赖朝在日本开创了一个奇异的政权格局，即朝廷与幕府政权并列的格局，在后来的将近七百年中，前者基本上只是一个摆设，而后者才是政权的实际掌控者和运作者。由此，平安京的名称就渐渐消亡了。事实上自11世纪末左右开始，人们就已经将左京（右京在较早就已衰败了）为中心的地区称为"洛（阳）中""京洛"，此后，"京都"的称呼也慢慢变得普遍了，或者简称为"京"或者"洛"。在下一章中，我将使用京都一词。京都原来并不是一个专有名词，它的意思是朝廷的所在地、王权政治的中心地。平安时代之后，名义上朝廷依然在这里，王权也依然存在，但实际上在后来的三个幕府时代，即镰仓幕府、室町幕府和江户幕府时代的七百来年中，朝廷和王权都被虚化了。至少在镰仓时代和江户时代，日本的政治中心都已经不在京都，所以幕府时代的京都，恐怕更多的意义在于它是一座日本的王城，是经济和文化的重要舞台。

在今天的京都市，唯一还可以寻得平安京时期的一点留存的，应该是距离城市较远的、现在位于京都市东南端醍醐山下醍醐寺内的五重塔，建于952年（稍早于中国北宋的开创期）。在15世纪下半期的应仁文明之乱时，下醍醐寺的伽蓝几乎都为战火所吞噬，唯有五重塔幸运地留存了下来，现在已被列为日本的国宝。这大概是平安时代地面上仅存的像样的留存物了。除此之外还能让人联想到平安京的，恐怕就是今天还可见到的以前皇城内或附近的官衙厅署的名称了。比如在今天京都市二条城西侧有一个统称为“西京”的地区，那里的一些地名让人联想到了这一带当年平安京内一些官府和负责宫廷内日常生活机构的存在，如马寮町、铜驼町、职司町、大炊御门町等。这些地名的缘起，一定与当年平安京内大内里或附近的官衙机构有关，可是周边的街景，已经完全不复往昔，当年的建筑和道路是如何模样，也已无法捕捉了。

世象万千，沧海桑田。有形的物象，终究难以获得永恒。与中国的长安、洛阳和南京等历代的古都一样，平安京在建成三百多年以后，也终于在变幻不定的历史风云中，无奈地隐去了它的身姿。如今，只有经过考古挖掘后树立的几块小小的石碑或者石柱，在无声地告知今天的人们，如今新的街区或建筑物的某一隅，昔日曾经有过怎样的辉煌。

古都：实景中的幻象

引　语

就世界范围来说，作为一座持续不断的都城，京都大概仅次于君士坦丁堡，或许是世界第二悠久的王权所在地。从这一意义上来说，京都完全称得上是一座千年古都。1894年，京都市隆重庆祝平安京建都1 100周年，从历史的脉络而言，也是完全成立的。

在1887年创建了东京美术学校、后来出任美国波士顿美术馆东方部主任、在中国以《茶书》的作者闻名的冈仓天心，在对中国、印度做了考察之后，1903年在美国出版了一本用英文写的著作《东方的理想》(*The Ideals of East with Special Reference to the Art of Japan*，日文将其译为《東洋の理想》或《東邦の理想》)。在书里他不无得意地写道："依据这些藏品依次对历史上著名的亚洲文化的财富进行研究，只有日本能够做得到。皇家的珍品、神社、被发掘出来的古墓等，显示了汉代手法的精巧的曲线。奈良的寺院里藏有丰富的体现唐代文化的物品，而且还有许多体现了当时兴盛的印度美术的物品，当年的印度美术给予奈良时代的古典创作很大影响。这些引人注目时代的宗教上的仪式和人生观就不必多说了，连音乐、发音、礼法、衣裳等也（在日本）完整地保存下来了。这对日本人而言，自然是祖上传下来的珍宝。此外，在大名[1]的宝库中也收藏了丰富的属于宋和蒙古时代的美术品和写本，这里面有不少在蒙古人征服的时代中甚至在中国本土也消失了的美术品，还有在明朝时代丧失的写本。这些在日本依然具有生命力，有些现代的中国学者纷纷来到日本，以寻求他们古代知识的渊源。因此，日本是亚洲文明的博物馆，它的意义甚至超越了博物馆。”（冈仓天心《東邦の理想》，岩波书店1976年，第28—29页）

对此周作人也很有感慨，他在《日本之再认识》中写道："我很爱好日本的日常生活，……第二的原因，这可以说是思古之幽情。我们那时又是民族主义的信徒，凡民族主义必含有复古思想在里边，我们反对清朝，觉得清以前或元以前的差不多都好，何况更早的东西。听说从前夏穗卿、钱念劬两位先生在东京街上走着路，看见店铺招牌的某文句或某字体，常指点赞叹，谓犹存唐代遗风，非现今中国所有。这种意思在那时大抵是很普通的。我们在日本的感觉，一半是异域，一半却是古昔，而这古昔乃是健全地活在异域的。”（《知堂乙酉文编》，上海书店1985年影印本，第144页）6年的留学生涯，周作人一直待在相对比较

1　类似于中国地方上的诸侯。

新的东京，他没有到过京都，如果他在京都有过体验，他的这一感受也许会更深切。

今天全世界的人，对京都的印象，就是一座具有千年以上历史的古都。诺贝尔文学奖获得者川端康成的长篇小说《古都》，已被翻译成世界各国的文字，影响深远，策划成各种文字的旅游宣传画册，年年更新。走进京都或全日本的各家书店，有关京都的杂志和书籍，汗牛充栋，鲜艳雅致的图片，诱人眼目。京都对外的卖点，就在于它古老的历史，这是一座无法撼动的古都。

各色旅游者（包括日本人和外国人）在各种导游图册和指南说明的导引下，纷纷来到了架构在悬崖上的清水寺本堂，对它奇特的构造和久远的历史遗痕发出了满心的赞叹。从石板坡道上望过去的夕阳映照下的八坂塔，也让人感到深深的陶醉；被列入世界文化遗产的金阁寺和银阁寺，总要去打一下卡；祇园一带的小街小巷内，鳞次栉比地排列着一家家售卖古色古香手工制品的老铺，不时还可见到身穿香艳和服的艺妓在身边款款走过。穿梭在寂静的街巷间，尤其是城市的四周，古老的神社和佛寺，传统的平屋或两层的町屋，随时会映入眼帘。于是，人们发出了由衷的感叹：京都真是一座古都呀！

人们看到的，当然都是实景，并非影视城里搭建出来的假古董。可是我要说，京都作为一座古都的意象，或者说作为一个古都的符号，在相当的程度上，是由诸如《和歌名所物语》《都林泉名胜图会》《都名所图会》等这些江户时代以来的各种绘本、图册、俳句、短歌、物语以及近代以后的文学作品、图片、演剧和电影、歌谣等共同营造出来的，甚至，在一定程度上，是由创作者和接受者有意无意间共同酿制出来的一种与实像交叠在一起的幻象。事实上，在今天京都中心城区内，人们所见到的寺院、神社之外的建筑物，早于近代明治时期之前的，已是凤毛麟角。矗立在市中心的诸如位于三条通富小路交叉口的家边德时计（钟表）店（建于1888年）、京都东正教堂（1901年）、至今仍然用作京都府办公大楼的旧本馆（建于1902年）、原日本银行京都支店（1907年）、现在仍是摩登的酒店和餐厅的长乐馆（1909年）等西洋式的近代建筑，年代恐怕比你所见到的看上去古色苍然的旧式房屋更为悠久。

在这一章里，我想沿着时间的纵向轴，跟各位一起来考察一下平安时代之后至近代之前的京都的一些历史沿革，或许可以拨开一些蒙罩在京都意象上的虚幻面影，或者说可以对古都这一符号进行一定程度的解构。当然，我绝对无意对古都的意象进行整体性的颠覆，只是想给读者描绘出一幅更为原色的京都图景。

镰仓时代的苍凉

从时间的纵向轴来看，源赖朝建立了镰仓幕府（具体年代诸说不一，大致可定为1180年代）以后，以皇权为中心的平安时代就算结束了，一直到第二个幕府室町幕府消亡为止，日本史上称为中世时期。总而言之，这是一个皇权旁落、武家执政的时代。

那么，镰仓时代的京都，在日本的政治中扮演了一个怎样的角色，或者说它处于一个怎样的地位呢？其实，在整个中世时期，朝廷与武家政权之间一直在暗中展开拉锯战，彼此的较量一直未曾停息，只是有时比较激烈，有时则比较平缓。源赖朝在镰仓设立了幕府、当上了征夷大将军之后，没过几年就因从马上摔下来死去了，他的儿子源实朝在1203年接任第三代将军，16年之后也遇害身亡，他的母亲北条政子以及北条家族就掌控了幕府政权。此时后鸟羽上皇也借此机会，组织武力夺回皇权，朝廷方面对于幕府政权的出现导致皇权的旁落极为不满，于是就在承久三年（1221年）5月，发动了镰仓幕府控制力还比较弱的各地方诸侯的大约3万兵力，准备去征讨镰仓幕府。幕府方面闻讯之后，立即组织手下的武士主动出击，在京都西南部的宇治川一带双方发生激战，结果幕府军大获全胜，于是浩浩荡荡开进京都城，横扫朝廷的势力，把发动这场“承久之乱”的后鸟羽上皇流放到了偏远的隐岐岛。

在此之前，幕府是通过在京都设立“守护”这一官职来管理京都的，之后，就废除了守护一职，另外在京都东南部的六波罗这个地方，设立了一个听起来有点怪怪的机构，叫六波罗探题。京都原本就有一个寺院叫六波罗蜜寺，今天依然存在，就在清水寺偏西、靠近鸭川的地方。在平家的势力非常兴盛的平安时代末期，平清盛就在这一寺院靠南的地方设立了一个实际的政权机构，一般就称为“六波罗”，有学者认为这实际上是武家建立的第一个幕府性质的政权形式，只是时期不长，后来平家就被源氏家族打败了。而镰仓幕府设置的这一六波罗探题，与平清盛时期的六波罗也有一定的相似性。它是镰仓幕府派驻在京都的一个最高管理机构，机构的首领有两个人，都出自已掌控镰仓幕府的北条家族。不仅京都的事务归属于六波罗探题管理，连包括天皇在内的整个朝廷，也必须听从它的指示，朝廷有重大的活动或皇室人员有较大规模的移动，都要获得它的准许。此外还要代行幕府对西部日本多个藩国的军事和治安管理。这一机构占地宏大，就在今天六波罗蜜寺的南面，周围挖有宽和深都是3米的壕沟，俨然一座小城，里面建有北殿和南殿，还有幕府将军到京都来的时候居住的御所，此外还有随从和武士。镰仓幕府通过京都，平定和控制了全国各地的势力，把原来属于皇家（至少名义上是这样，实际上是掌握在实力派的领家手中）的大约三千余处庄园全部没收，归幕府所有和管辖，然后再将其适当分给了跟着源氏家族和北条家族打下天下的关东（那个时候称作“东国”）一带的武士集团，镰仓幕府成了日本实际的权力中心。

在平安时代的晚期，京都城市的格局就开始发生了比较重大的变化。原来的坊，后来可以四处开门了（原来只准许在东西两面开门，且靠朱雀大路的一面不可开设进出的通道），再后来，随着火灾的频频发生，四周的土墙也慢慢圮坏，棋盘形状虽然还留存，封闭式的坊实际上已慢慢崩坏了。在镰仓幕府实际统治的一百多年里，京都整个城市是处于一个退化的状态。那个时候天皇以及皇室的家眷住在什么地方呢？上一章已经说到，作为宫城的内里被屡屡烧毁，后来天皇就主要居住到实力强大的贵族的豪宅里去了，而上皇则另建别院或离宫。到了平安末期，天皇主要居住在一个叫闲院的地方。这里原本是内臣藤原家族继承下来的宅邸，到了平安时代晚期的所谓院政时期，就按照原来内里的格局进行了改建，这里也就变成了一个非正式的内里，高仓天皇在1168年即位以后，闲院就成了皇家正式的居所。这一情形持续了大约90年，一直到镰仓时代的中期闲院被烧毁。之后，当时的后嵯峨上皇就在靠近岚山的京都西北面的小仓山修建了一座龟山殿（他的儿子是龟山天皇），皇室或者说朝廷就移到了龟山殿。过了几年，他出家皈依了佛门，住到了大觉寺里。后来龟山天皇做了法皇，也住到了大觉寺。后人就把这一脉的天皇称为“大觉寺统”。而大内里，也就是皇城，则在1177年的大火中被毁坏大半，以后试图重建，但终究难以恢复元气，1227年的一场大火几乎摧毁了整个大内里。因为镰仓幕府已经通过六波罗探题几乎掌控了京都及西国大部分的军事和治安管理权，以八省院为代表的朝廷和官衙的功能长期以来也一直处于瘫痪或半瘫痪的状态，大内里是否还需要存在，已经没有什么人予以关注了。源赖朝建立镰仓幕府之后，也曾着手修建过内里（皇居），但终究难现昔日的辉煌。之后，内里乃至大内里一带，成了放养牛马的地方，杂草丛生，人迹杳然，因此产生了“内野”这样一个词语。

因此，在整个镰仓幕府时期，京都这个城市基本上没有出现过重大的建设，城市的规模也有所缩小，城区差不多成了一个南北长、东西窄的长方形格局，原来朱雀大路以西的区域，差不多重新成了乡村。不过由于镰仓幕府的支持，法然创建的净土宗、荣西从南宋传来的禅宗等新宗教，都试图在京都开创天地，相继在京城相对郊外的东山山麓建造了净土宗的知恩院、禅宗与其他传统佛教相混合的建仁寺、东福寺等，虽然受到了传统佛教的压制和排挤，却也慢慢在京都站稳了自己的脚跟，我在下篇中再细细叙述。总之，在镰仓时代，京都在佛教上出现了新气象，也带来了寺院建筑的繁盛。

北山文化与东山文化

北山文化和东山文化，都是室町时代京都酿造的灿烂的日本文化，对以后日本文化的展开，影响深远。

说起“北山文化”和“东山文化”，恐怕很多人都会感到陌生，但若是去过京都的人，你对他说金阁寺和银阁寺，那一定就很熟悉了。其实，就建筑而言，或者就有形文化遗产来说，金阁寺和银阁寺就分别是北山文化和东山文化的代表了。今天，到日本去观光的中国人，行程若有一天，必定会去看金阁寺，若有一天半或两天，也必定会去看银阁寺。这两者在1994年都被列入了世界文化遗产。纵然不大懂北山文化和东山文化内涵的人，从金光灿灿的金阁寺和状若茅屋的银阁寺的外观，大概多少也能感受到这两者的些许差异吧。

简单地说，由室町幕府早期的第三代将军足利义满和中期的第八代将军足利义政所奠定的北山文化和东山文化，真正形成了我们今天所熟悉的日本文化的几乎所有的内涵，它是在中国传来的大陆文化和列岛本土文化的基础上结出的丰硕果实，而在两百年以后的江户时代，达到了一个空前的高潮，呈现了绚烂多姿的日本文化的全景图。

那镰仓幕府怎么就换成了室町幕府呢？这里稍微用一点篇幅来回顾一下14世纪以京都为舞台的跌宕起伏的政坛风云。

镰仓时代的朝廷，天皇虽然已经失去了实权，可宫廷内的争权夺利并没有因此而减弱，在皇室内，形成了“持明院统”和“大觉寺统”两大派系。后来成了后醍醐天皇的尊治，原来并不是太子，他是后宇多天皇的第二个王子，因缘际会，在31岁时即位做了天皇，在派系上，他是属于“大觉寺统”的。我在上文已经说到，从平安时代后期开始，日本的宫廷内出现了一种很莫名的形态，继承皇位的天皇做了没几年，就退位把皇位让给儿子，可自己又不肯放权，在另外一个别院里实际掌控皇权，当朝的天皇几乎是一个傀儡，这样的情形一代又一代延续了两百来年，从平安晚期一直到镰仓时代，这在日本政治史上称为“院政”，比起中国的垂帘听政，可谓有过之而无不及。可是后醍醐天皇即位时已经31岁了，他的父亲还要来操控他，这让他觉得很不爽。而实际主政的镰仓幕府，不喜欢“大觉寺统”的人，因此也不看好他。这时后醍醐天皇就在谋划什么时候推翻幕府，有朝一日重新恢复天皇的实际统治。

幸好，1321年，他的父亲停止了“院政”，他终于获得了朝廷的实权，力图恢复天皇亲政。这时他又觉得自己的一言一行处处受到幕府的掣肘，由此他意识到，如果幕府还存在，他就无法真正施展自己的宏图大略。于是就与自己的儿子和几个亲信商议，准备抬出象征皇权的三种神器，即八尺镜、天丛云剑和八尺琼勾玉作为神力，纠集一些武装力量，推翻镰仓幕府。可是，后醍醐天皇的计划，被监视和干涉朝廷事务的六波罗探题知晓了，于是幕府就推举了“持明院统”的一个亲王来当下一任天皇，试图剥夺后醍醐天皇的皇位。1331年，六波罗探题的武装人员冲进朝廷，准备对后醍醐天皇采取行动，后醍醐天皇匆忙中带着三种神器仓皇出逃，来到了京都南郊的笠置山，纠集力量准备举兵去攻打幕府，结果败给了幕府的军队。而率领这支幕府军队的首领，就是后来创建了室町幕府的足利尊氏，他当时是镰仓幕府北条执权下的一名将军。

想想天皇也真是惨，堂堂一国的君主竟然成了阶下囚。1332年，后醍醐天皇被彻底废黜，流放到了遥远的隐岐岛上。而潜伏下来的他的儿子护良亲王和一个叫楠木正成的武人则再度纠集武力进攻幕府，流放中的后醍醐天皇趁机逃离了隐岐岛，发布诏书号召全国民众推翻幕府。幕府于是再次派遣足利尊氏率军去镇压，不料足利中途变卦，反戈一击，背叛幕府而倒向了天皇一边，结果把持日本实际统治权150年的镰仓幕府，在1333年轰然倒台，北条家族大大小小八百余人集体自杀。倒幕的势力拥戴着后醍醐天皇重新回到了京都，把亲幕府的“持明院统”的皇族势力清除出了宫廷。

后醍醐天皇一下子觉得好不得意，好不快活，被幕府压制了一百多年的朝廷终于在自己的手里恢复了统治，而宫廷内的对立势力也被自己踩在脚下。他把年号改为“建武”，意欲重整旗鼓，壮大朝廷。他汇聚全国的财力，大兴土木，建造宫殿，重振天皇号令天下的权威。历史上把他的这些举动称为“建武中兴”。可是好景不长，一来大兴土木，劳民伤财，使得全国本来已经十分疲敝的财政更加困窘，二来推翻镰仓幕府，大半是靠了幕府下面一些倒戈的武士，而一旦皇权重新建立，这些出了力气的武士却没有获得应有的奖赏，于是对天皇的不满就日益膨胀起来。最要命的是后醍醐天皇得罪了大功臣足利尊氏，他觉得自己没有受到天皇的厚遇，心里也是憋着一肚子的不快，于是在1336年与他人联手，打倒了后醍醐天皇。这一年的11月，足利尊氏颁布了《建武式目》，在京都室町创立了日本历史上的第二个幕府政权。后醍醐天皇没想到又遭此重大打击，匆忙间再次出逃，先是去了京都东北部的比睿山，后来接受了足利提出的媾和条件，交出了象征皇权的三种神器。足利得到了神器后，就把后醍醐天皇撇在一边，拥戴新的光明天皇，而他自己创立的室町幕府，就像当年的镰仓幕府一样，实际掌控了全国的统治权。后醍醐天皇见自己被排除在了权力中心之外，不肯罢休，又向南逃到了现在奈良县南部的吉野，那里山高林密，地势险要，不容易攻取。后醍醐天皇把那里的一座名叫实诚寺的寺院改造成皇宫，在那里另立朝廷，与北部京都的朝廷分庭抗礼，从而形成了一片天空下的两个朝廷，两个天皇，哪一边都自认为是正统，从而开启了日本历史上的南北朝时代。

其实，这两个朝廷，这两个天皇，都一样没有实权，权力掌握在足利尊氏开创的室町幕府手里。一心想恢复天皇亲政的后醍醐天皇，折腾了近二十年，最后还是竹篮打水一场空，只能在偏僻的吉野苟延残喘，既缺乏得力的左臂右膀，又没有实际的强大兵力，3年后的1339年，孤家寡人的他便带着满怀的遗憾和痛苦，郁郁死去了。他的后人，虽然也试图夺回权力，无奈回天乏术，最后都遭到了失败。1392年，南朝也终于难以为继，不得不向北朝低头，于是，一场有点像闹剧的南北对峙局面，终于画上了句号，日本从此正式进入了室町幕府的时代。

在日本的三个幕府中，室町幕府是唯一一个将幕府，也就是将军的统治中心设在京都的幕府，这就造成了一个非常有趣的现象，即在京都城内，同时存在象征着最高皇权的朝廷，和掌握着实际统治权的幕府，这就使得京都在三个幕府时代中，地位最为重要，它再次恢复了政治中心、经济中心、文化中心的地位，它给后世留下的遗产，无论是有形的还是无形的，都要超过平安时代。现在的人们在追寻日本文化的源泉时，会发现室町时代的京都，是一个巨大的宝藏。

幕府的将军，跟皇室一样，也是世袭的。1392年以武力迫使南朝的后龟山天皇交出象征皇权的三种神器并实现了南北统一的，是室町幕府的第三代将军足利义满，他也是京都北山文化的开创者。足利义满是室町幕府第二代将军侧室所生的儿子。他10岁时，父亲去世，幼年的他就继任了将军的位置，一开始由别人来辅佐他。21岁时，他觉得自己已经长大成人，就开始亲自主政，在平定了几次地方武装的叛乱后，逐渐建立起了自己的权威，显示出了不同凡响的统治才能，并稳固了幕府的统治基础。他是一个有些政治野心的人，年少时曾经熟读《孟子》，比较服膺孟子的民本思想，认为真正有才能的人，可以取代天皇建立新的朝廷。在南朝与北朝统一以后，他的威望也可说是如日中天，在朝廷中获得了极高的待遇，得到了相当于宰相的太政大臣这一最高的官职，这时的他，真是有点如日中天、目中无人的感觉了。

足利义满生前，对于京都的重建和发展，贡献甚大。他是一个有作为的统治者，有胸襟，有目光，有识见，也有手段。1378年，他在今天的京都北小路室町，也就是今天京都御所的西侧修建了一座宅邸，称为“室町殿”，于是这座大宅邸就成了他日常生活和处理公务的所在，这也是后人把足利家族创建的幕府称为室町幕府的由来。这时足利义满完全成了一个叱咤风云的权势人物，原本在京都的王公贵族和地方上的豪门就向他敬献各种名贵的花草树木，遍植于宅邸内的庭院中，春夏秋日，竹木扶疏，花卉盛开，因而也被称为“花之御所”。1381年，室町殿举行了盛大的落成典礼，当时的后圆融天皇也光临了这所宅邸，各路高贵显要都一并出席，这标志着公家（朝廷贵族）与武家政权的联袂。1392年11月，足利义满在嵯峨的大觉寺恭迎来自南朝的最后一位天皇后龟山天皇，将其交出的象征皇权的三种神器奉呈给北朝的后小松天皇，自此，南朝消失，皇权正式统一，结束了长达57年的南北朝时代。自足利义满开始的室町时代，幕府与朝廷之间的关系不再像镰仓时代那么对峙和紧张，双方相对比较友好缓和。

再说一下这一时期天皇家族的居所。上文曾说到皇室长期借住的闲院在镰仓时代中期的1259年遭到烧毁后，皇室就在几个地方辗转流离，后嵯峨上皇修建的龟山殿是一个相对固定的住所。在分裂的南北朝时期，由足利尊氏扶植起来的北朝的皇室居住在土御门东洞院殿，这里是室町幕府时代的皇宫。1392年，南朝表示结束在吉野山的存在，交出的三种神器也被移放到了这里。1401年，这里被大火烧毁，第二年重新修建，面积扩大到此前的两倍以上，后来也是屡建屡毁，到江户时代末期的1854年再度被全部烧毁，我们今天看到的京都御所，是1855年复建的，地点也有变更，距今有160多年的历史。一般的观光客去游览京都的御所，也就是昔日的皇宫，也许会感慨日本皇室的悠久，其实这处建筑群的重建，距离明治大幕的开启，只有十几年而已，建筑本身并没有太深厚的历史积淀（比北京的故宫、巴黎郊外的凡尔赛宫、英国的白金汉宫，甚至重建后的圣彼得堡冬宫都要年轻得多），却与周边古木蓊郁的御苑一起，营造出了古老悠久的幻象。

话题再回到足利义满和由他创建的北山文化。1394年，年仅36岁的足利义满就把将军的位置让给了他的儿子义持（当时年仅8岁），退位后的他担任了王政中最高的官职太政大臣，仿照皇室的做法，自己处于上皇的地位，依然在室町殿主理政务大事，半年后又皈依佛门，成了一个法皇式的存在，实际上依旧操控着政权。这时他从西园寺家族那里，接受了位于京都北侧衣笠山东北山麓（一般称为北山）的一处最早建于1224年的山庄，花费巨资对其进行了大规模的改扩建，并于1297年落成，他将其命名为北山第，里面设有宸殿、会所（日文的汉字原文为“会所”）、舍利殿（这座金碧辉煌的楼阁就是后人所说的金阁寺）、护摩堂等诸多殿宇楼阁。足利义满自己也从室町殿迁居到了北山第（也称北山殿），一直到老死，北山殿内的北御所就一直是他的主要居所，而其妻子则居住在南御所。1404年，他因为主动开启了与明朝中国的贸易而获得了永乐帝朱棣册封的“日本国王”的称号，心里甚为得意，在北山殿内隆重欢迎了来自中国的使者。也在这一年，他邀请了当朝的后小松天皇到北山殿住了十个月左右，他的这一举动，目的或许是向天皇展示自己的权势，他此时的感觉就仿佛自己是一位上皇一样，他对天皇的姿态也如同父子一般，天皇对他也是恭敬有加，但足利义满最终还是没有敢篡夺皇位。

足利义满也算是一个具有文才武略的人物。北山殿建成后，不仅成了一处新的处理公务的场地，还成了一个非常重要的社交场所。在足利的手下集聚了相当一批各路文艺人才，之后在15世纪初，形成了一种被后人称为北山文化的日本文化的新结晶。

在切入北山文化和东山文化的主题之前，我想稍微说一下自己对日本文化基本内涵的认识。我认为，后人理解的日本传统文

作为北山文化象征的金阁寺

化，大致由三大部分组成。第一是公家文化，上文已经说到，这里的公家，主要指的是平安时代的王公贵族，他们大抵都具有遣唐使们带来的大陆文化的素养，精通汉诗汉文。他们优游岁月，沉醉在吟诗作歌、笙歌宴饮的岁月中，或是礼仪作法的讲究中，对于四季的景物变化，具有纤细的感受力和敏感的体悟力，这就逐渐养成了他们很高的对于美好事物的品鉴能力和审美能力，或许可以用优雅一词来加以概括。但同时，他们对于外界的世事纷扰、民间疾苦知之甚少，他们也很少做健全的运动，因而造成了他们羸弱的身体和有些病态的心理，他们一般都不具有阔大的心胸和豪迈的气概，在优雅的同时，柔弱也是它重要的一面。结果朝廷在最后丧失了实权，成了被搁置在一旁的傀儡。这一种文化被称为公家文化。第二是武家文化。11世纪左右逐渐在庄园制基础上形成了武士阶级，又以若干个豪族为核心形成了若干个武士集团，他们依靠自己的武力最后掌握了实权，建立了以幕府为形式的政权。武家文化的特点，就是勇猛、果敢、忠诚、朴素，具有责任心，重视名誉，因此也一定会有凶狠、顽强、粗犷、讲究实际利益的一面。后来的武士道，以及在对外侵略战争中日本军人表现出来的凶猛坚韧的行为，都可以追溯到武家文化。镰仓时代是日本武家文化发达的时代。第三是以禅宗为主轴的佛教文化。禅宗是在镰仓时代，即中国的南宋时期由僧人荣西和道元带过去的，在镰仓时代中后期开始在地方和中层社会广泛传播，后来又在京都等文化中心站住了脚，因而它的影响力遍及中央和地方的社会各阶层，以后融入日本人的日常生活中，在一定程度上左右了日本人的生活态度和审美意识，以至于在后来成了日本文化中的一个十分重要的元素，其重要性可以说超过了中国本土。

而这三者，在室町幕府时代达到了高度的融合，因为执政者本身是武士阶级，武家文化是它的基本属性，而室町幕府又地处京都，京都是朝廷和王公贵族的地盘，是公家文化最繁盛的现场，恰好在此时，禅宗的临济宗和曹洞宗的影响力达到了一个高潮，在这三种元素的滋养下，诞生了北山文化和东山文化。简单来说，15世纪初成形的北山文化，在日本历史上第一次完成了公家文化和武家文化的完整融合，同时融入了诸多禅宗的元素；而15世纪中期完成的东山文化中，武家文化的色彩已经比较弱，更多的是公家文化和禅宗文化，甚至禅宗文化在一定程度上占据了主导的地位。

所谓北山文化，实际上是在当时既有的日本文化的基础上，以京都的北山为中心而形成的一个文化的综合形态，包括建筑、造园、佛教、文学、美术、戏剧、陶器和漆器工艺、染织等诸多领域。

今天我们所见到的金阁寺，就是当年舍利殿的遗风。在建筑和造园上，受到了14世纪中期的禅僧梦窗疏石的绝大影响，具有比较浓郁的禅风禅意。梦窗疏石主要生活在14世纪的上半叶，早年出家，20岁的时候来到京都，在荣西创建的建仁寺皈依禅宗。1299年中国高僧一山一宁受元王朝的派遣来到镰仓（当时镰仓幕府还存在），希望日本能和平归顺元朝（此前元朝已经两次出兵远征日本，均以失败告终）。梦窗疏石闻悉一山一宁来到了镰仓，就离开京都前往镰仓，希望跟从他研习佛禅。不料镰仓幕府怀疑一山一宁是元朝的间谍，曾短期将他囚禁在伊豆的修禅寺，不久就放他出来，请他做了镰仓的建长寺和圆觉寺（被列为镰仓五山的第一和第二，有关五山，下文再说）的住持。梦窗以其在偈颂（一种参悟佛理的词语）的创作和体悟上的颖慧，而得以拜在一山一宁的门下，先后跟随他学禅三年，可谓是深得一山一宁亲炙的高僧。后来梦窗疏石就在日本各地游历，结庵修行，声名日隆。1325年，当时的后醍醐天皇就下敕招他到南禅寺做住持。顺便说及，上文提到的中国禅僧一山一宁1313年受后宇多法皇的敕命来到京都的南禅寺当住持，他不仅在佛学上造诣深湛，而且书画皆佳，又通儒学，尤其是朱子学，对诗文小说也有研究。法皇本人对一山一宁极为崇敬，亲自跟随他学做参禅功夫。1317年一山一宁在南禅寺病重时，法皇自己到寺院里来看望他，因此一山一宁是一位在日本受到普遍敬重的高僧，去世以后被授予国师的称号。梦窗疏石日后来到南禅寺时，一山一宁已经圆寂。这时恰好发生了后醍醐天皇与镰仓幕府之间的激烈冲突，最终足利尊氏获得了实际的政权，开创了新的幕府，并在佛门上皈依梦窗疏石。以后一直到室町幕府的末代将军为止，足利家族都是梦窗一派的门徒。梦窗在日本历史上，除了是一位高僧之外，更为人所记得的，是他作为一位造园设计的顶级大师（详见枡野俊明《夢窓疎石：日本庭園を極めた禅僧》，日本放送协会2005年）。足利义满建造北山殿时，梦窗疏石虽早已去世，但他门下弟子众多。在整个室町时代，在造园上梦窗疏石已经成了一座高峰，其特点，就是善于将禅思禅想中“无”的思想融入庭园和建筑的设计上，营造出一种空灵、清寂的意境，会有许多巧妙的留白，使人生发出无限的联想和遐思，在有限的空间营造出悠远空寂的氛围。室町时代是日本造园艺术的一个高潮期，梦窗疏石以及这一派构思建造的不少庭园，成了日本造园艺术史上的经典之作。梦窗疏石的造园思想在北山殿的营造上得到了部分的实践，北山文化中，就包含了造园艺术这一重要部分。今天的金阁寺，主要的建筑已非当年的原貌，被称为金阁寺主殿的舍利殿在1950年被一个有点疯癫的僧人烧毁前，也曾经修葺了许多次。现在人们见到的，更是1955年重建的新构。当年北山殿的大部分建筑，后来都已损毁。参观的人们在随着密集的人流匆匆前行的步履中，恐怕也很难细细品味梦窗一派富有禅意的构思，但在游人稀少的晨昏，多少还是能够感受到些许梦窗派的禅味。顺便说及，这里的正式名称并不叫金阁寺，而是鹿苑寺。

当然，北山殿也并不是梦窗一派造园理念的完美体现，从现存的金阁寺那金光灿灿的外观上，我们依然可以看到武家文化在审美上喜好靓丽的一面。相对于宫廷风的公家而言，在足利义满身上，还残留着武家好大喜功、讲究排场、推崇装饰的诸多痕迹。

在北山时代形成或成熟起来的其他艺术样式，还有能乐、日本风格的水墨画、五山文学等。能乐又可分为“能”和“狂言”两大类，是一种戏剧表演形式，由足利义满所宠幸的世阿弥和观阿弥父子两代人将民间有些低俗的猿乐改造而成，既保留了民间谐谑、幽默的成分，又加入了宫廷的舞蹈和民间的歌谣吟唱的元素，从而形成了可在舞台上表演的戏剧形式“能”和幕间插入表演的“狂言”。这两种表演形式在江户时代走向了进一步的成熟。

至于水墨画，故乡自然是在中国，宋代开始传入日本，元四家的影响更为广泛。一开始日本人只是欣赏和模仿，后来慢慢形成了日本特色的水墨画，其画作不仅仅是画在纸上，更多的是画在具有装饰意义的屏风和隔扇（日语称为“襖”或“障壁”）上。15世纪初期的名叫如拙的画家，就可谓是日本水墨画的开拓者，他受第四代将军足利义持之命创作的屏风画《瓢鲇图》，画面是一个半僧半俗的乡野之人用一个葫芦按住一条活泼跳跃的鲶鱼，实际上蕴含了禅宗里的一个公案，让人自己去生发联想。这幅画现在是日本的国宝，珍藏于妙心寺的退藏院。水墨画在镰仓时代传入日本，于室町时代在禅林中发展起来，其中心的舞台便是京都，而北山殿是它的一个温床。

而五山文学，更是北山文化的一个核心部分。这里稍微花一点笔墨先讲一下五山，再说说五山文学。

什么是五山？五山这个词语，准确地说，“五山十刹”，是宋代中国人依据印度“五精舍”的说法创造出来的。大家知道，最初从印度那里传来了“禅”，然后由中国人在唐代时开创出了禅宗，可以说是佛教在中国的一种新形态。宋代时，禅寺就已经很兴盛了。南宋时，13世纪初的嘉定年间，礼部侍郎史弥远向朝廷奏请设立禅林的五山十刹制度，简单地说，就是把当时林林总总的大小禅寺分个级别定个高低，以五山为最高，底下还有十刹。当时定的五山是：杭州及周边的径山寺、灵隐寺、净慈寺以及宁波郊外的天童寺、阿育王寺。在南宋及以后的时期，这五座禅寺就被定为中国最高级别的禅寺。日本在9世纪停止派遣遣唐使之后，日本与中国的官方往来差不多就中断了。北宋的时候，官方和民间的往来也比较少，但是到了南宋，日本的平安时代已经结束，开始了武士当权的镰仓时代，有一些道德学问都很高的僧人坐了商船到中国来，比如荣西、道元等，把南宋时期的禅宗传到了日本。当时掌权的北条家族，也想借助中国文化的力量与京都那边的传统势力相抗衡，于是模仿南宋的五山制度，在镰仓也设立了五山，分别是建长寺、圆觉寺、寿福寺、净智寺和净妙寺。1335年在镰仓幕府倒台之后，京都方面就另外建立了京都五山，觉得自己在权威上要高于偏远的镰仓，因而停止了镰仓的五山，直到1386年才认可了镰仓的五山，因此日本就有了两套五山制度。京都的五山，从顺序上来说，分别是天龙寺、相国寺、建仁寺、东福寺和万寿寺，另外把最初曾列为五山最高格的南禅寺，定为别格，也就是特别的位置。顺便说一下，属于禅宗寺院的五山，在日本基本上都是属于中国传过去的临济宗。换句话说，日本的五山，是禅宗内临济宗的寺院，在如今日本的佛教中，具有极大的影响力。这两地的五山，都成了从镰仓时代晚期到室町时代中期的日本文化高地，由此诞生了五山文学，并带动了日本禅学、庭园、建筑、茶文化的发展，成了京都北山文化的核心之一。当年的万寿寺今天已成了东福寺的一部分，它的名字差不多也被湮没了，而其他几座寺院，在今天的京都依然享有崇高的地位。镰仓的五山，我曾去看过建长寺和圆觉寺，面貌与初建时的格局相比，有了一些改变，但依旧古色苍然。

再说说什么是五山文学。五山文学就是诞生在禅寺里的日本汉文学。

我在上文中已经述及，镰仓时代和室町时代，都是武家将军掌权的幕府时代。以朝廷的王公贵族为中心的公家势力已经大为衰败，日本的文化和艺术的精华差不多转到寺院里去了。僧人成了整个社会最有学问、最有文化的人，寺院和僧人的地位很高，朝廷和幕府都非常看重他们。在禅林中形成的文学，在日本就获得了很高的地位。平安时代的中后期，遣唐使的派遣早已停止，融入了更多日本本土元素的国风文化兴盛起来，汉诗汉文就渐渐淡出了日本的主流文坛。差不多一直到了中国的南宋时期，由于民间贸易的展开，两国的僧人就坐着商船互有往来，禅宗就是在这个时候传入日本的。1246年，临济宗高僧兰溪道隆受镰仓幕府第五代将军（当时叫执权）北条时赖的邀请来到镰仓，开创了后来被列为镰仓五山之首的建长寺。1279年，已经是天童山景德寺首座的无学祖元，受镰仓幕府第八代将军北条时宗的邀请，来到了日本，成了镰仓五山之一的圆觉寺的开山祖，最后在日本终老。还有一个叫一山一宁的，也是一位高僧，在梦窗疏石的部分已经提及，后来做了普陀山观音寺的住持。元王朝建立后，曾经两次攻打日本，都没有成功，于是就派了一山一宁作为和平谈判的使者去敦劝日本服从元朝。结果一山一宁被当作间谍关了起来，但最后他的道德和学问折服了日本朝野，先后做了镰仓建长寺、圆觉寺和京都南禅寺的住持，受到了日本皇室的高度尊敬。这些高僧到了日本，把中国宋代禅僧中流行的一些偈颂、诗文以及宋代的木版印刷技术也一并带到了日本。那个时代，日本人看中国，还有较多仰视的姿态，于是五山的禅僧，也开始模仿宋元的禅僧，吟诗作文。尤其是室町时代中期（13—15世纪），在京都五山中涌现出了一大批文学造诣很深的僧人，留下了许多汉诗文集。在日本朝野的眼中，这些人都是很崇高的存在，在日本文学史上留下了独特的硕果，木版印刷也被称为“五山版”。上文提到的梦窗疏石就是一位杰出的五山文学的创造者，而被后人称为五山文学双璧的义堂周兴和绝海中津，都出自梦窗疏石的门下。本书主要是讲京都，对于他们的文学成就，具体就不展开了。这里也可看出，北山文化中，有很大的一部分跟禅寺和汉文学有关，由此也可看出北山文化的丰富性和多元性。

象征着东山文化的京都银阁寺

足利义满死后，继任者对北山文化依然有所继承和发扬，但也发生了一定的演变和衰败。第八代将军足利义政即位以后，又滋生出了另一种文化，即东山文化。在京都的东面，是一长溜逶迤绵延的山峦，称为东山。1483年，喜好艺术又痴迷于禅宗的足利义政在东山山麓建造了自己的别庄东山殿。他死后，按照他的遗嘱改建为一个寺院，称为慈照寺，如今留下的建筑只剩下银阁和东求堂，一般俗称为银阁寺。相比较北山文化，东山文化最大的特点是弱化了武家的色彩，而更多地融入了禅宗文化，因而无论是建筑还是庭园以及艺术品，都洗去了北山的华丽和灿烂，而呈现出简素、枯淡、寂远的面目。简单地说，它在建筑上诞生了以后日本民居中最主要的样式“书院造”，银阁旁边的东求堂是它最早的体现。在造园上，出现了最具日本特色的枯山水，这些我会在下篇详细展开。在绘画上，形成了“大和绘”领域最具影响力的两个流派：土佐派和狩野派，前者沿承了平安时代以来的宫廷风格，优美典雅，后者则较多地显示了武家的文化，色彩较为浓艳而富有装饰效果。作为大和绘，这些画作主要以日本的风景、四季的变化甚至每个月的景色变化为题材，其形式更多地体现为屏风画，一年十二个月的风景变化就用十二面屏风来一一展现，已经显出了与中国画较大的不同。在茶道领域，倡导茶禅一味的村田珠光已初步开创了侘茶，为以后茶道的完成奠定了基础。在花道领域，池坊专庆创建了富有禅意的池坊流花道，直至今天，仍然是全日本影响力最大的花道流派。可以说，绝大部分体现了日本传统的文化样式，在北山文化和东山文化中已经酿成了成熟的形态。更重要的是，由于15世纪后期日本又出现了政治动荡甚至是战乱，很多上层人士和大批受他们庇护的艺术家，纷纷离开动乱中心的京都而流向地方，带动了这些文化向地方的传播，并渗透到了民众层面，上下互动，进一步塑造了日本人的精神世界。

因此可以说，在由室町幕府第三代将军足利义满和第八代将军足利义政于京都创建的北山文化和东山文化中，我们所知晓的日本传统文化才真正定了型，因此也可以说，京都是日本传统文化的大本营。比较遗憾的是，就有形的遗产而言，由于日后的战乱、大火、洪灾和地震，大半已从今天的视线中消失了，即便金阁寺和银阁寺如今已被列入了世界文化遗产，但真正还留存了当年模样的，大概也就是银阁寺（正式的名称是慈照寺）内一般被人称为银阁的楼阁和东求堂了。银阁当初叫观音殿，东南面是一水池。楼阁为两层建筑，据说是仿照西方寺的琉璃殿建造的，屋顶是木板铺设的，将禅宗的佛殿与私人住宅结合在一起，上一层是禅寺风格的潮音阁，底下一层是住宅样式，被称为心空殿，1389年竣工。这两座建筑，算是东山文化在建筑和庭园领域内仅存的硕果了。我的感觉是，它更多地融入了禅的内蕴。

另外再补充一点，就是在南北统一到1367年应仁之乱爆发之前的一个较长的时期，京都的城市规模也得到了一定程度的发展。这一时期，京都的武家人口大约有3—4万人，其中包括幕府本身的近卫队约有骑兵2—3千人，其他管理各藩国的守护大名也有大半集聚在京都，他们自己随身的骑兵部队约有6—7千人，再加上各类步兵侍从，以及家眷等，共有数万人。有学者推算，这一时期京都的常住人口在20万左右（高桥昌明《千年古都京都》中译本，上海交通大学出版社，第138页）。有这样规模的居民数，就一定会带动城市的商业发展。上文说到，平安时代的居住单位——坊，到了后期四周的土墙都已圮坏。早年官营的东市和西市两个市场也已涣散凋敝，一些居民就沿着道路自己开设了各种固定或移动的商业点，商业比以前兴盛了。同时出现了多种以行业为单位的行会，诸如棉业、丝织业、铸造业、木材业等。值得一提的是土仓和酒业。土仓就是仓库式的建筑，是仓储业的重要存在。有些经营仓储业的人财力渐渐雄大，也兼营起了借贷、抵押的金融业。而酿酒业，日本在这一领域起步较早，早期多是宫廷、官府和势力较大的神社寺院垄断这一行业；到了镰仓时代，民间的酿造、销售渐渐活跃起来，但依然必须有官府和神社寺院的背景；进入室町时代，酿酒业进一步发展，在15世纪初，京都城内和郊外的酿酒作坊达到了347家（朝尾直弘等著《京都府の歴史》，山川出版社，2012年，第139页）。有需才有供，由此也可见这一时期的京都，人们的生活已经比较滋润，也有了相当的商业氛围。

战国时代的风云

公元前5世纪初到前221年秦实现大一统之前，中国曾有一个近两百年的战国时代，可谓是群雄逐鹿，战乱迭起，也出了不少英雄豪杰。日本差不多在1 700多年之后，也出现了一个长达百余年的战国时代。日本的战国时代终止于哪一年，学界有多种说法，但它的起始，是1367年爆发的、长达10年的应仁·文明（两者均为年号）之乱，大概是没有疑议的。室町幕府虽然也一直延续到第十五代将军足利义昭的时候才正式拉上了帷幕，但实际上在足利义政死后，差不多就已结束了。

开创了京都东山文化的第八代将军足利义政，有点像中国历史上南唐的李后主或北宋的宋徽宗，本人雅好文艺，富有较高的艺术鉴赏力（文才其实不如李煜和宋徽宗，李煜的许多词也算是千古绝唱，宋徽宗的书画至今仍被奉为珍品，足利义政自己并不擅长什么），却是一个不善治国理政的君主。在他手里，文化是十分兴盛，武备却是日渐松弛。足利义政婚后差不多有10年一直没有子嗣，他倒也没有强烈的权力欲，于是就决定把将军的位置让给已经出家做了和尚的弟弟义视，自己与一帮文艺人在东山山庄里优游岁月。不料在他弟弟听从兄长的旨意还俗做了将军的第二年，足利义政的妻子有了身孕，儿子义尚出生了。这时他的妻子日野富子就坚决主张立自己的儿子为将军，足利义政也就听从了枕边风，改了主意，决定由自己的儿子来继任将军。这下他的弟弟不开心了，拥戴他弟弟的一波人也不开心了。而另一波人则认为既然足利义政有了儿子，儿子继承父亲的位置是天经地义的。于是幕府里边就分成了两派，支持他和儿子的称为东军，支持他弟弟的一方称为西军，两军为了继承人的问题在1467年打了起来，里面还夹杂了好几种派系纷争和个人情仇。这是一场旷日持久的大战乱，给京都这座古城带来了毁灭性的打击，大部分建筑不幸毁于战火。比如上文中述及的足利义满在北山殿之前营造的室町殿（花之御所），就在1376年被全部烧毁，1379年曾重新修建，旋即再度烧毁，之后就没有留下任何的遗迹，今天只可见在原地的一个小巷口立的一条刻有“足利义满室町殿迹”几个字的石柱而已。他所经营的北山殿，除了舍利殿金阁之外，也悉数烧毁。被足利义满定格为京都、镰仓五山之上的日本最高地位的南禅寺，主要的建筑也在这场战乱中被全部烧毁。皇室所在地的东洞院土御门内里（后来称为御所），在这场战乱中成了军队驻屯的兵营。战乱持续了整整十年，两派的首领也先后去世。足利义政在战乱中的1473年把将军一职让给了儿子义尚，自己隐居到了东山山庄里。不料他的儿子却是一个短命鬼，24岁就死了。足利义政不得不重新出山，第二年他自己也死了。从此，幕府虽然名义上还存在，但实际的权力和权威都已坠落了。

近代以前的城市，大都没有完备的消防设施。京都等城市基本上都是木结构的房屋，火灾（包括战火）是毁灭城市的第一杀手。应仁·文明之乱给京都带来的劫难是毋庸置疑的。不过当时的战场主要位于城市的中北部，也就是俗称上京的区域，南部的下京地区相对遭难较少。但是明应三年（1494年）7月的一场大火，则蔓延到了京都的中南部地区。据说被焚毁的房屋有一万余间，作为仓储和商业的重要所在的土仓也被烧毁了40多处。而1500年发生的一场大火，又再一次重创了上京地区，许多公家和武家的大宅因此而成为一片灰烬。令今天的人们难以想象的是，在上京和下京之间，也就是今天差不多最繁华的四条大路一带，横亘着一片南北宽达2千米的巨大的空旷地。这一区域人烟稀少，房屋零落，农田和荒草交杂，到了夜间往往是盗贼出没，月黑风高，如同乡村一般。京都几乎被割裂成了上京和下京两个城市。据估测，当时京都的人口锐减到了3万人左右（高桥昌明《千年古都京都》中译本，第167页）。

应仁·文明之乱后，幕府的权威坠落，各路的大名纷纷割据一方，彼此争斗，扩张权势。由此，日本进入了一个长达近百年的战国时代，京都也因此而跌入了一个相对黑暗的时期。

在此起彼伏的战乱中，1534年出生的织田信长渐渐崭露头角。他先是果断地清除了得到母亲宠爱而时时威胁到他的弟弟的势力，1560年又在狭桶间的一场偷袭战中大获全胜，由此声名大作，远近的一些武将纷纷投奔到了他的麾下，他的力量也由此壮大。1568年9月，织田信长率领大军浩浩荡荡进驻京都，拥戴足利义昭继任室町幕府的第15代将军，并通过朝廷使足利义昭获得了征夷大将军的称号。接着在今天京都的乌丸通、新町丸、丸太町通一带为足利义昭建造了一所宏大的御所，作为幕府将军的所在地。御所四面见方，占地约2万平方米，用墙垣围起来，墙外挖建了双重的壕沟。但不久以后，足利义昭和织田信长之间就发生了龃龉，1573年足利义昭试图借助武田信玄等的力量来讨伐织田信长，被织田信长攻破。信长决定废除这个不听话的傀儡，在这一年把足利义昭从落成没多久的御所中赶了出来，驱逐出京都。好端端的一个将军御所，后来就人去楼空，慢慢地荒芜起来，到了今天已经毫无遗迹可以探寻了。足利义昭后来又试图联手地方势力讨伐信长，都没有成功，于是勉勉强强维持了240年的室町幕府就此正式从历史中消失了。

1582年3月，织田信长乘势消灭了今天山梨县一带的武田胜赖，差不多就要平定关西、关东这两个最重要的地区，实现全国的统一。可就在这一年的6月2日，爆发了使局势产生剧变的“本能寺之变”。这一天，织田信长在京都的本能寺里遭到了他的部将明智光秀的袭击。本能寺与其说是一个寺院，不如说是信长在京都落脚的一个据点，改建后设置了壕沟、墙垣和马厩等，可以驻扎一定的兵力，具有一定的防守能力。长期以来对信长的行赏感到强烈不满的光秀，不惜铤而走险，试图杀死信长自己取而代之。据说光秀的兵力有13 000人，而事发的当天晚上，信长的护卫兵只有100人而已。信长自然是寡不敌众，肩部被光秀的火枪队击中，慌忙之间逃到屋内，他知道这次无法逃脱厄运，于是点火燃烧房屋，以此结束了自己的生命。光秀试图取代信长的位置，自己称霸，但遭到了丰臣秀吉等人的讨伐。11天以后，光秀受到山里村民的袭击，自杀身亡。

本能寺之变，当然是个非常著名的历史事件。1990年代的后期我有一次在河原町三条一带漫步，拐入小巷，偶然间见到一座寺院，门口挂着的牌子是"本能寺"，不觉一阵兴奋，心想："这不就是当年改变了日本历史的事变发生地吗?"后来才知道，名称虽还是本能寺，但地点和建筑与当年的原物几乎已没有关系了。织田信长受袭的本能寺，位于四条坊门小路的西洞院，是在1546年重建的。后来丰臣秀吉改造京都城市，将市内的寺院基本集中在寺町，于是本能寺在1592年被移建到这里。然而那时的大部分建筑，也在1864年的倒幕与护幕势力发生冲突的"禁门事变"中被战火烧毁。如今宽七间、进深七间的主建筑本堂，是1928年再建的，距今不到100年，唯有面向寺町通的总门，是1880年时将恭明院的门移建过来的。所有寺院的地点、格局、进门乃至寺院内的建筑，都已不是当年事变发生时的原貌和原物了，只是挂了一个本能寺的名而已。为表示纪念，如今在本堂的东侧，建了一座信长庙，可以让人来作一点点的追思和怀想，不过，要在这里发一点怀古之幽思，实在是有点勉强了。

丰臣秀吉的大手笔

可以说，使14世纪的应仁·文明之乱后丧失元气并渐趋破败的京都真正出现起色的，是丰臣秀吉着手进行的城市大改造。

1536年出生于尾张，也就是今天爱知县的丰臣秀吉，原来的家庭是很低微的。他原本也只是一个小人物，后来侍从织田信长，一点点崭露头角。1573年，他当上了近江长滨城的城主，不久就成了信长手下一员骁勇善战的大将。1582年信长在京都本能寺受到部将明智光秀的袭击时，他正在对占据了日本的中国地区（今天的广岛山口一带）的毛利家族发动征战。获悉自己的主君受袭后，他立即停止了与毛利家族的战斗，与对方暂时达成了和解，带领自己的军队星夜策马奔向京都，去讨伐反叛的明智光秀。在山民的协助下，取得了光秀的首级，击溃了光秀手下的叛军，重新稳定了织田信长的天下。后来在信长接班人的问题上，与同一阵营内资格最老的人物柴田胜家发生了冲突。1583年4月，柴田胜家就在近江，也就是今天的滋贺县一带对丰臣秀吉展开了进攻，双方发生了激战。不意丰臣秀吉在遭到进攻的情况下绝地反击，打败了柴田的军队，一举扫除了阵营内最强大的对手，理所当然地成了织田信长的继承人。他迫使一直在关东地区养精蓄锐的德川家康加入自己的麾下，东征西战，在1590年平定了各地的大名，统一了全日本。在这之前的1585年他就获得了关白的称号，第二年被天皇赐姓丰臣，并当上相当于宰相的太政大臣，坐稳了天下。

于是，丰臣秀吉就把政治舞台定在了京都。可是，他刚刚接手时的京都，还相当地杂乱、破败。拥有雄才大略的他，在手下的辅佐下，开始制定并推进京都的大改造、大整顿。比较突出的，大概有三项。

第一，他要重新框定京都市的范围，把它分为“洛内”“洛外”两部分。于1591年在划定的“洛内”，也就是京都主城区的周边，垒筑“御土居”，用我们中国人容易理解的话来说，就是土筑的城墙吧。我在前文中曾讲到，当初的平安京，除了大内里（皇城）的围墙和最南端罗城门左右的一小段城墙外，整个京城是没有城墙的。以后除了天皇居住的临时宫室（里内里）、王公贵族或武家豪门的宅邸是有墙垣的之外，作为城市的京都是没有城墙的。丰臣秀吉建造“御土居”的目的，首先是要明确区分“洛内”和“洛外”，洛内才是真正的京城区域，洛外则是近郊或郊外；其次是维护城内的治安，便于城内的管理。土墙的四周开设七个门，供不同方向、不同区域的人进出。称为御土居的夯土墙，1591年开始修筑，墙的基底部很宽，高度在1.5—3.6米不等，也有高约7米的，顶端种植竹子。挖出土的地方，修建城壕，宽度从3.64—18米不等。如此，则一般人不能逾越。由御土居围起来的洛内，东到鸭川（今天热闹的祇园等都在鸭川的东岸，也就是御土居之外了），西面与纸屋川相接，南边到九条为止，并把东寺划了进来（但今天的京都博物馆以及三十三间堂一带不在洛内），北面到鹰峰，今天的京都大学等都在御土居之外。

整个御土居，也就是用土垒筑起来的城墙周长22.5千米。这当然是一项很大的工程，但丰臣秀吉通过地方上的大名征调了大量劳役，居然在一年之内建成了。与此同时，他对洛内的格局做了调整，刚才说到的把城内的寺院集中于寺町一带就是一例。

第二，他为自己建造了一所“聚乐第”，类似于自己居住的宫殿。丰臣秀吉一开始并没有打算将京都作为自己的政治中枢，此前他已经建造了大坂城，他想以大阪为据点来控制京都，然而当1585年他就任了极为重要的关白一职后，便决定把京都作为自己的中枢之地。于是在1586年便着手在平安京时代作为内里（宫城）的地方建设一座自己的宫殿。这一地区已常年荒芜，从内里落到了内野的地步，但它的地理位置还是相当好的。丰臣秀吉给它起了一个喜乐吉祥的名称，叫聚乐第。开工一年半以后落成，翌年4月还请了当时的后阳成天皇到聚乐第来观赏，可见丰臣秀吉当年的得意。确实，这是一座完全可以跟后来的二条城相媲美的、宏大的城堡式大宅第。遗憾的是，实际的建筑今已不存。根据17世纪初留下来的《聚乐第屏风图》，和当年记录后阳城天皇视察时情景的《聚乐行幸记》，以及后来部分的考古挖掘，目前可推算到的最大规模是：北至一条通，南到丸太町通，东接堀川通，西抵千本通（森谷尅久《京都を楽しむ地名·歴史事典》，PHP研究所，2014年，第61页）。如果是这样的话，也足可见丰臣秀吉的气派和手笔。据记载，整个宅第分为内城和外城两部分，城墙外侧，建有护城河。今天京都车站稍北的西本愿寺内的飞云阁、浴室等，据说是从聚乐第那里移建过来的，从中多少还可以窥测一些当年的风貌。

第三，营建了宏大的伏见城。丰臣秀吉原本已经在京都南郊宇治川观月桥的北侧（当时的地名是指月森林）的地方，开始营建供自己隐居（不过直到他1598年8月暴病身亡为止，他都从来没有退出过政治舞台的中心）的宅邸，1594年又把它扩建成另一个城堡式的建筑。可是建成后不久，即遭到一场大地震，房屋建筑大都被损毁。丰臣秀吉并不气馁，他随即又在稍北的伏见山上大兴土木，建城造屋。不仅如此，他还擘画河川的改流，用筑堤的方式，把原来朝东流向巨椋池的宇治川河水向北引到伏见城的南面来，再在淀川上修筑堤防，将淀川和宇治川连接起来，一同浩浩荡荡地流向大阪，促进了京都与大阪两地的河运。又以伏见城一带为据点，向北辟通与京都城之间的大路，向西南开通与奈良相连的大路，这样就把京都和奈良在陆路上顺达地连接起来了。以伏见城为中心，这一地区逐渐形成了一个围绕城堡的城下町，渐渐繁荣起来。

丰臣秀吉真是一个令人有点惊愕的精力旺盛充沛、野心雄雄勃发的“天下人”（日本人对他的称呼），这一时期，他正在策动、谋划并落实指挥一场进犯朝鲜半岛并进而进攻明朝的大规模战争，同时竟然还有这样的财力和精神上的余裕来建城造屋、修河筑路。很可惜，他所营建的上述三个大工程，随着他的暴病身亡以及地震和1600年的关原大战，在几年之后或是一夜之间毁于战火，或是渐渐颓败损毁，到后来，几乎被历史的风尘所遮蔽。一代枭雄，也终被岁月的风云所晕染，唯有当年建造的长达20多千米的御土居，今天还残留了几段破壁颓垣，让人知晓，京都一度也曾有过用泥土垒筑起来的城墙。

江户时代的三大都市之一

纵观世界文明史，在一些文明的中心区域，真的很难寻到长达200年以上的和平年代。人类对于利益和权力的渴求，引发了无数的猜忌、倾轧、纠葛和争斗，导致了兵戈扰攘、刀光剑影的不断迭现。日本列岛自然也不例外。然而在17世纪至19世纪的中叶，日本得到了罕见的250年左右的和平时期（期间也曾有1600年的关原大战、1614—1615年的大阪之战和1637—1638年的岛原之乱），这就是最后一个幕府执政的江户时代。

江户时代可以叙说的事情当然有很多，但本书主要讲京都，也可稍稍扩展一下，讲到江户时代形成的三大都市。除了京都之外，还有江户和大阪（那个年代，大阪都写作大坂）。京都，因为始终是一个朝廷所在的王城，所以在三大都市中具有鲜明的特色。

1603年，德川家康将幕府正式设置在江户时，江户还只是一个在历史上名不见经传的普通的“城下町”（以日本式城楼为中心形成的城镇），此后因为幕府当局实行了“参勤交代”制度以及要求各地大名的妻儿长住江户以作人质，开始了“天下普请”的大建设。幕府要求各地大名派出人夫参与江户的扩建，削平山头，填埋洼地，架桥造屋，大兴土木。到了1633年，新的城市已经轮廓初现，渐成规模，宽永时期（1624—1644年），町人（市民，不包括武士阶层）人口达到了15万。江户历史上曾屡遭大火的毁坏，其中以1657年的明历大火最为严重，几乎烧毁了大半个江户城。此后又制定了新的城市建设规划，着手新的建设，规模也愈加壮大。据18世纪上半期的人口调查，町人人口超过了50万。一般认为，武士的人口也有同样的数量，那么到18世纪前期，江户已是一个拥有100万人口的大城市了。

大阪位于近畿地区，与王城的关系密切。645年大和朝廷还曾在此地建造过难波宫，但不久就遭到冷落。15世纪时，其南部的堺，作为一个与海外进行贸易的窗口，曾经相当兴盛，在战国时期又衰落下来。直到1583年丰臣秀吉建造了大坂城，大阪再次在日本历史上崛起，依靠便利的港口和海运，在江户时期发展成为一座大城市。关西一带的各种货物，尤其是食品，包括酱油、稻米、果物、蔬菜，多在大阪集散，大阪被称为“天下的厨房”，也由此孕育了一大批商人。到了19世纪初，大阪也汇聚了将近50万的人口，成了江户时代日本三大都市之一。

由于长达260余年的政局的稳定和社会的安宁，再加之几乎与外界隔绝的孤岛状态，已经在近两千年的历史积淀中逐渐形成的具有列岛特色的日本文化，在江户时代便渐渐地蕴积、酝酿、催发、生长出诸多成熟的形态和样式，获得了空前的发展，以至于现今人们所熟识的日本传统文化，大部分竟是在江户时代才正式定型、正式登场、正式展现出身姿的。比如戏剧中的歌舞伎和人形净琉璃，诗歌中的俳句，绘画中的浮世绘，通俗小说的假名草子、浮世草子、草双纸、洒落本、读本、滑稽本、人情本等，可以说都是以江户为中心的都市文化的代表形式。饱暖思淫欲，商人和工匠的大量诞生，也催发了青楼业的兴盛，在日本桥附近的吉原形成了一个规模宏大的红灯区，日语称为“游郭”。后来虽因火灾地点有迁移，盛况却是长久不衰，而京都则以“岛原”最负盛名（有关京都的游郭，本书的下篇中再叙说）。

在这260余年中，就政治或实际的权力而言，江户无疑已经成了全国的中心，但是朝廷依然在京都，它仍然是一个王城。武将或武家们大都去了江户，这倒使得京都原有的公家文化得到了进一步的发酵和成熟，同时因为京都厚重的历史底蕴，有影响力的寺院和神社大都依然集聚在京都，不只是集聚，由于两百多年的和平岁月，还有了长足的发展。江户成了政权中心之后，人口迅速膨胀，物流发达，在17世纪下半叶已经成了全国的经济中心，这也是毋庸置疑的。京都的丝织、印染等传统手工产业一直拥有自己的优势。至于文化，相对于江户和大阪的庶民性，京都则试图在庶民和公家（宫廷）、寺家（寺院文化）三个领域都显出自己的优位性。

总体而言，江户时期，德川幕府与朝廷之间基本上一直保持着比较良好的关系。幕府对朝廷在财政上给予了稳定的支持，也对朝廷表现出了相当的尊重，而朝廷则一般不干涉幕府的政令，实际的国家行政一直由幕府在施行。而在京都，体现朝廷和幕府存在的，就是江户时期兴建的御所和二条城。

由于战国时代的长期战乱，到16世纪后半期，天皇居住的所谓御所，已经到了相当惨淡的境地，当时被人描写为“偏远地区的一所民居”。织田信长进入京都两年后的1570年，开始着手对御所进行修整。丰臣秀吉掌权后，差不多花了两年的时间改建了紫宸殿、清凉殿，对御所进行了较大规模的修建。在这一过程中，狩野画派的重要代表狩野永德率领自己的一干弟子，在御所几个殿堂内创作了诸多色彩绚烂、富有装饰效果的障壁画，大大提升了御所内的亮色。德川家康在江户开创了幕府，并获得了朝廷授予的征夷大将军的称号后，也对朝廷伸出了橄榄枝，再度对御所展开了整修，先是为后阳城天皇建造了院御所，继而又在1612年为后水尾天皇重新建造内里（宫城）。后来，在整个江户时代的两百多年中，一共对内里进行了8次营造。尤其是在1708年的宝永大火之后，将内里也就是御所的范围划定在乌丸通以东、丸太町通以北，命令原本这一带的居民迁移至鸭川以东（那时候鸭川以东是在丰臣秀吉建造的城墙御土居之外的所谓“洛外”）。如此一来，今天京都御苑的范围就全圈给了朝廷，人们如今看到的京都皇宫——御所，是在1854年大火之后于1855年复建的。

1869年，明治天皇在新政府的请求下，迁都江户，改名东京。于是，东京成了日本正式的首都（而不只是幕府政权的所在地），朝廷也迁离了京都，京都作为一座都城的历史，由此画上了休止符。那时，居住在御所周边的王公贵族们，也纷纷跟随天皇迁居到了东京。一时，不仅御所空落冷寂了起来，周边公家的宅邸，也成了荒无人烟的空巢。有将近20年的时间，这一带变得相当的萧索。有感于此，明治天皇便下令保护御所，于是京都当局便将这些渐趋破败的贵族宅邸拆除整顿，才有了目前御苑的模样。

御苑，我曾经去过几次，如今已宛如一个巨大的公园，四周是高大的宫墙，也称外郭，南北有今出川御门、堺町御门，东西有乾御门、石药师御门等可出入，里面树木苍翠，多少还留存着些许皇家的森严气象。御苑向国内外所有人开放，无须门票，自由进入，原先皇室居住地的御所，只是在一年之内作有限的定期开放，现在除了周一和新年假期之外，已全年开放。我曾经进入过一次，那时还是限期开放，是在2010年的11月，秋意正浓，是赏枫的时节，御所内虽也有庭院，却似乎并无特别让人迷醉的红叶，那天游人如织，有点摩肩接踵的感觉，却毫无嘈杂的喧嚣。那时，国内来的游客还很少。与北京的故宫相比，所有的建筑，均无灿灿的琉璃瓦，也没有朱红或明黄的亮色。取代了以前太极殿功能的紫宸殿，是御所内最主要的大殿，宽33米，进深23米，比奈良东大寺的大佛殿要小多了，主要用于天皇的即位和重大的仪典。远远望去，是一座有些素朴的大建筑，殿前是一片开阔地，地面铺着白白的细石，踩上去沙沙作响，很容易损伤鞋子。屋顶是扁柏树皮铺设的，有一种暗旧却洁净的感觉。梁柱门楣都是黑漆漆的，自上而下的窗户，却是由白纸糊成，一眼望去，只是黑白两色，简素而耐人吟味。与我在奈良看到的新复建的平城京太极殿，风格迥然相异。御所内的所有建筑，几乎都是灰黑的色调，或是建材的原色，很难让人生出皇家的富丽感。御所东西长250米，南北长450米，与紫禁城的规模，自然完全不可比肩。御苑内还有一处迎宾馆，是国宾级人物的下榻之地，也可供人参观，需购门票。还有一处称为仙洞御所，与大宫御所合为一体，平素并不开放，需要在宫内厅京都事务所预约，行期匆忙的游客，很难在短期内预约成功。御苑内还有三处神社，可自由观览。拾翠亭，也是游人常常光顾的一个景点。只是要记得，这并不是遥远的古迹，这只是100多年前重新修建起来的新构，但它依然让无数游客的眼前，浮现出了一个古都的意象。

二条城，是体现江户幕府在京都权力的所在，现在已是京都的重要景点。关原大战后的1601年，德川家康基本上已平定了天下。那时他还没有在江户开设幕府，但其权势已是如日中天，于是就吩咐西日本地区的各个大名，征召劳役和准备资材，帮他修建德川家族在京都的居所，由京都的所司代（治理京都的最高长官）板仓胜重担任工程的总指挥。这就是1603年时差不多建成的二条城。那一年他刚好获得了征夷大将军的任命，于是就在二条城内接受了部下的庆贺。二条城虽然后来也有毁损，但地点与最初大致无异。有意思的是，二条城的背面就是当年丰臣秀吉建造的聚乐第，东北面是当年织田信长为室町幕府最后一代将军足利义昭建造的旧有的二条城。

德川家康把自己的居所命名为二条城，就有自己的幕府是继室町幕府之后又一个正式幕府的意思，因此名称相同。1611年，后水尾天皇继位的时候，他再次来到了京都。1614年和1615年两次与盘踞在大阪城内的丰臣秀吉的儿子丰城秀赖开仗的时候，作战的大本营就设在二条城。此后，为了迎接后水尾天皇的入住，德川家康的孙子、江户幕府的第三代将军德川家光下令对二条城进行改扩建，1626年扩建工程完工后，天皇家族在城里住了5天。家光的目的是向天皇显示自己的实力和威望。1634年，家光率领了号称的30万大军，浩浩荡荡进驻京都，下榻在二条城。之后留下200多人驻扎在城内，算是驻守的军队，显示幕府力量的存在。后来幕府的将军几乎就再也没有来过京都，二条城只是显示他们权势的一个存在而已。

二条城在1750年的时候进行了改建，整个二条城的面积，包括本丸（内城）和二之丸（外城），共有27万平方米，规模很大。城内的天守阁是从以前丰臣秀吉建造的伏见城那里移建过来的，后来遭到了雷劈而被烧毁，就再也没有重建过。1788年即天明八年1月京都发生大火，二条城本丸以及部分的角楼、大门被大火烧毁，只留下了二之丸，其中的御殿、庭园以及东南的角楼、唐门等比较有价值，今天的游客去那里，主要也是看这些，不过，若是对日本的这段历史不甚了了的话，看了恐怕也会有些云里雾里。

1860年代初，德川幕府的势力已经有点日薄西山气息奄奄了。因为在1858年与英美法俄诸国签署了通商条约后，西方的势力陆续进入日本，引起了朝廷和部分藩国的恐慌。于是部分藩主与朝廷联起手来，举起了“尊王攘夷”的旗号。第14代将军德川家茂就在1863年来到京都（此前的第4—13代将军都没有来过京都），与天皇等攘夷派商议对西方强硬的路线。最后不愿意退让的幕府派出了“新撰组”到京都来刺杀攘夷派藩主，导致了1864年“禁门之变”在京都发生。1866年，第15代将军德川庆喜来到京都，在二条城接受了天皇授予的征夷大将军的任命。翌年，迫于尊王（即要求幕府将军下台、恢复天皇的亲政）势力的压力，末代将军德川庆喜在二条城内二之丸的御殿大广间（即面积最大的正房）宣布“大政奉还”，即把权力交还给朝廷。历时265年的德川幕府在形式上就此于二条城内谢幕（实际上翌年还有一场武力的较量）。

当然，人们今天到二条城去，也可以撇开这些有点无聊的政治风云，只需静静欣赏江户时代留下的建筑和庭园就好。

由于江户时代两百多年的和平，京都获得了历史上前所未有的安宁和发展。据日本学者的研究，1634年第三代将军德川家光到京都来的时候，京都的人口有41万人，之后大概一直维持在40万左右；而在较晚的1692年，大阪的人口约在34.5万人；在18世纪的1716—1736年间，江户町人（城市居民）的人口在50万左右（不包括较为庞大的武士阶层），这在近代以前，算是相当大的都市了。京都的安宁和发展，除了上文述及的皇室的御所、将军的二条城的修建和长期留存之外，还体现在以下的几个方面。

首先是产业和商业的发展。尤其是在京都有传统优势的产业，诸如西阵织、唐织、纹纱、绢丝等的兴盛，由此带动了印染业的发展，诸如绀染、梅染、茶染、蓝染等。其他还有武器、铠甲类的武具、佛具、美术工艺品、日用杂货品、食品等。各个行业还出现了规模不同的行业公会，以保护各自的利益。这时候，平安京时代城市的条坊制形式虽然延承了下来，但早年围绕坊而建造起来的围墙早已崩塌，彼此阻隔的墙垣早已不见了，甚至连坊的名称也消失了，代之而起的是一个开放的格局。这样的产业和商业的繁荣，也为近代大商家的出现提供了温床。比如1673年从伊势（现三重县）松阪来到京都创业的三井家，在新町六角下町开设了吴服[1]店“三井越后屋”，用实价现金销售（不虚设高

1 吴服一词最早指中国古代吴国出产的布帛制品，传到日本后，泛指用于制作和服的织物或和服的成衣，稍微带有高级感。

价，也不赊账），价格公道合理，以品质取胜，赢得了众多消费者的青睐，生意日渐兴隆。以后又在江户开设了同一屋号，并在京都江户两地，开设了汇兑金融业务，成了著名的京都商人。如今在日本家喻户晓的大百货公司“三越”，其名称就来源于“三井越后屋”。早已跻身世界五百强的日本综合商社三井物产，最初也是由三井家开设的。

其次是城市的扩大和繁荣。丰臣秀吉进行京都城市大改造时，为确定“洛中洛外”的区域分割，在洛中的周边围建了“御土居”这一夯土墙。那时东面以鸭川（包括它的上游加茂川等）为界，河的东面就是洛外，也就是市郊，相对比较荒凉。江户时代，鸭川以东的地域，也获得了长足的发展，如今十分热闹的祇园一带和冈崎公园及其周边，已经成了京都市区的重要部分。南部的七条一带，一直被列为下京，相对比较萧条，随着西本愿寺和东本愿寺的崛起，周边形成了一个以寺院为中心的街区，居民渐渐集聚起来，佛具香烛的生意也随之兴隆。另外，市内水运业的发达，也带动了城市的发展以及相关产业商业的兴盛。最著名的便是运河高濑川的开凿和运营。日本的内河，因其地理环境的因素，除了入海口等少部分河域之外，大都落差较大，水流湍急，且河水较浅，河床卵石突起，几乎都不适宜于航运，这同样也给京都的物流带来了不便。当时的大商人角仓了以就带着他的儿子，在得到官府的允准后，于1614年开凿了高濑川这条运河。比起中国的京杭大运河来，高濑川实在是小巫见大巫。在今天的京都鸭川的西侧，当你看到樱花树枝摇曳婆娑下的这条清浅的小河时，只会觉得风情万种，若无人告知，恐怕万万不会想到，这居然是一条江户时代在京都水运业上发挥了巨大作用的人工开凿的运河！高濑川全长10千米，宽约7米左右，水深不及半米，由鸭川（鸭川本身不宜航行）引出，再往南注入宇治川，通往大阪。如此窄、如此浅的一条小河，是如何来运送物资的呢？运河的开凿者发明了一种特制的窄而长的平底船，吃水极浅，加上运河的河床是用细石铺设，没有高低起伏，也不会淤积河泥，运送一般的物资以及木材，竟然可以畅通无阻。运河的开通，促进了京都的物资流通，也带动了沿岸码头仓库的兴隆，聚集了人流和人气。两岸一带随之开出了多家相关的商号和店家，也造就了鸭川东西两岸的繁盛。

再次，不可忽视的一点是文化领域的灿烂。丰臣秀吉当政的时候，为自己修建聚乐第，为皇家修复了紫宸殿、清凉殿等，再后来营造伏见城（日后这一带种植了大片的桃花林，每到春天便成了姹紫嫣红的世界，人们就把伏见城又称为桃山城，这一时期绚烂的文艺也被称为桃山文化），等等，都要对殿堂内部进行装饰，由此带动了狩野派画风的走红。狩野一派在整个16世纪末到18世纪的两百多年中，因其既蕴含了优雅的文人画的元素，又具有明显的装饰性风格，一直受到公家、武家和町人阶级的欢迎。到了17世纪20年代，又涌现出了本阿弥光悦、俵屋宗达等创作的富有文人画气息的杰作。在他们的影响下，到了17世纪末的元禄年代，诞生了尾形光琳、尾形乾山兄弟这样出色的工艺美术家。由他们创建的光琳画派，引领了这一时期日本的工艺美术世界，或者说光琳派与狩野派交响在一起，构成了江户时代日本工艺美术界的主旋律。而狩野派也好，光琳派也好，都创建于京都，并且以京都为舞台崭露出了头角。江户时代的京都，同时也是一个学术氛围浓厚的地方，后来风靡于江户的日本朱子学，就是由藤原星窝在京都创建的。藤原星窝少年时即来到京都，在曾是京都五山之一的相国寺学习禅学和儒学。1590年结识了作为朝鲜通信使来到京都的许筬以及丰臣秀吉从朝鲜强行带来的程朱理学家姜沆等，为其宣讲的朱子学所倾倒，日夜研习，学问日深，此后便以朱子学者闻名天下。晚年退隐于京都北郊的市原野，门下培养出了后来声名远扬的林罗山等日本朱子学大家，以至于日本的朱子学被称为京都学。林罗山后来经藤原星窝的荐举，1629年离开京都前往江户，当上了德川家康的侍讲。日后在江户开建家塾，宣讲朱子学，以至于后来朱子学成了江户幕府的官学，其实最初的发祥地都在京都。

京都不仅是一个雅文化或学术文化的孕育地，它也孕育了庶民文化。社会稳定、产业发展催生了町人（其中很多主要从事各种商业）阶层的诞生，他们更多地追求消费性的文化，于是最初在大阪和京都联动产生的、由出版印刷业推动起来的各种书刊画本受到了民众的喜爱。日本的活字印刷技术，最初是由丰臣秀吉攻打朝鲜时从朝鲜半岛带回来的。在江户时代之前，日本的印刷业几乎为寺院和官府所垄断，寺院主要是印制佛教经典和各种普及读本。17世纪初，民间的印刷业也借着活字印刷技术的东风，如雨后春笋一般遍布大阪和京都的街坊，假名草子等各种通俗文学读本受到了读者的追捧。到了17世纪中期，位于京都二条高仓东入的风月堂、二条乌丸西入的平乐堂、锦小路新町西入的文昌堂等，都是出版书肆的大佬。17世纪下半期，是京都出版业的高峰期，京都共有70—80家出版商。1693年共出版了7 300种书刊，佛教经典、俳谐作品、和歌集、儒学汉诗集、通俗小说类等，门类繁多，每一种书刊的印数在800—8 000册。书肆中，最负盛名的要数位于六角麸屋町誓愿寺下的“八文字屋”，由八文字屋自笑创办，专门出版一些通俗甚至有些低俗的市井小说。17世纪末，与京都出身的浮世草子（通俗小说的一种）的作者江岛其碛联手推出了一系列以市井生活，尤其是商人的吃喝玩乐为主题的小说，来迎合一般的町人读者，一时大卖，尤其以《倾城色三味线》最为走红。18世纪以后，出版业和娱乐业的中心渐渐转到了江户，京都的这些行业就有些凋敝了。

京都在进入18世纪后的渐趋凋敝，与一百多年间发生的三次大火可谓紧密相关。

第一次史称宝永大火，发生于1708年3月8日的凌晨，位于京都中心区的油小路通附近的一户商家起火。火势在西南风的煽动下，向北烧到了今出川通，向南烧到了锦小路通，西止于油小路通，东到鸭川河畔。皇室所在的御所和诸多王公贵族的住宅都遭到了大火的侵害。大火共烧毁民房10 351幢，寺院和神社119处，大名的宅第21处。京都的中心区域几乎全被烧毁，城市受到重创。

第二次史称天明大火，1788年正月三十日开始，起火于鸭川东岸团栗过子的民家。火势趁着大风，不仅席卷了东岸的大部分建筑，而且越过了鸭川一直蔓延到西岸。由于当时缺乏有效的消防设施，加之建筑都是木结构，大火一直燃烧了两天两夜才平息。燃烧的范围，北到鞍马口通，南到七条通，东到鸭川东面，西到千本通，几乎涵盖了大半个京都。共有3.7万幢房屋被烧毁，6.5万户人家流离失所，连朝廷所在的御所、将军住地的二条城以及规模宏大的东西本愿寺都被烧毁了大半。在留存下来的文献记录中，这或许是京都历史上最为惨烈的一场大火，整个城市以及市民的生活和都市的产业都遭到了毁灭性的破坏，很多产业被迫流向其他地区，京都的一些传统的优势产业诸如染织业、酱油酿造业等从此走向衰落。

第三次则是由兵戎相见引发的大火。时代已经到了江户幕府的末年，围绕尊王攘夷的问题，长州藩（大致相当于今天的山口县）与幕府之间发生了激烈的对立。长州藩企图重新扶植并鼓动朝廷来与幕府对抗，结果在1863年遭到失败而退出了京都。但他们心有不甘，翌年的1864年7月再度进入京都，于18日晚上突袭京都御所，企图胁迫天皇来与幕府相拮抗，结果与萨摩藩和幕府的联军发生激战。这场事变日本历史上称为“禁门（禁门就是皇宫也就是御所的大门）之变”。当时洋枪洋炮已经传入，不只是简单的冷兵器之间的互相击杀，炮火还引燃了今天御苑西面的“蛤御门”。战火从御所传出，蔓延到了京都的部分街区，范围向北到了丸太町通，南到七条通，东到寺町，西到东堀川，也就是说今天京都的中京区和下京区的大部分都被殃及。幸好御所本身（烧毁了几处木门）以及二条城、西本愿寺等幸免于难，但是东本愿寺、六角堂、本能寺等都被烧毁。遭难的居民共2.7万户，中心城区的60%被焚毁，损失惨重［有关京都的火灾，主要据伊东宗裕的《京都の火災図　京都市歴史資料館蔵大塚コレクションについて》，载《京都歴史災害研究》第9号（2008

年）、中村琢巳等《都市大火史から見た近世京都の景観研究》,《京都歴史災害研究》第14号（2013年）等]。这差不多是京都历史上最后一场遍及全市的大火灾了。

从1708年开始到1864年，这三场大火对于京都的打击都是毁灭性的，尤其是天明大火，因此京都从18世纪末期开始进入了衰退期，而与此同时恰好是江户迅速崛起的年代。但江户幕府本身终于在倒幕力量的联合进攻下，于1868年正式退出了历史舞台。倒幕胜利的萨摩、长州诸藩组成了新政府，拥戴天皇重新执政，改年号为明治。

此时京都经历了三次大火，尤其是"禁门之变"，其造成的灾难后果在1868年的时候还没有恢复过来，于是主流意见便主张迁都江户，并改江户为东京。这一年的9月20日，在京都的御所紫宸殿内举行了即位仪式的年少的明治天皇（那一年才16岁）出发去东京，历经长途跋涉（当时还没有铁路和现代公路）后抵达，象征着日本历史上第一次王权东移。然而在年底的时候，他又回到了京都。也许他觉得新年还是要回到自己熟悉的京都御所度过。但是1869年的3月7日，他再度踏上了前往东京的旅程，历经20余日，于28日抵达东京。原先将军的居所经修缮后成了他的新御所，这就是今天东京的皇居。鉴于当时京都大部分人反对迁都的呼声，天皇也非常为难，他并没有正式发布迁都的诏书，就这样悄无声息地完成了迁都这一重大的动作。9月24日，反对天皇东行的市民包围了京都御所，有数千人集聚在御所东面的石药师门，群情激动。留在京都的长官和京都府知事就宣谕民众，应允说天皇在明年的3月将会回到京都举行传统的皇家典礼大尝祭，民众的激情这才平息了下来。到了天皇东行不久的10月5日，年轻的皇后也出发去了东京。而翌年春天的大尝祭最后也没有在京都举行，黄鹤一去不复返了。于是在京都的公卿外山光辅等人就试图通过武力迫使天皇重新回到京都，这一计划被发觉后，这些人在1871年3月被抓了起来。随着新都东京的奠定，原先在朝廷里供职的众多王公贵族就以加入明治新政府的形式，连同众多侍从、仆役也一并迁移到了东京。京都在幕府末年号称有7万户（1户大约有6—7人）居民，这时减少到了6万户（据朝尾直弘等的《京都府の歴史》，第275—276页）。

以御所为首的京都一些中心区域，一下子人去楼空，变得冷寂萧索起来，一时间民众也是人心惶惶，不知未来前景如何，唯有白云千载空悠悠。而随着那些有钱的王公贵族的动迁，原本比较高级的手工艺品的消费市场也大大萎缩，京都的传统产业因此受到了沉重的打击。原先一直受到有地位的武士和大名支撑的各种传统文化（诸如茶道、花道、演艺、舞蹈等）的家元[1]也失去了保护者，传统文艺迎来了一个有些艰难的考验期。不仅如此，当时的皇室与京都及周边的寺院有着特别的关系，朝廷及众多王公贵族的离去，割断了这一特殊的联系，各家寺院也都感到了一阵凄凉。

实际上，这就是近代大幕拉开之际京都最后的图景。作为京城，它已不复存在；作为古都，它的中心区域已被历代的劫难和

---

1 “家元”是一个日文词，指能乐、舞蹈、茶道、音曲等领域开创及继承了这一流派的最高师匠，起源于室町时代的北山文化和东山文化，兴盛于江户时代，逐渐演变成一个颇为严密的继承制度，一直延承到今天。

大火糟蹋得满目疮痍。都城地位的失落，大大减弱了它昔日的金环与威光。因此，当时留给世人的京都，并不完全是一座屋甍鳞次栉比、荡漾着晨钟暮鼓、充满了诗情画意的古城。

我在本书中屡屡写到了京都这座城市因宫廷的内讧、宫廷与武家之间的争斗，以及公武两者各种犬牙交错的利益纷争而引发的各种战乱，还有火灾、水害、流行的疫病、饥荒等给京都这座古城带来的频频破坏，并不是要刻意渲染京都的阴暗一面，而只是想让今天流连徜徉在古都街巷的观光者知晓，作为古代京城的这座都市，由历史积淀起来的地面上的有形物象，其实大半已随着历史的风尘而灰飞烟灭了。今天人们看到的所谓古老的京都，大都是19世纪中叶及以后的留存，我们只能通过这些不太久远的物象，来触摸、来感受这座古都悠长的历史脉络。事实上在人们的视觉和脑海中浮现的古都意象，更多的只是一种幻象，或者说是后人努力修复的实像与虚像交错叠合的图像而已。

现代在历史中发酵

近代的尝试与变异

我在阅读有关京都的文献或在街头做实地考察时，有一些史实让我颇感惊讶。京都毫无疑问是一座有着1 300多年历史积淀的古都，当年还是尊王攘夷势力的大本营，对西洋势力最初进入日本，似乎一直是持抗拒的姿态。因此，当美国东印度舰队司令佩里将军率领军舰在1854年打开日本的国门之后，横滨、长崎甚至遥远的函馆等，都已陆续出现了诸多西洋的新元素，而京都似乎依然顽强地坚守着已日趋破旧的老面孔。然而，当明治维新的大幕正式拉开之后，古老的内陆城市京都，也展现出了令人稍稍有些惊异的新面貌。

面对经济困窘的京都，新成立的明治政府的会计官在1869年4月借给了京都10万两的劝业基金，商法司又拨借了5万两，共15万两（这在当时是一笔巨款），还表示要免除京都市区的房地产税（后来因地租修订而未实行），并下拨一笔产业基金。这对窘迫的京都来说，当然都是利好消息。

日本在1871年7月实行“废藩置县”的行政决定，废除以前的各个藩国，而改为县府制度（现在实行的都道府县的行政区划是后来出现的，1869年设立北海道，1943年设立东京都，之前为东京府），每个府县的最高行政长官是知事，由中央政府任命和派遣（战后的1947年根据新制定的地方自治法，知事改为本地区民选）。比较有意思的是，京都或许是由于它特殊的地位，在1868年就认命了知事。不过后来实际主持行政的是当时担任第二把手的大参事槙村正直，他起用了两个人来担任他的智囊。这两个人既有旧学的根底，又接触过洋学，率先在一般认为很保守的京都实施了仿效西方的新政实验。

首先是开办了新式的小学。京都作为一座京城，其整体的文化水准一直是很高的。日本在江户时代，就诞生了“寺了屋”。原本是各家寺院为了吸引本宗派的信徒而开设在寺院内的简易学校，由知识水平较高的僧人担任教员。除了宣讲佛教经典和本教派的教理之外，主要教导一般的平民子弟识字和简单的计算技能，日语称为“阅读写作用算盘”。因为基本不收学费，所以平民阶级乐意把自己的子弟送到寺子屋来学习。后来一些寺院之外的人，也开设了这类简易学校，收取一点低廉的费用。因此日本在进入近代之前，其基本的教育水准或者说识字率在全世界都算比较高的。为了学习西方的先进文明，明治政府在1872年就颁布了推行现代教育的“学制”，将全国划为若干个大学区、中学区和小学区，分别计划在各个区内设置大学、中学和小学。但就日本当时的国情而言，这一计划是过于雄大而超前的。设立大学在当时完全不成熟，没有相应的中小学基础，怎么可能一下子冒出来大学呢？因此“学制”在1879年被废除，而代之以比较实际的教育措施。不管怎么说，1875年前后，新式的现代小学开始在日本普遍建立起来了，并逐步推行到义务教育。可是，日本最初的新式小学，竟然最早是出现在京都，而且是超前的“学制”都还没有颁布的1869年！

这一年京都决定设立新式的小学，资金来源于上下两个方面，有地方政府筹资拨款和市民捐助两条途径。以居民的居住区划町组为单位，在每一个町组设立一所小学，全市共设立了69所小学。这可以说是全日本近代教育的先驱，此时明治政府也才刚刚建立起来，而且，那时京都因为遭受了1864年禁门之变引发的大火灾，市中心的一半以上被烧毁，整个城市还处于艰难的复兴期，从这一点来说，京都的做法是相当富有前瞻性的。在今天的下京区御幸町通光寺附近，有一所京都市学校教育博物馆，是利用后来关闭的一所小学的校舍改建而成的。这所小学就是1869年成立的下京第11番组小学，1872年改为下京第13区小学，1875年改为开智小学，以后一直延续到1992年，已有124年的历史。因居民的迁移和学校的调整合并而关闭，以后就改成了学校教育博物馆，里面的资料图片和实物向人们详尽地展示了京都近代教育的历程。这些史实，外人真的了解不多，也不禁让我对京都刮目相看。

还在明治政府尚未明确提出“殖产兴业”政策的明治三年（1870年）11月，京都当局就在河原町二条下原长州藩宅邸的西北设立了舍密（化学）局，开始了药物检查。翌年1月又在高濑川七条坊设立了制革场，引进西方近代的制革技术。1872年1月又在贺茂川（鸭川上游段的名称）西岸二条上新设了舍密局分局，研发制造肥皂、冰糖和柠檬水（这些以前在日本都没有）。这一年的4月，在上京土手町丸太町开设了以职业教育为主旨的女红场新英文学校，到了10月，又在桂川东岸建造了近代的造纸厂。当时的日本人对于这些新玩意还是相当陌生的，具体的技术工艺也不大懂，于是京都当局就聘请了不少洋人来做指导，其中有在织物染色方面掌握了良好技术的法国人莱昂·朱利、在陶瓷器业的技术革新上留下了重大功绩的德国人歌德弗里得·瓦格内尔、建筑专家英国人伊尔斯科德·威顿夫妇等人。不仅引进来，还走出去，1872年派遣了3名西阵织的技工到法国去学习先进的织布技术，以推动京都传统产业迈上新的台阶。

当时京都的主政者确实富有新眼光和大格局，他们觉得应该通过新的形式来让京都人看一下新的世界，于是就鼓励民间人士于1871年10月在西本愿寺的书院里举办了京都博览会。开幕后不久，在京都当局的支持下，成立了京都博览会社。翌年举行了第一届正式的京都博览会，会期从3月10日到5月30日，并且允许外国人进入京都。当时德国陶瓷专家瓦格内尔等都参加了这一届的博览会。这差不多也是日本最早的博览会。古老的京都，在洋风吹入之后不久，在许多领域，竟然成了一个开风气之先的都市。

这里稍微说一下京都在行政区划上的沿革。1868年旧历闰四月，京都府正式宣告成立，行政长官曰知事。但当时的管辖区域还比较小，之后把龟山藩、福知山藩、宫津藩等收归在旗下，到1876年8月，京都府的范围大致与今日相同。1889年4月，京都市作为一个行政区划正式成立，由京都府知事兼任京都市市长。1898年10月，产生了第一任京都市长，府知事不再兼任，但仍由中央政府任命。战后的1947年起根据新制定的《地方自治法》，市长由市民选举产生。

进入明治时代后，京都一方面由于许多王公贵族随天皇一起移往东京居住，以及诸多藩主撤离京都而造成了城市上层居民的大量减少，又因为部分寺院的土地被官府没收，而造成了大批房屋和土地的荒芜，另一方面却也为新政府发展新的产业提供了大量的土地和房产，因而新的学校获得了开设的可能。明治政府在刚刚建立时就迫不及待地推出了一个“废佛毁释”的激进政策（这部分在第二部分中再细说）。因为丰臣秀吉的京都改造计划，大批原来聚集在寺町一带的寺院被迫交出土地，或缩小寺院规模，因而腾出了许多空地，这就为京都的近代城市商业发展提供了空间。今天甚为热闹的新京极一带的商业繁华街就是在那时开始形成的。

而几乎所有的这些启动近代产业的资金，都来自明治政府拨付的15万两产业基金。然而到了1880年底，上京和下京的区长要求把这笔基金直接转到上下京联合区会，主导京都市政的槙村就满足了他们的愿望。这样一来却也造成了京都府一级的产业发展本金的消失，槙村的施政陷入了困境，不得不在1881年宣告下台。接替他的新知事是北垣国造。

北垣并不是京都本地人，他出生于今天的兵库县但马（神户牛其实就产自那里）。后来辗转各地，在东京接受了自由民权思想，并成了这一思想的积极倡导者，因其开明的政治姿态而受到了京都人的欢迎。他上任伊始，就积极推进建设开发京都的政策，创建了京都商工会议所，推动同业组合（类似于行业公会）和会社（近代公司）的创设，促进社会资本的整合，对近代产业的培育，由政府直接主导改为间接参与，以激发市场的活力。

在北垣的任上，他做的最大的两项事业，一是建造开通了京都与面临日本海、位于现在京都府宫津湾的宫津（那时还不属于京都府）之间的车道。1881年11月开工，1889年12月竣工，2年后交付使用。行驶公共马车，从京都到宫津，30个小时多一点可抵达（我后来从京都乘坐特快火车去过那里两次，单程两个半小时）。就当时的技术和资金能力而言，这确实是一项颇为宏大的工程。这样，就把京都与北边的日本海沿海地区连接在了一起。

另一项重大的事业是琵琶湖疏水工程。琵琶湖的水面与京都市的地面，有50米的落差，中间有斜坡和山峦阻隔。这项工程是想把琵琶湖的水通过水渠引到京都市内来，一方面可以为京都市民提供足够干净的饮用水，另一方面则可以开辟一条途经琵琶湖到京都的水路，可以把京都西北部的物资通过水路运送到京都。北垣知事为此事组织了一个专家调查组，事先进行了大量的测量和计算。由于京都各界反复商议，筹措资金，又得到了中央政府农商务省的同意，最终定于1885年动工，启用了刚刚从工部大学毕业的年轻人田边朔郎担任工程的最高技术负责人（他的毕业论文就是做疏水设计），相当于今天的总工程师。那一年田边才22岁。这里补充一下，所谓工部大学，最初是直属政府工部省（大概相当于中国的工业部）的工学寮，1877年改名为工部大学，后归文部省（教育文化部）管辖，1886年东京大学改名为帝国大学的时候，工部大学与原东大内的工艺学部合并组成帝国大学工科大学，也就是今天东京大学工学部的前身。疏水工程需要开挖水渠、在山间辟通隧道，为了使船舶能够在落差很高的两地通行，就在坡度较大的路段修建索道铁路，通过索道的牵引用平板车来运送船舶。1889年4月工程竣工，翌年天皇、皇后出席了竣工典礼。在此期间去了美国考察的田边等人在参观科罗拉多州阿斯本水力发电站时深受启发，回国后建议将原来通过水车产生动力的装置改为水力发电，于是就有了运用疏水渠的水流落差建成的日本第一座水力发电站。这不仅改变了原来索道车的动力，而且产生的电量为京都市内的弧形电灯、有轨电车、近代产业、电话等提供了电力，由此大大改变了京都市的面貌，也使后来的现代设施得以诞生。京都市后来还开凿了鸭川运河，与宇治川相连接，如此一来，琵琶湖水域就通过水路与宇治川打通了，促进了这一地区的物资流通。后来在1908年又启动了开挖第二条水渠的工程，1912年竣工，进一步提升了两地之间水上运输和发电的功能。好几处隧道口还修建了门楼式的纪念性建筑，门楼上题写了颇有意思的词句，均为汉文，诸如“气象万千”“过雨看松色”“美哉山河”“雄观奇想”等等。北垣和田边都题了字，明治时代的日本人，汉学修养和书法都很不错。

2010年秋天我去南禅寺散步，就看到了此地的疏水纪念馆。还有一段高9米多的用红砖砌成的拱形水渠，长近100米，后面映衬着林木蓊郁的山坡，红砖的拱形柱上，斑驳的印痕显出了历史的沧桑。在今天看来，或许已无壮观的感觉，在当年，作为一项基本靠人工完成的工程，想来也是颇为不易。那里还矗立着一尊田边朔郎的全身雕像，潇洒跃动的身姿，体现了他意气风发的年轻风貌。当然，琵琶湖疏水工程的实际功效，在今天已变得微乎其微，这条水道，已成了人们坐船游览的观光路线。

京都本来迁都之后可能会比较沉寂落寞，但经几位行政长官及京都上下的努力，现代的元素在传统的积淀中发酵、萌发，使京都走上了近代的行程。1894年，京都迎来了建都1 100周年的大庆，京都当局想借此机会重新在全国突出自己古都的历史地位，决定建造平安神宫。在与大阪进行了激烈的举办权争夺之后，成功地于1895年在京都举行了大规模的为期4个月的第四届内国劝业博览会，吸引了113万人入场。这一年还在平安神宫举行了盛大的建都纪念仪式。这些都提升了京都在近代日本的人气。神宫占地22 000坪（1坪约等于3.3平方米），殿宇建筑模仿当年平安京的大内里（皇城）规制，规模是原来的八分之五，如今也成了京都的一个热门景点，且成了京都市青年男女举行神前婚礼的人气场所。我也曾陪人去过那里几次，就我个人而言，除了能感受一点当年平安京的皇城风情外，并无特别的魅力，周边都是人流如织的观光客。只是有一次，恰值黄昏时分，夕阳西下，落日的余晖斜照在平安风的殿宇屋甍上，金光灿烂。抬头望去，东面是郁郁苍苍的绵延山峦，如果此时，蓦然羌笛声起，孤鹜横空，倒也多少会让人生出几分时空倒错的苍凉感吧。

平安神宫的所在地冈崎，原本是一片菜地和杂木林。内国博览会结束后，场内的美术馆就成了后来的京都市美术馆，博览会馆的主建筑也移建到了冈崎的广场上，成了冈崎町博览会馆。1903年借皇太子成婚之际，冈崎建造了带有动物园的冈崎公园。在此前的1886年就已在今天的八坂神社里侧建造了圆山公园。而那个年代，在中国，除了洋人在租界建造的几个只许洋人进入的小型公园外，公园的概念对于中国人而言还是非常陌生的，1903年的时候，中国还没有任何一处动物园。

一座城市向现代的迈进，内外交通是极其重要的。京都在开辟水路方面已经做出了很大的努力，但现代的都市，仅有水路是远远不够的。这一问题，全日本都注意到了。1871—1873年，由当时明治政府的主要领袖组成的海外考察团在欧美游历了两年多，其深刻的体验之一，就是欧美已经开始了便捷的铁路建设且取得了惊人的成就。他们一行从旧金山出发乘坐火车经过横贯全美国的东西大铁路，到了英国，更是感受到了铁路带来的极大便利。回国之后，明治的领袖们便设法筹措资金，请来外国专家做技术指导，具体规划操作则是由日本人自己来。于是在1872年建成了日本第一条东京新桥通往横滨的铁路（顺便说及，中国的第一条铁路是1876年由英国人建成的淞沪铁路，因上下的强烈反对，最后不得不拆除）。以后铁路建设便在日本各地铺开。作为东京大阪神户铁路的一部分，1877年开通了连接京都与神户的铁路。1889年，京都与东京之间的铁路也告竣工。数年之后，又开通了连接京都与奈良和日本海沿岸地区的铁路。由此人员和物资的流动更加便捷，一下子跃进到了一个新时代。

需要特别叙述的一点是，京都是全日本第一个建成市内有轨电车（日语称为“路面电车”）的城市。1895年，民营的京都电气铁道会社建成了从当时的京都火车站到伏见町的市内轨道交通，这是全日本首次出现的城市有轨电车。1912年，京都市营电车公司成立并开始营业，不久收购了民营电车公司，对京都市内的有轨电车路线进行了统一的规划和建设。那个时候，私人汽车还非常罕见，公共巴士也远没有普及，因此市内有轨电车是人们出行的主要交通工具（上海以前也有多条有轨电车，至今欧洲以及日本的部分城市依然还保存着颇具古风的有轨电车）。京都总会有些令人意想不到的开风气之先的举动。这些市内有轨电车一直运行到1970年代初，后来被发达起来的市内巴士和地铁以及出租车替代了，如今节奏有点悠然、伴有叮当铃声的有轨电车已经在京都街市的风景中被抹去了。

在现代的日本文化风景中，京都一度曾以它辉煌的成就在日本电影业中扮演了一个前卫的角色。说起日本近代最大的电影公司，无疑要推1912年成立的“日本活动写真株式会社”（简称“日活”，那时日本把电影称作活动写真，后来改称映画），而组建“日活”的核心分子，就是京都的横田商会。横田商会的老板横田永之助本来是一个商人，1900年被派往法国，参加巴黎万国博览会（世博会），被那里方兴未艾的电影业所吸引，于是就购买了摄影机和胶片等带回了日本。当时只是拍摄一些很简单的片子，主要以进口电影为主。日本最早的固定电影院是1903年开设的东京浅草电气馆，京都在1908年也开设了西阵电气馆等好几家室内电影院，尤其以横田商会开设的新京极电气馆最为著名。1910年，横田在京都二条城西南角楼的下面搭建了一个摄影棚，开始拍摄一些古装剧和武打片，后来就是与其他公司一起组建了日本最大的“日活”。1920年，由京都出发去东京创业的松竹合名会社创建了松竹电影公司。1923年9月关东大地震发生后，东京的电影公司全都转移到京都来了。松竹在京都的下加茂（今左京区下鸭宫崎町）建造了摄影所，“日活”也在北区大将军一条町建造了日活关西摄影所。由于京都拥有强大雄厚的演剧力量，一时间以古装剧为主体的电影就在京都兴盛起来了。1935年前后，电影跨进了有声时代。日本最著名的日活、松竹、新兴电影等十来家电影公司纷纷集聚在京都偏西北的太秦这个地方，后来太秦被称为日本的好莱坞，京都成了日本电影制作的主要舞台。二战以后，日活改为“大映”，新兴电影分成了“东横”和“东映”。1960年前后，太秦汇聚了12个大型摄影棚。一直到1970年代，随着日本电影业的衰微，京都作为日本电影之都的地位才慢慢陨落。如今太秦已成了大型的电影游乐场，即游客们常常光顾的“太秦电影村”。

进入近代以后，京都也成了除东京之外全日本水准最高的学园都市，这在下篇再叙说。

战后的彷徨与革新

有一个事实一直像个谜。

1944年下半年开始，美军开始对日本本土实施大规模轰炸。从11月下旬开始到第二年的2月，美军飞机出动22次、共计

2 000架次以上的轰炸机，对日本的工厂区，尤其是飞机等军用产品的制造工厂进行了精准的轰炸。日本的空军和地面防空部队几乎对它无可奈何，这使得日本人感到相当恐慌。

1945年2月开始，美国方面调整了策略，把以前只是对准军需工厂的轰炸扩展到一般的城市街区，日本人曾经吹嘘他们有不少军需品的工厂和作坊就夹藏在居民区，于是美国人把目标扩大到了普通的市民生活区。2月4日，美军对神户的港湾设施和市中心进行了轰炸，投放了大量的燃烧弹，造成了不少平民的死伤。3月10日，这是一个至今仍令东京市民难以忘怀的恐怖日子。B29轰炸机为了避开日军飞机的拦截，选择在这一天漆黑的凌晨，出动了334架飞机，直奔东京，投下了不少炸弹以及更多的燃烧弹。美国人知道，日本的建筑多为木结构，一点火星就可将其化为灰烬。果然这一次的大空袭，有23万户住家被烧毁，有将近12万市民被烧死或烧伤。第一次东京大空袭之后，美军又对名古屋、大阪、神户发动了大规模空袭。大阪的情况比较惨，有13万户住家被烧毁。5月25日，美军再次对东京进行了大规模空袭，6月以后，又对横滨、川崎、鹿儿岛、福冈、宫崎等总共54座大小城市展开了空袭，人口10万以上的城市几乎无一幸免。

但是有一个不解之谜，京都和奈良，甚至东京近旁的古城镰仓，基本没有遭到空袭，因而日本的大量古建筑得以留存下来。这是为什么？后来在日本一直流传着这样一个说法，说是有一个名叫兰登·沃纳（Langdon Warner）的美国东方学家，建议美国政府不要轰炸这些古城，因为这里保存了日本的许多文化遗产，从保护文明的角度，不要毁坏这些古城。沃纳是一个什么人呢？

他1881年出生于美国马萨诸塞州坎布里奇（也有译作剑桥的），毕业于哈佛大学，专攻东亚美术，早年曾跟从波士顿美术馆东方美术部主任冈仓天心学习过。后在波士顿美术馆长期供职，屡屡来到日本和中国进行实地考察，据说还曾把敦煌的一些珍品带回美国，后来出版了《不灭的日本艺术》（1950年）等堪称经典的著作。二战期间，他隶属于美国“保护战争地区艺术及历史遗迹委员会”，曾向美国政府提交了有关日本艺术和遗迹的地图和报告书，建议美军不要对京都等古城实施轰炸。所以，京都等在这场大规模的空袭中幸免于难。

这样的说法最早出自日本的媒体。1945年11月11日《朝日新闻》发表了一篇报道，题为《京都奈良得以幸免，人类的珍宝得以保护，乃是因为美军中有一个日本美术通》，报道援引了与沃纳交往颇密的日本著名美术评论家矢代幸雄的谈话。由此，“沃纳是京都、奈良的恩人”这一说法就广为传开了。想想也是，为何京都等能够幸免于难呢？不过，沃纳本人1946年来到日本，当媒体问及他是否向罗斯福总统建议不要轰炸京都等古城时，他对此表示了否定。而日本人的理解是，沃纳太谦虚了。他的形象反而变得越来越高大。京都、奈良、镰仓的一些地方都建造了他的供养塔和纪念碑，日本政府甚至向他颁发了外国人所能得到的最高的二等瑞宝勋章，感谢他挽救了京都等古城。这样的说法在战后几十年中几乎就成了一个常识。

然而，大阪樟荫女子大学有一位吉田守男教授，经过了长期的研究，1994年在《日本史研究》杂志上发表了一篇论文《沃纳传说批判》，犹如一块巨石，掀起了巨澜大波。翌年，角川出版社出版了他的著作《向京都投原子弹吧！ 沃纳传说的真实》，2002年朝日新闻社又出版了他的著作《日本的古都为何免遭空袭？》。吉田教授通过对大量文献的研究，认为沃纳确曾向美国政府提交过报告和文物清单，不过不是保护的清单，而是日本在对外扩张中以各种方式从中国掠去的大量珍贵文物的清单，建议日本战败后，作为对战败国的处理，日本应向中国等交还这些文物。美国没有对京都等发动大规模的空袭（事实上有过6次空袭，共炸死302人，炸伤563人，只是规模不如东京大阪等地），是因为美国有一个计划，想把京都作为一个投放原子弹的试验场，因而之前没有对它实施大规模的空袭。事实上，京都曾经被列入投放原子弹的候选城市，只是因为在广岛、长崎遭难之后日本宣布投降，京都才最后得以留存。至于奈良和镰仓，因其地位低、城市小，没有重要的工业和军事设施，美国一开始就忽略了它。吉田教授的研究相当缜密而扎实，他的结论发表以后，无论是美国还是日本国内，都没有出现批驳他的言论。

今天，这个谜团已经解开了。而在中国流传着一种说法，说是梁思成教授向美国建议不要轰炸京都。好像迄今也没有强有力的证据，这或许是有些中国人一厢情愿的理解了。

另外要说明一下，近代的京都并非一个只有玉帛没有兵戈的和平都市。1889年，日军当局在京都府的舞鹤湾设立了第四镇守府，1903年开设了海军工厂，不久又设立了陆军舞鹤要塞司令部和重炮兵联队（大抵相当于中国军队编制的团）。日俄战争的时候，三笠号等20余艘军舰就是从舞鹤湾出发的。一战以后，京都府主要是日本陆军第16师团的领地，之后驻扎在京都府的日军，也纷纷参与了侵犯中国的战争。1937年12月攻占中国首都南京时，第16师团也是一支主力部队，后来又被派往缅甸和菲律宾战场，造成死伤无数。

话题回到战后。战后的京都成了盟军（实际上就是美军）的驻扎地。1945年9月25日，盟军第六军约3 000多人开进京都府，27日在市内四条乌丸的大建大楼设立了司令部。第六军的司令部掌管整个西日本地区。29日，司令官克鲁格来到京都。1946年7月1日，占领军宣布，将京都御苑作为占领军的宿舍营地。日本人觉得御苑毕竟是以前天皇的皇宫，成了外国人的军营后多少有点亵渎和屈辱感，就向占领军当局苦苦陈情，希望不要有此举动，于是美军就取消了这一决定，而接收了京都植物园用作兵营。在这之前京都在战时严苛管制和战火中幸存下来的少量几家宾馆，都被美军占用。植物园被接收后，这些宾馆就专门用作单身军人的宿舍，而在植物园内新建的宿舍，则主要供有眷属的军人居住。我上文说到，舞鹤这个地方在近代是日本重要的军队驻屯地，拥有各类军事设施，美军进入后，也就立即接收了那一带的军事设施，后来进驻京都的美军总数达到了5 500人。日军以前派往海外时，都要在当地设立慰安所，征集众多的慰安妇为军人服务。这次美军进来后，日本方面也立即在1945年9月4日（那时才刚刚有一小部分美军进入日本）以内务省保安科长的名义发布了一个“紧急设置美军慰安所”的指示，于是京都府的警察就在9月11日开了一家色情娱乐场“鸭川”，随后就在今天的祇园歌舞练场一带开设了许多家专门为美军服务的色情酒吧、啤酒馆、歌舞厅等，动员一批艺妓和舞女去为美军服务。但是

12月15日，盟军最高司令部下达命令，禁止盟军将士出入这些色情场所，于是这些设施在三个月后就宣告关闭了，街头上却出现了许多招徕美军官兵的娼妓。由于战后物资的极端缺乏，在京都的河原町、东七条、新京极等地出现了人头簇拥的黑市，各种政府管制的物品充斥市场。政府不得不发布取缔的命令，并出动警察，黑市才慢慢销声匿迹。当时各种机构挪用军用物资并以高价流布到市场上，各种舞弊丑闻频出。在一个物资匮乏的年代，这样的情形在任何一个国家都会出现，现在大家觉得很清廉的日本，其实也是一样。一直到1950年朝鲜战争爆发，刺激了日本支援美军的军需产业，日本经济才逐渐复活了过来。1952年《旧金山和约》生效以后，美军除了留下部分军事基地之外，纷纷撤离日本，日本才得以慢慢回到正常的轨道。

我述说这些事实，只是想说明，看上去文化内蕴深厚、多少有点皇城傲气的京都，其实也在近现代经历了战前、战时、战后的非常时期，人世间可能发生的事，在京都也一样会发生。

在战后的七八年里，京都与日本其他地区一样，也经历了艰难的经济恢复期。有一个比较有意思的现象是，在战后很长的一段时期内，京都的左翼力量（在当地被认为是锐意进取的革新势力）一直比较强盛。差不多从1920年代中期开始，日本当局对以共产党为首的左翼力量进行了疯狂的镇压。到了1930年代中期，随着极端国家主义，也可以说是法西斯势力的强势崛起，不仅共产党从日本的政治舞台上彻底销声匿迹，连温和的自由主义思想也遭到了强行扫除。到了后来，整个日本只有一个官营的“大政翼赞会”独霸天下，社会全体进入了非常黑暗的战争时期。战败以后，美军的进入，在给日本人带来屈辱感（奇怪的是，这样的感觉一直不很强烈）的同时，也给他们带来了解放感。长久以来的独裁体制被摧毁，人们重新获得了言论、新闻、出版和选举的自由，已经被消灭了十多年的共产党重新活动并取得了合法的地位，中间偏左的社会党也迅速壮大。战争刚刚结束的1945年10月，共产党就公开复出，11月，日本社会党京都支部宣告成立。1950年，曾担任过京都帝国大学经济学部长（相当于系主任）的蜷川虎三教授（战后自我承担战争责任而辞职）在社会党和共产党的联合推荐下，当选为京都府知事，以其明确的目标、大刀阔斧的革新精神和独特的个性，连选连任，担任了7届、28年的府知事。据说他始终拒绝迁入给他安排好的知事官邸，几十年来一直居住在自己租赁的普通民房里，一生清廉。而另一位富有独立精神的著名律师高山义三，也在1950年当选为京都市长。高山早年毕业于京都帝国大学法科大学，与日本马克思主义经济学的创立者河上肇联手创建了“劳学会”。1950年也在社会党和共产党的支持下当选为京都市长，后来脱离左翼而成为一位保守的无党派人士，连续担任了16年的京都市长。战后京都的重生和复兴，与这两位行政首长独特的理政实践是密不可分的。与此相关的是，由广大市民积极参与的社会运动在战后的京都一直也很兴盛，市民也始终是京都建设和发展的主体。

总之，随着整个日本战后经济的腾飞，京都也踏上了日新月异的进步轨道。马路拓宽，地铁和轨道交通一条条建了起来。在城市的周边，形成了新的产业地带和居住区。人口也在稳步增长，到了1980年代，人口从战后初期的50万左右增加到了150

万左右（截至2020年3月，人口为146万余人）。在一般人的头脑中，说起京都，似乎总是给人一种消费都市、观光都市的印象。而实际上，且不说诸如染织品、竹帘子、扇子等传统产业，从京都出发的新兴产业在日本，甚至在世界的舞台上都占有不可小觑的地位。它的电子仪器、运输机器的制造在日本居第二位，比如享誉海内外的以医疗仪器、自动化控制、银行开发系统的研制开发占据日本龙头地位的欧姆龙集团公司，生产新型高性能陶制产品的综合制造商京瓷集团公司，等等，都是在京都创业且至今总部仍设在京都的世界五百强企业，其他诸如村田制作所、堀场制作所、岛津制作所等，都具有悠久的历史且在日本占有相当地位，至于任天堂的游戏软件和游戏机、华歌尔的修身内衣等，在中国也可谓家喻户晓。

在扶植传统与新兴产业的同时，战后的京都十分注重城市发展的定位，这就是一个饱含深厚文化底蕴同时又充满了创新活力的魅力都市。为此，京都当局在还是经济高速增长的1966年就制定了《古都保护法》，对明确规定的传统建筑、街区实施保护政策，在相关区域限制新建筑的高度。1972年，制定了《京都市市区景观条例》，划定了若干“美观地区”（有点类似上海的“历史风貌区”），对指定的美观地区实施明确而具体的保护措施。1976年随着国家对《文化财产保护法》的修订，当局对京都市的传统建筑地区进行了重新划定。另外，在对既有的京都市内各种具有文化价值的古物进行详细调查的基础上，实施了“有形文化遗产”的登录制度，划定不同的保护等级。比如对具有50年以上历史的建筑物，根据如下的三个标准来确定其是否具有保护的价值，这就是：① 对国土的历史景观具有贡献意义的建筑物；② 在造型上具有典范意义的建筑物；③ 难以再现的建筑物。根据1982年4月实施的《京都市文化保护条例》，除了国家指定和登录（指定和登录是两个不同的保护等级）的文化遗产之外，京都自己指定和登录的文化遗产有489件，以后还依据标准每年适当地增加和调整。1995年又出台了新的《京都市市区景观整备条例》，对旧有的景观条例做了大幅度的修订，进一步完善和细化，2007年又实施了更加合理的“新景观政策”。经过战后几十年的不懈努力，留存于京都的各类历史建筑和街区陆续得到了比较完善的保护和修复（我在上文讲到，由于历年的兵燹与火灾，实际上现存的历史建筑大都是19世纪中叶以后的不太久远的有形物）。人们今天能够看见的所谓古都风貌，在相当程度上都是战后京都当局和市民孜孜不倦地修复和营造起来的，正是因为他们在战后付出的巨大心血，才有了今天人们心目中的古都意象。

不过，看似传统的京都人，也不那么循规蹈矩，他们也试图创造出一点新玩意，最典型的就是今天的京都火车站和车站北大门前的京都塔。京都塔建造于经济蓬勃发展的1964年，似乎是要与1958年建造的东京塔相媲美。它是一个长筒形的灯塔状的高塔，顶端部分是一个圆球，高高耸立在9层楼的建筑之上，总高度131米，据说是应和了当时京都市131万的人口。建筑方案出来后，赞同与反对的声音形成了尖锐的对立，反对者认为，与京都古城的风格太不搭调，破坏了京都应有的意象，结果赞同的意见还是占了微弱的多数。就像后来卢浮宫美术馆的新馆一样，一开始人们觉得很突兀，慢慢也看惯了。后来我曾在京都车站附近的酒店里住过几天，晚上出来散步，迎面望见灯光映照的高塔，与车站周边霓虹闪烁的新楼簇拥在一起，并无丑陋的感觉。不过对于初次来到此地、兀然走出车站的外地客而言，眼前的景象确实有些怪异，映入眼帘的第一幅外景，完全切割了人们对古都意象可能产生的任何联想。

还有一个在当时也引起了相当的争议，但现在看来是成功的案例。这就是京都新车站。1874年开通的神户至大阪之间的铁路，1877年2月延伸至京都，京都于是有了历史上第一座火车站。从当时留下的照片来看，车站是一幢两层楼的红砖洋楼，一个小钟楼耸立在中间，三边有廊檐，另一边则是月台，看上去有些英国维多利亚时代的风格。由于人流的扩大，1914年为配合大正天皇回京都御所的紫宸殿举行即位大典，又建了一个新车站。柏木建造的两层建筑呈文艺复兴时期的样式，规模是之前的两倍左右，站前是宽阔的广场，感觉上比同时代的上海北站（建筑还留存）要宏大一些。1950年11月不慎由餐厅厨房引发火灾，车站建筑被烧坏，于是在1952年5月建造了第三代车站，是钢筋水泥结构的两层建筑，车站主体上另有一座八层的小高楼兀然突起。这一车站建筑或许实用功能还不错，但建筑本身却显得呆板甚至丑陋，烙下了这一时代的印记。1991年我第一次走出京都新干线站台时，就是在这一车站，感觉并不好。

实际上在1980年代初，京都当局就决定要建造一座符合新时代的新车站，之后发表了新车站的基本理念和构想，并在1990年展开国际招标。在当时提出的各种竞标方案中，有一个甚至把整个建筑设计在地下，地面上是一片绿树成荫的公园，但最后还是选中了现行的原广司的设计。这是一个十分时新而摩登的方案，设计者试图在内涵上体现出京都的特点。正北面门字形的出入口，象征着平安京时代的城门；车站内的空间分割，体现以前条坊制的棋盘状格局。大厅正中间的上方，是一个高度为50米、由4 000块玻璃做成的天顶，让自然光透过坚实的大玻璃流泻下来，人们在室内就可仰望户外阔大的天空。东西两边是蜿蜒向上的台阶，宛如平缓上升的山坡，中央大厅犹如一个谷地，寓意京都是一个盆地。建筑材料，几乎完全摈弃了传统的木材，而是采用灰色或黑色的人造或天然大理石，以及造型极具现代感的钢结构和大块的玻璃幕墙。车站建筑内设置了前卫的京都剧场、富有市井气的拉面小道，在各个楼面分布着特色餐饮，并进驻了一家高档的百货公司，还有中高档的酒店。车站主体在1997年落成，最高的12层有一个宽阔的露台。建筑的地面高度是60米，使用面积达到了23.77万平方米。我个人比较喜欢新的京都车站，说实话，我在里面或者外面几乎都无法感受到，更无法触摸到历史的京都或京都的历史，所谓棋盘状的格局，如果没有人特别指点，几乎都毫无感知。整个京都车站，给人的感觉就是一个非常摩登、多姿多彩、活力四溢的新世界。既有令人联想到维多利亚时代的"英国屋"咖啡馆，也有外观用日本传统的"格子"装饰的"京都茶寮"，和风和洋风的元素完美地叠合在同一个空间，而且在上下排水、通风、空气和温度的调节上相当环保。就一个火车站的综合功能以及它整体的造型美感而言（不强调京都元素），它在全世界都是一个成功的范例。

观光都市的欣悦与苦涩

在奈良街头行走的时候，不容易产生在城市里的感觉。JR车站出来，基本没有都市的氛围，“近铁”车站的周边，近年来有了一点改观，但依然是一片苍翠的林木。人们到了奈良，大抵只是去看一下兴福寺、东大寺，跟那里成群的小鹿玩一下，少数人或许还会去看一下春日大社，然后拖着有些疲惫的双腿回去（外地人或外国人大抵是回下榻地的大阪或京都）。一到夜晚，整个奈良几乎一片漆黑。几乎没有人会在奈良过夜。绝大多数人都不记得在奈良吃过什么好吃的。奈良人望着意兴阑珊的游客的背影，心里不免会酸酸地说，京都人真会做生意呀。

京都在旅游城市的营造上，获得了极大的成功。论历史，奈良比京都更悠久，论古文化的资源，奈良还有初建于奈良时代的药师寺、唐招提寺等，古建筑的年代都远胜于京都现存的任何佛寺。可是，一到了晚上，人们就匆匆挪动脚步，背弃了这座至今依然流荡着平城京古韵的旧都。

日本人的旅行史，主要起始于江户时代。那个时候各地的大名必须每年定期到江户觐见将军，即所谓的“参勤交代”，觐见的队列成了主要的旅行者。当时社会比较安定，就有少数的文人沿着那时修建的由江户通向日本各主要地区的五条道路，在各地徒步或骑马旅行。到了明治中后期的1880年代以后，随着铁路的开通，各个学校陆续出现了“修学旅行”，于是京都成了主要的旅行目的地之一。战争期间，以玩赏为目的的旅行一概遭到了禁绝。大约到了战后的1950年代中期前后，修学旅行慢慢恢复。经济高速增长以后，旅游（日语曰观光）成了人们重要的休闲方式，京都作为一个观光城市，就是在那时真正形成的。

京都市从1958年开始实施“京都观光综合调查”，并依据调查结果，制定了翔实的振兴观光计划。这项实践一直持续至今。进入21世纪以后，京都市决定在观光上花费极大的功夫与财力，全市上下同心协力，将京都建成一个世界顶级的观光都市。其目的，一是由此带动京都整个城市和经济的提升，二是活用京都的古都底蕴，将京都作为日本文化和传统最主要的发祥地，增强日本国民的文化自信，并提升日本文化在全世界的美誉度。具体的目标是“美感都市”，“美”是风光明媚的自然环境、具有独特风格的建筑、富有情趣的街景这些硬件性的元素，而“感”则是居住在京都这座城市里的人的品格、品性等软件性的元素。具体来说，2000年提出了“到京都的游客人数至2010年达到5 000万”的设想。为此，在2001年1月制定了“京都市观光推进计划”，重点是提升京都内在的品质，使来到京都的国内外观光客获得深层次的满足感。为达到此目的，京都全市可谓上下动员，在整体规划和每一个细节上做足了功夫。结果，5 000万游客的目标在2008年就达到了，比预期提前了2年，带来了12 000亿日元的经济效果。2014年7月，世界权威的美国《旅行与休闲》杂志，请读者投票评选世界上最受欢迎的旅游城市，京都位居第一。京都已经连续7年，一直位居前10。京都人看到了这样的评价，自然是好开心！到了2015年以后，随着中日关系的回暖，从中国来到日本尤其是京都的游客几乎是与日俱增。2017年，京都市的游客人数为5 362万人，2018年稍有下降，为5 275万人。这也带动了整个京都府的游客数，2018年京都府为8 505万人。在京都市住宿的外国游客数则持续上升，2017年是352.79万人，2018年增至450.34万人。而这个数字，10年前的2008年是94万人，2003年更是只有45万人，15年间翻了10倍！游客在京都市的消费额也稳步上升，2017年为11 268亿日元，2018年增至13 082亿日元（以上数据均来自“京都市情报馆”发布的最新统计），这无疑给京都市带来了丰厚的回报以及大量的就业机会。

然而，任何事物几乎都是一把双刃剑。当人们在欢呼观光业绩的辉煌灿烂时，京都本地的居民立即就感到了烦恼和困惑，他们也尝到了西班牙巴塞罗那人的苦涩。

操着各种语言、生活习俗各不相同的各国游客，几乎从一清早开始就占据了京都所有的热门景点。原本富有诗意的清水寺一带的二年坂、三年坂（也有写作“产宁坂”的，在日语中发音相近），铺着青石板的小街随着山坡绵延向上，充满了往日风情的低矮老屋鳞次栉比，不远处的法观寺八坂塔，在苍穹下巍然耸立。若是人迹稀少，可在此闲闲地漫步，不时停下脚步在一旁的小店内选购几样手工艺品，如果时值黄昏，或许会从清水寺内传来悠然的暮鼓声。可是在今天，从早到晚都挤满了各地的观光客，几乎已到了摩肩接踵的地步。昔日悠然的坡道，如今变成了喧闹的集市，初到此地的游客，急着满足自己到此一游的快感，拿出装着自拍长杆的手机，旁若无人地留影纪念。

也许是祇园祭太有名，也许祇园早就列入了观光指南书，如今的祇园一带，也完全成了游客的天下。人们在此东张西望，摄影拍照，更有甚者，呼朋唤友，大声喧哗，肆无忌惮地大口咬着街边店铺里买来的京都美食，个别人还会把垃圾纸屑悄悄地抛在路边，扰乱了当地居民的宁静，损毁了洁净的市容。各地来的东亚姑娘，穿着租来的和服，有的还配着木屐，有的索性只是原来的旅游鞋，成群结队、左顾右盼地徘徊在街上。粗粗一看，还以为是祇园的艺妓，稍一靠近，就传来了非日本话的各色语言。附近的居民不堪其扰，祇园町南侧地区协议会就做了好几块木牌插在路边，上面用日文、英文、中文写着：私道での撮影禁止；No Photography on private road；私家道路禁止拍摄。并特别注明，此地有监控录像，违者罚款。其实在日本，并不许可随意安装监视摄像头，一般的民间组织，也无权随意罚款。据后来安插木牌的当地居民说，他们主要是想吓唬吓唬游客，给他们一种不快感。而另一些京都居民，一看酒店资源那么紧张，开一家民宿（在日本，民宿是低于酒店宾馆的住宿设施），也可赚不少钱，于是纷纷向当局申请开办民宿。更有一些人，尚未获得许可，就悄悄地营业起来，听说有些中国经营者也纷纷在京都等地投资开设住宿设施。这激起了当地人的强烈不安，他们或向当局抱怨、举报，或者在相关的房屋门前贴上大幅的标语，表示强烈反对，理由是可能引起火灾和治安问题。

祇园北侧的先斗町通和木屋町通一带，有些舞妓居住和表演的茶屋，她们也不时会出现在小巷内。游客们好奇，听说可以与她们拍照，于是就任意拍拍她们的玉肩，拽住她们的衣袖，要与她们合影留念，更有甚者，提出要去看看她们表演的场景。这使得那些才十几岁的舞妓很困窘，只是她们的脸上涂满了厚厚的白粉，害羞或恼怒的红晕难以泛现出来，只有一双细长的小眼，露出了无奈的神情。

在京都郊外有一个50来户人家的小村落叫美山町。那里至今还保留着茅草屋顶的老房子，且并不是一个纯粹的观光地，也不售门票，原来的村民依然居住在那里。结果一家杂志把它挖掘了出来，将其渲染成一个京都文化的展示场，刊载在京都导游书里。于是各地游客按图索骥，蜂拥而至，人们希望看到日本人活生生的居住现场。结果那里的村民十分恼火，他们觉得自己成了被观赏的玩物，一举一动皆在众目睽睽之下，日常的生活完全被搅乱了。

寺院和神社也遭遇了同样的困惑。日本的寺院和神社，一般都不售门票，尤其是神社，只是寺院内秀美的庭园或展示珍品的宝物馆会出售门票。有些寺院内的某一处建筑或某几间房屋，虽开着门，可以让人张望，却不许入内，这些地方一般会设一个非常简单的竹栅栏，但仍有外国游客无视栅栏而跃入堂内。于是僧人不得不用日、英、中、韩四种文字写了一个标牌挂在栅栏上：不准登廊入内！在这样的场合，日本人大抵都比较守规矩，而且他们自幼就有这样的教育，日文的标牌对他们并无意义，也许是为了显示无人种国别歧视，才用四种文字来表示的吧。

日本交通费的昂贵，在全世界也是出了名的。京都当局为了招来游客，减轻他们的负担，就推出了500日元的一日乘车券（一般单次就要230日元），一天24小时内，可以无数次乘坐在市区内行驶的京都市交通局经营的巴士，这些线路几乎可以到达京都市所有的重要景点。于是，巴士就成了游客们使用的主要交通工具。或拖家带口，或朋友结伴，或背着厚重的双肩包，或拖着小型的拉杆箱，一大早就挤上了各条线路的巴士。京都车站北广场的巴士集散区，几乎从早到晚都排着长蛇阵。巴士内，几乎一半以上的乘客，都操着不同的语言，小声地彼此呼叫着。如果是夏天，几乎人人都是红晕满面，汗水涔涔。不少去看病的当地老人，挪动着蹒跚的步履，都难以挤到下车口。2015年我在京都居住了半年，对此有着深切的感受。

不仅是京都本地居民受到了困扰，连日本游客也觉得受到了外国游客的挑战。每当樱花盛开的春季和红叶灿烂的秋季，原本就一直紧张的酒店客房，到了一床难求的境地，且价格也随之腾跃而上。日本本地游客到了京都，也被汹涌而来的外国人震慑住了，有时候他们在滔滔的游客人流中，竟然成了少数派。

鉴于这样的状况，有一位原来研究文化遗产的年轻学者中井治郎在2019年11月出版了一本新著《快要鼓爆的京都　与过度的旅游业顽强抵抗的观光都市》(パンクする京都　オーバーツーリズムと戦う観光都市)。他用社会学研究的方法对最近十年来京都游客急剧增长的现状进行了缜密的调查，揭示了只有150万人口的京都每年要面临5 000万以上的外来游客的两难困境，并借用了一个西文词语tourism phobia，即观光恐惧症。作者解释说，这里的phobia，不只是恐惧，更多的带有不安和厌恶的情感。以至于有的京都市民在街上涂鸦写道：游客们回去吧！

当然，这不只是京都独有的风景。西班牙的巴塞罗那就先于京都尝到了甜头和苦涩。1992年的夏季奥运会，大大扩展了巴塞罗那的知名度，也让人们认识到了这座城市的美丽。市政当局借此东风，大举推展旅游业，修整道路等城市基础设施，扩建住宿的酒店宾馆，扶植饮食业。于是外来的游客年年增加，到了2016年，160万人口的巴塞罗那要接待3 200万的游客。一部分人因此生活变得富裕起来，而大部分市民则苦不堪言，因而掀起了一个限制、减少外来游客的运动。2017年3月，市长发表了《面向2020年的观光计划》，提出要对向游客出租房屋的公寓增加固定资产税，并对这样的公寓的资格重新进行审查核定，对每年出租的房屋进行限制，并决定自2019年开始，将不再建造面向游客的酒店，以此来限制游客的数量。不只是巴塞罗那，这样的问题在意大利的罗马、威尼斯、米兰等均不同程度地存在，在市政收益得到了滋润、一部分人赚了不少钱的同时，给整个城市居民的生活带来了很大的困扰，而且对历史文物的保护也带来了严峻的挑战。而京都的现状，恐怕比巴塞罗那是有过之而无不及，巴塞罗那是160万市民对3 200万游客，京都是150万市民对5 300万以上的游客。

任何事情都有一个度。如何把握这个度、如何掌握好平衡，这是对人类智慧的一个考验。京都已经升格为顶级的世界观光都市，在它的美誉度到达了顶峰之后，如何继续维护好这一美誉度，同时又切实保障京都市民日常生活不受侵犯，这是京都，同时也是任何一个已被开发出来的观光都市或地区必将面临、必须深思的大问题。

下篇

日本文化的心像地图

——我的京都浮浪记

今天，京都差不多已经成了日本传统文化的一个符号。其符号意义的形成，是漫长的历史沿革的结果，但未必是一个纯粹的自然演进的结果，其内涵其实包含了出于不同意愿的人为的建构。但不管怎么说，相比较日本其他的任何地方，京都确实更具有这样的一个符号意义，这是因为在一千多年的历史进程中，它是日本公家（宫廷贵族）文化、武家文化、寺院文化与庶民文化的最大的一个集合体，或者说，京都是集中汇聚了日本传统文化的最典型的一个场域。自平安建都以来，因屡屡发生的政治动乱、兵燹、地震、水灾，尤其是破坏力极大的火灾，京都的有形遗存大部分都已灰飞烟灭，19世纪中期之前的古建筑可谓寥若晨星。但它作为一个古都的文化脉络从来没有断裂过，因为以此地为生活场域的人们生生不息的日常经营，这一脉络一直以各种形式被延承了下来，以日本或“大和”为标记的文化，在此地形成了深厚的积淀，虽然受到了近代西洋文明的强劲荡涤，命脉依然盘根错节、绵延相续，并试图在汲取新的养分后以改良的新姿态重新伸展起来。这与中国曾经的古都洛阳和汴梁（开封）形成了一个对比。西安因为靠了后来大量出土的秦汉隋唐的文物以及早年帝王的大批陵寝，还多少可以让人触摸到那个时代的历史脉搏，而洛阳、汴梁，在唐宋以后，被长期抛掷于政治经济文化的边缘，以至于到了今天，无论是有形的还是无形的，除了洛阳郊外残破的龙门石窟，几乎都褪尽了往日的浮华，如今走遍整个城市，汉魏唐宋的文脉也只是依稀可见。

下篇的主标题，来自和田博文教授编著的日文图书《巴黎：近代日本人的心像地图》，这本书主要探寻近代日本人（尤其是文化人）在巴黎的足迹。其实“心像地图”的说法不仅对中国读者很陌生，在日语中也不是一个常用词。这里姑且用来表示对日本文化的一种心灵或精神上的探寻吧。这一部分，主要是记录我个人在京都的各种文化体验，副标题本来想借用日本女作家林芙美子的自传体小说《放浪记》的标题，后觉得“放浪”一词在中文的语境中似乎太放肆了，往往会与“放浪形骸”联系在一起，而我的体验还完全未能企及如此潇洒的境地，于是改为“浮浪记”。其实“浮浪”一词在中文中也多有贬义，而日文中则几乎没有（当然也没有任何的褒义），那么，就取日文中的浮浪之意吧。

伽蓝物语

引 语

北魏的杨衒之有一部《洛阳伽蓝记》，详细记述了那个时期洛阳城内外45座颇有规模的佛寺。伽蓝一词，是梵文的音译，意为僧院，后来泛指佛寺的建筑。京都是日本佛教寺院最为集聚也是相对最为辉煌之地。虽然从历史的年轮上来说，南都的奈良年代更为悠久，法隆寺、东大寺、唐招提寺的地位应该都在京都的寺院之上，但总体来说，在整个日本，还是京都的佛光最为耀眼。

杨衒之写《洛阳伽蓝记》的时候，日本还没有佛教。佛教是在6世纪时，从中国大陆经朝鲜半岛传到日本去的。自然，佛教并不起源于中国，大约在东汉初年由印度尼泊尔一带传到中土，后来与魏晋时期兴起的玄学相交杂，逐渐与中国的本土文化融为一体，形成了以大乘思想为主的汉译经典体系，以后又向东传到了朝鲜半岛。日本的佛教，直接传自朝鲜半岛的百济，时间在6世纪的中期，有公传和私传两种情形，这里不作详论。而百济或者说朝鲜半岛上的佛教则是6世纪初的时候，当政的百济国王圣明王从梁武帝时代的中国南朝学来的。那时百济与大和朝廷的交往也比较密切，于是圣明王就派人将佛教的经书等传到了日本列岛。

佛教到了日本，同时遭遇了欢迎和排斥两种对待，大概经历了几十年的波折，在7世纪初圣德太子执政的时代，算是站稳脚跟了。圣德太子不仅讲经著书，还创建了四天王寺、法隆寺等7座寺院，据《日本书纪》的记载，至公元624年，日本有寺院46座，僧人816人，尼姑569人，共1 385人，虽然与当时金陵城里的“南朝四百八十寺，多少楼台烟雨中”的规模不能相比，但至少已经相当成气候了。

佛教在早期对日本的影响，主要不是那些深奥的佛教教义教理，说老实话，那时的日本人还不大能深刻理解。产生重大影响的，是佛寺的建造和佛像的塑造这些物质性的、技术性的东西，具体地说，就是佛寺建筑、佛像、佛画、佛具等。在佛教传来之前，日本应该还没有宏大的建筑和真正的美术作品，除了铜铎之外，也很少有工艺复杂的金属制品。日本历史学家家永三郎曾说过一句意味深长的话，他说，佛寺是大陆文化的培养基，它在建筑、雕塑、绘画和音乐等多个领域把大陆文化带到了日本（《岩波讲座日本历史》第2卷，岩波书店1962年，第323页）。同时在另一个意义上，它也成了日后日本文化得以孕育、成长和成熟的重要温床之一。还必须强调的是，日本人后来在这一温床中又培育创造出了岛国独特的文化。这些，当人们在巡游京都的寺院时，一定会有很深的感触。

说起京都最古老的寺院，知晓它的人恐怕不多，就是位于京都西北部太秦这个地方的广隆寺。据说是在平安建都之前早就有了，还跟圣德太子有关。我在本书上篇的最初部分，就曾讲到，京都（那时叫山背国）这个地方是由直接从中国大陆或经由朝鲜半岛过来的“渡来人”开垦起来的，建立广隆寺的秦河胜的祖上，据说最初是跟着徐福他们东渡来到这里的，因而这一带的地名叫“太秦”，跟秦王朝有关，但没有具体文献。不过广隆寺大约建于622年左右，自818年开始，屡建屡毁，今天留存的建筑，已经是很后来的，已经难以捕捉当年的风貌，还好仍有弥勒菩萨半跏像、阿弥陀如来坐像等平安时代的文物得以幸存，被列为日本的国宝。非常有意思的是，在寺内讲堂的北面有一个太秦殿，里面祭祀着秦河胜和汉织女、吴织女，显然这又与中国有关了。遗憾的是，今天去那里朝拜的人已不多，知晓的中国人就更少了。

在这本书里无法详叙日本的佛教，在下面我个人的京都浮浪中会说及一二，只是我想指出一个令今天的人们，尤其是日本人往往忽视或者有意忘却的事实，那就是在明治初年，政府当局曾发动过一场声势浩大的“废佛毁释”运动，说得白一点，就是大规模的打压佛教、佛寺和僧人的运动。明治政府为何要这样做呢？说实话，抬举或者打压某一种宗教，大都与政治相关。中国在5—6世纪的时候，在北魏和北周就曾发生过由帝王发动的迫害佛教的行动，而唐武宗在会昌五年，也就是公元854年的毁佛运动，规模就更大了，程度也更惨烈。中国的佛教，经过会昌毁佛之后，元气大伤，以后除了禅宗等，在南宋时还有比较大的振兴之外，其他的诸派诸宗，大都慢慢衰败了。帝王之所以要打压佛教，是因为佛教势力太过强大，帝王们觉得威胁到了朝廷和政权，于是使用公权力予以摧毁。

推翻了幕府而建立起来的明治政府，把天皇重新扶持到了国家权力的中心，但是天皇在此前已经被冷落了将近七百年，在一般黎民的心目中，好像他的权威也不再那么神圣了。因此明治政府就考虑通过什么方式重新建立天皇和皇室的权威，把民众的意志凝聚在新国家的旗下。于是，明治政府就炮制了一个代表国家意识形态的“国家神道”。

可是，在明治政府刚刚建立起来的时候，神道还不具有非常崇高的地位。那时候，外来的宗教——佛教拥有更大的势力、更大的地盘、更大的影响力。日本自奈良时代开始，倡导“神佛习合”和“本地垂迹”的思想，即经过中国大陆、朝鲜半岛传来的印度佛教，以及具体体现的各种佛，都是神圣的，他们来到日本后，与日本原有的各种神祇合为一体，或者是佛体表现了日本原有的神祇，或者是神祇体现了佛的灵性。因此长期以来，或者是佛教的寺院与神社紧挨在一起，或者是寺院里建有神社，或者神社里建有佛寺，一般被称为神宫寺。相对而言，佛寺的地位比神社还要高一些，尤其是在江户时代，幕府当局为了禁绝基督教，还把各地的佛教寺院当作管理民众户籍的派出所，因而寺院拥有了很大的权势。明治政府要把神道抬举起来，就必须要把佛教打压下去。

于是，新政府在1868年4月20日（旧历3月27日，那个时候年号还没有改为明治，天皇也还在京都）由太政官发布“神佛判然令”，也就是要把神道和佛教截然分开的命令，两者不可合在一起。1870年2月，以天皇的名义发布“大教宣布之诏”，等于是宣布神道为日本的国教，恢复以前的神祇官制度，设立教导局、宣教使，以政府的力量竭力抬高神道、神社的地位。在官方的引导下，日本全国掀起了一阵狂热的“废佛毁释”运动，即废除佛教、毁坏释迦牟尼的运动，强迫大量的僧人尼姑还俗，寺院的建筑被毁坏，佛像被打碎，佛经被用来作为商品的包装纸，僧人们被赶出了寺院。京都的寺院也由此大受打击，有些被迫改弦易辙，有些规模被大幅度缩小。现在去京都的人大抵都知道祇园的东侧有一个规模甚大的八坂神社，可这里原本是一处名曰祇园感神院（其实祇园的地名以及位列京都三大祭之首的祇园祭，最初都与这家寺院有关）的佛寺所在地，后遭到政府打压，被迫关闭，这一片伽蓝，被鹊巢鸠占，扩张成了今天的八坂神社。而神社东侧的圆山公园，原来是常乐寺的土地，在废佛毁释运动的高潮中，常乐寺被彻底毁坏，如今已影迹全无了。在祇园的南边，有一座著名的禅寺建仁寺，今天虽然还在，地盘却是缩小了一半以上。明治政府的毁佛举措，当即就有许多人表示了反对，当局也意识到了如此粗暴的举措不妥，两年后就草草收场，但仍有大约三分之一的寺院建筑和佛像等遭到了破坏。这就是今天说起来都令日本人觉得汗颜的“废佛毁释”运动。

平安京的遗存：东寺

就建造的历史而言，今天还可以一窥平安时代构造的寺院，应该要算东寺了。东寺我在之前已经提及，它是在平安建都时建立的官方寺院，正式名称是教王护国寺，一听就是朝廷出于政治目的设立的，与西寺并立，西寺圮坏已久，东寺就可称为平安京唯一的寺院遗存了。不过它后来也是屡建屡毁，今天的建筑，是德川家康建立幕府的1603年之后陆续重建起来的，据说基本格局与当年大抵相同，说起来也有400余年了。东寺在确立后不久，于823年由嵯峨天皇赐给了从大唐回来开创了真言宗的空海和尚，现在就成了真言宗东寺派的大本山。

2018年1月，我去寻访过一次。坐巴士到京都车站下来后，来到南口。南口与北口几乎是两个世界，北口算是正门，站外广场上熙熙攘攘，二三十条巴士的始发站集聚在这里，各色商店应有尽有。南口则是清寂冷落，人迹杳然。途经一家永旺大型购物中心（Ieon Mall），到开设在里边的大垣书店买了两本书，然后沿东寺道向西，尽头就是东寺的东大门。照理应该从南门进的，那是正门，门外即是九条通，是当年平安京条坊制格局的最南边，不过那里现在已经相当冷寂，人们一般都从东门或北门进去。从南门走进去的话，正面是正殿的金堂，呈一直线向北是讲堂、食堂，据复原的模型，平安京时代四周是有廊檐厢房的，如今都已没有了。南门的最东端，是巍然耸立的五重塔，据说最初是空海的时候建造的，后来被毁坏4次，现存的建筑是1644年由德川幕府再建的，因地处京都的西南端，逃过了之后的几次大火和兵燹，一直留存至今。塔高54.8米，号称是日本现有最高的木塔，被定为日本的国宝。以前从南面进入京都的话，东寺的五重塔是京都的一个象征，巍峨的身姿，很远就能望见，现在周边也不允许建造高楼。我在泉州的开元寺见过南宋时的1237年和

1247年先后建成的西、东石塔，也是五重塔，原物幸好留存至今，再之前是北宋时建的木塔和砖塔，都在风雨中圮坏。如此说来，东寺木结构的五重塔能够耸立至今，也是一个宝物了。1994年，整个东寺进入了世界文化遗产的名录。

我从北侧过来，从东门进。其实另有一个东大门，也算是文物了，现在的模样建于1198年，后来也颓坏得很严重，1605年的时候，丰臣秀吉的儿子秀赖对其进行了彻底的大整修，现已关闭。如今的东入口，是后来新建的，不过看上去也有些古色苍然的感觉，已呈暗褐色的原木的梁柱、大门，灰白色的墙，显得庄严厚重，两侧各挂有一个写着“东寺”两字的大灯笼，白底黑字，素朴而凝重。门是敞开的，无须门票。跨入门内，就可遥遥望见东南端五重塔，寺内有一片水域，塔身倒映在水中，端庄中透出秀丽。由东入口向西至北入口，再往里进，是要买门票的，记得是600日元。在我眼前呈现的，是倒过来的格局，东面是食堂，西面是御影堂。所谓御影堂是一个纪念堂一样的建筑，这里纪念的是弘法大师空海，里面藏有空海的画像，这样需要仰视的画像，在日语中就尊称为御影。正殿是南门进来第一座大殿，曰金堂，其样式整体上仿照中国宋代的寺院，又加上了若干日本的元素，梁柱和四壁均使用硕大的木材，早年不知是否施加油漆，如今已看不出任何色彩，材木纹理毕现，显得端庄稳健。金堂的称谓奈良时代就有了，比如由鉴真和尚创建的唐招提寺，寺内的正殿便曰金堂。中国现在常见的寺院大都是禅寺，正殿一般称大雄宝殿，不过大雄宝殿的称谓大概是明代时确立的，以前一般没有。在日本有大雄宝殿的禅寺，仅限于17世纪中叶以后由中国隐元禅师传来的黄檗宗一脉，这方面我下面再说。

金堂内供奉的本尊是药师如来佛，左右两侧是日光菩萨和月光菩萨，是桃山时代（17世纪初期）佛师康正的作品，木塑的佛像，金粉已有些剥落，晦色中透现着金光，灿烂中交织着暗旧。我不持任何宗教信仰，上了年岁后喜欢看佛寺，主要是借此凝观人的精神史。有水准的佛寺建筑，如同基督教的教堂和伊斯兰教的清真寺，是人类建筑最精美的体现之一。佛像佛画（教堂内的雕刻和绘画也一样），差不多也是人类艺术的重要源起和表现。虽然宗教场所内自有一种人所经营的庄严的威光，或者是人所营造的神圣气氛，但我一般都只是一个冷彻的旁观者。我也会读佛经和《圣经》，我觉得这里荟萃了人类的许多精神探求和思考，我应从中汲取若干精神的养分，但一般不会把它奉为圭臬。

今天日本一般上规模的寺院，都会附有颇有意境的庭园，但东寺本身基本没有，或许这与平安时代寺院的格局有关，或许它毕竟是一个官寺，有点太过一本正经。走出北门，走过一段小路，名叫栉笥小路，据说是平安时代遗留下来的唯一一条路宽和路名与原来一样的小路，不过两边的景象，毕竟已是物换星移，走在上面，丝毫未能与平安京时代产生任何联想。这时，眼前出现了一组称为“观智院”的建筑。进入里面后，我生出了满心的欢喜。这里虽然已在东寺的范围外，但属于东寺的一个塔头。所谓塔头，是指一座寺院总院下面由弟子们开设出来的分院，在总体上虽然与总院是一个范畴，但也可看作是一个个半独立的小寺院。一个大的寺院兴盛时，周边会有很多塔头，如今京都的大德寺依然如此，但观智院目前好像是东寺唯一的一个塔头，建于江

京都东寺北部的观智院

户时代初期，原来主要是一个整理、编纂和收藏有关东寺文献的地方，其中的客殿，是1605年建造的，已被列为日本的国宝。

让我最感到欢喜的是，我进入的时候，整组建筑内几乎没有他人。脱了鞋，拾级而上，是典型的日本书院造的屋宇，榻榻米的内屋，由地板铺设的长长的廊檐，廊檐外只是一个简单的石庭（也称为枯山水，但这里似乎并未经过匠心营造），也有用障子（纸糊的格子门）围隔起来的内廊，户外冬日的阳光暖暖地照射进来，周遭几乎没有一丝的杂音。不觉间，走入了屋宇内的一间茶室，正席的上方，悬有一匾，上书“枫泉观”三字，这是茶室名，出于明治时代山阶宫晃亲王的手笔，两边的隔扇（日语称为“襖”）上，绘有江户幕府的御用画师狩野氏信的《楼阁山水图》和南画作家中林竹洞所绘的《秋草图》。另一边打开的障子外，是个小小的庭园，日本称为“坪庭”，疏落有致的植物边，伫立着一个生出一点青苔的石灯笼，由一支劈开的青竹引来的清泉（不知道，或许只是自来水）缓缓地滴落在一个凹陷的半球形的大圆石内。周边没有任何其他人，我趺坐在榻榻米上，只是静静地看着隔扇上的画，看着户外小院落的风景，1月的季节，竟然没有一点的寒意，和煦的阳光随着时光在慢慢地流淌。那天，我竟然独自枯坐了半个多小时。观智院不是名胜点，1月中旬也不是游客汹涌的时节，在一个非周末的上午，我在此得到了满心的欢喜。

观智院内一个小小的石庭，却很耐看

比睿山

很久以前，读过一部记录日本小说家志贺直哉和里见等年轻时去关西旅行的日记《旅中日记　寺之瓦》，其中有一部分写到了比睿山，具体的场景已经有些模糊了，比睿山一词却印在了脑海中，并且由此知道了山上有一座很有名的寺院延历寺。后来慢慢了解到比睿山是横跨京都市和滋贺县大津市之间的一座有些神奇的大山，镰仓时代初期的天台宗高僧慈圆就曾吟咏道：天下名山何其多，比睿御山数第一。我就想，什么时候也去探访一下。但是以前到京都去，大都只是匆匆的观光或公访，要远上比睿山，一直没有合适的机缘。

从比睿山巅眺望琵琶湖的南端

2010年我在神户大学教书，8月末的一个下午，从六甲道车站乘坐JR铁路，在京都站换乘JR湖西线，车行总共将近两个小时，来到了比睿山东麓、琵琶湖西岸的比睿山坂本车站。这里到登山的坂本缆车车站其实还要步行大约30分钟。我不怕走路，顺道还想去看一下社格很高的日吉大社（神社的内容，下面再详说）。在神社及周边徜徉了半小时左右，然后返回原来的大路，往前走不久就是坂本缆车的车站了。每30分钟一班，不巧刚开走一趟。车站管理员告诉我，山上的寺院4点都要关闭，现在已经3点半了，你还要上去么？我想，都已经在山脚下了，就上去看一下吧。往返的票价那一年记得是1 570日元，有些贵（日本的交通费都很贵）。从车站到山巅的车行距离大约2 200米，比睿山的海拔，最高峰是848米。天色有点晚了，旅客很少。缆车到达山巅的车站，是一幢浅黄色的两层小楼，看上去也有些年头了，在四周郁郁苍苍的山林映衬下，显得有些明亮。在山巅上可俯瞰琵琶湖的景色，这里是浩瀚的琵琶湖的南端，犹如一个尾巴，湖面比较狭窄。西南部密集的房屋，那就是滋贺县的首府大津市了。湖畔耸立着几幢高楼，那应该是近年来建造的度假酒店吧。

比睿山上最著名的，便是延历寺。其实，它后来就不只是一座寺院了，整个山顶上，都是延历寺的区域，分为东塔、西塔、横川三个主要部分，还有些度假休闲的设施，也可洗温泉浴。可能的话，在此留宿一晚，听晨钟暮鼓，看日出晚霞，一定很有滋味。但我的计划，是当日即要返回，所以只能匆匆一瞥了。那天傍晚，我只去了东塔部分，也是最主要的部分。山上的游客已经相当稀少，空气也格外清冽。透过茂密的树丛，可以望见东塔的上层部。东塔只是两层，但建在一个高坡地上，也就有些“有亭翼然”的秀逸感。沿着宽宽的山道往上走，左侧的石墩上立着一根高大的石柱，镌刻着苍劲的楷书体的“根本中堂”四个大字。而中堂的建筑群（或者说延历寺法华总持院）则在宽宽的石阶（旁边另有一条宽宽的斜坡）下面，往下走到根本中堂时，果然已经合上了大门，好在周边都是开放的，可随意浏览。

比睿山

比睿山延历寺在很大程度上被称为日本佛教之母，一方面是由于它的历史悠久，另一方面是因为后来在日本开创了各个宗派的法然（净土宗）、荣西（禅宗临济宗）、亲鸾（净土真宗）、道远（禅宗曹洞宗）等在出道之前都曾在这里习佛。而开创了延历寺的，则是一位名曰最澄的高僧。

最澄（767—822）出生在比睿山麓的古市乡，据说他的祖先是应神天皇时移居日本的东汉王族的后代，此事的真伪现已不可考。最澄是他的法名，俗姓三津首，12岁时入近江国分寺，三年后正式剃度，19岁时在奈良的东大寺受具足戒，受具足戒后就成了国家公认的正式僧人。在东大寺时，最澄读到了鉴真和尚从中国带来的、藏于该寺的天台经疏，觉得天台经书精奥深博，在其他各宗之上，于是就抄录了《法华玄义》《维摩广疏》等书中经文。此后不久，他携带这些经书突然离开了奈良来到了京都郊外的比睿山，独自隐居在山林中研读修行。这一行为，有点像当年的释迦牟尼，修行的目的，在于求得解脱之味、安乐之果，并且导引法界众生“同登妙觉”，脱离苦难。802年，他第一次下山，应邀在京都高雄山寺主讲《法华玄义》等法华三大部，受到广泛的好评。但他在研读天台经书时，仍觉得无法深刻领会内中的意趣，于是决心到唐朝去访师求学。这一年，已经被尊为“内供奉十禅师”的最澄，向朝廷申请入唐留学。他在《请入唐请益表》中这样写道：

“每恨法华深旨，尚未详释；幸求得天台妙记，披阅数年。字谬行脱，未显细趣；若不受师传，虽得不信。诚愿差留学生、还学生各一人，令学此圆宗，师师相继，传灯无绝也。”

最澄的奏请获得了朝廷的批准，于是在804年的7月，他作为还学生（相对于长期逗留的留学生而言，即翌年要随遣唐使的船队一同返回日本）随当年的遣唐使船队，离开现属长崎县的田浦，在经历了狂风大浪之后，于9月1日到达了现称作宁波的明州。与他同行的有一个担任译员的和尚叫义真。义真早年曾在东大寺内跟随鉴真的弟子慈贤学过汉语，最澄在中国求学期间，他曾起了积极的传达作用。他自己后来也在中国刻苦拜师求学，并受具足戒，成了一名出色的僧人。最澄在临去世时，将天台宗托付给了他，他后来写了日本最早的天台宗用于教学的概论著作《天台法华宗义集》一书，此是后话。最澄到中国去的主要目的，是探寻天台宗的奥义，因此他在明州待了没几天，就获准向南前往台州，拜见了台州刺史陆淳，向他献上了黄金15两和筑紫的裴纸200张、笔两支、紫墨4 碇等其他多种筑紫（在今福冈县境内）的特产，陆淳收下了物品而将黄金返还给了最澄。最澄表示想用这些黄金购买纸张来抄写《天台止观》。于是陆淳就给他介绍了台州龙兴寺的天台宗第七祖道邃和尚，道邃安排了人手为他抄写。后来最澄便跟随道邃学习天台教义，又从道邃那里获授大乘菩萨戒，重要的是，道邃还赠予他《道邃和尚付法文》及《道邃和上书》，作为最澄以后在日本传播天台法脉的印信。为报答祖庭之恩，最澄出资在佛陇寺内建造了一所“传法院”，后来在唐武宗的毁佛风暴中遭到了毁坏，约50年后入唐的日本名僧圆珍为继承先师的遗志，在国清寺内重建了“止观堂”。

很多年前，我去了天台山的国清寺，试图去寻求最澄当年的遗迹。由于天台县城的扩展，原来地处郊外的国清寺，已经距离城市很近了，然而依然颇为清幽，四周古松参天，巨樟如盖，涧水潺潺。它是我国天台宗的发源地。1 000多年以后，天台人为了纪念当年的这一段历史，1982年在一堂宇内新建了三块高两米左右的纪念碑，其中有“最澄大师天台法灵迹碑”“行满座主赠别最澄大师诗碑”。2016年5月，国清寺还举行了隆重的“传教大师最澄入唐求法1200年报恩大法会”。当我伫立在石碑前时，脑海中不觉会浮现出当年最澄等人在天台山一带修行的情景，虽然岁月沧桑，物是人非，甚至国清寺的建筑也不尽是当年的风貌，但这深厚的历史积淀不是岁月的风尘可以轻易抹去的。

最澄当年不仅修学天台宗，他还在禅林寺随翛林禅师学牛头禅，在越州（今绍兴一带）的龙兴寺学密教。在短短的8个多月中，他到处访师求学，虚心问道，并且留心收集各种佛教经典。他在台州辑得120部345卷，在越州搜寻到密教典籍102部115

卷，都一并带回了日本。这些汉文的佛教经典的传入，对最澄以后在日本创立天台宗具有极其重要的意义。有意思的是，最澄还从中国带回了灌顶用具，在归国这一年的9月，在高雄山寺施行了日本第一次灌顶仪式，换句话说，是最澄从中国为日本佛教界带来了灌顶的仪式。后来最澄在日本几经努力，创建了与当时势力强盛的南都六宗平起平坐的日本天台宗，并且又试图在日本建立大乘戒坛。虽然在他生前这一愿望未能实现，但在他去世之后，大乘戒坛的建立终于获得了朝廷的许可，并且由当年与他一起去中国求学、继承了他的衣钵的义真举行了日本首次大乘戒受戒仪式。在他去世的44年后，清和天皇追谥他为“传教大师”，这是日本获得传教大师谥号的第一人。

如今的根本中堂殿宇，最初源于最澄去中国之前在比睿山修行时修建的一座草庵“根本一乘止观院”，自唐回来以后，就据此扩建为延历寺的正殿根本中堂。后来也屡经毁坏，现在的建筑是江户时期的1642年建成的，被列为日本的国宝。那天下午我抵达时，大门已经关闭，但依然可以窥见建筑的风貌。大门为“唐破风”（一种中间呈半圆形浅浅隆起的）建筑样式，扁柏树皮葺顶，梁柱和墙、门，均为没有任何光泽的朱褐色。中堂的正对面，是要登上好几级石阶走上去的文殊楼，最初是由慈觉大师圆仁仿照中国五台山的文殊菩萨堂建造的。圆仁在838年入唐学佛，8年以后回国，他用汉文撰写《入唐求法巡礼行记》，在中国也一再刊行，成了中日文化交流史上的重要文献。现存的文殊楼是1668年被大火烧毁以后重建的，是厚重的两层木造楼宇，若从那一头进来，也可说是根本中堂的山门。可以随意观览的还有大讲堂，是1964年从别处移建过来的，看上去就比较新了。那天令我印象深刻的，也是人少。因为已经到了关闭时间，一般游客或香客都已离开，带着烟霭的暮色悄然升了起来。我背着双肩包在山间漫无目的地游荡。寺院周边巨大的树木遮蔽了半边天空，夏末黄昏的山上，处处是一片浓绿。

3年以后的3月，我到京都大学来开会。一个周末的下午，在会上结识的一位在大谷大学任教的韩国教授又开车带我来到了此地，这次是进入了根本中堂。可这次的游历，我的印象反而有些疏淡了，自然，游人也比那天的黄昏多了不少。在熙熙攘攘的人群中，或是在不断的交谈中，很多东西都无法在脑子里定格，当时在眼前呈现的诸种物象，事后真的变成了过眼烟云。

平等院：净土世界的具象图

平等院在京都南郊的宇治，从京都市内过去有点远，现在可以在京都车站乘坐JR奈良线或者是另一条铁路京阪电铁宇治线到宇治车站。我前后去过三次。第一次都不大有印象了。那是1991年12月上旬，我在本书的一开始讲到过，是应日方邀请随教育部的一个访日团第一次去日本的时候。那时我对日本的知识极其浅陋，连宇治在京都的哪里也搞不清楚，一切行程都是日方安排，一路都有日本翻译随行。一天上午，从京都市内的酒店出发，坐着大巴，车行大概一个小时左右，被拉到了平等院。当时印象最深的就是这个名字：平等院。觉得挺好玩的，怎么会有这么个具有现代色彩的寺院名。说是寺院，跟着访日团的一大波人转了一圈，走马观花地看了看，好像也不大有佛教寺院的感觉，只是凤凰堂的建筑倒映在池水中，觉得挺好看的。

第二次是与我指导的一位研究生一起去的，时在2010年6月初，其时我在神户大学教书，那位同学在关西学院大学做交换留学。那天我们分别坐了不同的线路，先是到了万福寺，中午时分离开，然后往南走，中途在一家很温馨的家庭风的小饭馆吃了午饭，喝了茶，休息了一会儿后再往南走。其实从黄檗山万福寺到平等院，相距还挺远的，大约有三四千米，但那天天气晴朗，我们的兴致也好，一路说说走走，倒也不觉得累。不远处，出现了一条滔滔大河（在日本算是大河了），那就是闻名遐迩的宇治川。宇治川的水要比京都市内的鸭川深很多，鸭川感觉上还只是一条宽阔的溪流，而宇治川就很像一条河了，水色也颇为清碧，水流有些湍急，河面上并无船只行驶。我们跨过宇治川大桥，西头就是平等院。

平等院初建于平安时代中期偏后的1053年，相当于中国的北宋中期，那时有权势的王公贵族大都在嵯峨和宇治两个地处京城郊外的地方经营别墅，宇治是他们的一个休假地。爱好享乐的源融皇子就在现在平等院的地方建造了一座别墅，曰宇治院。平安中期以后，天皇的大权已经渐渐旁落，主要掌握在藤原家族的外戚手里。到了998年，这座别墅就落在了摄政藤原道长的手里，修葺以后，改名叫宇治殿。宇治殿后来被他的长子、当上了关白的藤原赖通继承，这一年是1052年。而这个时候，日本正流行末法思想。什么叫末法呢？就是人们认为，在释迦牟尼入灭以后的1500年，世界将进入一个末法时代，这一时代佛法就会衰弱，社会会发生混乱，人生将更加无常。而释迦牟尼入灭之年是中国的周穆王五十三年（公元前949年），因此1052年正是进入末法时代的第一年，于是在日本的上流社会中多少流行着一种哀叹人生无常、醉生梦死的行乐思想。若修行佛法，死后可得往生西方净土的极乐世界，于是净土思想就盛行起来。在这样的背景下，藤原赖通就在1053年把父亲传给他的宇治殿改成了一座寺院，起名叫平等院。最初是属于比睿山的天台宗，法然在1175年创建了净土宗之后，就改归净土宗了，不过在后来，好像哪个宗都不算了，变成了单门单派。藤原赖通自己也在1072年82岁的时候出家做了和尚。

为何起名叫平等院呢？原本在净土信仰的经典里，人依据修行品德分成九品，将以不同的形态和方式进入极乐净土。但藤原赖通他们认为，佛祖对人的救世是平等的，阿弥陀如来佛将以同样的姿态迎接人们，于是就起名叫平等院，据说凤凰堂的九品来迎图里体现了这样的思想。这里就不细作考究了。

平等院在整体上试图向人们展示的，就是这样一个西方极乐世界的现实版。信奉净土思想，死后就可往生到这样一个场景。

平等院的主体建筑，就是凤凰堂。凤凰堂是一个俗称，它的正式名称是阿弥陀堂，里面供奉的是阿弥陀佛。之所以被称为凤凰堂，一是隔着池水远远望去，其犹如展翅的吉祥鸟；二是正殿的屋顶上，有一对振翅欲飞、对面相视的金色凤凰，因而被人们称为凤凰堂。如今，凤凰堂的建筑图案，已被刻制在10日元硬

平等院南门

币的背面，而凤凰的造型，则被印制在10 000日元纸币的背面，由此可见凤凰堂在日本人心中的地位。

进入平等院，可从几个角度眺望凤凰堂，当然最佳的应该是隔着池水凝观。在平等院内，当年的建筑都已毁损，唯有凤凰堂是唯一的遗存，但实际上，它的规模也远比当年要小。凤凰堂在建筑样式上，属于“寝殿造”。这里，稍稍说一下什么叫寝殿造。

寝殿造的建筑样式，最初是从东亚大陆，主要是隋唐和当时东北部的渤海国（698—926）传来的。所谓寝殿，就是王公贵族就寝的房屋，那时被认为是宅邸中最重要的部分，是正殿，其他部分的建筑，都是围绕寝殿来构造的。寝殿，一般坐北朝南，在它的东西两侧，建有厢房或开放式的庑廊，财力许可的话，在中间凿一个水池，在东西厢房或庑廊的南端再建造一个殿宇，雅称为“钓殿”，意为可以在这里垂钓。寝殿造的房屋大都比较高大，没有专门的窗户，四面是两边可以开合的高大的木门，里面没有分隔的小房间，彼此只是用屏风等互相隔开，因而冬天大概会很冷，寒风会从木门的缝隙中吹进来，即使里边烤火取暖，偌大的房屋空间，恐怕也难以有效地使屋内暖和起来。外观看起来似乎比较宏伟，但作为住宅，确实有些大而无当，并不实惠。由寝殿造而产生了一种日语称之为“池泉回游式”的庭园，当年的王公贵族沿着廊庑和水池散步嬉戏，甚至还在池中堆筑假山，放一叶小舟在池中游荡。大约在9—10世纪的平安时代，寝殿造的大住宅完全成熟了，其典型，就是平安京的内里（内宫）中的建构，后来内里屡次被烧毁，在一些有权势的贵族阶层中，也开始营造寝殿造的大宅第。

平等院最初是皇子圆融的别邸，后又归属最大的权臣藤原道长，因而就被营造成一座既可住宿又可游乐的寝殿造。据研究，当时的格局要比现在大不少，应该是一个倒过来的凹字形结构，坐北朝南的是主殿，两边是延伸出去的庑廊，庑廊的东西两端，各有一座被称为“东对”“西对”的楼阁（这些在今天凤凰堂的遗构中留存下来了），然后从东西的两座楼阁向南，在东西两边各有一条庑廊，庑廊中也会有些供人停车休憩的封闭式建筑。寝殿的正南面，是一个人工挖掘、引入山泉的小湖（曰池），池内再筑几个小岛，有小桥与陆地和庑廊相连接，或许还有一个钓殿可供人垂钓。而今天的平等院或凤凰堂，除了一个规模缩小的池水之外，其他都没有了。事实上，当年的寝殿造建筑，已经没有一座完整地留存下来，平等院也许是今天的人们还可以一窥当年

京都守治平等院凤凰堂

寝殿造风格的唯一遗存了。从这个意义上来说，还真的很珍贵。

今天重新修葺过的凤凰堂，向人们展示了当年平安时代王公贵族宅邸的风采。虽说是佛寺，但与一般的佛寺建构似乎迥然相异。原为正殿的寝殿，其整个屋宇体现了中国宋代建筑的风格，略呈官帽状，两边檐角微微上翘，而弧度不大，典雅中显出些许灵动，但未流于轻佻。这样的风格是我个人比较喜欢的，或者说，宋的文化是我比较喜欢的。堂宇的梁柱、大门，皆是无油彩的朱褐色，庑廊的壁为白色，屋檐下的斗拱边上，有些花卉图案的白底的彩绘，细视才可觉察到，毫无艳俗之气。站在被称为宝池或阿字池的池水的东西南三侧，从不同的视角眺望朝霞或夕阳下的凤凰堂，各有不同的美感。映照在波平如镜的水面上的倒影，真是堪称绝景。

2010年6月初我们去的时候，凤凰堂是对外开放的，正中间供奉着阿弥陀如来的坐像。当时里面的大小佛像、物品以及内部建筑，表面的颜色都有相当的漶漫剥落，据说当年都是非常鲜艳的，以凸出极乐世界的魅力，不久将对此进行大规模的整修，以重新焕发出当年的光彩。这自然是不错，然而我觉得眼下的物象，似乎更具有历史的沧桑感，可以让人追怀将近一千年前的遥远的往昔。

2019年6月下旬，有缘再去了一次平等院，有些遗憾，凤凰堂的大门已紧闭，这一时期不可入内。凤凰堂的外观，已修葺一新，虽然没有过度的修整，但在拂去了历史尘埃的同时，几乎也扫去了一千年的岁月积淀，显得光亮簇新，想必堂内的阿弥陀如来佛，也已是金光灿烂了吧。

幸好平等院的博物馆凤翔馆开放，里面珍藏了平等院原有的大部分文物，诸如被定为国宝的凤凰堂屋顶上的一对凤凰的原物（现在屋顶上的是仿制品）、当年的梵钟（现在平等院内钟亭里的一口钟是复制品）、26座云中供养菩萨等，都可在此细细玩赏，体味平安时代差不多已经湮灭的风采。有意思的是，就像卢浮宫美术馆新馆的设计一样，凤翔馆从外到内都是一座非常时新的建筑，一整片的玻璃墙面，将庭园的四季变化，很自然地化作了从里边望出去的风景。好在它地处一隅，为绿树所掩映，对凤凰堂的整体景色毫无损害，且在设计上，匠心独具，地面只是一层，展室都在地下，利用了地面的自然采光，毫无压抑的感觉。2001年开馆，也是到了平等院必去的一个所在。

平等院与其说是一座寺院，似乎更像是一幅净土世界的具象图，同时也是平安文化的展示场。1994年，它被列为世界文化遗产。

京都的禅林五山

禅林，说的就是禅宗的世界，或者禅寺。在游历禅寺之前，先来稍微了解一下何谓禅宗。

谈到禅宗时，从源头上我们不得不说到达摩。达摩（生卒年不详）是6世纪初时从西域来到中国洛阳一带的印度人，据说是他创造了面壁静坐参禅的修行法。但是禅宗作为一种体系化的宗教思想或是人生哲学，最终是由中国人建立起来并逐渐加以完善的。禅一词，是梵语dhyana的中文译音，原意是静思、思维之意，它与流传了数千年的瑜伽修炼法也有关系，在佛教中一般被理解为在面壁静坐中通过凝精聚神来逐渐滤除杂念最后显现人的本性也就是佛性的一面。因此禅一词时常组合成坐禅、禅定等词语。达摩之后由弟子历代传承，禅宗后来分成北宗和南宗两大宗，北宗以神秀（606—706）为代表，主张通过读经坐禅来逐渐达到觉悟的境界，所以北宗又被称为“渐悟”派，而南宗则以被称为六祖的慧能（638—713）为最大的代表。据说生于岭南长于岭南的慧能目不识丁，这一派认为求得觉悟不一定非得捧经诵读、面壁静坐不可，只要心有诚意，在一切日常行为中皆可求得觉悟，而且人可以在某个行为中瞬息之间获得觉悟，直接进入通脱大悟的境界，因此被称为“顿悟”派，它相对而言，更具有平民性。后来注重学术理论的北宗一派的影响力日趋衰弱，而南宗的势力则越来越强盛，到唐末五代时，已形成了沩仰宗、曹洞宗、临济宗、云门宗和法眼宗五家，宋时在江南又从临济宗中分化出黄龙派和杨岐派两大派，一般统称五家七宗。

一般认为，禅宗在中国的确立，当在四祖道信和五祖弘仁的7世纪上半叶，也就是唐朝初年。在宋代时达到了高潮，以至于在南宋时，出现了禅林的五山制度。

关于五山及五山制度，在第一部的北山文化部分已有讲述，这里不再赘述。

今天到京都去的观光客必去打卡的一个地方，就是祇园，中间隔着一条四条通，以此分为南北两部分。而比较典型的，则是南面，一条铺设了新的石板的花见小路通，几乎一年四季都吸引着众多的游客。沿着这条整齐的石板路向南走到尽头，是一座寺

建仁寺南门

院。这里的入口是北门，南面的正门曰“敕使门”，原来的意思是天皇派来的敕使进入的大门，平素不对外开放。北门并不宏大，灰黑色的门柱上挂着一块同样灰黑色的木牌，“建仁寺”三个大字的上面，还有几个竖写的小字：临济宗大本山。这是日本最早的一座禅寺。

说起日本的禅宗和京都最早的禅寺建仁寺，就要说到一位高僧荣西。禅宗在唐朝初年成立后，便以各种途径陆续传到日本。奈良时代的735年，北宗的重要人物普寂的弟子道漩应邀到日本传教，其间曾在大安寺传授禅法。曾写过著名的《入唐求法巡礼记》的圆仁（794—864）等在回日本时，也都带去禅宗的著作。但由于种种原因，尤其是传统的南都（指奈良）六宗的势力强大，新的教派很难开启新的天地。多年来禅宗一直未能在日本有广泛的传播，直到荣西的出现，禅宗才正式在日本打开了局面，以后在镰仓幕府的扶植下，影响渐趋扩大，以至于现在已成了日本文化的重要底蕴之一。

荣西（1141—1215）出生于现今冈山县的一个神官家庭，可他后来并没有在神社供职，14岁就出家到比睿山受戒，师从名师学天台宗，数年之后，在显教和密教两方面都已有了一定的造诣。1168年4月，荣西搭乘商船到中国宋朝，巡礼于天台山和阿育王山等佛教胜地，求得天台宗的新章疏30余部60卷，于同年9月与另一位重要的日本僧人重源结伴回国。在中国期间，荣西也接触到了禅宗，但因要与重源结伴回国，未及深入探究。回国后在研读天台宗的书籍时，发现最澄、圆仁等人的著述中都曾提及禅宗，于是重新燃起了对禅宗的兴趣，决定再次入宋学禅，并试图西游印度。1187年3月，荣西又一次坐船来到中国，他来到临安府（今杭州）拜见有关官员，希望准予其到西域巡礼，但由于当时南宋王朝已失去了对西北地区的控制，蒙古人占据了西域的交通要塞，有关官员无法开具通行的文书。无法西行，荣西便潜下心来在中国认真习禅，跟随临济宗黄龙派第八代传人虚庵怀敞参禅，先在天台山万年寺，后又跟随至天童寺，前后约有4年。1191年，怀敞觉得荣西已有相当的造诣，便授予他法衣、临济宗传法世系图谱及拄杖宝瓶等器物并赠一书翰嘱他归国传法。这一年7月荣西回到了日本。可以说，荣西是把禅宗的临济宗完整地带到日本并自觉地加以传播的第一人。

荣西在日本传播禅宗，开初时并不一帆风顺，他起初只是在九州一带开建一些小寺院，后来在福冈的香椎神宫旁建了一座稍有规模的报恩寺。传禅的声名渐起，结果遭到了当地僧人的反对，他们怂恿京都比睿山的传统佛教势力上告朝廷，鼓动朝廷下令禁止禅宗。这对荣西自然是一个打击。不过荣西是一个聪明人，他出了两个招数来抗击传统势力对他的压制，一是表示禅宗非我荣西所独传，早年最澄亦从中国传来禅宗，我今日如此做法，并无另立山门之意，只是为了复兴自最澄之后绝传的禅宗而已。荣西还引经据典，对自己的说法加以佐证。二是写了一部《兴禅护国论》，向朝廷表示我荣西传播禅宗的目的乃在于护国。这样一来就消除了朝廷的疑虑，也堵住了反对派的嘴。但是后来禅宗得以在全日本传开，并成为风靡全国的最具影响力的佛教宗派，还有一个更为深刻的政治背景。这就是此时中央朝廷的力量已急剧衰弱，源氏家族已控制了实际的政权，在远离京都的镰仓建立了日本历史上第一个幕府政权。刚掌握政权的幕府执政者不仅要取得各种政治势力和民众的支持，而且还要赢得极具影响力的佛教势力的支撑。因此镰仓幕府便有意扶植亲近自己的宗教新势力，而且他们对中国盛行的禅宗也有所耳闻，他们也期待通晓诗书佛理的禅僧能为自己的武士政权抹上几许斯文的色彩。在这样的情形下，荣西的新兴禅宗就受到了幕府的青睐，而荣西也有意借助新崛起的幕府政权来扩展自己的影响，于是，禅宗首先在远离传统佛教势力中心的关东地区传播开了。幕府请他去担任法会上的修法导师，还把源氏家族的一处宅地赠予荣西，荣西在此建造了寿福寺，以此为据点，将从中国传来的禅宗传授给幕府的要人和相应的武士阶级。

但是镰仓相对于京都这样历史悠久、文化深厚的京城，毕竟还只是一个偏远的小邑，影响力有限。荣西最终的心愿，还是在京都建造一座禅寺，让禅宗得到朝廷和传统佛教势力的认可。建仁二年，也就是1202年，镰仓幕府的第二代将军源赖家将京都的一块土地给予荣西，由他来建造禅寺。于是荣西便仿照中国百丈禅寺（在今江西省百丈山，以制定禅林最初规矩的《百丈清规》而闻名）在京都创建禅寺，以当年的年号为寺号，以荣西为开山之祖。这就是建仁寺的诞生。基于源赖家的贡献，后人便以他作为开基者。但是，京都这边，传统的佛教势力确实很强大，甚至有些霸道，尤其是以比睿山为代表的天台宗，和以东寺为代表的真言宗，他们在京都的势力都已根深蒂固，面对新兴的禅宗，自然不甘让它蓬勃兴起。于是荣西就采用了一个折中的方法，定建仁寺为天台、真言、禅三宗兼学的道场，以避免天台、真言两宗的排斥，同时又设法在作为全国中心的京都为禅宗开辟传播和发展的天地。

禅宗在日本的传开，除了依靠诸如荣西（临济宗）和后来的道元（曹洞宗）这样的日本僧人的努力之外，同一时期由中国东渡日本的禅僧也为此做出了巨大的贡献，其中最为著名的就是后来担任了建仁寺第11代住持的兰溪道隆（1213—1278）。道隆是南宋人，出生于现今的四川，他听来宋求法的日本僧人说禅宗尚未在日本普遍传开，便有意去日本传播禅法。1246年33岁的他率领弟子数人乘坐日本商船抵达九州。开始辗转在一些小寺院之间。后来在镰仓幕府执政的北条时赖（那时镰仓幕府的掌权人已经换成了北条家族）闻说从中土来了高僧，便将其延请到镰仓，先让其主持常乐寺，不久又辟地建了一座建长寺。道隆成了该寺的开山祖，积极传授杨岐派禅宗。1258年，道隆又应诏西至京都主持荣西所创建的建仁寺，严格施行禅的作法和规矩，并利用后嵯峨上皇（即已将皇位禅让给太子的太上皇）召见他的机会，向朝廷建议扶持禅宗。朝廷为他的精诚之心所感动，便允准他在京都一带传播禅宗，由此，建仁寺就改成了纯粹的禅寺，不再兼学天台宗和真言宗。可以说，建仁寺是京都第一座卓有影响的禅寺。

在日本的五山制度中，建仁寺被定为京都五山的第2位，1343年改为第4位，1386年又由室町幕府的第三代将军足利义满改为第3位。不管怎么说，建仁寺一直在禅寺中寺格最高的五山之内。然而，禅寺的建筑却是屡屡遭难，在镰仓时代就曾被烧毁过，后来在圆尔辨圆（曾于1235—1241年间入宋学法）的主持下重新修复，可是1340年邻近的妙法院遭人焚烧，殃及建仁寺，开山堂等被烧毁。1393年又一次遭到火烧。之后再度重建，结果在1552年又一次遭到焚毁。丰臣秀吉掌权后，给予了一大块土地鼓励寺院的复兴，安国寺的惠琼把自己寺内的方丈（原来的意思是禅寺中长老或住持所居住的僧舍）移建到了复兴中的建仁寺。江户时代应该是建仁寺最为兴盛的时期，寺院的领地有54 000余坪（接近18万平方米）。然而在明治初年政府推行的“废佛毁释”运动中，领地缩小到了23 400余坪，几乎减去了五分之三（据《京都を楽しむ地名·歴史事典》，第178页），不然，祇园的南部一带，恐怕都是建仁寺的地盘。

我在2011年3月下旬和2015年7月初去游历过两次。两次都是从北门入内，无须门票。我对建仁寺的兴趣，大半源于荣西，他不仅将禅宗的临济宗传来，中国的茶在日本真正的生根开花，他是第一功劳者，这下文再说。不过按照禅寺七堂伽蓝的格局，我们还是从南面进门吧。禅寺的格局，最初是由唐代百丈山怀海禅师制定的《禅门规式》，即经后人修订的《百丈清规》所规定的，七堂一般指三门、佛殿、法堂、僧堂、食堂、浴堂、西净或东司（厕所），有的也设有库里（仓库）。

我第二次去的时候，是在7月初，下着凉凉的雨。若从敕使门进来，寺院的主建筑沿中轴线建造。首先是一长方形的放生池，在日本，这是禅寺仅有的，其他宗派的寺院都没有这一设置，换句话说，在这之前的日本寺院，都没有放生池。7月初，放生池内的荷花已有一半开放，雨点在水面溅出了一个个小小的涟漪。放生池上的小石桥前面，是一幢两层楼的建筑，曰三门

（现在又写作山门，在汉语中读音相近，日语中则完全一样）。正殿前设三门，这应该是始于禅寺的格局吧。所谓三门，即空、无相、无愿这三解脱门，后来又将其理解为智慧、慈悲、方便（方便一词最初是佛教用语）三门。现存的三门是1923年从静冈县的安宁寺移建过来的，名曰“望阁楼”，两层，底层仅有梁柱而无堂宇，二楼内据说供奉了释迦如来和迦叶、阿难两位尊者及十六罗汉的像，但三门一般不开放，也无法登楼，内情不详。顺便说及，有关罗汉的信仰，中国在唐朝的时候形成了十六、十八和五百罗汉的佛道修行者的群像，后来也传到日本。日本多为十六罗汉，镰仓时代以后兴盛起来，以京都南禅寺的十六罗汉塑像（创作于1628年左右）最为著名。

三门的北面依次是法堂和方丈，这一区域是要购票入内的，票价500日元。法堂是江户初期的遗存，现在是国家的重要文化遗产，为重檐歇山顶建筑，颇宏大，有点类似东寺的金堂。但正面的东西两侧各有一扇称为“火灯窗”的窗户，形状有点像一口大钟，上部呈圆拱形，也是随着禅宗一起从中国传来的，最初出现在禅寺内，因此，火灯窗在早年也是禅寺的一个比较重要的标记。法堂内现在的看点是2002年名画家小泉淳为纪念建仁寺创建800周年而创作的天顶画《双龙图》，龙意味着龙王，司水，一者可在旱年求雨，二者可为木建筑祛除风火。龙的形态和概念都来源于中国，可这幅天顶画很有日本的韵味，黑白两色，很耐看。方丈是从安国寺移建过来的，地面铺设着榻榻米，入内须脱鞋，里面展示了桃山时代（美术史上的一个分期，源于丰臣秀吉所筑的桃山城，一般指16世纪末到17世纪初期）的杰出画家北海友松的巨幅障壁（隔扇）画《云龙图》。在日本美术史上，北海是一位在京都成长的十分重要的画家，他主要从两方面汲取了艺术的养分，一个是以中国南宋梁楷为首的宋元画家的水墨画等，另一个是狩野派的装饰画风。他后来开创了北海画派，因此，他的作品在日本具有极高的地位，《云龙图》原作作为国宝已经收藏在国立京都博物馆，在方丈中展示的是高清晰度的仿制品。

需要购票进入的区域内，也有大雄苑、潮音庭等几处不错的庭园，但那天让我感到很惬意的是位于建仁寺西南角的禅居庵，那一带无须门票。或许是游人都因导游册子的介绍而集聚在方丈那边，这个西南角的小院落竟然没有什么人迹，加之那天又下着淅淅沥沥的雨，我走进禅居庵的时候，一个人也没有。一条用形状各异的石块铺设的石径，被雨水濡湿之后，显得更加清幽；两旁的树木花草在雨滴中越发葱茏滋润，紫阳花开了，很好看，嫩嫩的，毫无令人眩晕的华艳。还有一处，我不记得是什么院了，在浓密的苍苔间，有一个枯山水的景观，有些明亮的白砂石的地面上，看似不经意地安置了几块大小不一的山石，被雨水打湿后，颜色有点黝黑。石庭边上是新建的书院造屋舍的一排“缘侧”（原木铺设的开放式的廊檐），若能在此趺坐，有一壶一杯，静静地品茶闲坐，听雨观景，想来一定是十分惬意的。

日本的寺院，尤其是禅寺，大抵都有这样简素而美丽的庭园，这或许是我喜欢禅寺的最大理由。

京都南面的东福寺，也是我很喜爱的一处禅寺。2015年6月下旬的一个周日，先坐了巴士到京都车站，然后换乘南5巴士去访东

京都建仁寺内的小庭院

福寺。南5巴士的车次很少，一小时一班，等了许久才坐上车。巴士向东，然后右拐向南。我没想到，过了铁路线的京都南部竟然是那么荒寂，是的，有点萧索的感觉。这边都没有什么像样的楼房，整体感觉是陈旧灰暗，沿途几乎没有什么可观之处。到了东福寺站下来后，向东走，从仁王门（北门）进入，走过善慧院、大机院等几处东福寺旗下的塔头（即下属的分院）后，随着前面的游人一同走上了一条上面有屋檐的廊道，向东眺望，一片郁郁葱葱，远远的通天桥就掩映在初夏的绿树丛中。在这座廊桥上经过了月下门、卧云桥等几个名称很有情趣的所在，我记得是在日下门这个地方下来的，西侧有一个中门，也可以沿着廊桥一直走到南门。

东福寺是1236年开始由摄政九条道家发念兴建的，寺名从奈良的古刹东大寺和兴福寺中各取一个字，定为东福寺，历时19年，于1255年完工，以自南宋天台山学佛归来的禅僧圆尔辨圆（后来被敕封为圣一国师）为开山。那时，建仁寺已经诞生，但是东福寺还不敢称完全的禅寺，跟建仁寺一样，也是天台、真言、禅三宗并存。后来在1319、1334、1336年连遭大火，塔、堂大部分被烧毁，东福寺就衰败了下来。不过在1334年被烧毁之前，东福寺已经被列入京都五山之一。以后又经过20年的重建，再现了当年的辉煌。重建以后的东福寺，就成了一座纯粹的禅寺。到了16世纪末至17世纪初，由于丰臣秀吉和德川家康的加护，各处堂宇又陆续获得了修复，可是到了明治时代的1881年，再次遭到祝融之灾，法堂（正殿）、方丈、库里等均被烧毁，唯有三门是当年的原物，因而被列为国宝。

就占地面积而言，东福寺现在是京都最大的禅寺。我们还是从南面开始来观览一下吧。

禅寺的基本格局如下，最前面是一个放生池，在东寺，名曰思远池，形状与建仁寺一样，是横向的长方形。一座小小的无栏杆的石拱桥前，便是三门。在我当年所拍摄的照片中，白色的荷花开了半池，青青的硕大的莲叶，不禁使人想起了一句汉代的乐府诗："江南可采莲，莲叶何田田！"一般游客都不会从南门进入，这里倒成了僻远的一隅，几乎没有什么人。三门虽是几百年前的旧物，却已修葺得相当新，梁柱是暗褐色的，墙面却是白得有点亮眼。禅寺到了后来，梁柱结合部的斗拱部分，有一面都涂成白色，远远望去，碎碎点点，虽不至于目迷五色，却是减去了不少简素的味道，有一点花，我不是很喜欢。三门与建仁寺一样，四周用密集的灌木墙围了起来，正面有低矮的木栅栏，不可入内，自然也无法登楼。与三门相距很远的东边，有一个钟楼。

三门的正后面，是明治时代重建的本堂（佛殿），除了后面述及的黄檗宗一流的禅寺之外，日本禅寺的佛殿都不用大雄宝殿

京都东福寺三门

的名称。中轴线上的建筑也就到本堂结束了。顺便说及，包括禅寺在内，日本的佛寺一般都不按中轴线建造。本堂是一幢相当宏伟的重檐歇山顶建筑，但正面的格子门关着，不可入内，殿前也没有香炉，无人膜拜。我透过格子门向内窥视了一下，只安放了几尊小小的佛像，殿内显得空空荡荡。本堂的西侧，是当年免于大火的禅堂和东司。作为当年僧人起居处的禅堂，规模相当宏大。禅堂的南面是东司，即厕所，都是当年的遗留物，供人在外面参观。

本堂的东北面，是方丈、库里和书院，都是后来重建的。从这边再往北，要经过一座长廊，纯然木结构，两边是圆柱子，地面铺着石块。经过长廊往北，就需购买门票，400日元，廊檐的正面上方，书写着“通天”两个大字。在春秋两季，这里是观赏樱花和红叶的绝佳之地，如今已是初夏，四周的一片嫩嫩的翠绿，也足够养眼。长廊真的很长，几乎一直行人不断，我等了好久，才拍到一张人迹稀疏的照片。在两边明晃晃的鲜绿中，长廊越发显得深邃悠长，快结束的一段，有一座拱起的通天桥，下面有很小的一条溪流穿过，几乎都没有什么顺畅的水流，却有一个很好听的名字，曰“洗玉涧”（原文汉字如此，不是翻译的）。走出长廊，进入另一个领域，这里主要是开山堂，坐北朝南，西面的一处有点类似厢房的大建筑，曰普门院，大家都坐在门前的台阶上休息。正对着一片白砂石铺出的长方形空间，隔着一条石径，是一片被修剪成圆形或半圆形的灌木丛，再往后，则是低矮的山冈了。我坐了一会儿走出来，顺着高低的石阶来到洗玉涧，布满了厚厚青苔的堤岸内，只有一点点溪水在流淌，两边则开满了浅紫色或湛蓝色的紫阳花，抬眼望去，四周尽是一片层层叠叠的翠绿。无意间，在西端瞥见一点红色，快步趋前，原来是一个名叫爱染堂的八角亭阁，扁柏树皮葺成的屋顶下，梁柱和门墙却漆成了朱红色，可谓是这一片初夏浓绿中的一点红。周边寂无一人。

说实话，我踏访寺院，除了看建筑之外，大半是因为它们的

东福寺内的开山堂

庭园。可东福寺境内充满野趣的自然，已经使我大感快活，一个半天走下来，也确实有点累了，还有一个本坊庭园，就留待以后再欣赏吧。

曾经被列为京都五山最高格的南禅寺，也是我很喜欢的一个所在，只是人比较多。南禅寺位于东山山麓，距平安神宫和冈崎公园都不远，也是一个游客常来打卡的地方，还好，没有清水寺或金阁寺那么热闹。它的庭园，其实比金阁寺耐看多了。

南禅寺的创建，说起来还很有来头，是皇室所建，确切地说，是10岁登上皇位、后来做了上皇、再后来成了法皇的龟山在1291年开创的。1289年，当时的龟山上皇在离宫的禅林寺殿出家皈依佛门，于是就成了法皇。据《文应皇帝外记》的记载，出家后不久，离宫里就发生了一些妖怪出没的事。龟山法皇就请来了上文说到的圆尔辨圆（法皇的父亲后嵯峨天皇皈依在他的门下）的高足无关禅师（大明国师）及他门下的僧人住到离宫内，在这里坐禅、扫除、诵经修行，与日常的寺院生活无异。结果怪异的事情就平息了。法皇为禅师的德行所感动，就皈依在了他的门下，并在1291年，把自己的这座离宫改为禅寺，并以无关禅师为开山。不巧，无关禅师在这一年的年底溘然仙逝，于是就请规庵祖圆禅师（南院国师）来继任。规庵禅师花了15年的功夫，将离宫改建成了如今的南禅寺。因为皇家的缘故，南禅寺在镰仓和室町时代，被列在了五山的最高格。不过，几乎与其他的历史建筑一样，南禅寺也在1393年、1447年和1467年遭到了多次火灾，大部分伽蓝被烧毁，现存的伽蓝基本上是1605年以后重建的，并在1610年将内里（皇宫）中的清凉殿移建到这里，定名为大方丈（后被列为国宝）。

我们还是从南边开始看起吧。南边正中，有一个敕使门，这是供天皇或天皇的敕使进出的正门，现在仅限于禅寺的住持进出，一般人从中门或著名的料亭“顺正”一侧的西门进入。从敕使门沿中轴线向北，远处有一座高峨的建筑便是三门，值得注意的是，这里没有放生池。现存的三门是1628年重建的，又称为“天下龙门”，算起来也有将近400年的历史了。相当壮伟，六根粗大的门柱托起了这座巍峨的三门，建筑本身高22米，十来级的台阶，使得整个建筑显得更为壮观，这里被誉为日本寺院的三大门之一。梁柱及门墙照例是朱褐色的。

这座三门是可以登楼的，需要购买500日元的门票。门楼被称为“无风楼”。凤楼龙阙，这种思想和信仰也都来自中国。门楼内供奉着戴有宝冠的释迦坐像，还有十六罗汉及德川家康等人

京都南禅寺的三门

的像，天顶上的凤凰图画等据说是出自著名画师狩野探幽的手笔。若没有兴趣，这些不看也罢，然而登楼的感觉真好。我是2010年10月上旬的下午去的，正是风轻云淡、秋高气爽的好季节，倚着栏杆眺望周边的景色，太阳已经西斜，略带金色的阳光照耀在满是绿树的东边山冈上，一阵凉爽的秋风吹来，令人心旷神怡，而掩映在苍松翠柏中的寺院堂宇的屋甍，也蒙上了些许金光。顺便说及，日本的寺院伽蓝，除了并不典型的鹿苑寺内的金阁外，楼宇殿堂及墙垣，都不会涂成亮丽的金色、艳红色和明黄色，更多是没有光泽的朱褐色、黑褐色或材木的原色，以显出寺院本身的静穆、肃然、端庄的气氛。

南禅寺法堂最后一次被烧毁是在1893年，现在的建筑是1909年重建的，并在1990年经过了伤筋动骨的大整修，因而差不多是一座全新的建筑。而南禅寺最值得观看的是大小方丈和连在一起的庭园。上文曾有说到，方丈原本是寺院的住持及僧人居住的屋宇，这里的方丈是17世纪初从当时的皇宫内移建过来的，无论是建筑本身的品质还是年代的久远，在如今的京都，都是颇为罕见的，因而被定为国宝。大方丈内有内阵（本堂内放置本尊佛像的地方）、御昼间、鸣泷间、麝香间等用隔扇分割的许多房间。大方丈后面的小方丈，也有虎之间等好几间房间。有一个共同点是，屋顶是木板铺设的，朝南处都有一长溜铺有地板的开放式的廊檐（日语一般称“缘侧”），南面就是俗称为枯山水的石庭了，入内必须脱鞋。

南禅寺方丈的石庭，相传是江户时代初期的小堀远州（小堀远州可以说是与南北朝时期的禅僧梦窗疏石并列的造园大家）的

南禅寺大方丈的石庭

作品。南面与西面是石屏，石屏或者说石墙中间镶有白色的横线（这只有在皇家或规格很高的地方才会看见）。整个石屏呈淡青色，与龙安寺著名的石庭有些不一样，这里并不是整片的砂石，在东南面沿地形的高地做了一片形状狭长的绿化带，青苔、绿树和垒石自然地交融在一起，十分耐看。那天下午，有些游人，不算多。我坐在缘侧上，沐浴着夕阳，在秋日清新的空气里，呆呆地看了很久。我也不知道自己是否在专注地观赏，或是其实什么都没有看，只是在那里呆呆地坐了许久，好像在想什么，好像什么也没有想。有时候，我觉得趺坐（差不多也就是盘腿坐）是一种很舒服的坐姿。对着眼前夕阳映照下的石庭，这错落有致的造景，你可以浮想联翩，也可以什么都不必想。或许，这就是所谓出神或陶醉的感觉吧。小方丈的缘侧前，也有一个石庭，这是1966年的新作，称为“如心庭”。砂石上的垒石布局，宛如一个草书的“心”字，试图表现出一种心如止水、而宁静的表象下又有些许跃动活泼的意境，也很耐看。所谓耐看，就是可以从不同角度、不同光色、不同层次上来细细玩味，给你营造出联想的空间，在绘画和书法作品中，称为余白。你可以用自己生命的经验来加以体味和扩展，你自己是什么感觉，就是什么感觉，就宛如在聆听一首有意蕴的曲子一样，完全可以听随你自己的内心来领悟。当然，前提是你必须要有丰富的内心。

这里稍微花一点笔墨，说说日本的枯山水。枯山水一词最早大概见于《作庭记》。《作庭记》上说："于无池亦无曲水之地垒石，谓之枯山水。"《作庭记》一书成立于平安中期，其时尚无今日可见到的枯山水。平安时期的所谓枯山水，不过是指在无水的庭园或庭园的一隅垒石叠山的做法。真正独立的枯山水，萌芽于镰仓时代，成立于室町时代，烂熟于江户时代。说起它的萌芽和成立，都与中国禅宗的传入和同时期宋元水墨画的影响密不可分。禅宗虽然源自佛教，本身却是一个复杂的组合体，包含了哲学的、美学的诸多因素。禅的那种“不立文字”“以心传心”的具有抽象意味的、以顿悟的方式去体味和捕捉物象美感的精神，可以说是枯山水得以成立的思想前提。这一点不少日本学者也意识到了。重森三玲在《枯山水》一书中说："进入了东山时代（指室町时代中期，因足利义政将军移居至东山而得名——引者）后，以禅宗为中心的艺术愈益显出了它的重要性，作为庭园的枯山水获得了急速的发展也是理所当然的了。因此，当时的枯山水之所以能在形式和内容上得到统一，缘由就在于有了禅宗的思想背景。枯山水在象征主义的发展阶段中，具有很大的禅宗特色，这一点不可否定。”（第94页，大八洲出版株式会社，1946年12月）另一位学者久松真一在《禅和美术》（1958年初版）一书中认为枯山水的代表作龙安寺的石庭体现了禅所具有的七个特点：不对称、简素、枯高、自然、幽玄、脱俗、静寂。

京都龙安寺的石庭

枯山水的造型得以成立的另一个重要背景是宋元水墨画的影响。中国的水墨画始现于唐代，王维对于绘画就有“水墨为上”的说法。在五代时水墨画渐趋成熟，至宋元则大为兴盛。水墨画有人物画，多为佛像和高僧的肖像，但绝大多数还是山水画，水墨画不刻意追求表象的摹写，而注重气韵和神采的表达。镰仓和室町前期，两国间僧人的往来比较频繁，也互有贸易通商，宋元的水墨画就在这样的途径中被大量带到日本，据阿弥派的重要人物能阿弥的《御物御画目录》和相阿弥的《君台观左右帐记》的记载，14—15世纪流入日本的水墨画达数百幅，其中居前5位的画家依次是牧溪、梁楷、马远、夏圭和宋徽宗，尤以牧溪的影响最大。牧溪是南宋末年的画僧，曾开创杭州西湖的六通寺，技法独特创新，精神飘逸高远，自镰仓末期传入后，在日本受到极高的评价，至今仍有《观音猿鹤图》等多幅真迹留存在日本。宋元水墨画（还可包括以后的《芥子园画谱》）对于山水的理解、表现以及画面上山水风景的布局都极大地影响了日本人的审美视角和审美意识，自然也影响了枯山水庭园作品的布局和造型。还是引用重森三玲的著作："到了室町时代，枯山水已不注重模拟自然的景致，而是仿照水墨画等山水图来加以谋划制作，这时候，因为模仿的不是自然本身，所以可以明白具有很明显的象征色彩，这是为使庭园的构建更加接近完美而付出努力的结果。在那个时代，人们就已意识到了与其摹写自然的风致，还不如摹写山水画更为便捷。这是因为水墨山水画本身就富于象征的意味，人们从中发现了更快完成枯山水庭园的捷径。"（《枯山水》第90—91页）日本人历来很推崇中国的《芥子园画谱》，该书是以明人李流芳的山水画谱为底本并作增补后由李渔在1679年刊行的，刊行后很快就传入日本，至少在江户时期已经很流行了，小说家立原正秋在《日本的庭园》一书中说："要是在江户时代已广为流传了的话，当时的造园师不可能不参考这部画谱吧。因为在叠石和植树等的作法上是直接可以应用的。"（第137—138页，新潮社，1984年2月）也正因为如此，庭园史研究家上原敬二在对《芥子园风景画谱》和《芥子园树石画谱》两书加以注释后将其列入"造园古书丛书"出版了。

京都妙心寺内的石庭

对于枯山水，历来是赞美感叹的居多，特别是文人作家，似乎总表现出比一般世人更多的感悟。大正昭和时期的名小说家志贺直哉有一篇《龙安寺的庭园》，文字简洁，十分耐读。在战后登上文坛的、天主教色彩浓厚的作家远藤周作也有一篇写日本庭园的名文，被收在各种集子里，题目就叫《日本的庭园》。里边写到他在龙安寺石庭中面对枯山水景象时的浮想联翩，写得甚是生动，不妨节译一段：

"我是比较缺乏思考能力的，很早就不敢指望自己能有复杂的思辨，我只是呆呆地眺望着寂静的庭园的地面，这时恰好西斜的阳光落在了白色的沙砾上，投下了石头的阴影。就在我呆呆地凝望着的时候，白砂似乎变成了湛蓝色的大海。五处叠石，各各变成了仿佛在哪里见到过的岛屿。岛屿上有石头山，峻峭的山崖上好像还疏疏落落地生长了些灌木丛。在这处岛屿的附近，海浪冲击着一块稍稍露出水面的岩石，飞溅出浪花。把目光投向远处的海面，在远远的地平线上可见岛屿上起伏的山脉，和山脚下绿色的原野，原野上星星点点地散落着粉墙的民家，令人联想到粉墙内的种种不知晓的人生。

“我站了起来，为了从各个角度眺望这座狭长的庭园，我从一端走到另一端。如此一来，产生了惊人的效果，岛屿和岛屿之间一会儿拉近一会儿分开，在宽广的海面上，宛如芭蕾舞女在跃动一般，随着音乐的节奏变化着位置。这一印象，自然是由于我沿着这座不大的庭园的周边漫步时产生的，它与我以前开着吉普车沿着濑户内海飞速疾驶一小时时从车上望出去的感觉完全一样。不，不能说完全一样，可以说这次所看到的景象更富于微妙的变化，更为开阔。在互相交叠的岛屿和岛屿之间看到的一线碧蓝的大海，色彩尤其鲜亮。这样的大海，库尔贝（法国19世纪画家——引者）也曾描绘过。大海，岛屿，白帆，在和煦的秋天的阳光照耀下的这一风景，印象派也曾描绘过。但是，这里的在秋风中萧萧作响的树林使我联想到了永不停息的海潮，不知从哪里飘来了海边的气息。”（《昭和文学全集》第28卷第588—589页，小学馆1989年2月）

但也有不以为然的，上面所提到的作家立原正秋，他觉得枯山水也不见得有那么深的奥秘，他说他年轻时见到枯山水的一片明晃晃的白色砂砾地时，觉得这不过是和尚们为了使幽暗的屋宇里边变得明亮些才这么设计的，“禅呀悟呀什么的，造园者并没有想过这类问题。如果他们是为了使屋宇内变得明亮些而建造了这些石头的庭园的话，我觉得这些人确实是了不起的造园师。其实这并不是石头的庭园，而是砂砾的庭园。至于石头的叠置呀，这是表现岛屿呀，这是大海，这是山峦，这是表现虎子渡河，这全都是后人胡乱编造出来的故事。只不过是光是砂砾，太缺乏风情，因此就叠置了些石头而已。”（《日本的庭园》第130页）如今很多年过去了，立原说自己的看法并没有改变。不过如今的他话就说得婉转些了：“当然我并不是说枯山水与禅完全没有关系，当将宋画的构图移到庭园的时候确实是有关联的。”（第155页）

我觉得，对于包括枯山水在内的艺术品的欣赏，还是要取决于自己的学识和生命体验，不必将其弄得过分地神秘深奥，逼使自己去做出些无端的想象，但也切切不可随意贬斥和否定造园者的匠心。还是真切地听从自己的内心吧。

话题有些扯远了，还是回到南禅寺。除了大小方丈前的两处

南禅寺西门

枯山水之外，里面的“六道庭”也值得观览。所谓“六道”，说的是佛教中的六道轮回，即一个人的生命将在天上、人间、修罗（游离于天上和畜生之间，在佛教中也被认为是守护神之一）、畜生、饿鬼、地狱不同的层界轮回，六道庭也试图表现这样的佛教世界观。不过我觉得来欣赏庭园，就不必去想那么多佛理了，只是来感受美就好。比较有意思的是，在庭园中漫步，都是光着脚，走在大小方丈间曲折蜿蜒的廊桥上，梁柱和廊道边的栏杆、地板都是材木的原色，或是原来的涂色都已剥落褪去，历经岁月的沧桑，变成了深浅不一的灰褐色。廊外的白色砂石、细绒绒的杉苔和颇具匠心的布石、疏落有致的树木，都可以静下心来慢慢地赏味。

位于御苑北面的相国寺也是京都五山之一，位列五山第二，全称是万年山相国承天禅寺。但是外来的游客中，知晓的好像不多，即使来到了御苑，也只是在御苑内匆匆游过之后便回去了，很少有人想到不远处还有一座很可一看的相国寺。

在本书的上篇里述及的室町幕府的第三代将军足利义满，在京都建造了自己最初的居所室町殿（又称为花之御所）之后，就想在距自己的宅邸不远的地方营造一座大规模的寺院。他内心很仰慕梦窗疏石，不过这时梦窗疏石已经去世，他就与疏石的两位高足，也是五山文学的代表性人物春屋妙葩和义堂周信商议，结果就有了1392年动工、10年后完成的相国寺。足利义满请春屋妙葩来做开山，妙葩觉得自己不敢当，就让已故的梦窗疏石当了开山，自己作为第二代的住持。

木结构的建筑总是命运多舛。寺内原本有一座七重塔，塔高108米，高于原先上海最高的大厦国际饭店。可是在建造的过程中就被烧毁了，于是立即重建，建成以后在1403年的一次电闪雷鸣中，被雷电击中而再度烧毁，以后就没有再建过，不然，恐怕它就是京都市内最高的木塔了。在应仁·文明之乱（1467—1477）中，相国寺不幸做了东军的阵地，西军就买通了寺内的僧人，放火把寺院给烧了。后来虽有一定程度的复建，可是在1551年战国时期的战乱中，又一次被烧毁，整个寺院完全陷入了颓势。幸好，1684年以后，先后得到了丰臣秀吉、德川家康等权势人物的支持，慢慢复兴起来。可是在上篇提到的1788年的天明大火中，再次被殃及，除了法堂、浴室和其他9座塔头的分院幸免于难外，寺内的主要建筑差不多都被烧毁了。好在其根源较深，19世纪初期开始又进行重建，但是到了明治初期，又遭到当局废佛毁释运动的冲击，诸多塔头都逐渐荒废。相国寺最兴盛的时候，其占地面积达到了空前的476万平方米（应该也

京都相国寺的正门

包括了它的寺外塔头金阁寺和银阁寺吧），如今的寺院面积，只有13万多平方米了，规模大大缩小。因而，在今天京都的各种导游书中，都很少提到相国寺，旅程匆匆的外地游客，大都不会注意到相国寺，这倒是促成了一个好结果，那就是没有出现清水寺、金阁寺那样摩肩接踵的热闹相。

我去过两次，第一次是2015年7月出梅不久的一个晴爽的下午，差不多已近傍晚。在京都大学的研究室伏案一天后，想出去走走，于是坐了巴士，沿今出川通来到了同志社大学。向右折入一条道路，一直向北，就是相国寺的总门，重建于1797年。西侧还有一座敕使门，原本敕使门应该是正门，寺内的建筑都按照敕使门的进口呈中轴线营造，但是屡经毁坏之后，原本的格局都有一些变形，敕使门反而偏在西面，日常都是关闭的，平素从总门进出，入内后，眼前是一条宽阔笔直的参拜大道，两旁是高大的红松。我们且稍稍挪向西边，从敕使门这边开始吧。

从敕使门进入后，映入眼帘的首先是放生池，此地曰功德池，这是一般有规模的禅寺都应有的。相国寺的放生池比较大，感觉比建仁寺和东福寺的大不少，中间照例是一座没有栏杆的石制拱桥。这边的桥有一个专门的名称曰天界桥，据说最初是禅寺与天皇所居住的御所之间的分界桥，后来在1551年的战乱中不幸成了两军对战的分界线，虽然寺院在这场战乱中大部分烧毁，这座石桥却幸免于难，现在建在这里的拱形石材，还是当年的旧物。时值7月，池中的荷花开得正盛，我去的时候，寺内几乎没有什么人，相当寂静，倒也是京都赏荷的一个好所在。放生池的西面，现在已是石屏围起来的墙垣了。缓步走过放生池，前面应该是寺院的三门，不幸在1788年的天明大火中毁于一旦，之后就再也没有兴建，如今只留存了一块基石而已。三门之后，应该是佛殿，可佛殿烧毁之后也没有能力重建，现在这两处地方，都成了一大片松林，松树经过一百多年的生长之后，已成了枝干挺拔的参天大树，都有20米之高，亭亭玉立（用“亭亭玉立”这个词来形容松树似乎有些不妥，但我当时真的是这样的感觉，这些松树枝叶都得到了精心修建，树干显得特别修长，只是在最上部有几簇茂盛的枝叶），沐浴着夏日黄昏金色的阳光，成了另外一道美丽的风景。

京都相国寺的法堂

因此，现在的情景是，走过放生池后，正前方的建筑就是有点遥远的法堂。法堂原来是僧人对大众讲经说法的场所，兼有讲堂的功能，帮助众生消除烦恼、获得心灵的安宁。其实，一些僧人也是有日常烦恼的，能否获得解脱，全看各人的修行了。在相国寺内的佛殿被烧毁后，这里的法堂就变成了正堂，正中央设置了须弥坛，安放了释迦如来及阿难和迦叶两位尊者的佛像。相国寺的法堂初建于1391年，后来被4次烧毁，现存建筑是1605年德川家康命令丰臣秀吉的儿子丰臣秀赖奉赠了相当于15 000石大米的资金建造的。虽然历史不算很悠久，却是目前全日本最古老的法堂。整个外观呈重檐歇山顶样式，在日本被称为“禅宗样”，是南宋时与禅宗一起从中国传过来的，也可以说是南宋时期中国禅寺的样式。两端微微翘起，庄重而有些灵动，高22米，正面宽28.72米，进深22.8米，还算比较壮伟，被指定为国家重要文化遗产。

法堂的正北面是方丈，屡次被烧毁之后，现在的方丈建筑是1807年与开山堂、库里一起重建的。方丈一词，源于1—2世纪时成书的大乘经典《维摩经》，说是有一位维摩居士，它的居室面积一丈四方，后来就以方丈一词来指代寺院内住持与其他僧人居住的场所，在中国现在变成了寺院内阶位最高的僧人称呼，这恐怕是讹用了吧。相国寺的方丈相当宏大，也显示了当年禅寺住持的地位。我去的时候，已近黄昏，法堂和方丈等都已关闭，据说方丈内有一幅障壁画，是江户时代后期的重要画家原在中的作品，名为《普陀落山图》，原在受中国明代水墨画的影响较大，其实他并未去过中国，这幅普陀山图，只是想象之作，画面上，重峦叠嶂间烟云缥缈，而实际的普陀山，其实并无如此高伟，倒是可从中一窥江户时期日本文人对中国的想象和憧憬。

寺内还有一座令人印象深刻的建筑是1807年建造的库里，又称“香积院”，在方丈的东侧，是一幢人字形的建筑。我很难形容和描绘，在中国好像极少见到（我不记得有见过）。向南的正面用材木分割成一个个长方形的白墙，同时有一定的弧形装饰，显得端庄而不失灵动，另有在第二层的高度设计了一长排日本格子状的木窗户。在底层的正面左侧，于1883年重建了一个玄关，顶部是“唐破风”的样式，据说是为了纪念第二代住持（实际上是第一代）春屋妙葩去世500周年而建。总体上，这是一幢极有风格的禅寺库里，在被列为五山的寺院中，或许堪称第一。

相国寺内的积香院

相国寺内还有一座2011年新落成的名曰“天响楼”的钟楼，引起了我这个中国人的兴趣。里面的大钟，是开封大相国寺新近铸成的，赠送给京都的相国寺，为此专门建造了这一钟楼，钟楼前，置立着一块黑色大理石的纪念碑，刻有一段《般若心经》的经文，石碑的后面，还有一块比较大的不锈钢说明牌，刻录了两寺之间的友好交往史。

相国寺内，有一座非常有名的“承天阁美术馆”，不过2015

年去的时候，时刻已晚，所有的佛堂及美术馆都已关闭。我倒是非常充分地领略了一座五山禅寺在夏日黄昏中的宁静。那天我记得空气十分洁净清爽，天空澄澈透明，空旷的寺院内，人迹杳然，虽是7月，却没有一丝的燥热，唯有清风、夕阳、绿树，和绿荫中的伽蓝与时起时伏的鸟鸣声。可惜寺内没有长椅，也没有开放的“缘侧”，不然我大概会在里面呆坐许久。

2018年1月20日的上午，我再度来到了相国寺。早晨还有点阴翳的天空，此时在云层间亮出了蓝天。寺内还是那么洁净，那么寂静，竟然感受不到冬天的萧索，高耸云天的松树，依然枝叶苍翠。都说京都的夏天有溽暑之感，冬天则是严寒难耐，一般来说确实如此，但我两次来到相国寺，一夏一冬，竟然都十分惬意。

这次承天阁美术馆开放了，展品是荟萃于相国寺和金阁寺、银阁寺的逸品，展名曰“山水——隐谷之声、游山之诗”，门票800日元。从总门进来，沿着笔直的、中间铺着石板、两边是柏油路的大道走到尽头，在库里的东面，便是承天阁美术馆了。进门的右侧，挂着一块原色的木牌，用黑色书写着承天阁美术馆六个字。里面寂无一人。沿着石板路向前，左折，又是一条有些悠长的石板路，尽头才是美术馆的建筑。正面是平屋，分为第一和第二两个展示室。很有现代感的建构中，屋顶则是立体方格状的原木材料，将现代与传统的元素和谐地融于一体。我最喜欢的是两个展示室之间的连廊，在最南边，整个一长排的落地玻璃窗，户外就是一整面的庭园风景图。廊内放置了好几张宽大的软凳，还有一大张用原木做成的极富设计感的长凳，观者可在此休憩赏景。

那天的展品由三个部分构成：一、隐谷之声；二、游山之诗；三、卧游的瞬间。共展出了从相国寺和相国寺所属的金阁寺、银阁寺的藏品中甄选出来的80件作品，其中国宝1件，重要文化遗产7件。其中有2幅我特别喜欢。一是16世纪—17世纪初的名画家长谷川等伯的屏风画《探梅骑驴图》，由一对屏风构成，每张屏风6个折面，12个折面展开后共同构成了一幅完整的山水图。画面的右端是山石溪流间的一座木制拱桥，桥上3人，一人骑驴，前后各有一个侍从或书童模样的人。整个画面有诸多留白，极有韵味。另一幅是池大雅的《白云红树图》。池大雅是生于京都、故于京都的18世纪的一位代表性的文人画家（日文称为南画家，即延承中国南宗画流脉的画家），一生在野，没有为官方所用，作品富有山野气。这幅《白云红树图》无论是构图还是用墨，都堪称佳作，被列为国家重要文化遗产。只是时间有限，只能粗粗浏览一过。

走出美术馆，才注意到石板路的两边，正是刚才在连廊内望见的风景，有两三块置石上，长出了或一簇簇或星星点点的青苔，形成了很有禅意的形态，在冬日阳光的照射下，显出了充满生机的明亮，我不禁对此驻足良久。或许，自然界的造化，本身也是美术品。有时候，来自生活或自然的美好感受，真的无须以高昂的钱财为代价，我们只要用心，去慢慢体味就好。

最后要讲到的是京都五山中曾被列为第一的天龙寺，然而我个人对天龙寺的印象却是最为疏淡。曾在2010年11月17日下午独自去过一次。那天下午与朋友在北野天满宫分手后，本来想去乘坐行驶在岚山山间的小火车，欣赏一下著名的岚山秋日的红叶。不料到了那里，时间合适的车票已经售罄，于是便独自去了位于岚山地区的天龙寺。甚为遗憾的是，那天带的数码相机没有电了，未能拍摄一张照片，日记里虽有若干文字记录，毕竟是10年前的往事，现在回想起来，印象真的很疏淡了。

说起来，天龙寺的历史也相当悠久，如今已列入了世界文化遗产。它是1339年由室町幕府的创立者足利尊氏开建的，请了著名的临济宗禅僧、伟大的造园家梦窗疏石来做开山。经各方筹措资金和土地，寺院在1345年建成，以后又历经扩展，成了一座极具规模的禅寺，被列为京都五山之首。可惜，后来也是屡屡遭难，自1358年开始至1864年，遭到了8次大火的洗劫，期间虽也多次重建，毕竟元气大伤，一直到了明治时代，才陆续恢复。但在1876年（明治九年）因为新的土地政策，寺院的面积大幅缩小，有4平方千米的土地被迫交还给政府，现在的面积只有当初兴盛时期的十分之一了。尽管如此，天龙寺在现代依然是一个占地颇广的大寺院，且在岚山附近，南面不远处就是水流清澈的桂川和著名的渡月桥，几乎终年游客不断，这也是我对它兴趣不太大的缘由之一。

今天天龙寺的格局与传统的禅寺似乎已经大相径庭。没有放生池，没有山门，没有称为正堂的佛殿，建筑也不依照中轴线来展开。法堂、库里、方丈等几乎都是19世纪末以后建造的新伽蓝。另外倒是有些别处没有的新玩意儿，比如2000年建造的位于寺院最南边的精耕馆，实际上是天龙寺国际宗教哲学研究所的所在地，经常编纂出版一些面向海外的英文读物。虽然天龙寺内的伽蓝并不古老，但大都造得比较好看，很得一般游客的青睐。

天龙寺内，最可称道的，应该是曹源池庭园。尽管后来屡遭损毁，但据说仍然体现了当年的开山梦窗疏石的匠心。为何起名叫曹源池呢？据说（所谓据说，就是有可能是实有其事，也有可能是后人杜撰的）当初梦窗疏石在指挥众人凿池挖土的时候，在泥沼中挖出了一块石碑，上面有“曹源一滴水”五个汉字。何谓“曹源一滴水”？原来禅宗在中国，虽然一般认定达摩是开山祖师，但真正的奠基人是六祖慧能，日本人认为他们所传承的禅宗，其源头来自慧能，而慧能居住在曹溪山宝林寺，又被称为曹溪六祖，以《（六祖）坛经》为经典的日本禅宗，其源泉来自曹溪山，因而有“曹溪一滴水”之说。后来，这个池便名曰曹源池。以曹源池为中心的这一庭院，常被人们所赞赏的主要有两点。一是借景，它将一河（桂川，这一段也称大堰川）之隔的南面的岚山，与寺院西面的龟山收纳在景观中。既有山，又有水，山水相映，无疑增添了庭园的秀色。另一是独特的叠石。曹源池的正中央有两块很大的岩石，又与其他的几组叠石组合在一起，形成了一个名曰“龙门瀑”的景观，另外叠置一块鲤鱼石，意为鲤鱼跳龙门，据说原先确实有山涧沿着大石顺势落入池水中，景色秀美，现在已经断水，只是靠几组叠石来营造龙门瀑的意境，这也就见仁见智，要靠每一个观者自己去感受了。每每都是赞誉为多。我还是觉得，如果一定要按照前人设定的图案去想象，有点累。只要自己体悟就好，体悟不到，那都怨自己生性愚钝，放弃就好了。

不过曹源池庭园无论是造园的意匠还是景色本身，都相当秀丽。11月中旬，红叶季节已经开始，有些转红的枫叶林倒映在池水中，确实相当好看。可是那天下午，一来游客颇众，二来天色阴沉起来，我只是觉得有些暗暗的，担心会下雨，各种伽蓝只是粗粗浏览了一下，沿着水池走了一段后，就匆匆回去了，加之未能拍摄照片，随着岁月的流逝，印象就疏淡起来了（当初好像也没有深刻过）。

中国风浓郁的黄檗山万福寺

知晓有黄檗山万福寺，是因为20来年前在关注日本饮食文化时，注意到了日本江户时代（1603—1867）的初期，自中国传来了新的饮食形式“普茶料理”和新的饮茶方式“煎茶”，而这两种新的元素都与黄檗山万福寺有关，或者说与在日本创建了万福寺的隐元和尚有关。自此以后，就很想去寻访万福寺。万福寺虽在京都，却是在京都府的宇治市郊外，有些偏僻，有时因公务访日，都是来去匆匆，一直未能有充分的闲暇去做一次尽心的远足。

2010年4月来神户大学任教，有一年之期，应该可以了此夙愿。6月初的一个风和日丽的周五，与一个对历史有兴趣的学生为伴，换了几次车，最后坐京阪宇治线来到了黄檗站。我原本以为这是一个观光点，应该有不少乘客下车，结果只有寥寥两三个人。而黄檗站，也像是一个乡村小驿，周边颇为冷寂。走出车站，按照指示牌，沿着一条弯曲洁净的狭窄车道，经过万福寺的外围建筑万松园，来到了寺院的山门前。

万福寺始建于1661年5月，占地四万数千坪。它的缘起，完全在于一个来自中国的名曰隐元（1592—1673）的高僧。隐元出生于福建福清的一户农家，21岁时因去寻找外出的父亲，在浙江北部一带游历，后在普陀山拜见观音佛像而萌生出家之念。以后历经坎坷，46岁时继承了师祖费隐的衣钵，成了家乡黄檗山万福寺（属禅宗临济宗杨岐派）的住持，因修养深湛而深孚众望，逐渐成了一代名僧。17世纪初期，因兴盛的海上贸易，日本的长崎一时成了来自福建、浙江等地的华侨的集聚地，于是自1624年起先后兴建了兴福寺、崇福寺和福济寺三座具有中国明代风格的寺院（一般称为“三福寺”）。1649年，崇福寺（该寺周围因福建人居多，又被称为“福州寺”）的第二代住持圆寂，一时无人继位，就请隐元的一位弟子来担任住持，不料在赴任途中死于海难，于是就恭请隐元赴日。初时隐元因念及自己已是六旬高龄，曾数度谢绝，后为对方的诚意所感动，在他63岁的1654年，携带多名弟子远涉重洋，乘坐郑成功的船只自厦门来到了长崎。其时江户幕府已经实行了锁国政策，除了部分中国商人可在长崎指定的区域（即所谓的“唐人屋敷”）内居住生活外，已不允许外国人自由登陆。隐元因其崇高的声望和当地僧人特别的疏通，不仅担任了崇福寺的第四代住持，并于翌年9月自长崎来到了大阪的普门寺。1658年，又被引荐给江户的德川将军，幕府当局为隐元的高僧气度所折服，将京都附近宇治地区的一片土地赐给他建造伽蓝，当地元老等也慷慨捐出资金。隐元出于对自己家乡的挚爱，将新建的寺院命名为黄檗山万福寺，并完全依照家乡寺院的建构，悉心擘画营造。在此担任住持三年后，将住持之席禅让给弟子木庵，自己则隐退于竣工不久的松隐堂，但他仍然是寺院的最高核心。在他晚年，除潜心研究佛法外，还亲自制定了影响深远的《黄檗清规》，并撰写了《松隐集》《松隐二集》《禅余歌》等多册著述，将中国明代（隐元东渡日本时，中国虽然已发生了王朝更迭，但他所延承的则完全是明代的文化）的禅林礼法和规矩完整地传到了日本，同时创建了黄檗宗，与临济宗和曹洞宗并举，形成了日本禅宗的三足鼎立之势。兴盛时宗门下的寺院达到上千座，现今仍有半数留存，万福寺也就成了黄檗宗的大本山，连先期兴建的长崎“三福寺”也皈依了黄檗宗。可贵的是，万福寺由于地处偏僻，长期以来得以远离战火和兵乱，并

京都万福寺的三门

奇迹般地幸免于火灾，整个的寺院建筑和雕塑、器物都得以完整地保存下来，所有的屋宇都是350年前的原貌，其中的十七座建筑被日本政府定为“国家重要文化遗产”。

如今，我就站在这样一座寺院的总门前。总门其实并没有十分宏大的气势，只是像一个院落的大门，在整个寺院中，也不居中，处于偏西的位置。门前有两口井，曰龙目井。跨入门内，有一个售票处，门票500日元。东侧（其实是在中轴线上）有一个放生池，禅宗传来之前，日本的佛寺内并无放生池，如今也唯有在禅寺内才可以见到。放生池的正前面，巍然耸立着一座三门，与建仁寺和东福寺的三门一样，是两层的重檐歇山顶建筑，上面一层的屋檐下，有一块竖写的匾额，曰“黄檗山”，下面悬着一块横写的匾额，曰“万福寺”，均为开山隐元所书写。主建筑的两侧，各有一个披屋（通俗地说，或许也可叫作耳房）。前文已经说到，三门在禅寺中被认为是“空、无相、无作三解脱之门”，后来又被理解为智慧、慈悲、方便之门，因禅寺多建于山岭，后又常常被称为山门，中国本土今已不常见。门前种植了四株高大的松树，但应该不是当年所植，约有百来年的树龄，树干挺直而枝叶茂盛。三门外有一立石，上刻有“不许荤酒入山门”七个大字，不觉令我哑然失笑。因为如今的日本和尚，是既可娶妻，又可饮酒食肉，这是明治以后的新气象。而万福寺内，似乎依然严守着中国传来的“不饮酒、不邪淫”的戒律。

自山门往前，成一轴线地排列着天王殿、大雄宝殿、法堂、威德殿，再往后，便是满目苍翠的妙高峰和五云峰，如一把太师椅的靠背，怀抱着整个寺院建筑。寺院的主建筑呈中轴线排列，两边各有钟楼、鼓楼及其他廊庑建筑，这差不多是今日中国寺院的基本格局。但其实这样的格局历史并不久远，且不说魏晋南北朝，即使到了隋唐，寺院的中心也是佛塔和主殿，其他建筑大抵围绕在周边，这样的格局我们可以在日本奈良时代（710—784）兴建的兴福寺、药师寺以及由东渡日本的鉴真和尚营建的唐招提寺（如今的遗物大抵皆保持了当年的风貌）中一睹原貌。寺院建筑普遍出现中轴线式的格局，大概是宋以后的事情。日本最初出现左右对称的寺院格局，是南宋末年来日本的兰溪道隆（1213—1278）在邻近今天东京的镰仓所兴建的建长寺，这在当初的日本是第一座纯正的禅寺，被封为镰仓五山的第一位，但原建筑后来都毁于大火，今日的屋宇都是江户时代以后重建或移建的。我曾慕名去寻访过，结果有些失望，宋代的遗风几乎荡然无存，中轴线或左右对称的感觉也无从捕捉，只有钟楼内的一口梵钟是当年的原物。万福寺大概是日本保留了宋明以后中国寺院格局的最完整的一座禅院。

进入山门，迎面可见的是天王殿，兴建于1668年，这在日本的寺院中也是极其罕见的。大殿正前所供奉的弥勒佛像，是来自福建泉州的范道生（1635—1670）的作品。范道生1660年受当时长崎福济寺住持的邀请来塑造佛像，后又被隐元请来为万福寺造像，除弥勒佛外，天王韦驮和十八罗汉像乃至后来隐元的寿像等都出自他的手笔。如今我们所熟稔的袒露上身、笑容可掬的弥勒佛像，应该是宋以后出现的。他的原型据说是五代时行云江湖的布袋和尚，北宋的《景德传灯录》中记录了许多他的故事，他那“一钵千家饭，孤身万里游。青目睹人少，问路白云头”的旷达的人生态度，为僧俗两界的中国人所喜欢，被认为是弥勒的显身，以后便有了大腹便便的弥勒佛像。布袋的故事也曾随水墨画一起传入日本，广为人们所知晓，室町时代（1336年至15世纪末）时又被列为七福神之一，可谓是一个吉祥物，但与弥勒佛并无关联。万福寺内的弥勒佛像，也是最早出现在日本寺院内的弥勒佛像之一，且体型最为庞大。不过，与寻常在国内所熟见的弥勒佛像比，开怀大笑中稍稍有些蹙额，面容似乎也不够慈祥。何以会如此，未及细细考究。

出天王殿，迎面可见的是大雄宝殿。这是一座宏大的歇山重檐式建筑，屋檐有些翘起，这与宋代的风格，已经大不相同，但似乎还不能用“飞檐翘角”来形容。原本应该施有朱漆，现在大都已漶漫褪落，前几年曾对寺院进行了重大的修缮，但并未新施油彩，给人的感觉是古色苍然，有厚重的历史感。与中国的大雄宝殿前不同的是，这边阶前长方形的开阔地上铺设了一整片的石子，犹如日本的石庭（又称枯山水），但没有那么考究，没有叠石，虽然石面也爬梳出了一些纹理。中国的大雄宝殿前，常常可见一片香烟缭绕，这边却只是在正门前象征性地放置了一个小小的香炉，既无人焚香膜拜，自然也没有香火袅袅的景象，一切都显得静穆、庄严。说起大雄宝殿的称谓，似乎历史也不久远。原先寺院内供奉本尊的殿堂，大抵称作金堂或本堂，日本大多数寺院，延承了隋唐的传统，今日依然如此。大雄宝殿，大概在明代时才成了禅寺中主殿的一般称谓。今天的日本，只有黄檗宗一派的禅寺，才有大雄宝殿，其他的，且不说天台宗、净土宗、真言宗、日莲宗等非禅宗的寺院，即使是临济宗、曹洞宗的禅寺内，也没有大雄宝殿，因此，有大雄宝殿的寺院，在日本绝对是少数派。

有意思的是，此前日本的禅寺内，一般只有十六罗汉像，这里的大雄宝殿内，有十八罗汉像，增加了“庆友尊者”和“宾头芦尊者”两尊立像。十八罗汉像的制式，或许也是隐元带到日本来的。

大雄宝殿内，释迦佛像下，有一个硕大的木鱼，一般人都知道，此乃僧人诵经时所用。可是与大雄宝殿的称谓一样，寺院中我们所熟识的木鱼的出现，也是比较晚近的事。不过与此相关的记载，倒是很早就有。“木鱼”一词，最早大概见于1019年问世的《释氏要览》中。元代重修的《百丈清规》中说：“圆木鱼，念诵用之，相传谓鱼昼夜常醒，刻木象形，念诵击之，所以警昏惰。”木鱼大概是宋元时期才开始使用，日本出版的《世界大百科事典》（东京平凡社，1981年）中说：“在承应年间（1652—1655），黄檗禅来到日本时，传来了木鱼，以后广泛用于禅、天台、净土等各宗之间。”原来诵经用的圆圆的木鱼是隐元等黄檗僧人传到日本来的！换言之，日本在17世纪中叶之前是没有木鱼的。

在后面，依然处于中轴线位置的，是法堂。法堂前文也曾述及，是禅寺内住持等为修行者说法的地方，其他宗派的佛寺一般称为讲堂，禅寺内则叫作法堂。单檐歇山顶建筑，有唐宋风貌，两边檐角几乎不翘起，只是正前方的屋檐线在两端略略呈弧形，大气庄重而不失圆润。灰黑色的屋瓦，暗褐色的梁柱和墙面。我觉得这才是寺院应有的色调。从外檐到里边的墙面，各有两排圆

万福寺斋堂前的木鱼

柱，正中间有一块横匾，上书“法堂”，也出自隐元的手笔。

差不多在大雄宝殿的东侧，是一座斋堂，斋堂即僧人进食的场所，此前日本的禅寺中，一般称为食堂。这里要说的有两点。第一，是斋堂的廊檐下悬挂着一具硕大的鱼梆，用整块的木料雕制而成，鱼目圆睁，口中含着一颗圆珠，栩栩如生，成了万福寺的一大名物。元代修订过的《百丈清规》中写道：“长鱼即梆，悬斋堂。二时粥饭，及晚课，厨房击之。”鱼梆在今日的中国寺院中，多已不见（我在天台山国清寺内曾见过），万福寺内还完好地留存着，不仅留存着，且依然在使用，只是当年的原物已经十分珍贵，有些鱼梆已经敲得字迹模糊，今天日常所用的，大都是新近制作的。万福寺鱼梆上所刻写的文字，颇为有趣，抄录如下：

“谨白大众，生死事大，无常迅速，各宜觉醒，慎勿放逸。”

在隐元制定的《黄檗清规》中对此如此规定："各处更版巡更时，各打三下，念谨策己，复打六下。"不过我想，实心木具的敲击声，毕竟不如悠然远扬的钟声和鼓声，斋堂前的鱼梆，也许只是一个摆设。说起斋堂，听起来好像比较富有诗意，其实原本称作食堂（为禅寺伽蓝七堂之一），如今食堂的称谓，已经完全世俗化，在寺院中反而不用了，想来也颇可玩味。

斋堂中值得记述的另外一点是，与寺内的其他伽蓝一样，屋内的地面并不是榻榻米，而是铺着石板或地砖，僧人用餐有桌子和凳子。日本寺院的饮食，受中国的影响一直不小，豆腐就是一个典型。但长期以来，僧人的饮食极为简约，且大抵是每人一份，食物置放于食盘或食案内，用餐时并无桌椅，席地而坐。隐元等带来了崭新的饮食形态。首先是吃饭时有桌有凳，四人一桌，围桌而食；其次是食物并不分开，盛在几个大碗中任由个人自由取食；三是食物的种类比较丰富，烹调方式也与今日的中国大抵无异。这种饮食后来被称为"普茶料理"。"普茶"一词，原本大概是普施于大众的茶的意思吧。1672年制定的《黄檗清规》中有这样的表述："请堂头及大众，……初二夜，堂头设普茶。"后来就把万福寺内僧人所用的饭食叫作"普茶料理"了，后来慢慢在黄檗宗的寺院中传开，并受到了一部分俗众的欢迎。于是在寺院门外开出了一家"白云庵"，专门供应具有中国风格的素斋（日语称为"精进料理"），万福寺内的斋堂也有供应，要预约，价格也不菲，昔日情形如何不详，我去的那天似乎问津者不多。白云庵是一家十分雅致的庭院式餐馆，粉墙黛瓦，花木扶疏，日本的素斋不用任何油腥，所以也没有任何香味，不详者还以为是

万福寺门外的普茶料理店“白云庵”

哪家庵堂呢!

相对于日本的其他寺院,万福寺还有一个特点,就是各殿堂的门楣和廊柱上,皆有匾额和对联,如隐元所书的“一喝起风云,祥光增法喜”,第二代住持木庵所书的“气岸乾坤大,心雄日月辉”,皆遒劲有力,生气圆满。这一风景,在黄檗宗以外的日本寺院中几乎难觅踪影。万福寺内有44面匾额、56对对联,如今被日本政府定为国家重要文化遗产。顺便说及,自开山祖隐元以后一直到第十三代,万福寺的住持均为中国人,以后还有好几代也是中国人,念诵经文的发音据说也是中国话,不过其时的中国人大都来自浙江福建一带,发音应该为吴音。经过禅堂时,僧人们正在坐禅,并未听见诵经声,我也无从判别是什么发音。

说到万福寺,有个与茶文化相关的地方一定要去看看,就是位于寺院内东南侧的卖茶堂和有声轩。中国茶文化传入日本,据官方史书《日本后记》的记载，大约是在9世纪的平安时代前期，但传播范围极其有限，且不久就湮灭了。12世纪末镰仓时代的高僧荣西自浙江传来饮茶习俗和茶叶及种子，并撰写《吃茶养生记》来宣传，由此饮茶正式在日本传开，并形成了具有浓郁日本特色的茶道。但唐宋时中国人饮用的都是将团茶和饼茶（犹如今日云南普洱茶的形状）碾碎后的抹茶，日本今天的茶道中饮用的仍是抹茶。进入明代时，因朱元璋的提倡，叶茶得到了有力的推广，以至于成了今日中国人主要的饮茶样式。禅院中历来有饮茶习俗，隐元及其弟子也将在中国已经普及的叶茶带到了日本，初时用沸水煎煮，在日本就被称为“煎茶”。我不敢说万福寺的僧人是将中国的叶茶带入日本的唯一传人，但至少是主要的传人，由此叶茶在日本逐渐传开。江户中期时，更因为一位在万福寺修道的僧人月海的竭力传播，受到了一般民众的喜爱。他61岁时在京都东山开设通仙亭，自备茶具，在大路上卖茶，由此得名卖茶翁。以后又形成了由“黄檗松风流”“花月流”等各种流派组成的“煎茶道”，奉卖茶翁为始祖。1928年又成立了“全日本煎茶道联盟”，总部即设在万福寺，并在这一年建造了卖茶堂和有声轩。前者是卖茶翁的纪念堂，只是一个十来平方的小屋，供奉着卖茶翁的塑像。而邻近的有声轩，基本上是日本书院造的风格，颇为典雅，门楣上是万福寺僧人弘道和尚书写的“吃茶去”三个大字，源自唐代赵州和尚的一句有名的公案，很有禅意。

我这里要为万福寺写几句广告宣传语。说来真是非常遗憾，黄檗山万福寺在日本的知名度并不是很高，人们来到宇治，大抵

寺内的一块木匾“茶禅”，显示了万福寺与日本煎茶源起的深厚渊源

都只是去看平等院，或是在宇治小镇上购买一点宇治茶，品尝一点抹茶冰淇淋，会花点时间去探访万福寺的人真的不多。然而我要说，万福寺是一座格局极为完整、保存极为完好、非常完美地传承了中国明代禅寺样式的古寺。日本其他各地，包括我前文屡次述及的京都五山的建仁寺、东福寺、南禅寺、相国寺、天龙寺等，主要建筑在建成之后均屡次毁于大火，现存的建筑多是江户时代后期甚至是近代以后乃至战后重新建造起来的。而万福寺在17世纪中期陆续建成以后，也许是位于京都远郊的缘故吧，历次的大火和兵燹都没有波及它，因而几乎所有的主要建筑都有幸原汁原味地保存到今天。也正因为如此，万福寺内从总门开始一直到开山堂为止的七处主要建筑（包括吃饭的斋堂）都被列为日本国家级的有形文化遗产，这在日本的寺院和神社中是极为罕见

的。我们在中国所见到的禅寺，基本上都是晚清甚至更后期重新修建的（少林寺的伽蓝几乎都是1920年代建造的），建筑多飞檐翘角，或者是受清朝喇嘛寺的影响，不少外观涂抹得红红绿绿花里胡哨，纯正明代风格的完整禅寺几乎已不可见，倒是在京都远郊的宇治一隅，还保留着这么完好的一座规模宏大的明代禅寺，真是值得我们去好好观览。

不知是黄檗宗在今天的日本已经受到了冷落的缘故呢，还是我去的那天并非周末且时刻尚早的原因，整个寺院内竟是出奇地娴静安谧。在两个多小时的徜徉中，几乎没有见到一个僧人，也几乎没有其他游客的身影，直到我们快要走出三门时，才见到一个二十来人的老年观光团进来。

三百多年前的古建筑，连同隐元等留下的楹联、佛像和绘画，蒙罩着厚重的历史沧桑，在一片悠长的静寂里，掩映在初夏的苍苍的浓绿之中。信步走在幽深的用石板铺设的长廊时，耳畔仿佛传来了江浙语音的梵呗声，我不觉感到一阵时空的恍惚，不知自己是身处中华，还是游历在东瀛……

曼殊院和诗仙堂

曼殊院或诗仙堂这样的小寺院，地处偏僻的东北一隅，外来的观光者，倘若没有在京都多日停留的计划，恐怕极少会移步至此。我自己如果不是2015年在京都有半年的研究生活，且又住在不远处，大概也不会去探访。不过去看了以后，真的很喜欢。

那一年在京都的时候，我居住在睿山电铁睿山本线修学院车站旁的京都大学国际交流会馆内。在不太炎热的日子里，喜欢沿着白川通步行去京都大学的人文科学研究所。出门不久，就在北山通的路口附近，看到有一块标示牌，谓从此地向东，有鹭森神社和曼殊院。我也不详鹭森神社和曼殊院是一个什么样的存在，心想既然有标示牌特别指示，大概总还可以看一看。后来看了一下地图，大概有将近2千米的路，好像也没有什么大路，且朝这个方向，走过去看一下吧。

我曾去过两次。第一次是2015年4月中旬的一个周末，清扫了房间之后，一个人出门。穿过白川通，走入一条小巷，一开始两边还有不少屋舍，慢慢地，两边就是茂密的树木了。此时正是仲春时节，是赏绿的最佳时分，日语中称为“新绿”，在云层间照射出来的阳光下，透发出鲜嫩的亮色，洋溢着生命的喜悦。樱花早已开过，也有些粉白相间的不知名的花儿开着。走到后来，屋舍完全没有了，几乎也不见行人的踪影。行不久远，见到一个石制的鸟居，这是神社进门的标志，上端有一个竖的匾额，上书“鬚偲天王”四字。走上石阶，有一个神社的拜殿，正面是“唐破风”的样式，这也是神社内除鸟居之外差不多唯一的一座建筑。这家神社据说初建于9世纪下半期，原来在现在修学院离宫的范围内，17世纪末的时候迁居到这里。每年5月4—5日举行“神幸祭”，以穿着红衣、手执纸扇的少年为中心，本地的居民会抬着神舆，组成队列，鸣锣击鼓，从这里巡行到东北边的赤山禅院。这也是京都市内一个比较重要的活动。到了深秋，这里也是观赏红叶的一个名所。可是眼下，四周悄无一人。鹭森神社内比较著名的是一块称为“八重垣”的形态犹如元宝状的大石，又称为结缘之石，据说触摸后可以男女结缘、夫妇友爱，日本的神社经常会附会一些这样的功能，这我在下文的神社部分再说。

从树荫蓊郁的神社寻见一条小道，跨过一条小小的溪流，走到了一条东西向的大路上，一看地图，得知这条路叫曼殊院道，径直向东，就是曼殊院了。这里差不多完全是乡间的感觉了。南侧还有一些建筑物，诸如武田药用植物园等，北侧有一些水田。再往前走，有一个水池，曰辩天池，中间有一个岛，几乎占据了大半个池面。这里便是曼殊院门外的天满宫，一个极小的神社，只有一间迷你型的唐破风样式的半露天的小拜殿，祭祀的是日本的学问之神菅原道真。紧邻神社的，是一间更小的辩天堂，祭祀的是日本的七福神之一的辩才天，在日本是纳福聚财的象征。不远处，还有一家辩天茶屋，这下文再说。曼殊院道的东尽头，就是位于东山山麓的曼殊院，从辩天池这边，可以看到沿着高起的山冈而建的一长排墙垣，墙的里侧是曼殊院。差不多在墙的正中，有一扇门，曰敕使门，这个我们知道是供皇室人员进出的，平素关闭。一般人进入，要从辩天池这边向东走上一段坡道，有一个北门，这差不多也就是正门了，需购门票，600日元。

曼殊院的历史，说长很长，而安定在这里，其实始于江户时代的17世纪中期以后，跟万福寺差不多。在源头上，始于传灯大师最澄于8世纪末或9世纪初在比睿山营造的一间草庵，因此流脉上属于天台宗。后来屡经变迁，1656年的时候，皇室的尚良法亲王到了曼殊院做了住持，便将寺院迁居到了这里，后来有多位皇室成员出家在这里当住持，以后曼殊院与皇室的关系就非常密切，被称为“门迹”。可以称得上门迹的寺院，一定是有法皇或法亲王来当过住持的。因而曼殊院规模虽不大，规格却比较高，那时还没有退位的天皇皇后以及当时还是皇太子、现在已即位成了天皇的德仁，都到这里来过。这些熠熠生辉的履历，我是进了曼殊院后才知晓的。

曼殊院与其说是一座寺院，不如说是一座庭院，一座体现了公家和禅家精神的院落。里面没有通常的正殿、法堂、僧堂等，从库里进去，是一个大玄关。进门的主要房间称为“虎之间”，因为有江户时期名画家狩野永德所绘的障壁画老虎。据说以前日本画家并未画过老虎，此是首创，且日本列岛上也没有虎，画家完全是凭想象或参照中国传入的画作创作的，依然画出了老虎的威猛和敏捷。玄关内另有两间房分别是竹之间和孔雀之间，也都有相应主题的障壁画。曼殊院内比较值得称道的是大小书院和与此相连的庭园。这里稍稍花点笔墨说一下日本的书院，准确地说，是书院造（“造”是一种建筑样式）的屋舍或房间。

今天，日本人把传统日本式的建筑样式，称为“书院造”。什么是书院造呢？我先从书院说起。“书院”一词原本从中国传来，在唐代时指附属于衙门的书库、书籍编纂所等，到了宋代则演变为讲习儒学的私人学堂，如著名的白鹿洞书院、岳麓书院等。南宋及以后，有相当一批中国僧人，如兰溪道隆、无学祖元以及一山一宁等，先后来到日本，日本也有诸如荣西、道元等僧人前往南宋学禅，就把中国的书院概念传入了日本。但“书院”一词传到日本则被赋予了不同的含义，主要是指禅僧的住房兼书斋，成了僧人诵经学佛、与人会谈和说法的空间，因此房屋中设计了置放文具笔墨的地方，典型的表现是在墙面上设置高低错落的装饰架（日语称之为“違い棚”chigaidana）。在寝殿造的时代，纸糊的格子窗，用厚纸板支撑的拉门，都还没有诞生，甚至我们今天经常可见到的用蔺草编织的榻榻米，也还没有出现。那时考究一点的地面，就是地板。

这样的一种所谓书院风格的建筑，在镰仓时代的末期和室町时代，逐渐演变成了上层武家用来会客或举行饮茶活动的会所。对，会所，这个汉字词语在室町时代的日本就已经出现了，并出现了接待客人和举行活动的“座敷”。“座敷”指的是铺设了草席也就是榻榻米的客厅，其功能类似于旧式中国的客堂，但样式迥然不同，一般无桌椅之设（到了近代出现了矮桌），主客均席地而坐，有主要供采光的纸糊的格子窗（日语称为“障子”）和厚纸糊成的木框拉门（日语称为“襖”）。这就是带有“书院”的“座敷”，这种建筑样式后来被称为“书院造”。“书院”的部分又逐渐演变为“床之间”，中文一般将其翻译为“壁龛”，勉强可通，它是在“座敷”中稍稍高出榻榻米的、略向内伸进的部分，壁面往往是悬挂水墨画或汉字的书法作品，下面置放插花或其他工艺品，高低错落的木架上也可置放文具或装饰物品，这样，“床之间”就完全成了一个装饰的空间。“书院座敷”的最初形态，是室町幕府第三代将军足利义满在自己居住的花之御所室町殿之外还建造的一处专供社交、游乐的会所，以后历代将军的宅第内便另设会所，展示他们所收藏的各种珍贵“唐物”（主要是来自中国的珍贵舶来品）。在千利休最终完成的、最初被称为

“侘茶”的茶道出现之前，这一类由武家的将军主导的讲究排场的茶会被称为“书院茶”。不过，第八代将军足利义政不大喜欢豪奢，他所营造的东山山庄内建造的会所，样式逐渐演变成小巧素朴的“书院座敷”。现存最早的早期“书院座敷”，是足利义政建于1486年的慈照寺东求堂，如今，这一具有530多年历史的东求堂被完好地保存下来了，被列为日本的国宝，同时被认定为现存最早的日本书院造建筑，每年只是有限的对外开放两次。我在京都居住了半年，先后去京都大概也不下30次，每次去银阁寺，东求堂竟然都一直关闭着，难以入内一窥堂奥，心里总是觉得很遗憾。据介绍，里面还没有可挂书画、放置插花的“床之间”。

现在人们可经常见到的书院造风格的建筑，大概在16世纪正式完成。17世纪初德川家康在京都建造的大宅第“二条城”中的“二之丸”（原意是日本的城中围绕核心部分所建的外围城郭）的御殿，可以说是供最高阶级居住的书院造的典型。在最外面的进口处，是守卫武士驻扎的“远侍”；往里走是德川将军会客的“大广间”，这里基本上具备了书院造的所有元素；再往里还有可供私人会见的“黑书院”，最里面是空间更小的“白书院”。一般的民居，自然没有那么阔气。

这里再把一般的书院造建筑做一个简单的归纳。建筑一般是单层，它的基本构成是，有一个供人脱鞋穿鞋的玄关，由此进入，一般是个广间，也是正式的“座敷”，也可理解为日本传统住宅的客堂，“床之间”就设在座敷内。座敷与屋子内的其他空间，用拉门来隔断和连接，采光则用白纸裱糊的格子窗。为防止风雨侵袭，格子窗和拉门的外面，设有木制的“雨户”，放下来

京都曼殊院内的庭园

就可遮蔽风雨。比较大的住宅，临屋子的南面，有一个较大的庭院，考究的，可做成石庭，也就是枯山水。沿庭院的一面，有一长排稍稍向外突伸的“缘侧”，风和日丽或月朗气清之时，可在此或盘腿闲坐，或把两条腿垂在“缘”下，饮茶，观景，赏月，发呆，或与友人闲谈叙旧，或随手翻阅心爱的书籍，实在是一个非常惬意的所在。

好，再回到曼殊院内的大小书院，就是我上面所叙述的书院造的屋舍。曼殊院的大书院有四间房，曰泷（日语中是瀑布的意思）之间、十雪间、佛堂（佛堂内供奉着本尊阿弥陀如来，这里就算佛寺的本堂了）、小憩室。从大玄关到大书院，有一条连廊，从连廊可眺望屋外的园林，曰梅林。大书院外有一曲尺形的檐廊，外侧皆有低矮的栏杆，地板上还铺着一条长长的红地毯。檐廊外是一个十分精致的小庭园，与梅林连成一体，也可说是枯山水，一地的白砂石，被爬梳成弧线的流水状。白砂石（且看作水面）上设置了两个小岛，曰鹤岛，曰亀岛，皆寓含了长寿之意。岛上植树，叠石，种着剪成圆球状的灌木和厚绒绒的苍苔。鹤岛上，有一株据说树龄400年的五针松，并不高巍，剪裁得很有型。松树的根部处，有一个很好玩的石柱状的竖立物，曰“切支丹灯笼”，切支丹是日语中对“基督教徒”一词的西文发音的汉字表记（念成kirishitan）。这一石柱状物体，为何起这么个名称，不详，说是体现了曼殊院独特的风格。何谓曼殊院的独特风格，我也不清楚。但仔细端详，却是极可玩味，那稚拙、质朴的造型和历经风霜的斑驳的石质，内蕴了无穷的禅意，只待每个人自己去体悟了。庭园的尽头，是自然的山冈，遍植枫树，据说到了秋天，此地是观赏红叶的名胜之一。如今则正是杜鹃花盛开的季节，大书院周边种植的许多株雾岛杜鹃，已经开始绽开了，红红的，花朵并不大，点缀在一片浓郁的嫩绿中。雾岛杜鹃，原产于九州宫崎县雾岛，那里所产的另一种物品，“雾岛”牌烧酒，在日本很出名。

那天游客甚少，我对大小书院内的房间，也没有特别的兴趣，只是趺坐在檐廊边，静静地观赏着春天的枯山水庭院。户外的阳光并不猛烈，清风徐来，空气中荡漾着怡人的泥土和花草气息。所谓春风骀荡，大概就是这个感觉吧。

曼殊院内珍藏着不少书画、抄本、乐器、茶道器物等。说起茶道，在小书院的里端，有一间茶室，曰八窗轩茶室，听起来很雅，实际上却像一所乡村的小茅屋。实际上，真正的玩家，或者说王公贵族的公家和寺院里的禅家，就喜欢弄出这类有一点拙朴气的东西来，日语中谓之“草庵”，在里面饮茶，谓之草庵茶。起名八窗轩，也是有来由的，佛语中有“八相成道”的说法，八相，意思是佛祖释迦所示的人生八种相，成道也就是悟道，是人生的中心。日语中的八相与八窗，发音相同，因此，八窗，实际上寓意八相。无衣食之忧的人，往往就会进入玩的境界。吾等凡俗之辈，就只能坐在门外傻傻地笑一笑了。

曼殊院里，也有一些小物件出售，我买了一串制作精良的紫檀木做的佛珠，3 500日元，再配一个装佛珠的锦囊，1 500日元，回国后送给我舅父了。我对舅父说，这是在一座天皇夫妇莅临过的寺院里请来的，舅父大悦。

过了没几天，我去看了位于曼殊院西南面的诗仙堂。那天下午，我从京都大学早点出来，沿着白川通，走到巴士一乘寺下松车站附近，有一条小道向东，沿小道行走不到10分钟，就可见诗仙堂了。我去看诗仙堂，乃是因为里面有36位中国诗人的画像。

诗仙堂，原名是“凹凸窠”，原名现在差不多已经没人记得了，现在全名叫诗仙堂丈山寺。它原来是一个名叫石川丈山（1583—1672）的文人的隐居处，营造于江户初期的17世纪初。石川这个人出生于现在的爱知县安城市，祖辈都是武士，他自幼也是跟着学习兵法、剑术，据说从小就很聪明，经人推荐，就在德川家康幕下勤务。1615年随德川幕府军与大阪的丰臣秀赖一方作战时，年轻气盛的石川急于获得军功，还未等命令下来就急急地冲在前面，结果因违反纪律而受到训诫，德川家康责令他在京都妙心寺蛰居反省。之后跟着江户初期的大儒藤原星窝等研习儒家经典和汉诗文，又旁及禅学，诵读佛经，学问日渐长进。1623年去广岛投入浅野家门下，13年后回到京都，在相国寺的附近构筑“睡竹堂”，吟诗作文，与当时来到日本的朝鲜通信使互相唱和，被评价为“日东之李杜”。这时，他已完全从一个武士蜕变为一个文人了，这得益于他的天资颖悟和研磨刻苦。他一生创作了不少汉诗，有一首《富士山》，被收录在现在出版的《日本汉诗选》，“仙客来游云外巅，神龙栖老洞中渊。雪如纨素烟如柄，白扇倒悬东海天。”1641年58岁时，大概积攒了一点钱，就在比睿山山麓的一乘寺村营建了一个名曰“凹凸窠”的隐居地，过着悠然自得的日子。有传闻说，后来后水尾上皇闻悉他的诗名，要召他到宫里去，他也没有响应，由此就越发成了一个高隐之士。与他同时代的名画家狩野探幽画过一幅他的肖像，纯然的汉人模样，汉服汉履汉冠，拄杖萧然而行。江户初期，日本人大都对中国文化心怀憧憬。

这些都激起了我想去诗仙堂看看的兴趣。看了之后，也实在是心生欢喜。说是丈山寺，其实与文殊院一样，毫无寺院的格局与肃穆的氛围，就是一座怡然的宅院。沿着石阶走上去，有一个用竹子搭建的院门，上有一块木匾，原色，镌刻着“小有洞”三字，亦无色，看来已有相当的年月。穿过院门，继续是石头铺设的磴道，两边是风姿绰约的竹林，晒下了碎碎点点的阳光。行不久远，来到一片平地，又见一扇门，茅草修葺的屋顶下有一块木匾，刻写的字迹，已漶漫难辨，应该是“梅关”。进门，一片砂石上铺着几块形状不一的石块（日语中称为“飞石”），迎面可见一幢平屋，中间处却有类似钟塔的小楼，曰“啸月楼”。右侧在

诗仙堂内的啸月楼

短短的竹篱间有一扇木门，曰“凹凸窠门”。

内有几处平屋，其一是诗仙堂，这座属于曹洞宗的寺院，名称也由此而来。石川丈山听闻京都东南边有一处日本歌人（和歌的创作者）木下长安城啸子营造的隐栖所“举白堂”，里面建造了一所挂出了日本三十六歌仙的“歌仙堂”，心想何不依此建一座诗仙堂？于是就在1641年诞生了这座诗仙堂。石川丈山本人熟读中国古典，他从自汉魏至唐宋的诗人中选出了自己心仪的36名诗人，并请了当时极负盛名的画家狩野探幽来描画这36位诗人，他自己则用擅长的隶书题写人名。左墙上依次是苏武、谢灵运、杜审言、李白、王维、高适、储光羲、韦应物、韩愈、李贺、杜牧、寒山、林逋（林和靖）、梅尧臣、欧阳修、黄庭坚、林与义，18人；右墙上依次是陶潜、鲍照、陈子昂、杜甫、孟浩然、岑参、王昌龄、刘长卿、柳宗元、白居易、卢仝、李商隐、灵彻、邵雍、苏舜钦、苏轼、陈师道、曾几。说来惭愧，其中的灵彻我还是初闻其名，一查，原来是一位唐代诗僧。由此也可知石川丈山对中国诗文的谙熟。

诗仙堂在整体上我都很喜欢，喜欢它在野的一种自由无碍的精神，不依权贵，不慕钱财。其中最感惬意的，还是它的庭园，坐在檐廊的地板上，自然很舒适，稍微挪到屋内去，从暗暗的室内向外眺望，错落有致的一木一石，在光线的明暗作用下，呈现出晨昏不同的景色。我去的时候是4月下旬，杜鹃花开得正盛，若是深秋，红叶又是另一种魅力。但你的身体一定是要席地而坐的，切不可站立。而在屋内，或是透过纸糊的格子窗，或是从隔扇的缝隙间，户外的阳光投射进来，有一种充满禅意的阴影之美，谷崎润一郎的一部《阴翳礼赞》，可谓淋漓尽致地写出了日本人对美的一种奇妙感觉。

诗仙堂内，还有一处日语称为“鹿威”（shikaodoshi）的装置（说装置实在是太缺乏风情了）。即在山石草丛处，架一段较粗的竹筒，筒内留下合适位置的一节不打通。前面的一端削成斜面，掌握好合适的平衡度，架在一个矮矮的竹桩或木桩上；斜面的一端，承接另一段细竹筒引来的山涧水，涓涓细流顺着细竹筒滴落在粗竹筒的口内。过了若干时间，粗竹筒前面的一端盛满水以后，就自然地泻出积水，竹筒的后端就会随势翘起来，再重新重重地落下去，敲击在石端上，发出悠长的“咚”的一声（我的描述还是太拙劣）。本来据说是农人们为防止野猪或山鹿来啃食作物，用此声响来吓退它们。后来完全成了日本庭园中一种风流的设置。设想一下，在万籁俱静中，你正凝神谛听隐约传来的涓涓细流的滴水声，慢慢进入陶醉的境界，蓦然听得“咚”的一

鹿威

声，竹筒敲击石头的空远的声响，在林泉间悠然回荡，生发出无限的禅意。

曼殊院和诗仙堂，都不算太有名，又地处东山北麓，门前并无大道，也没有宽阔的停车场，倒也因此屏蔽了一般坐观光巴士来的游客，日常都很幽静（据说红叶季节，来客不少）。若有闲暇闲心，可独自或三两（不可再多了）游人结伴来此散策，慢慢观览，细细吟味，消得浮世半日。

哲学小路附近的几处寺院

在京都东部偏北的著名的哲学小道或者说白川通两边，也有几处可让人慢慢徜徉的寺院。下面仅就自己的履迹所至，来叙述一下真如堂、法然院和永观堂这三家寺院，因为都距离京都大学不远。

2015年7月上旬的一个下午，我在京都大学的研究室内伏案大半日，就想出去走一走。时间差不多已是4点了，也不可能走很远的地方，想大学附近的吉田神社还没有去看过，看地图，神社的东南面，还有一座曰真如堂的寺院，好像规模也不小，一并去走一下吧。

出了大学本部的南门，沿东一条通向东行走三五分钟，尽头处，就是吉田神社的区域了。神社在一个海拔105米的小山冈的山腰间，要走上一段石阶，蹬道两边都是茂密的树林，也真可谓是城市山林了。已临近傍晚，一路都没有什么人，神社内是可以自由进入的，但拜殿等都已关上了大门，浏览一遍后，便在树荫浓密的山里，凭着感觉（我的方向感很好），左拐右拐，摸向真如堂。

在山里行走的感觉还真舒服。日本的治安一直都很好，虽然四周空寂无人，一般也绝无强盗劫财之虞。山上的蹬道都修得很好，宽一点的，左右分开，中间还有不锈钢的扶手，上坡，下坡，一个人在山里慢慢转悠，空气中充满了负离子。

真如堂的全称是铃声山真正极乐寺，真如堂是通称。据说开山很早，在984年，隶属于比睿山天台宗，本尊是颔首弥陀佛，另外也接受净土宗的开山法然上人和净土真宗的创立者亲鸾圣人的祝福，好像血统有点杂，这也就不考究了，其实我探访佛寺的兴趣并不在此。不过有介绍说，这是一座隐于山林的寺院，这好

真如堂大门

像是真的。不经过一段弯曲的山道，不穿过密密的树林，还真见不到它的真容。

已而，来到了真如堂的大门。绿树掩映中，一座朱红色的总门出现在眼前，建于1695年，称为赤门，颜色虽不艳，却是有点鲜，并不暗旧，当然也不亮丽。据说为了让不远处的吉田神社的神灵们夜晚来的时候不至于绊倒，所以没有门槛。右边的石座上，矗立着一块高大厚重的石碑，上面是两行竖写的小字：天台宗真正极乐寺；然后是三个苍劲有力的魏碑体大字：真如堂。整个寺院呈东西走向，主建筑都是坐东朝西。沿着石板道径直向前，尽头处是本堂，一座颇为宏大的单檐歇山式建筑，木结构，暗褐色，高大的柱子下有扁圆形的石基，走上大门处，有十来级的木台阶。也许时间已晚，门已关闭。现存的本堂重建于1717年，也有三百余年的历史了。有意思的是，本堂上部的栏杆上，雕刻着中国传来的八仙过海的故事。大门已闭，未得一窥堂奥，

真如堂内的五重塔

有点遗憾。

成为真如堂象征的，是1817年再建的三重塔，高约30米，黑褐色，造型很好看，四个角上的屋瓦尤其精致。我看到过秋日的照片，塔前都是一树树艳红的枫叶，映衬着蓝天，格外美丽。7月初的时候，枫树还是一片翠绿，也好看。本堂的最南侧，有一座钟楼堂，里面的一口梵钟，铸于1759年，或许称不上古董，算来也近三百年的历史了，仍在使用。说起来也有一段荒唐的往事。第二次世界大战末期，日本的铁矿资源已经完全陷于枯竭，当局竟然号召民众把自家的金属物积极贡献给国家去铸枪造炮，支援前线打仗。无奈之下，真如堂的这口梵钟也被迫献了上去，幸好没有被当作废铜烂铁熔毁，战后被还了回来。如果一个国家的领航者或者引领集团出了问题，整个国家都会陷入疯狂的状态，日本以前也有过这样荒诞的历史。钟楼前种植的几株高大的樱花树，也有六七十年以上了吧，花季时一定很好看。

真如堂内其实还有很赞的书院及所附的庭园、涅槃庭等（需购门票），都是观赏园林的绝佳处，可惜我到得晚了，都已关闭，不然真可以细细玩赏，这是令我极感遗憾的。当时心想这么近，什么时候再过来吧，结果竟然再也没有重访过。不过还是有令我大感快慰的事，那就是寺内美丽的紫阳花。

紫阳花园

6—8月，是紫阳花开得最好看的季节。大概是在真如山庄还是哪一栋建筑那边，拐入一条比较僻远的小道，在高大笔直的杉树下，有一个不大的紫阳花园。是，是紫阳花园，不是我的翻译，有一块很好看的牌子上写着这四个汉字。其实也谈不上正儿八经的花园，只是在白色的山庄屋宇下面，疏落有致地种植着几处紫阳花。浅蓝、蓝紫、紫红的花球开得正盛，高低错落，掩映在鲜绿的枝叶间，背景恰是雪白的墙面和树干苍劲的杉树，显得格外雅致。这是我见过的最好看的紫阳花之一。那块牌子上写着：请随意观览，若有无用的紫阳花钵或紫阳花株，请送给我们，我们将种植在本寺院内。

也许是时近黄昏，我在寺内闲走的近一小时内，只见到两三个游人，连僧人的踪影也没有捕捉到，唯有绿荫森森一片，以及透过树荫斜照进来的夕阳的碎碎点点。很难想象，这是一座位于京都市内的寺院，所谓城市山林，原来真的有啊。

回去时，向东走过几段盘绕在山间的坡道，走到外面，才豁然开朗，原来是白川通的南段啊！怪不得前一次我坐了巴士到真如堂站下来，却是怎么也找不到，问了一个行人（那条路的这一段，几乎人迹罕至），也是一脸茫然。原来以为大门在平地上，不意竟是在崖壁上的山间。有意思的地方，在京都还真不少。

法然院就在银阁寺的南面，几乎是毗邻相连，可就人流而言，几乎是两个世界。我是在2015年6月中旬的一个下午，看过了银阁寺（已去过许多次，但这次是独自一人）之后，沿着著名的哲学小道向南，来到法然院的。从一条小道向东折入后，左拐即是法然院的山门。不过不要急着进去，先从一条砂石铺成的道路往南退约十几米，此时会注意到道路两侧种植着几十颗参天大树，浓密的树荫几乎遮蔽了整个天空，周边突然变得晦暗起来。此时向北望去，眼前十几米外的用茅草葺顶的山门的另一头，是灿烂的光亮，长方形的山门，就仿佛是一个通向光明的端口，如此的设计和营造，也算是一个小小的奇观。说实话，最初是在图片上看到了这样的景观，把我吸引到了法然院来。

法然院的名称，来源于一位名叫法然的高僧，他是日本净土宗的开创者。说起净土宗，中国在东晋的时候，就在印度传来的净土思想的基础上形成了净土教，认为经阿弥陀佛的拯救后可往生净土（即脱去了烦恼污秽的世界，与秽土相对），并获得开悟，其最简单的方法就是一心诵念“南无阿弥陀佛”。到了唐代时，由一位名曰善导的智者将其集大成，最后使净土思想形成了一个有体系的净土宗，其基本的经典是《无量寿经》《观无量寿经》《阿弥陀经》，称为净土三部经。净土宗或者说净土思想后来获得了中国中下层民众的广泛信仰，其中非常重要的一个原因，是它与中国本土的宗教道教中的许多思想，特别是求仙得道的思想合为一体，人人希望自己能够往生西方极乐世界，且也不需要研读复杂的经典，只要专心口诵南无阿弥陀佛，就可超度到一个美好的净土世界。直至今日，佛教的许多宗派在中国大都已衰亡，唯有净土宗和禅宗还得以留存（天台宗、律宗等也有小规模的存在）。净土宗后来由空也、源信等人传入了日本，但一直没有形成气候。一直到后来出了一个叫法然（1133—1212）的人。他自幼丧父，跟着修业的叔父学佛，在比睿山、京都等地跟从不少名僧研修。1175年时读了善导的《观无量寿经疏》后，决心皈依净土教，在京都东面结庵，与弟子一起倡导念佛，创立了日本净土宗。后来在后鸟羽上皇离开京都时，说动院（上文曾说到，上皇居住的地方称为别院）里的两个女官跟着他们一起出家了，上皇返回京都后知晓此事，龙颜大怒。法然的两个弟子被处了死刑，他自己被流放到了四国，草庵也就荒芜了。多年之后被赦免回京，不久也就郁郁去世了。江户前期的1680年，后来成了净土宗总本山的京都知恩院的第38代住持万无和尚，发愿要在当年的草庵附近为创始者建造一个念佛道场，于是就有了后来的法然院。因此，就伽蓝而言，法然院的历史不算悠久。

如今的法然院，可以自由进出，无须门票，但是寺内的伽蓝，即本堂、讲堂、经藏等，只在4月初和11月初各开放一周（届时入内需购门票），平素则屋舍堂宇不可入内。但除了方丈内的庭园外，其他寺内的花草树木、伽蓝的外观，则是可以随意观览的。在山门的左侧，立着一根很大的石柱，上面镌刻着几个醒目的汉字“不许荤腥酒肉入山门”。我如今看了这几个汉字，每每会哑然失笑。出家人不得近荤腥酒肉，本来应该是个常识了，佛教的五戒即为不杀生、不饮酒、不妄语、不偷盗、不邪淫，这是出家人的基本规矩。中国自梁武帝时开始，对僧侣实施严格的荤腥酒肉的禁戒；日本则自7世纪末开始，历代笃信佛教的天皇屡屡下诏，禁止杀生食肉，以后几乎全民禁止肉食，出家人自然更应该成为不近荤酒的模范。可是明治以后，在西洋饮食的冲击下，日本人全面开禁肉食，不仅一般人皆可随意喝酒吃肉，而且连僧人也跟着一起开禁。实际上，今天绝大部分的僧人都是可以娶妻生子、饮酒吃肉的，只是部分佛寺依然延承老规矩，会在山门（或曰三门）前立这样一块石碑或木牌，以示寺院乃清静之地，警示外来者不可在寺内接触荤腥酒肉。

法然院门口的石柱

山门是茅草葺顶，一般都是土褐色的，可是春暖之后，茅草上会长出一些新叶和绿色的枝蔓，走上山门的十来级石阶上，也会有绿色的青苔和野草伸展出来，这些都没有任何的人工修饰，却让人感到了生意盎然的喜悦。进入山门后，可见石块铺成的道路两侧，各有一个隆起的长方形的白砂坛，根据不同的季节或不同的时令氛围，工匠们会在白砂上做出各式不同的图案花纹，有时是在深浅不一、略有凹凸的平面上做出两个飞翔的鸟儿，有时是抽象的几何图形，有时是中秋明月。我去的时候，是几个造型别致的交叠的圆圈，如同平面的砂石浮雕一般，也堪称一件美术品，让人在完全开放的空间中任意观赏和自由想象。

京都法然院内的白砂坛

寺内的伽蓝平时大都是关着的，在建筑周边的道路两侧，用非常低矮的竹竿或绳子做一个围栏，你只需轻轻跨一步就可走近屋舍，但日本人都很自觉，大家只是沿着石块铺设的道路在外观赏。也有一部分屋宇门户洞开，或是拉开了书院式房屋的移门，可清晰地望见里面的榻榻米和屏风画。寺院内有一个架着小小石桥的小水池，也有几处矗立着小巧精致的石制佛塔，有一个上面刻着“十万灵塔”。我也只是随意浏览而已，并不作深究，有些玄奥的佛理，我也不大懂，只是看一些自己觉得能体悟的内容。法然院对我而言，更像是一个半开放的庭园，佛寺的感觉比较弱，除了山门的特别设计外，好像也没有特别可推荐的景观，但是跟北邻的银阁寺比起来，第一这里不要门票，第二游客很少，近在咫尺，从银阁寺出来，不妨沿着哲学小道顺便到这里来看看。

可以说说的，是现今的法然院住持梶田真章，这是一位思想有些前卫的现代僧人，出生于僧人世家（净土宗大本山黑谷金光明寺），却是大阪外国语大学德语专业毕业，特别强调人与环境共生的重要性。1993年在寺院内新建了一幢“共生堂”；也就是法然院森林中心，倡导人应顺从自然、与自然和谐相处的理念，并且建立了一个“法然院僧伽”的组织，用他自己的话来解释，就是“法然院粉丝俱乐部”，将那些对法然院的历史和净土宗的理念有兴趣的人汇聚起来，定期开展一些讲课、野外探访和读书交流的活动。2019年元月举行的新春法会的主题就是“共生：纽带与情缘、友爱与慈悲”。据我的了解，一般日本人其实并不持有非常坚定虔诚的宗教信念，很少有人会是某一宗派的顽固信徒，很多人主要是通过寺院等这样有些神圣的存在，来拂去自己日常的一些烦恼、焦虑和浮躁，希望借助佛的力量来使自己的精神得到净化甚至升华。这样的一些宗教组织和活动，往往就能满足这些日本人的心灵需求。法然院的住持自己也频频担任各类讲座的主讲人，烹制心灵鸡汤，帮人消忧解惑，在某种程度上扮演了一个心灵导师的角色，他自己还出版了好几本书，是一个活跃而可爱的新和尚。据我所知，这样的情形在当今的日本并不罕见。

沿着哲学小道继续往南走，在永观堂道的交叉口，左边（东面）就是永观堂，我自己其实是2019年6月下旬才去的。这又是一个令我印象深刻的所在。那天下午，与几位朋友看了银阁寺以后，坐了车来到永观堂，从总门进入。

永观堂，全称是无量寿院禅林寺，永观堂的名称来源于第七代住持永观律师（日语中称精通戒律的僧人或是僧侣中位职比较高的人为律师），最初草创于853年，创建者真绍僧都（僧都是佛教界中很高的一个位阶）是弘法大师空海的弟子，所以禅林寺最初是属于真言宗的。从永观律师开始，转为真言密教与三论宗相杂的净土教寺院。永观最初是学三论宗的，声望已经很高，后来隐遁到禅林寺来做住持，每日念佛一万遍以上，后来据说念诵六万遍，后人为了纪念他，就将禅林寺称为永观堂。从13世纪开始，永观堂改为净土宗的寺院，并奉法然为宗主，一直到今天，因此从宗派上来说，永观堂现在属于净土宗。寺院原来的面积非常广大，可惜在1467—1477年间的应仁·文明之乱中，全部被烧毁，沉寂了一个时期之后，从15世纪末开始慢慢复兴，到16世纪后期大致形成了现在的格局。

进入总门后，一条大路的右侧有一个挺大的放生池，禅寺之外有放生池的好像是凤毛麟角。有趣的是，池中央有一个与陆地相连的小岛，岛上却是一个名曰“辩天社”的小神社。没有过去看，就直接进入了中门，再拐入一条右转的道路，有一组比较密集的伽蓝群，进口处曰大玄关，从这里入内要门票，600日元，须脱鞋。进入寺院内的堂宇要脱鞋，我一开始很不习惯，后来才觉得这样真好。从大玄关进去后的所有伽蓝建筑，全都屋甍相接，门廊相连，一式的原木地板（不施任何油彩），擦洗得干干净净，你可以在任何一处你想坐的地方席地而坐，实在是无上的惬意。进去不久，右侧有一个石庭，也像法然院进门处所见到的那样，中间用白砂石筑起了一个凸起的长长的椭圆形，上面做出几何状的图形。石庭的北侧是一个比较大的释迦堂，堂前是一排的檐廊，可坐在檐廊上小憩观景。再往里走，中间有一个曲尺形的水池，池水清澈鲜活，几尾色彩斑斓的锦鲤在水中活泼泼地游泳。水池的周边，是古方丈、紫瑞殿、释迦堂，都有廊檐相连。大概是在古方丈的屋宇内吧，欣赏到了一整面的障壁画《孔雀牡丹图》（由4面隔扇即障子组成），出自江户晚期的画家原在明之手。一大一小两羽孔雀，浓彩重笔，栩栩如生，牡丹则用淡彩，洗去了通常牡丹花的艳丽，突出了孔雀的神采，而背景的岩石，则是用水墨，淡雅清丽。另有一面《山水楼阁图》，纯然的水墨，不知出自哪一位画家，却令我非常喜欢，而且这间房是可入内的，我在榻榻米上席地而坐，得以悠然地细细欣赏。

沿着曲曲弯弯的连廊（途中经过了开山堂、卧龙廊、水琴窟等），忽上忽下，忽左忽右，虽然空间有限，却是一步一景，变化无穷，又穿过寺院内最大的建筑御影堂（这里是寺院的大殿），来到了阿弥陀堂。这时，时辰已近下午4点，我知道，遐迩闻名的永观堂的钟声就要敲响了。这里的钟楼，初建于1592年，现存的梵钟铸造于江户时代中期的1743年，距今也有将近300年了。梵钟的直径为98厘米，龙头之下的高度为150厘米，重量约为1 200千克。我们就站立在阿弥陀堂外侧的廊台上，向东望着大约50米之外的钟楼，钟楼之外，就是苍苍的东山了。这时一位年轻的僧人走进钟楼来，庄重地、缓缓地向后移动撞钟木，然后向前击向大钟，随之发出一声“当”的声响，在暮色淡淡初起的树林中、屋宇间悠长地回荡，随即又是重重的一声敲击，钟声再次回荡在初夏黄昏略带烟霭的空气中，继续悠扬而缓慢地流淌，渐去渐远，苍苍茫茫，消隐在了远山近树中……如是，大概敲击了近10分钟，耳畔似乎一直有深沉而悠扬的钟声在回响。以前读李白的《听蜀僧濬弹琴》中的“客心洗流水，余响入霜钟。不觉碧山暮，愁云暗几重”时，虽然也是心生喜欢，然而久居都市的我，对于诗中的意境，毕竟还是隔了一层。此时此刻，对于“溪山看未足，还听暮楼钟”这样的古诗，就更有一层体味了。

离开阿弥陀堂，沿着旧路返回御影堂时，从敞开的大门内，传来了僧人的诵经声。悄悄地走入室内，榻榻米的地上放着几排宽大的软凳，我静静地坐了下来。循声望去，见有一位颇为年轻的僧人，跪坐在正面佛坛的左侧，对着眼前的一尊小佛像，抑扬顿挫地诵念着经文，不时用木槌在他身旁的金属的磬上轻轻地敲击几下，发出“叮叮”的悦耳的声音。日本僧人的诵经，我以前也曾听过几次，内容基本听不懂，虽然我自恃日语不坏，但我知道，日本僧人诵经时念的汉译佛经，都是汉字的经文，只是发音是日本式的。经文的汉字发音，大抵都来自中国，而禅宗的经典，则主要是唐音，即来自南宋时期浙江一带的发音，当然都经过了日语发音的改造，绝不可能是汉语原本的发音，听不明白，也是很正常的了，你到中国的寺院去，听中国僧人的念经，绝大部分也听不懂。这并不重要。关键是念诵经文时的音色、声调、节奏。日本人每每都会有一种相对固定的音调，吐字发音，都带一点韵律感，这可以营造出一种佛教特有的氛围。如果你低眉颔首凝神谛听，或者闭上双眼随着抑扬顿挫的诵经声任意冥想，恍惚之间就会进入另一个世界。宗教，往往会通过形、色、音、声等，形成一种综合的力量，来左右一个人的精神世界。此时，软凳上还坐着另外几个人，大家都神情庄严，静肃地倾听着僧人的诵经声。大概15分钟后，僧人诵经完毕，站起身来，用一个细细的槌棒在另外一个稍大的磬上最后敲击了几下，转过身来，碎步向内走去，消失了身影。这也是我有生以来第一次在一座寺院的殿堂内听一个僧人独自诵经，那磬声竟然是那样地悦耳，同时又是那样地意味深长。

当堂内的诵经声和击磬声完全停歇之后，我才抬起头来察看佛殿内的物象。全堂的地面上都铺设了榻榻米。佛像周边的区域用木栏围了起来，一般人不可随意入内。在左下方放置了一块书写着“禁烟”的木牌，显然里面是不可焚香的。围栏的外侧有一个长方形的木制的“赛钱箱”，中文一般叫功德箱吧。粗直的圆柱和略呈八角形的梁桁，都呈暗旧的朱褐色。在材木的接缝处，都制作了堪称工艺品的钉帽装饰件，多为六角形，纯然金色。在上梁与下梁之间，是精美的木雕，大概是什么佛经故事的敷衍，看不真切。然而中间的佛像以及佛像的周边，均是一片灿灿的黄金色，左右两侧的黑色大花瓶内插放着巨大的金色的人造花（应该是用黄铜制作的吧），安置佛像的一个巨大的长条几案（或者称为镜台？）被涂成灿烂的金色，上面垂挂的是金色的帷幔及幡，还有金铜的罄、金铜的香炉、金铜的花鬘……交叠成了一个金灿灿的视觉境界，除了前方的下部有一些宝蓝色的箱柜之外，几乎没有其他的杂色。也许，这是要刻意营造出一个炫目亮丽的极乐净土世界？或者是要装饰出天界的瑰丽庄严？永观堂不是一座禅寺，禅寺内应该不会有这样明晃晃的装饰。都说日本人在美学上崇尚简约素朴，弥漫着淡淡的禅意，其实也未必都是如此，像宇治的平等院，内部的装饰和雕刻，若恢复了当年的原貌，其实也是相当艳丽甚至是有些花哨的。不少净土宗的寺院，佛堂内往往也会充满黄灿灿的金色。任何物象都是复杂和多面的，试图用单色块或单线条来描绘或勾勒出某种文化的特质，往往会流于以偏概全的机械论。

走出永观堂的大玄关，正是日落时分。

东西本愿寺与涉成园

去过京都的人，几乎都知道在京都车站的西北和正北面各有两家本愿寺，分别称为西本愿寺和东本愿寺，寺内的建筑，尤其是主殿都相当宏大，占据着今天京都市的重要地盘。不仅伽蓝巨大，势力好像也很强大。本愿寺为何会有东西两家呢？说起来其实也是因为主导权的纷争，结果又增加了一家，因而有了今天比较奇怪的格局。

两家本愿寺都属于净土真宗，其源头都来自一个名曰亲鸾的和尚，他是净土真宗的开山祖。亲鸾自幼丧母，从小出家做了僧人，曾在青莲院、比睿山等地修行，始终不得安心。1201年时在京都的六角堂内闭门诵经100天，以此为机缘而得以拜在法然的门下，由此信奉净土教思想。受业师法然遭到贬斥的牵连，他也被流放到了越后（今属新潟县），之后与当地豪族的女儿结婚，生儿育女，并创立净土真宗，著述甚多。他在各地传教，直到1232年才回到京都，活了90岁。去世后他最小的女儿为他在京都东山大谷建造了一座灵庙，并造了一座御影堂放置他的肖像，据说这都是本愿寺最初的缘起。后来也历经变迁，到了丰臣秀吉掌权的时候，就赐给他们后人一块土地，后来在这里建造起来的，就是本愿寺。这些建筑在1617年元和大火中几乎被悉数烧毁，现存的建筑大多是之后在第12代住持的努力下，重建或者从伏见桃山城那里移建过来的。后来京都曾屡屡发生大火，本愿寺相对偏南，竟然得以幸免，因而保存了大量桃山时代，即16世纪末期至17世纪前期的寺院建筑，诸如主殿的御影堂、黑白书院等都被列为国宝。

我曾去过西本愿寺两次。第一次是在2015年8月某日的傍晚，先去看了东本愿寺，路上在巴士内遇大雨，入东本愿寺后雨仍未止，在御影堂内避雨半个多小时。等再到西本愿寺时，已逾5时，大门已关闭，只得沿着墙垣走了半圈，来到南边的唐门，拍了几张照，又走到龙谷大学，铁制的大门倒是开着，里面空寂无人。说起来，龙谷大学也算是日本的一所历史非常悠久的大学，与我所供职的复旦大学之间也一直保持着良好的关系。它最初的历史，可以追溯到江户时代初期的1639年，那时为培养净土真宗本愿寺派的僧侣而在寺院的地界内建成了一座学寮。后来不知为何触怒了幕府，被勒令拆除，于是就不得不转到京都东中筋学林町。1864年遭遇禁门之变，那里的学舍被大火焚毁，明治后的1871年再次迁回到寺院的西侧。有意思的是，翌年开始讲授洋学，并把这一机构改为大教校。1879年在现在这个地方，建起了纯然洋式的几栋两层楼房，称为大宫学舍本馆和南黉（学校的意思）、北黉和正门，据说是仿造西洋修道院的模样。正门即是我刚才进来的铁门，现在大门的右面石柱上镶嵌着一块校牌，墨绿的底色上用楷书刻写着龙谷大学四个字。当年的这些西洋式建筑，因整体保存完好，已被列为国家的重要文化遗产。大雨初霁的小小的校园内，杳无人迹，空气分外清新。西本愿寺虽然未能入内，但得以一窥龙谷大学的昔日老建筑，倒也是一个意外的收获。作为一座佛教教育机构，这里后来有了很大的发展。

京都西本愿寺西南侧的龙谷大学

1922年正式命名为龙谷大学，主校园移往京都南部的伏见区，是一所综合性的文科大学，还在大阪开设了新校区，有在校本科生和研究生5 000名左右，在日本全国具有相当的影响。

第一次只能说是过其门而未得入，从南侧的外墙那里看到了一点唐门等建筑而已。于是在2018年1月的某日下午再去踏访了一次。那天上午我去了京都西南端的东寺，中午时分离开观智院，途中在一家餐馆吃了午饭，然后沿着大宫通继续北行，便来到了西本愿寺。正门在堀川通那里，从西面的大宫通穿到堀川通那边，要经过一条安静的甬道似的柏油路。北侧是西本愿寺，南侧一开始是龙谷大学的老校区，再往后是另一家寺院曰兴正寺，都有高高的带有屋檐的墙垣，因而我是行走在高墙大院之间，宛如在峡谷的底部，而尽头处则是一座高丽门。这条有点悠长的、安静的道路让我十分欢喜。西本愿寺的唐门向南的一侧，就开在这条路上，门是关闭着的，外面还用朱色的栅栏围起来，因为这座唐门已被列为日本国宝了。

堀川通上开放的大门有两个，一是御影堂门，另一是阿弥陀堂门，均要跨过一座建在堀川上的石桥。所谓堀川，差不多就是一条城壕。靠近御影堂门处，一处带有屋檐的木牌架上，白底黑字写着“和颜爱语”四个汉字。日本人觉得这是日语，而汉语的翻译也是这四个汉字，英文则是Gentle in Countenance and loving in Speech。西本愿寺或者说净土真宗试图以这样的方式简洁明了地向全世界的人传递他们的理念。西本愿寺和东本愿寺的伽蓝布局与禅寺有很大的区别。整个寺院坐西向东，对着两座大门的就是御影堂和阿弥陀堂，两栋规模甚大的建筑，大到毫无趣味，除了门口的一棵很有年代的杏树外，两座大堂前就是毫无趣味的铺着碎石的平地。我脱了鞋，走上木阶，向御影堂内望了一下，只是铺着榻榻米的巨大的空间，似乎挂着些什么。我觉得除了显示宏大外，好像什么都没有，于是兴味索然地退了出来。阿弥陀堂好像在整修。寺院的东北角是一个庭园，曰滴翠园，好像关着，我也没有进去。向南墙一边走过去，就看到了我在外侧见到的唐门，也用木栅栏围起来，但栅栏比外侧要低很多，可靠近细细观看。唐门据说是从丰臣秀吉建造的伏见桃山城那边移建过来的，门的内外两侧都呈中间弧形隆起的“唐破风”样式。扁柏树皮葺顶，檐下及四面的梁、桁上都布满了烦琐的、彩色的木浮雕，梁柱的包件部分和大门材木的结构相拼部分，都有颇为精致的金色装饰，总体的感觉让我想起欧洲洛可可的风格和清代家具烦琐的镂刻，而在色彩上则更为鲜艳。整体的风格，

西本愿寺南侧的唐门

与我以前在日光看到的祭祀德川家康的东照宫（被列为世界文化遗产）几乎如出一辙，这类过分注重装饰的意在炫耀的风格，是日本武家文化的突出体现，我对之很难产生共鸣。然而我们也必须明白，这也是日本文化的一个面，至少日本人的审美中，也包含了这样的趣味。

顺便说一下，西本愿寺自己，更愿意用本愿寺一词来表示，因为最初就只有本愿寺一家而已。然而，东本愿寺出来以后，为了显示区别，人们只能根据其地理位置而在前面加上“西”和“东”。那么，为何又出了个东本愿寺呢?

因为权力太过显赫，本愿寺内住持一职就像天皇或幕府的将军一样，变成世袭了。第11代住持显如去世后，就让他的长子（日本很早以来僧人就可娶妻生子）教如来继承。可是显如的妻子如春却拿出了显如生前的继位遗嘱，说是应该由第三个儿子准如来继任。已经做了住持的长子教如自然不肯相让，于是如春就一纸诉状告到了丰臣秀吉那里，丰臣秀吉就裁定由三子准如来继位。原本已经做了住持的教如一气之下离开了本愿寺，1602年在德川家康的支持下（那时丰臣秀吉已经病故），在今天乌丸七条的地方另建了一座本愿寺，为与原来的本愿寺表示区别，便称东本愿寺。而原来的本愿寺，就变成了西本愿寺。其实两者的祖上是相同的，经典教理也完全一样。

2015年8月某日的下午，在滂沱大雨之后我去看了东本愿寺。两座本愿寺在寺院的格局上比较相似，大门也在东面，同样叫御影堂门和阿弥陀堂门。我是从阿弥陀堂门进去的，向晚的阵雨还在时断时续地下。进门后，南侧是阿弥陀堂，北面是御影堂，都是坐西向东，规模宏大，歇山重檐式的木造大屋，极其壮观。这里原本的伽蓝，大都毁于1864年的禁门之变的兵燹，如今的建筑，基本上都是明治以后重建起来的，从文物的角度上说，其价值要低于西本愿寺。两座大堂前也是一大片细石铺就的广大空间，同样地无趣。有一些游客，不算多。阿弥陀堂正被围起来重修，御影堂是开放的。这时雨又大了起来，我就脱了鞋走到御影堂门外的宽宽的廊台上。堂宇内都是榻榻米铺地，有两层门，里面是纸糊的木格障子，外侧是高大的可以开合的木门。可随意入内，无须门票。屋内就是一个巨大的空间，大概可以集聚上千人吧，除了一盏盏造型别致的富有传统风格的吊灯外，里面几乎没有什么特别的陈设。这里或许是举行盛大的仪式或是大规模讲经活动的场所吧。就木结构建筑而言，非常宏大且比较考究，除此之外我好像也没有特别的印象了。为了躲雨，我在御影堂的廊台上有点无聊地待了半个多小时。感觉上，其他地方好像都围起来在整修，加之下雨，也就未及细看。在净手处，有一个龙的雕塑，比较大，造型和面容似乎都不大好看，有点狰狞凶狠，不愿久视。

现在，西本愿寺这边的，叫作净土真宗本愿寺派，东本愿寺这边的，叫作净土真宗大谷派。据说净土真宗目前是全日本最有势力的佛教宗派，在全国各地都有大小各级寺院，东西两家加起来，门下信徒约占日本总人口的10%，权势浩荡，佛力盛大。

我这个人也许有些怪癖，对于权势很大的存在，总会有一种莫名的隔阂和抵抗，对依附权势的人往往也是退避三舍。东、西本愿寺，给我的总体感觉就是气势恢宏、华美壮丽，它无疑会产生一种森严的权威，仿佛有一种巨大的力量会从你的眼前威压下来，却难以使人萌生出内心的喜悦。这纯粹只是我个人的感觉而已。

在我看来，东本愿寺内，本身并无特别可观之处，但距离它不远的1千米之东，有一个庭园曰“涉成园”，又叫“枳谷邸”，是属于东本愿寺的，倒是很有意趣。怎么会在1千米之外的寺院之东还有这样的一个庭院呢？原来是在德川家康的支持下，被排挤出来的教如另外建立了东本愿寺之后，幕府的第三代将军德川家光在1643年，在现在涉成园的地方又给了东本愿寺一大块土地。那时教如已经去世，他的继任者宣如就在这里建造了一座供自己居住的大宅第，曰枳谷邸，源于宅邸的周边以一种名曰枳谷（又可写作枸橘）的灌木作围垣。另外给它起了一个好听的名字，即涉成园，取陶渊明《归去来兮辞》中“园日涉以成趣”的意境。近代以前的日本人，大抵都熟读中国的古典，这是他们的基本素养之一，对中国的许多诗人、画家等，内心都十分膜拜。宣如本人，从1653年起就隐居在此，在这里度过了他人生的最后5年。他很欣赏诗仙堂主人的石川丈山，据说是在石川丈山的指导下，精心营造了这座在格局上称为“池泉回游式庭园”的涉成园。颇为可惜的是，在1858年的安政大火和1864年的禁门之变中两次遭到火灾，原先的建筑几乎都被烧毁，现存的亭台楼阁，都是明治年间建造的。所幸的是，当年的格局和风格大抵都保留了下来。

那天下午，我从西本愿寺出来，沿着七条通，走过东本愿寺，再继续往东，在快到河原町通的时候，从一条小路折入，找到了涉成园。进口朝西，需门票500日元。那是冬日的一个晴朗的下午，早上出来时刚刚雨霁，不久云开日出，空气清朗而没有一丝寒意。那天不是周末，园内几乎就我一个游人（后来有三两年轻人进来）。整个庭园大致围绕一泓池水而筑，池曰“印月池”，水较浅，那天无风，池水波平如镜。进入庭园口，左侧有一水榭，曰临池亭，说是亭，其实是有廊台的长长的一排，与北侧的滴翠轩相连。这里的建筑风格，大抵取中国的唐风，铺设屋瓦的房顶部平展伸开，和平而大气，也带有些许宋代风格，稍稍有点灵动，但绝无恶俗的飞檐翘角，色彩也相当地素朴。那天临池亭内部是关闭的，但可凭依在廊台的栏杆上细细观赏周边的风景。这里的池水其实还不是印月池，只是另外一个面积比较小的池塘，但景色已相当秀美。在廊台的那边，越过池水，对面的小山冈上生长着一片树林，有些树叶早已脱落，另有一种冬天遒劲的枝干美。靠近水边的，是十来棵剪裁得非常好看的高大的松树。在滴翠轩的东边，静静地立着一个名曰“桧垣灯笼”的石灯笼，据说已很有年头了，与我在曼殊院的石庭内见到“切支丹灯笼”很相似。当然这不是一种悬挂的灯笼，而是在寺院中常可见到的石灯笼，甚至都不是清晰的灯笼造型，只是近似石灯笼的模样，因而显得古拙耐看。此时，这些眼前的景物都清晰地倒映在平静的池水中，就我一个人倚靠在栏杆上独自欣赏，虽是冬天，却是一点也没有孤寂的苍凉感，因为头上的蓝天正亮，一切都流荡在和煦的阳光中。

离开临池亭，向南走过园林堂，邻侧是一座两层的小楼，曰“芦庵”。这是园内的茶室（即主人以茶道待客的场所，这间茶室是煎茶道），虽是新构，却富含古韵，纯然木结构。上层面积更小，大概只有十平方米左右，从外望上去，还有一扇月洞窗，从里面望出来，想必另有一幅图画。未能登楼。园林堂和芦庵的对面，是楼门形态的“傍花阁”，重建于19世纪末期，四周遍植樱花树，4月初，这里是赏樱的绝佳地吧。然后沿小径向东行，即来到印月池畔。池面还真不小，池中筑有一南一北两座小岛，沿着池的北侧走过一片枫叶林（深秋时节红叶一定很醉人），经一座曰“回棹廊”的廊桥，就抵达北岛了。廊桥也是纯木结构，与中国水乡的廊桥颇相似，但廊桥中央的唐破风构造，似乎是日本独有的，让我猛然醒悟到，自己是身在东瀛。北岛的中央，是一个隆起的小山冈，上有一组建筑曰“缩远楼”，1884年再建，据说最早是可以远远眺望到东山三十六峰之一的阿弥陀峰。这里也是一处茶室，为抹茶道，南面的一栋，尤为可爱，底部是木柱架构起来的，凌空于地面之上。可惜门户都紧闭，未得一窥堂奥，但房舍的造型很好看，有些西斜的太阳暖暖地照在屋宇的西北面，原本暗旧的木制的墙面和门户上都显出了亮色。

涉成园内的“回棹廊”

沿着石阶从小山冈上走下来，有一座名曰“侵雪桥”的拱桥与陆地相连，按弧形铺设的桥板、低矮的拱形栏杆、壮实坚固的桥桩，完全都由木料建造，没有一块石头，更没有钢筋水泥，极为耐看，我从桥的两端反复端详了许久。然后再沿着池水的西畔缓缓向南出口走去。在庭园的西南端，濒临池水，孤零零地有一座水榭，曰“漱枕居”，取“漱水枕石”之意，建于1865年，即禁门之变毁坏后的翌年，大概是园内现存最早的建筑之一了。扁柏木板葺顶，书院造，临水的一端，有一段小廊伸向水面，在此垂钓，一定别有情趣。

在我看来，涉成园与本愿寺，几乎是两个不相干的独立存在。本愿寺的宏大与威严，在这里彻底消失了它的踪影。涉成园在日本众多的庭院中，或许并不能名列前茅，但那天下午在这里悠然散步了一个多小时，我已感到十分满足了。此地完全没有人影憧憧、语声喧喧，放眼望去，几乎皆是图画，虽距京都车站只有1千米之遥，却宛然是另一世界。唯一美中不足的是，不远处正在建造高楼，耸立的塔吊犹如一把剪刀插入园景内，严重损坏了园内的幽趣。

京都仁和寺的五重塔

京都的佛寺，我还去过不少，比较大的，有北面偏西的龙安寺、妙心寺、仁和寺、大德寺、金阁寺，东边的清水寺、银阁寺、知恩院以及南郊的由一休禅师重建的酬恩堂一休寺、北郊的门迹寺三千院等，都是令我印象很深的寺院加庭园，限于篇幅，只能割爱了。

神社：列岛本土的信仰世界

神道的有形存在：神社

一踏入日本的国土，我们就会看到大大小小形态不一、名称各异的神社：平安神宫、明治神宫、伊势神宫、春日大社、天满宫、八幡神社、八坂神社等等。建筑样式也是多姿多彩，比如伊势神宫，是一种我们中国人很陌生的样式，原色的木结构，屋顶两端各有一个称为“千木”的大叉形状的装饰，但更多的神社，则是我们比较熟悉的类似佛教寺院或道教宫观的样式。大一点的神社，每年都有规模不小的祭祀活动，而每到新年（以前是阴历，现在是阳历）的元旦，几乎家家户户都会去神社参拜。那么，神道到底是什么呢？它是日本人的本土宗教吗？日本人都信神道吗？这样说来，日本人应该是一个宗教性的民族了吧？

这问题还真有点复杂。实际上世界上的很多事情还真挺复杂，特别是年代久远的，它往往包含了复杂的历史演变进程，还真不容易简单下定论。我在这里只能大概地说：神道的最初形态是一种原始的具有宗教意义的信仰，后来融入了各种各样的元素，又跟日本人的许多日常的生活习俗结合在了一起，在今天，神道与其说是一种纯粹的宗教，倒不如说是日本人的一种民族信仰，知晓并认同神道，体现了日本人的身份认同，文化认同。

在中国，人们常常会用一个词“神道教”。很多年以前我也不慎偶尔用过这样一个词，但严格而言，神道并不是一种纯粹的宗教，日语里没有“神道教”这个词，它没有一个统一的神祇，没有一个人们崇拜的偶像或者一个固定的具象的物体。神道是人们对于世界的一种泛灵论、泛神论的认识，即这个世界上可以有无数的神灵存在，神灵可以以各种各样的形态出现，也可以没有形态，因而日语中有一个词，谓“八百万神”，意为世界上存在着千千万万无数的神灵。而其实，这样的一种对于世界的认识，并不限于日本人。

根据我的理解，世界上的宗教，大致可以分为两种形态。一种是自然宗教，也就是说它是在某一民族或族群中渐渐地、自然地形成的，没有一个明确的创始人，没有成体系的经典，没有严密的团体组织。这样的自然宗教，主要是祖先崇拜与神灵崇拜。这种自然宗教，在人类所有的早期族群文明中，几乎都会有，与其说是一种系统的缜密的宗教，不如说是人们的一种带有原始色彩的信仰。另一种是创制宗教，就是这种宗教大抵是由某一个人或是某些人创造出来的，有专门的经典和比较成系统的对于世界的解释，日后也会形成比较严密的宗教组织，比如大家所熟悉的佛教、犹太教、基督教、伊斯兰教等。从类型上来说，早期的神道属于自然宗教或原始信仰的一种，人们对于风雨雷电等一些突变性的自然现象往往怀着恐惧，对于高大的树木、巨大的石块和巍峨的高山往往怀着敬畏，而在一个族群成长的历史中，往往都会有一些创世的神话被人们想象出来，比如中国的女娲、伏羲及三皇五帝等。

神道后来成了日本民族的一种独特的信仰，是一个文明逐渐演进的结果。日本是在大陆文明的推动下，于公元3世纪前后开始进入农耕社会的。这一时期日本还处于氏族社会，生产力相当低下，没有文字，没有成熟的国家组织，甚至也没有成熟的宗教。民间的信仰是所谓的氏族信仰，即将氏族祖先的亡灵作为神祇来祭拜，世界上大部分地区的原始宗教大抵也是这样的形态。在相当长的一段时期，日本人一直处于这样的氏族信仰状态，他们所祭拜的并不是某一固定的神祇，也没有一定的偶像。他们一般会认为神灵栖息（或在某一时期降临）在村落附近的高山上，于是他们会择定某一个日期在这座高山的山麓划定某一区域举行祭祀活动，或感谢神灵保佑获得了丰收，或祈求神灵消病祛灾。后来由于氏族的变迁、征服和互相的融合，氏族的概念在慢慢地扩大，形成了氏族集团性质的众多的小国，一些创世的神话也逐渐衍生出来，当然，那个时代这些传说都是口头传承，并没有完整的体系。在6世纪前后，大和一族渐趋强大并统一了日本的大部分地区，大一统的国家形态基本形成，于是掌握王权的皇室，就试图用公权力把皇家一族的祖神天照大神奉为全体日本人信奉的最高神祇。673年即位的天武天皇敕命下臣编撰一部记录以皇家为中心的本民族的史书，这就是712年诞生的《古事记》。这部书一部分是历史的实录，更多的则是传说、神话的记录甚至是炮制。这些神话和传说，后来就成了神道信仰的主要内容。但是，这一民族信仰依然处于比较初级的阶段，甚至也没有可供常年祭拜的正式的庙宇。日本史籍中最早出现神道一词的是日本最早期的史书之一、用汉文写成的《日本书纪》(720年)，书中第31代用明天皇（其实那个时候日本还没有天皇的称谓）的即位前纪中有“天皇信佛法、尊神道”的表述。在现代日语中，神道这一汉字词语有两种念法，shindou和shintou，前者指汉语意义中的神道，即通往陵墓的道路，后者指日语中的神道，但无论哪一种念法，都是源自汉语的读音，而不是以日本原本已有的语言来加以训读的念法，因此差不多可以说，神道这个词是源自中国的汉字词语。

早期神道的内容，多是来自《古事记》等的碎片化的叙述，并没有自己成熟的经典。那么，它是靠什么持续传承到了今天呢？我觉得，主要是因为有了有形的神社，使得原本有些虚无缥缈的神话传说得到了具现，并由神社衍生出了神职人员（神官）和一系列的祭祀活动，因而使得神道的内容渐趋丰富。

而神社的诞生，在很大程度上是由于佛教寺院出现的刺激。早期日本人对神灵的祭祀活动相对也比较简单，并没有专设的庙宇，最初只是在被认为是神灵有可能栖息的山岭下临时设立祭台膜拜祭祀，后来逐渐过渡到在山麓的某处划定一个区域，四周设立木柱子，称之为“御柱”。在远古时，御柱内区域就是神域，人不可轻易进入。据成书于713年的《常陆国风土记》的记载，柱子内的区域叫作“社”，念作yashiro，这一发音与表示屋宇的另一日语词语“屋代”的发音是一样的，但其时并不表示室内的空间，即不是后来的神殿或神社的意思，它只是指用树木来象征的“斋场”。以后又产生了一种可以移动的供祭祀用的设施，称之为“神篱”。神篱到底是怎样的东西，史书上也没有明确的记载，对神社建筑甚有研究的樱井敏雄教授认为大概是一种去除了繁枝末节的大树干，上可悬挂神镜之类的物体，也可称之为神体木（据《伊势神宫的创祀和原像》等，载《名宝日本的美术》31卷，小学馆1992年）。

现在被认为是日本最古老的神社建筑的伊势神宫到底始建于什么时期，史书上都是语焉不详。樱井教授认为也许是在日本的奈良时代（710—793）。而那个时代，佛教已完全在日本确立了地位，并且已产生了像法隆寺、药师寺、东大寺、唐招提寺那样壮丽的佛寺。可以想象，神社作为一种固定建筑在日本出现，受寺院建筑的影响是巨大的，在某种程度上可说是受了寺院建筑的刺激或是启发。当然，早期的伊势神宫和出云大社等的建筑样式，还具有非常浓郁的早期建筑的特点（今天可从出土的土陶屋中来一窥其当时的面目）。后来伊势神宫的样式被建筑史学家称为“神明造”（有点像南方的傣楼），正殿为人字形屋顶的建筑，茅草修葺，不施任何油漆和色彩的梁柱以及木质的板壁凌空而架，距地面有一人多高，可沿木制的台阶拾级而上。屋顶比较有特色，顶部的两边各有形似风车叶片的木制装饰物翘起，日语中称之为“千木”，沿屋顶脊檩依次排放着十根鲣鱼木。这种建筑样式大概是延续了4—6世纪时期的建筑风格，在后期的日本建筑中已很少见到。随着佛教寺院的大量出现，日本的神社建筑也明显地受到了寺院样式的熏染，甚至可以不夸大地说，平安后期的神社建筑已经在有意地模仿寺院的样式，设置了门楼和回廊等，并突出了外观上的装饰性，看上去宛如中国式的庙宇，已洗去了早期的素朴，呈现出与伊势神宫迥然不同的风格。8世纪后期出现的“八幡造”样式就是其代表之一。现在日本大部分的神社都是八幡造的样式。

在原始神道阶段，并没有专门的偶像、严谨的教义和理论化的经典，儒教、道教，尤其是佛教传入后，这些外来文化的先进性无疑大大促进了神道的发展。佛教与神道也由早期的冲突逐渐走向互相融合，从奈良到平安时期的数百年（约8—11世纪）间，一般认为是佛教与神道互相“习合”的时代，从海外传入的佛教要在日本站稳根基，免不了会吸取以神道为基本精神的日本本土文化的养分，但更多的还是神道借传入的外来文化不断充实和发展自己。佛教并不是绝对排斥异己的霸道的宗教，它的平和的性质使得它在最盛行的时候依然有别的宗教生存的空间。有意思的是，奈良中期很多寺院里都会建一所镇守佛寺的神社，以此来守护和保佑佛寺，八幡宫的形式就是这一时期出现的，八幡神也随之被奉为佛教的“护法善神”。765年，当时的圣武天皇下令全国“上供奉三宝（即佛、法、僧），次祭天社国社神等”，于是在神社内或邻近神社的地方修建“神宫寺”，甚至请来僧人在神前读经。到了平安时期后，“本地垂迹”的思想占了主导地位，即将佛看作神的本体，而神相对于佛只是菩萨，源于印度的佛到了日本后显化为各种神（即所谓“垂迹”），各个神宫中的神都可找寻到它的“本地”即作为本体的佛。如此一来，神社内也开始供奉佛像，寺院内的镇守神社也由僧人来管理，与其说是“神佛习合”，不如说是佛教的各种教理渗透到了神道中去。这也是为什么我们今天在佛寺中有时候还会见到一个小小的神社，在神社内依然还存在着浓厚的佛寺的元素的由来。

后来神道也试图像佛教那样走向理论化和体系化，出现了两部神道、伊势神道、吉川神道等若干个宗派，但终于还是未能形成气候，一般的民众也完全搞不清楚。对民众而言，神道最重要的体现就是神社，以及由神社发起展开的一系列祭祀活动。

佛教基本上是一神教，以释迦牟尼为中心，也有药师佛、弥勒佛、观音菩萨等偶像，那也是从释迦牟尼衍生出来的；基督教基本也就是上帝或耶稣基督了；伊斯兰教则是真主穆罕默德。那么，神社内到底祭拜什么呢？被称为神宫的，大抵都与皇家有关，祭祀的大都为皇祖神，比如伊势神宫、热田神宫，还有后来建造的平安神宫、明治神宫等。其他的祭祀对象真的是形形色色五花八门，有历史上的实有人物菅原道真、丰臣秀吉、德川家康等。有一次我到山口县一个叫萩的小城市去旅行，山口县以前是长州藩，明治时期的首相伊藤博文就出生在那里，我在那里见到了曾做过伊藤博文老师的吉田松阴的神社。祭祀这一类历史上实有的人物，就有点类似中国的关帝庙、孔庙、武侯祠这样的存在了，这些只能算是一种民间信仰，与宗教没有什么关系。为了吸引一般的民众，许多神社都标榜自己具有祛病延年、消灾纳福的“御利益”，即有用的功能。有一座叫东京大神宫的神社，它鼓吹自己的功效就是男女结缘，希望得到男朋友女朋友的，可以到里面去祈求。更有一座今户神社，祭祀的竟然是招财猫！大部分的神社，为了招徕祭拜者，也为了赚一点钱，都在出售一种叫“绘马”的小木板，人们可以在上面写上自己的心愿，挂在神社指定的地方，有神灵保佑，你的愿望就会实现。

写到这里，大家或许已经明白，神道和神社真的不是一两句话可以说清楚的。从最严肃的皇祖神的祭拜，到招财猫的登场，真的可以说是五花八门。虽然祭拜的对象形形色色，但所有的这一切都跟日本、日本历史、日本传统、日本人的日常信仰相关，因此，它就成了日本人对自己民族的一种文化认同。

这里再对神社做一点说明。神社虽然五花八门，信奉的神灵也各不相同，但它是有非常明确的地位的。历史上曾对神社列出了一个“官币社”的格，在明治时代又重新加以分封。所谓官币社，就是有皇室提供资金支持的，官币社里面又分为大社、中社、小社和别格神社，当然官币大社就是最高的了。除了官币社之外，还有一个叫国币社，是由政府出资支持的，同样有大中小之分。更多的神社则没有资格被列在里面。神社的规模大小不一，大的如东京的明治神宫以及下文要讲到的下鸭神社，就是一个巨大的公园，而很小的，则是在某幢建筑物下面设置一个简单的祭坛而已。不过无论是大还是小，无论是哪一种建筑风格，门口必有一个称为鸟居的略呈井字形的牌坊式大门。这鸟居究竟起源于何时，究竟象征着什么，到了今天还没有定说，这里也不加以讨论，但这已成了神社最重要的象征，则是无疑的。刚才已述及，神社是没有偶像崇拜的，无论是祭拜丰臣秀吉的还是德川家康的，拜殿里面都没有他们任何的画像或塑像（这跟中国的关帝庙等又不一样），人们只是在拜殿外面合掌朝拜，拜之前，可以向门口的一个称为“赛钱箱”的长方形木箱里撒几个硬币，不用烧香，没有烛台和香炉。此外，任何神社，任何时候，祭拜的话，都不必买门票。

前几年，日本各都道府县有过一个调查统计，根据各神社的申报，日本共有神道信仰者1亿1 560万人，接近日本全国的总人口数。然后在被问到“你有没有宗教心”的时候，70%的人回答说，“没有宗教”。调查解释说，这里的“没有宗教”，指的是“我不是特定宗派的信徒”。这是一项非常有意思的调查结果。即，几乎所有的日本人都觉得自己与神道密不可分，但有70%的人并不认为自己信仰某种特定的宗教。因此，根据我的理解，神道对于一般的日本人来说，主要是一种民族身份的认同、文化的认同。也大致可以由此作出一个结论，即，日本人从根本上来说，不是一个宗教性的民族。

下面，就根据我个人的游历，来看一下京都几座具有代表性的神社。

下鸭神社的神前婚礼

下鸭神社也可写作下贺茂神社，它与上贺茂神社一起，总称贺茂御祖神社。不过下贺茂神社一般都写作下鸭神社，在日文中，下鸭和下贺茂的发音完全一样，而神社的位置又在鸭川的开端处，因而人们一般就写作下鸭神社了。顺便说一下，从地图上看，鸭川的整个样子，就像一把叉子，上面的两个岔口，西边的

汇入鸭川的高野川

一条河曰加茂川（也写作鸭川，发音一样），东边的一条河曰高野川，两条河流到下鸭神社的南端，就汇聚成一条河，称为鸭川，向南流去。鸭川大概是京都市内最有风情的一条河了（在西面另有一条大河曰桂川，河面要比鸭川宽得多，好像有点受冷落）。

以神社而言，贺茂神社，在京都的地位最高，历史似乎也最悠久。不过这个历史，神社自己的叙述大抵不可靠。我在上文说及，原始神道的源起虽然很早，但真正有如今这样宏大建筑的神社，则是在佛教传入、佛寺建立后刺激起来的。下鸭神社自己介绍说它初建于崇神天皇7年（公元前90年），这样说来有两千多年了，实际上应该是虚构的。因为那个时候日本根本就没有天皇，连统一的民族国家也完全没有形成，公元6世纪以前的天皇基本上都是虚构的，因为都没有具体的生卒年。大和朝廷逐渐形成后，君主也只是“王”而不是“皇”。据有良知的日本历史学家的研究，天皇的称谓始于673年即位的天武天皇（详见“日本の歴史00巻”、網野善彦《「日本」とは何か》第三章“列島社会と「日本国」”，讲谈社，2000年)。有记录说，677年的时候，当时山背国司（794年平安建都之前京都这一带称为山背国，“司”是地方长官）下令在这里建造神社，大概出现了扁柏皮或屋瓦葺顶的神殿。797年成书的《续日本纪》在文武天皇2年（698年）的条目中出现了有关“葵祭”的记述，葵祭与贺茂神社有关，又可称为贺茂祭，由此可以知晓，在7世纪末的时候，应该已有了下鸭神社。如今的日本人，历史研究做得很好，唯有在涉及天皇的历史或是神社的历史时，大都显得支支吾吾、语焉不详，甚至会有错误的表述，学校的历史教科书也是这样。2017年12月我去参加中国社会科学院日本研究所的一个学术会议，日本的代表主要是皇学馆大学的教授，可谓是研究神道最权威的人学了。那天我就直截了当地问他们的一位权威教授：“日本最早的伊势神宫建于哪一年，或者说建于哪一个世纪？”结果那位教授还是王顾左右而言他，回避了我的问题。我想他是明白的，只是不便说。因此，有关神社的历史，不可任由神社自己说话。

总之，在平安京建都的时候，贺茂神社或下鸭神社应该已经有了，它的历史，有可能比平安京更悠久一些。

也不知什么原因，我对神社的兴趣好像一直比佛寺要低。以各种各样的形式去过不少次京都，寺院或庭园看了不少，除了在车上经过的平安神宫外，京都的神社却是一直没有好好踏访过（1998年在长野大学教书一年时，住处附近的“生岛足岛神社”倒是经常去散步的）。我第一次去下鸭神社，是在2010年5月15

日，那天特意从神户赶到京都去看被称为京都三大祭之一的“葵祭”。这实际上是一种巡游的队列，显示了平安时代的文化，有牛车、骑马的模样，人们的穿着，据说都仿照平安时代的宫廷模样。在我看来，在一定程度上，也是唐文化在日本列岛上的再现。葵祭的行列，从御所那边出发，一路进行到下鸭神社，休整休憩以后，再从下鸭神社向终点上贺茂神社进发，人们就站在道路的两侧观看。上午在御所的整队、表演和出发，设有专门的观礼席，那是要事先买票的，价格不菲。

那天就是为了观看葵祭，一路跟到了下鸭神社，算是进入了神社的一部分区域，主要是称为“纠森”的树木葱茏的地方。那天当然人很多，几乎有点熙熙攘攘，对神社本身，我并没有细细观览，只是觉得空间还挺广大，大树参天，一片郁郁葱葱。

2015年4月，我到京都大学人文科学研究所做半年的研究教授。月初，正是樱花烂漫的季节，鸭川两岸，一直是京都观赏樱花的胜景地，去今出川通上的贺茂大桥，从京都大学走过去不过15分钟的路。这里正是贺茂川和高野川交汇的地方，在岸边看了一会儿樱花之后，就信步向北，向下鸭神社走去。下鸭神社位于贺茂川和高野川两条河流的中间，这块土地像一个楔形的半岛。沿一条笔直的道路向北行走不久，迎面是一个朱红色或者是橘红色的很大的鸟居。鸟居后面就是上次曾经到过的“纠森”，有12.4万平方米之广，据说生长着3 349棵树，共有56个品种，诸如栎树、朴树、枫树等，因而这里是秋季观赏红叶的胜地，而此时樱花盛开时，这里却见不到樱花的踪迹。

进入这片被称为“纠森”的树林后，左侧就有一家神社。大门外挂着一块木牌，中间是“河合神社”四个大字，右上侧有一行小字，写着“女性守护 日本第一美丽神”（原文均为汉字），左面有一行小字，意为请自由参拜。这是下鸭神社属下的一家神社，规模不大不小。说来也有点好玩，如今的神社正在努力地去神圣化，正在努力地世俗化，力图去迎合一般民众的欢心。说起（上下）贺茂神社，这里主要祭祀两个神灵，一是“贺茂建角身命”，是早年神武天皇（当然是杜撰出来的）从熊野东征到大和这个地方来时，他曾经化身八咫鸟来为天皇做向导；另一是“玉依姬命”，是神话中的海神之女，被后人看作女性的守护神。于是今天的人们就给河合神社戴上了“女性守护 日本第一美丽神”的桂冠，以吸引女性参拜者。大家都愿意图个吉祥，希望到这里来拜一下，许个愿，祈求自己能够越来越美丽。由此我们也可了解到，神道实在是拥有太多个侧面，它的内容可由人们自己去补充和填塞。

穿过纠森的树林，又有一个很大的鸟居，往前就是下鸭神社的大门，门口立着一块木牌，标示该神社在1994年被列为世界文化遗产。下鸭神社建筑的主色调是朱红色，其他的各类神社大抵也是这一基色。正面是一个较为宏大的门楼，东西两边有披肩式的门墙，基本结构为歇山式建筑，楼上有廊台，顶部呈弧形张开，梁柱、斗拱和屋顶的内侧都是朱红色，显得很亮眼，与佛寺的暗褐色形成鲜明的对比。之所以看上去很新，是因为神社有所谓21年一次迁宫的规矩，即每隔21年，要把原建筑拆除，重新建造，但实际上现在已经不可行，因为主殿等都已被列为国宝和世界遗产，不能再随意拆除，于是所谓的迁宫，就改为整修上色，2015年刚刚进行完毕，所以就显得特别鲜亮。

相比较佛寺，尤其是禅寺的七堂伽蓝，神社的建筑要相对简单，除了鸟居之外，一般就是拜殿，有的也没有，比如社格很高的伊势神宫、春日大社，就没有拜殿，因为在最早的时候，人们的祭祀活动都在户外展开。规模较大的神社会有门楼和本殿，本殿安奉该神社所祭祀的神体（某一件代表这一神灵的物件），一般围起来，不允许进入。人们只是在净手处净一下手之后，便去拜殿参拜。拜殿门前一般会有垂挂的用稻草扎起的“注连绳”或幕布，以表示内外的区隔，里面是神圣洁净之地。人们只是站在外侧，在一个赛钱箱内放入几个硬币，极少有纸币，硬币会有响声，希望神灵能够听到。然后击掌，合掌，低首，默祷，就结束了。没有焚香燃烛，没有烟雾缭绕。拜殿内，空空荡荡，没有任何偶像或画像。像下鸭神社这样的大神社，格局就有些复杂。进了门楼后，正中间有一个“舞殿”，这是演奏神乐的舞台，其他还有神院殿等，再往里走，还有一个中门，门内才是拜殿等供人参拜的主殿，从纠森这边算起，大大小小共有30座殿堂，一般的神社难以望其项背。就社格而言，下鸭神社以前是官币大社，属于官方认可的最高格。1945年日本战败以后，美国占领军为了彻底切割政府与宗教机构的关系，就责令日本方面取消官币社和国币社的划定，所有宗教组织或机构都作为独立的宗教法人存在，不可与政府之间发生任何关联。然而，战前的这一影响，实际上在今天依然存在。

既然是独立的宗教法人，那么如今的神社或佛寺，其实就都在努力吸引民众，创造各种方法来取得收入。几乎所有的神社都

下鸭神社内的舞殿

标榜自己有祛病延年、除厄消灾、保佑全家安康甚至是交通安全等的功能，下鸭神社除了接受一般的参拜之外，还接受特别的私人祷告、女孩三岁和七岁、男孩五岁的特别仪式等。

然而，下鸭神社闻名遐迩的，则是婚礼。如今日本人举行婚礼的地点，除了教堂、酒店内设置的教堂式大堂之外，规格高的神社也是一个选择，即所谓的“神前婚礼”。其实，在神社或是神宫内举行婚礼，绝不是古已有之，在19世纪之前，日本人结婚一般都是在家里，后来大概是看到了西洋人在教堂里举行婚礼的场景，觉得在很有日本味的神社举行婚礼也不坏。最初开创此例的，是皇家。当时的皇太子（也就是后来的大正天皇）在东京的皇宫（日语称为“皇居”）内的贤所举行了由神官主持的婚礼，以后，日比谷大神宫（今东京大神宫）就面向民间承办“神前婚礼”。夏目漱石发表于1912年的小说《行人》中，对当时在日比谷大神宫内举行的这种神前婚礼做了很翔实的描写。但切切不要以为在古老的神社内举行婚礼一定是历史悠久，实际上这是20世纪以后才有的新玩意。下鸭神社原本就是一座在京都举足轻重的大神社，明治后被定位为最高格的官币大社，后来又被列为世界遗产，因此在日本人心目中，可谓是万人景仰的，在这样的场所举行一场婚礼，任谁都会觉得无上荣光吧。

2015年6月14日周日的上午，我照例还是去了京都大学的研究室。伏案间，见窗外天气正好，就出外散步，信步走到了下鸭神社，碰巧遇见了神前婚礼。神前婚礼自然要预约，在10日之前再次确认，时间在上午10点到下午3点之间的30分钟，人数限定在30人，费用加上事先支付的10万日元，含税的话共40万日元左右，不算很贵。但另有一种特别婚礼，衣饰比较繁复，新郎新娘的模样犹如令和元年天皇皇后登基时的穿着，另外还配有雅乐演奏，价格就是数倍以上了。当天的进程是这样的，主宾在仪式开始之前的30分钟先来到神社的贵宾休息室，饮茶，进食点心。然后有神社内的一位巫女（听起来好像有点怕怕的，实际上是一位穿着宽大的红裙、外面罩一件粉白罩袍的年轻女子）来做简单的说明，然后引导主宾按照神社内固定的路线走一圈，那天我遇到的，正是这样的场景。

我看到的队列是，最前面是一位巫女在缓缓地引导，之后是新郎新娘并列前行。新郎身穿一套称为“纹附绔”的和服，无冠，上身黑色，下身青灰色；新娘则是一袭称为“白无垢”的素净的白衣，头罩一个白色的斗篷。新郎新娘身后有一位神职（男子）为他们撑着一把和纸制作的深色大红伞。主宾均排成二列纵队，新郎新娘后面的是男女双方的父母，父亲穿燕尾服，系白领结，母亲穿和服，黑色，下部有图案饰纹。其他人员男子为黑色西服，女子为粉色或淡青色和服。那天还有一位小男孩，浅黑色西服，下身是过膝的西短裤，长黑袜，黑皮鞋。婚礼和葬礼，在日本都是极为隆重的大事，在衣饰上极为讲究，能在下鸭神社内举行婚礼的，自然都是中上流社会人士，马虎不得。然后，主宾30人在门楼的东侧合影留念。我也有点小小的兴奋，一路跟随，拍了不少照片。

下鸭神社内的婚礼

最后主宾30人被引入葵生殿，在里面举行修祓，斋主诵念祝词，新郎新娘喝过三杯交杯酒、交换戒指（这是模仿教堂内的动作吧），向神灵献上玉串（杨桐树的枝叶），父母、众亲友举杯庆贺等一系列仪式，如果规格高的，还有雅乐队的演奏。如此这般，仪式就算结束了。葵生殿是一个开放式的大殿，我们站在外面可以观看里面的动态，神社方面会放出一块牌子来，上面写道：“里面正在祈祷，请各位保持安静。”而外面的人真的都很安静，只是默默地看着而已。在中国，往往会用一个词“看热闹”，可这个时候，里面不热闹，外面也不热闹，内外的气氛都是比较肃穆。

如果要在神社内举行婚宴，那在神社外濒临高野川的地方，有一家与神社相关的下鸭茶寮。说是茶寮，却并不是饮茶的所在，而是一家高级怀石料理店，婚宴的价格相当高昂，每个人32 000日元，不知那户人家后来有否在此举行婚宴。我看了一阵后，就到神社的东北部闲走。那里有一条名曰御手洗川的小河，小到差不多一大步就可以跨过，水流清浅。那里稍稍有些安静，小河上有一座红色的拱桥，在绿荫中煞是亮眼。

狐狸出没的稻荷神社

稻荷神社的全称应该是伏见稻荷大社，位于京都市东南部，准确地说，在东南郊的伏见区。近年来在中国人气也很旺，常年是一个游客爆满熙熙攘攘的地方。对于人头攒动的地方，我大都是退避三舍，不大敢去凑热闹，一看到摩肩接踵的人群，我的兴趣就会锐减，因此此前虽去过好多次京都，到2010年时，已经至少去了二十几次，然而脚步始终没有移向稻荷神社。2015年，在京都待了半年，在那里的或是来到京都的中国人都会问起我，“你稻荷神社去了吗？”我才意识到自己好像成了一个不食人间烟火的怪人，真的很落伍了。那，就去看一下吧。

一个初夏的周末，从我居住的京都大学国际交流会馆附近修学院站坐睿山电车（轻轨）到终点的出町柳站，往南走几步换乘京阪本线，近半小时后，抵达伏见稻荷站。刚出站，就立即感受到了观光地的氛围，游客以年轻人居多。顺着人流往东走，有一条水流湍急而清澈的小河，这是从南禅寺那边一直流过来的琵琶湖疏水，往南流向宇治川。从桥上越过河流，对岸也有一条轨道线，是JR（Japan Railway，日本铁路公司，以前是国营的，现改为公私合营）的稻荷站，从那里也走出来许多人，两股人流合成一体，涌向通往神社的小街。这里的感觉有点像清水寺周边的二年坂、三年坂，街两边有不少卖纪念品和吃食的小店。

那么，稻荷神社是一个怎样的存在呢？我们先来了解一下“稻荷”这个词。“稻荷”又可写作“稻生”，有几个意思，首先是司掌五谷（五谷中，稻谷为首）的神灵。稻作文明在公元前3世纪前后从中国传到日本以后，渐渐就成了列岛上的主要作物，稻谷的丰收与否，将决定这一地区的人民能否存活、是否富裕。说到对稻神或田神的信仰和敬畏，其实最早与来自中国的移民有关，事实上，稻作文明也是由他们带过来的。由于可靠的文献资料匮乏，只能大概知道，在秦始皇时代的前后（恰好是公元前3世纪前后），诸如“徐福东渡”一类，大陆沿海居民通过艰险的海路漂流到了日本列岛，这大概是第一批比较有规模的移民。汉武帝在朝鲜半岛设立汉四郡以后，不少汉人的后裔又通过朝鲜半岛，经相对狭窄的对马海峡来到日本的九州等地，这些人带来了比较先进的农耕技术以及建筑、冶金、织布、金属工具制作等技术。我在本书的第一部分中说到平安京的源起时，也稍稍述及了这里最初的居民秦氏集团，事实上，稻荷信仰的发生，也与秦氏集团具有密切的关联。在平安京建都之前，原先居住在这一带（当时称为山背国）的秦氏集团按地区分成了几支。其中的一支主要生活在太秦（这一地名留存至今，在京都的北面偏西的地区），称为太秦的秦氏；另一支生活在今天京都市伏见区西北部的深草地区，居住在这里的人们慢慢相信，世界上存在着稻神或田神，他栖息在某一座山里，为了祈求他保佑风调雨顺、五谷丰登，就衍生出了一系列祈祷膜拜的仪式。于是京都东面山峦中的三十六峰中的一座，就被定名为稻荷山。和铜四年（711年）2月最初的午日，深草秦氏的后代秦吕具就正式把稻荷山定为稻荷大神的镇座之地，并在山下建造了稻荷神社。这一信仰，又逐渐在畿内（京都、奈良一带）传播开来。在1438年的时候，根据室町幕府第六代将军足利义教的命令，神社迁移至现在的这个地方。不幸在应仁·文明之乱的1468年，神社的各类殿堂在战火中被毁于一旦，之后在1492—1500年期间才陆续重建。16世纪后期，掌握了天下大权的丰臣秀吉非常重视稻荷信仰，在京都城内建造的大宅第聚乐第里面，也造了一个稻荷社。1589年，他母亲患病，就让伏见稻荷大社为他母亲祈祷，祈求他母亲祛病消灾，延年益寿，后来果然病愈康复。丰臣秀吉大悦，赐给了神社一笔钱财，如今神社的门楼就是用它营造起来的。1594年，丰臣秀吉又在伏见古城山建造伏见城，伏见一带也随之繁盛发展起来了，而稻荷信仰因为丰臣秀吉的权势而扩展到了日本全国各地。伏见稻荷大社的殿堂也在后来得到了不同程度的整修，地位越来越高，在明治时期神社重新定级时，它被定为最高的官币大社（与上、下贺茂神社为同一级别）。在各地，几乎都有大小不一的稻荷神社。

我跟随着各国的游客来到了稻荷神社。神社的殿宇坐东朝西，最外面，照例是鸟居，前后两个。沿台阶往上走，就是楼门，刚才讲到，应该是16世纪末年建造的，以后历年都有整修，1971年又对此进行了拆除重建，因而今天看来，整个门楼依然是崭新的样子。台阶下，左右各有一个带有屋檐的灯笼，这是神社与佛寺较大的差异之一，虽然都有灯笼，但佛寺一般都是石灯笼，而神社则是红色的木制灯笼，带小小的屋檐。走上台阶，左右则是一对狐狸的塑像，修长的身材，深色，蹲坐，昂首，脖子上系着红色的围巾，口中咬着一串金色的稻穗，表示对五谷丰登的祈愿。何以会有狐狸？原来按照稻荷信仰的说法，狐狸是稻荷大神的使者，传达神灵的旨意。在日语中，稻荷也是狐狸的异名，它的另一个意思是狐狸精，也是一种神灵，与稻神连在一起，同样受到人们的敬畏。所以在伏见稻荷大社里，到处都可见到狐狸的塑像。门楼的整体风格和色彩，与下鸭神社大抵相似，规模似乎更宏伟一些。

人们到了这里，主要是去看著名的“千本鸟居”，这是稻荷大社独有的风景。走过本殿的外围向东北方向走去，前面出现了红彤彤的一片，这便是在几乎所有的导游画册中都出现的千本鸟居，在一头分成两列，若即若离，蜿蜒向前。这里的鸟居并不巍然耸立，都比较低矮，依然是一色的朱红色，接连建造在一起，密密匝匝。从中穿行，犹如进入了一个朱红色的长廊，年轻人都兴奋地摆出各种身姿摄影留念，这是人们来到此地必定打卡的一个景点，不然何以证明你到过稻荷大社？到处都是熙熙攘攘的人群，我也只是跟随众人走一圈而已，鸟居的长廊，虽然独特，也好看，不过于我好像也没有特别的感觉。

沿着道路向左向前，有一个池塘曰新池，南侧另有一个小神社曰熊鹰社，愿意参拜的也可以去看一看。再往山上的方向走，有一条环形的道路，一路都有各种鸟居、小神社。再往下走，在西边尽头的地方，有一个瀑布，曰“清泷”，雨水多的季节，山上的涧水会顺着崖壁激荡而下。这里向东可以上稻荷山，向西可走到东福寺。再折回去往东走，可在浓郁的绿荫中见到一个更大一些的池塘，曰“八鸟池”，如果人少，应该是一个风景秀丽的所在。我无心留恋，只是匆匆一过而已。

对于日本人而言，到稻荷大社来，主要是参拜，多少做一点祈愿。现在五谷丰登已不大有人在意了，神社便标榜它还可以祝愿买卖兴隆、身体健康、升学顺利、职场成功、家庭安全、生子得福，等等。反正你想要什么，来神社祈愿都会有保佑，即便没有浓厚坚定的稻荷信仰，多少也是一种文化认同。而对到这里来游玩的外国人来说，只是因为有名，千本鸟居也很好玩，一个个可爱的狐狸塑像，也能勾起人们的兴趣，周边的风景也不坏，顺便拜一拜，抽一个神签，至于什么叫稻荷信仰，为什么会有狐狸，也就不大去关心了吧。

北野天满宫的集市

第一次去北野天满宫是在2010年11月的一个下午。那时我在神户大学教书，一位在京都大学做访问研究的同事，约我一起在京都走走，下午便坐巴士去了天满宫。

北野算是一个地名，在京都市区的西北部，介于上京区和北区之间。之所以叫北野，据说最初是因为在平安京大内里（皇城）北边的乡野，由此得名叫北野。天满宫是神社的名字。日本的神社，一般称“社”，少数称“宫”，就像佛教的寺院，大多曰寺，少数曰院（知恩院、文殊院、青莲院等，现在一般中国人都叫寺庙，甚至就叫庙，其实这是很不准确的叫法，庙是另一个概念）。不过神社曰“宫”，很多都和皇家有关，比如三重县的伊势神宫、名古屋的热田神宫、东京的明治神宫等。跟下鸭神社、稻荷大社祭祀的是虚构的神灵不一样，天满宫祭祀的是一个实有的人物——菅原道真（845—903）。这就使我对天满宫的兴趣更大一些。

今天的北野天满宫的主页介绍在菅原道真的身上罩上了过于亮丽的光环。说北野这个地方，本来就是个吉祥圣灵的宝地，有所谓日月星三光的照耀，大内里的天皇常在太极殿内向着北野祈祷的时候，北斗星就会闪耀出光芒，所谓日、月、星正与天皇、国家、国民的安宁连接在一起，可保国泰平安，因而后来在北野之地建造了天满宫，菅原道真就被奉为天神，以后又有了学问神的褒誉，益发成为一处吉祥之地。这恐怕多半是神社为了美化自己的形象和吸引更多的信众，敷衍杜撰出来的一些美丽故事，与世界上大部分的民族一样，日本人也很擅长这方面的功夫。

历史的事实，似乎并没有那么美好。菅原道真无疑是一位很有学问和才识的人，汉诗、和歌都做得很好，877年成为文章博士，894年被任命为遣唐使团的正使，但他认为大唐眼下已经衰弱，已经没有必要再派遣遣唐使了，于是，自630年开始的遣唐使就此中止了。他曾经编撰或参与编撰过《日本三代实录》《类聚国史》等书，自己也出版过《菅家文草》《菅家后集》等著作，有能力，有才干，也有手腕，因而很早就进入朝廷的核心，获得了宇多天皇的信任，受到重用，官至右大臣（差不多是左大臣之下的最高官位）。但是他有一个强有力的对手，那就是藤原时平。藤原家族长期以来一直以外戚的身份左右着王权，宇多天皇就是为了适当抑制藤原家族的势力而起用了菅原道真。不久宇多天皇退位，把皇位禅让给了醍醐天皇，于是菅原道真就与藤原时平一起辅佐新天皇。菅原道真还将自己的几个门生安置在宫廷内，希望继续保持自己的影响力。这时新上任不久的醍醐天皇提出，想让藤原时平的女儿进入宫内，而担心藤原家族再度成为外戚来控制朝廷的宇多上皇对此表示反对，并提议立菅原道真的女婿（皇族）为皇位继承人，成为皇太弟。于是宫廷内形成了两大势力，现任的醍醐天皇与左大臣藤原时平为一派，退位的宇多上皇和右大臣菅原道真为一派。此时藤原向醍醐天皇挑唆说，菅原道真是想让他的女婿来接任皇位。醍醐天皇就觉得自己的皇权受到了威胁，便解除了菅原道真的官职，把他发配到了遥远的九州北部的太宰府。心情黯然的菅原道真在那里待了两年就死了。说起来，其实也是宫廷内的一种权力争斗。

之后一种说法就在宫廷内传开了，说菅原道真是含冤而死的，他的冤魂不散。据13世纪完成的《北野天神缘起绘卷》的记述，说是菅原道真死后不久的夏天夜晚，比睿山上的一个僧人见到了菅原道真的亡灵，告诉他说“我要雪冤”。其后不久，就发生了一系列怪异的事情。908年，与藤原时平一派的藤原菅根遭到雷击而死。翌年，向天皇进谗言的藤原时平病死。913年，出外打猎中的公卿源光（有一半藤原家的血统）突然跌落泥沼淹死。几年后，醍醐天皇与藤原时平的妹妹所生的皇子也因病去世。于是人们纷纷传言说，这是菅原道真的怨灵在作祟。醍醐天皇后悔自己当初对他做出贬官流放的决定，于是就下诏恢复他右大臣的官职。可是，怨灵却一点也没有平息，怪异的事情接踵而至。923年，旱灾、水灾、疫病接连不断，醍醐天皇就把年号改为“延长”，希望终结晦气的过去，开辟新的未来。可是930年发生了一件更大的事件。由于连日的干旱，朝廷的要员集聚在皇宫的清凉殿内商议是否要举行求雨仪式。此时突然乌云密布，电闪雷鸣，一个大雷落下，击中了清凉殿西南的第一根柱子，高官藤原清贯等三人被雷火击中烧死，惊雷还落在了紫宸殿，又有好几个人死于非命。受到惊吓的醍醐天皇一下子病倒了，赶紧下诏把菅原道真的儿子从太宰府召回京城，可病情没有好转，于是把皇位让给儿子，自己出家做了上皇，结果当天就死了。

也许，所有的这一切都是偶发性的，且在时间上也没有密切的关联。但那个时代的日本人，特别相信灵魂，相信世上有所谓的怨灵。于是就在菅原道真去世40 多年后的947年，在皇宫北面的天野，建造了天满宫，最初的目的是镇魂、慰灵。大家都觉得菅原道真去世后成了能呼风唤雨的天神，能主宰人间的命运，所以就奉他为天神。以后又慢慢形成了一种天神信仰，即对于宇宙苍天，要有诚惶诚恐的敬畏心理，切切不可作恶，随后在各地建立起了不同形式的天满宫。

说起来，菅原道真身为学问之神的形象其实是挺晚建立起来的。江户时期，以寺院为中心，兴起了一种面向庶民的教育机构——“寺子屋”。日本在12世纪末的镰仓时代，兴起了净土宗、净土真宗等新兴的佛教宗派。那些新起来的宗派，为了与原先就有的老宗派抗衡，就在寺院里开设讲堂，宣传他们的教理，后来不只是宣传教理，也教一些认字计算的生活基本技能。别的寺院看他们这么做很受欢迎，于是也开办了类似的教育场所。一些比较穷的人家，也就乐意把自家的孩子送到那里去学习，同时帮着寺院干点杂活。这些孩子，就被称为“寺子”，或者也可以解释为寺院里的孩子。那些授课的地方，就叫作“寺子屋”，起到了一个民间教育的作用。到了江户时代，情况又发生了变化，不仅寺院里开设寺子屋，寺院外也开设，名字也叫“寺子屋”，不过要适当交一些学费。那些经济有些宽裕的人家，就把孩子送到寺子屋里去学习。

当然，寺子屋里并没有很复杂的课程，就是教一些简单的认字、算算写写，日语叫作“読み書きそろばん”，也就是一些最基本的文化技能。但是寺子屋的主持者，还是很希望入学的孩童们能在此获得更好的学识教养，以后能在人世间有更好的出息，于是就想起了天神菅原道真。因为当年他还真是一位很有学问的人，在17岁的时候就成了一名文章生，33岁的时候成了文章博士。日本虽然没有科举制度，但在平安时代初期，模仿中国的国子监，在大内里（皇城）的南侧设立了一个国家级的教育机构曰“大学寮”，一些中上层阶级的子弟被选拔入内学习，学习的内容多为中国的古典和历史。后来在“纪传道”之外，又设立了“文章道”，主攻汉诗汉文。在文章道学习的学生，就称为文章生，而有资格在文章道里讲授的，便是文章博士，在当时绝对是广受尊敬的饱学之士。菅原道真的诗文之优秀，在生前就早已闻名遐迩。只是后来天神信仰风行起来以后，人们大多把他当作天神来祭拜了。不过兴办寺子屋的僧人，很多也是很有学问的，于是就自己或是请画师绘制菅原道真的画像，张贴在寺子屋里，激励学生以此为榜样，好好学习。到了后来，寺子屋内张贴或悬挂菅原道真的画像，就成了一个普遍的现象，菅原道真学问神的形象由此深入人心，代代相传，沿袭至今。差不多可以说，他的学问神的名声，在今天已经盖过了天神的形象。每逢考试季节，尤其是考大学的前夕，天满宫这里简直就是门庭若市，年轻的学子们纷纷来到这里祭拜，祈愿学问神保佑自己及第或考进理想的大学。

现在，我就站在北野天满宫的鸟居前。鸟居高11.4米，石制，用长野和岐阜交界的木曾地区所产的花岗岩制作，整料，中间无接缝。上悬竖形匾额，墨绿色的底色上用金色镌刻着“天满宫”三个字。穿过鸟居，左侧是名曰“松向轩”的茶室，屋瓦木柱的进门，芦苇编织的围墙，非常朴素的禅寺风，毫无一般神社的鲜亮。进入鸟居的右侧是“影向松”，用石栏围起来的一棵粗壮苍劲的老松，紧靠石栏的，有一对石狮，外面一点的，是一对石灯笼，而不是一般神社常见的朱红色的木灯笼。有意思的是，天满宫的鸟居不是居中，而是位于东南角。沿参拜道向前，左手边是一个占地近6万平方米的梅园，种植了500株、50个品种的梅树，是整个京都最出名的赏梅地，需购门票入内，1 000日元，含和果子和抹茶的资费。

北野天满宫除了是一个祭拜菅原道真的场所之外，在日本茶道史上，它还以1587年丰臣秀吉在此隆重举办的“天野大茶汤”而著名。在梅园的斜对面，至今仍保存了一口据说当年用于烹茶的水井，曰“太阁井户”，“太阁”指的是担任过关白的丰臣秀吉，也就是说，这是丰臣秀吉使用过的井户。再往前，是门楼，建筑风格与下鸭神社的大致相似，然而是黑褐色，屋檐的内侧有金色装饰，竖形的匾额上写着“文道大祖，风月本主”八个字。楼门前依然是一对石狮，一对石灯笼。入内往左再向前直行，是雕有日月星图案的三光门，实际上星星并没有。过门向前的正对面，便是整个神社内最主要的建筑拜殿，两侧是庑廊，拜殿的两侧，有一对筑有屋檐的悬挂的灯笼，拜殿右边是一棵大松，左边是一株古梅。由此可见，日本人赏梅的历史其实要比赏樱悠久得多。

拜殿其实在后面与本殿通过一条短短的石板路相连，当然，一般的参拜者是进不了本殿的。这组建筑是丰臣秀赖奉其父亲丰臣秀吉的遗命于1607年建造的，采用日本比较少见的“八栋造”的样式。正前方的屋檐，分别由唐破风、正面的人字形和整体的歇山顶组合而成，扁柏树皮葺顶，梁柱均为黑褐色，犹如佛寺。

唐破风和人字形的屋顶下各有金色的装饰和繁复的彩色图绘和雕刻，据说比较典型地体现了桃山时代的审美趣味，被列为日本的国宝。两侧庑廊的屋檐下垂挂的行灯（灯笼的一种，最初传自中国南宋），为金色，在暗褐色的背景中显得十分亮眼。人们可在外面自由参拜、观览。北野天满宫的殿宇与福冈南面的太宰府天满宫风格相近，那里我也去看过，规模要小一些，如今这两地并列成为全日本天满宫的总本社。

北野天满宫正殿

天满宫内，还有两处茶室，东北面一处曰“明月舍”，大门茅草葺顶，原色木门，未能入内。据说为了纪念1587年10月丰臣秀吉在此举行的大茶汤，每月的初一和十五都会在此举行献茶会。另一处在三光门的西面，曰“梅交轩”，也是素朴的扁柏树皮葺顶，白纸糊的格子移门，掩映在绿树丛中，很有韵味。

从建筑风格和整个神社的格局来说，相对于稻荷大社等，我比较喜欢天满宫。平素这里的游人也不算很多，有人气，但不喧闹。

2015年在京都大学待了差不多半年，某日，一位认识不久的在同志社大学深造的年轻朋友跟我联系说，她住处不远的北野天满宫，每个月的25日都有古董和各类陶瓷器具的买卖市场，去看一下如何。我恰好对这些都有兴趣。了解了一下，菅原道真出生于6月25日，去世于2月25日，于是天满宫就把每月的25日定为“缘日”，即吉日。每个月的这一天，天满宫内的空间，自早上6点到下午4点，向所有的人开放，计划到里面去设市摆摊的人，只要事先向天满宫社务所申请联系就可，无须任何费用，总共可容纳300个摊位。我去的那天，恰好是菅原道真的诞生日。下了巴士，远远就能看到热闹的景象，然而一切都是井然有序。所有的摊位都靠在道路的两侧，所售商品并不限于古董（世上哪来那么多古董呀），也不限于陶瓷器，各种小型的日用品都有，有点类似跳蚤市场。主客在那里观看，玩赏，询价，议价（日本人一般不议价），成交，虽然热闹，却毫不喧哗，没有人吆喝，也无人大声叫喊，气氛犹如春水溶溶泄泄。而我的兴趣，主要在陶瓷器，各类茶器酒具和果盘是我的最爱。还真淘到了相当好的物品（不敢说是宝贝），有香兰社出品的一套茶具，或精巧或稚拙的“德利”（日本清酒的小酒壶）、酒杯，古朴的粗陶小酒杯，一套薄薄的磨砂玻璃做的烧酒杯。还有几个令人爱不释手的银盘，不仅是日本的，还有法国、英国的瓷器，价格都很公道，唯分量都不轻，且易碎，日后携带回国恐怕不易，不敢轻易出手。但实在是喜欢，最后还是买了3大袋，花了2万多日元。有一个摊位出售的物品中，有一套瓷器的茶具，1把壶，6个茶杯，绘的都是江户时期春宫画。日本的春宫画，毫不含蓄，都是

北野天满宫每月25日的“缘日”古董市场

赤裸裸的性器特写或是性交画面。虽然好玩，却是不敢买，一来怕回国时入关有风险，二来买了也无法展示，又不能使用，便舍弃了。

东走走，西逛逛，不觉过了中午12点，还是有点意犹未尽，但肚子已经饿了，只得依依不舍地离开。天满宫的对面，沿着今出川通的街面，有一家很出名的料理屋，曰“丰受茶屋”，以豆腐料理出名。原本是开业于1897年的“山本豆腐屋”，历经祖孙四代，一直传承至今。1992年改名“丰受茶屋”，是一座三层的木造老屋，菜品以自己工坊制作的各色豆腐为主，品质上乘，价格公道，因而远近闻名，每日顾客盈门。那天也排了很长时间的队，轮到时，差不多已1点多了。很遗憾，招牌的“汤豆腐膳”已经售罄，只得改为“生汤叶”（一种深碗的新鲜豆腐衣盖浇饭）套餐，960日元，豆腐衣滑爽顺口，真的很好吃。那天到了中午有点热了，又在户外排了很长时间的队，都吃出汗来了。

北野天满宫，说是神社，却并无森然的庄严气氛，到处充满了鲜活的庶民气息。

八坂神社的绘马

初次到京都观光的人，四条通东头的祇园是一定会去看看的，然后，也一定会向东稍稍移步，去看看那里的八坂神社，十几级台阶上耸立着的朱红色的门楼，很显眼。其实，这里是西门，并非正式的进口，但因地处四条通和东大路通的交叉口，差不多是游客的集聚地，人们往往从此入内，我自己也是如此。可是神社的整体格局，是坐北朝南，正式的入口是南门，就先从南边看起吧。

初到京都的人，八坂神社也许是接触到的第一个大规模的日本神社，建筑物都挺高大，在西门那边，还往往会在两边插着两枚日本国旗，心想，这一定是日本很有代表性的神社吧。实际上并非如此。

这一地区被称为祇园，八坂神社现在是京都最有名的祇园祭的主办方，应该历史很悠久。祇园确实如此，但八坂神社却是明治时代的1868年才诞生的。祇园的说法，源于佛教，说是释迦在世的时候，有一位皈依他的名叫须达的富人购买了一块林地后献给释迦，在此建造祇园精舍，作为释迦讲经说法的地方，后人也把祇园精舍看作是佛教寺院的起源。八坂神社的前身，或者说这一领域的前身，是祇园感神院，它基本上是一座佛寺，同时也附上了比较复杂的色彩。有关其最早的起源，也是诸说不一。有一种说法是，656年的时候，从朝鲜半岛的新罗国来了一位使者，把那边镇座在牛头山上的牛头大王的神灵带到了这里，于是在此建造了最初的祭祀的设施。另外的说法是，867年的时候，有佛假借天神的形象出现在东山山麓的祇园林，一位叫圆如的僧人就在此造了一座佛堂来祭拜。那个年代常常是疫病肆虐，朝廷上下都对此手足无措，只能通过法术和祈祷的形式祈求神灵来消病去灾，而巫术或祈祷最灵验的地方往往就在祇园这一带，因而牛头天王或是天神就被赋予了吓退病魔、祛病消灾的功能，祇园祭的起源也在于此。总之，这里差不多是佛教和神道的各种传说交杂在一起的地方，恰好也证明了近代以前日本神佛合一的状态。我在“伽蓝物语”这部分中曾说到，到了明治初年，明治政府实施了一个过激的“废佛毁释”政策，打压摧毁佛教和佛寺、僧人，抬举扶持神道和神社，以张扬日本的“皇国”意识，于是这里历史悠久的佛寺祇园感神院就被强行拆除，改建成了神道的八坂神社，名称源于历史上的地名八坂乡。今天人们看到的所有神社内的建筑，都是近代以后建造起来的，没有任何的国宝。如今，它地处历史久远的高台寺、知恩院等佛寺之间，又与历史悠久的祇园祭紧密相连，一般人都会觉得这是一座很有年头的大神社，但实际上，它是近代以后借着国家的权力才崛起的，并且在1872年被列为官币中社，1915年又升格为官币大社，有点突然膨胀起来的感觉。神社还时常会盛气凌人地在大门口挂起日本的国旗，以示自己非凡的地位，而一般人（包括大多数日本人），对它的真正历史几乎浑然不知。

如果从小巷内的南门进去，进门处是一个比较高大的石制鸟居，向北而行，可见南门楼，过门楼向前，有一栋规模颇大的舞殿，我在下鸭神社的篇章中曾述及，舞殿主要是演奏雅乐的舞台，现为国家重要文化遗产。再往前，便是本殿了，人们可在门前参拜。这里祭拜的主要是名曰“素戋呜尊”等出现在日本神话记述中的神。对于这些神灵的本相或延伸意义，一般人也不大会去考究，只觉得是神通广大的神灵就好。而现在几乎所有的日本神社，都在向前去参拜的人们强调神社或神灵能够给予的“御利益”，说得直白一点，就是神社或神灵能够给你的好处，我这里暂且把八坂神社标榜的内容罗列一下：家内安全、病气平愈、考试合格、良缘成就、买卖兴隆、祛除一切灾厄（包括与迁居、入住、旅行、交通、开工等相关的所有灾厄），顺遂你的一切成就。因此，除了一般的参拜之外，还预约接受各种特别的祈祷，价格从5 000到1万日元以上不等，接受孩童七五三的祝福祈祷，价格在5 000以上，全年和新春特别祈祷，价格在2万日元以上。也接受孕妇的安全分娩、厄岁除厄、新生儿初七日的祝福、神前婚礼、成人礼、生日祝福等，应有尽有，只是与丧事无关，丧事入殓、祈祷冥福等都归佛寺办理。当然所有的这一切都是收费的。在我看来，如今日本大部分的神社，都是在借着神明的名义，弄出一些像模像样的仪式，来进行商业性的经营。或许，他们要生存，这也是正常之举。亲民，差不多是绝大多数神社的基本性格。与佛寺或佛教的各宗各派不一样，神道以及神社没有任何像样的经典，没有基本的宗教理论，只有一些祝福除厄的祝词，神社内的神职人员平素也无须诵经打坐，他们几乎都是社务所内的职员，可以兼任各种角色。也就是说，相比较佛寺，神社具有非常浓厚的世俗色彩，它几乎与日本人日常的世俗生活是融为一体的。因此，我一直认为神道不是一种纯然的宗教，它是一种具有浓郁日本色彩的民族信仰，是日本人民族文化认同的具体体现。

而更为广泛的一种体现，就是绘马。在大一点的神社内，都有绘马的存在。何为绘马？顾名思义，原本是一种绘上去的马。最初在祭祀神灵的时候，要献上活马，后来就逐渐用土马、木马、纸扎的马（纸马）来代替，到后来，就在一张纸上画上马的图形，称绘马。到了江户末年，又流行起了一种人字小木房一样

八坂神社内购买绘马的地方

的木牌，挂在树上，对着神灵祈祷发愿，就可顺遂人意、功德圆满。如今神社内的木马，就是这样的一种形态，而为了迎合年轻人，现在绘马大多做成了爱心状。八坂神社内也有专门出售和悬挂木马的设施，一般的一块木板（没有马的图案）售价500日元左右，特制的贵一些。人们买来后，用黑笔写上自己的心愿，挂在树上或其他地方即可。

2013年3月的某日，我去八坂神社，特意去察看了一下绘马，看看人们在绘马上到底写些什么。真是相当有趣，由于今天的八坂神社已经成了国际闻名的观光地，在绘马上写的，各种文字都有，根据当时拍的一些照片，抄录部分如下。

一位名叫西村光次郎的男生写道：就職できますように、花粉症が治りますように（希望能找到好工作，花粉症快快好）。

另一位名叫枫的、应该是光次郎女朋友的女生写道：光次郎とずっとずーっとラブラブで、仲良しでいられますように（我要跟光次郎永远永远相亲相爱，两人和和睦睦的）。然后光次郎在爱心形的绘马的另一边写道：楓とずっと仲良くできますように（祝愿跟枫永远和和美美的）。

还看到一块署名为JOYCE CHAN的男子在绘马上用中文繁体字写道：身体健康，工作顺利，唔好再嗌交。根据署名和最后一句话来看，应该是一位中国香港人吧，最后一句应该是不好再吵架的意思吧。

还有一块是署名为Hunter的人用英文写的：Let me pass the ARE(Architecture Registration Exam）as soon as possible（让我尽快通过注册建筑师的考试）。

另一块是韩文的，请一位通晓韩文的朋友翻译了一下，大致意思是：希望跟志英成婚，就职于好公司，祝愿大家都健健康康的，我爱志英！

四种文字，内容也是五花八门，从内容看，应该都是将要跨出校门的大学毕业生。这再次印证了我的理解，就是神社虽然笼罩着一些神灵的光环，在本质上却是世俗的，浸入人们日常生活之内的，一些神灵和历史人物的传说和祭拜，与日本人长年来的生活习俗（很多是中国传过去的，诸如挂门松、喝屠苏酒、上元节、中元节、鲤鱼跳龙门等）融汇在一起，形成了内容庞杂的神道。一般人参拜神社，也大都是抱着世俗的心愿，在这一点上，它跟中国的道教比较相似，而其世俗气，似乎更甚于道教。

八坂神社的东面，是1886年底开建的圆山公园，风景不坏，可顺道去看看。那里的一株垂枝樱，已有70多年的历史了，阳春四月，应该很美丽，可惜我一直无缘躬逢其盛。

离宫的秋色

野趣盎然的修学院离宫

20多年以前读过一本1930年代来日本的德国建筑家布鲁诺·陶特（Bruno Taut）撰写的《日本美的再发现》，书内有一篇写桂离宫，对以此为代表的日本庭园建筑做了极高的评价。陶特1933年春天来日本旅行，履迹遍及东京、伊势神宫所在地三重县、京都、面向日本海的福井县敦贺等地，对各地的庭园、建筑等做了详细的考察，回到欧洲后写了这么一本书。陶特是一位具有世界声誉的建筑设计家，他对桂离宫的鼓吹，极大地提升了桂离宫在西方世界的知名度，读了之后，也让我心生憧憬。以前去京都，大都是匆匆而过，难得有机缘去踏访京都西北郊的桂离宫。2010年在神户大学待了一年，虽然神户与京都也有一个半小时的车程，但至少可以抽出一整天的时间慢慢看看。不过，包括桂离宫在内的几处皇家离宫，都隶属中央政府的宫内厅管辖，平素并不对外卖票开放，必须事先预约并获得允准。现在都已经是网上预约了，以前则是要寄往返明信片去预约，提出书面申请，然后由宫内厅根据申请的几个候选日期确定时日，把付了邮资的确认明信片再寄还给申请者。现在已经没有那么麻烦了。而且宫内厅在京都御苑内有一个事务所，也可在此具体联系接洽。2010年11月，友人陪我去御苑内的事务所联系此事，除了桂离宫之外，还意外地预订到了另外两处非常值得一观的皇家苑囿，即修学院离宫和仙洞御所。幸运的是，一周之后即获准入内，虽然日期各有不同。

离宫这两个汉字，日本人把它英译为Imperial Villa，意为皇家山庄。离宫这个词，是1883年这几处皇家山庄归政府主管宫廷事务的宫内省（现降格为宫内厅）管辖时才使用的。我首先去的是修学院离宫。

在“伽蓝物语”的部分，我多处写到了在几家禅寺内的庭园体验，总体而言，我个人是非常喜爱日本的庭园的，而修学院离宫以及下文要讲述的桂离宫、仙洞御所，可谓与寺院无关，是纯然的日本园林。在进入正文之前，我想稍稍叙述一下日本的造园。

日本庭园的早期形成，可以不夸大地说，最初是中国造园思想影响的结果。中国从先秦至唐宋，在造园上基本形成了皇家园囿与具有文人气的私家园林两大流脉。中国早期的宫苑还偏向于对巍巍高山的崇拜，因而纷纷建筑高台以示博大雄伟、体像天地，那么进入秦汉，尤其是进入两晋南北朝之后，对水体（包括江河湖海）的亲昵就逐渐占据了主体的地位。不过帝王的宫苑和后来民间的私家园林在造园思想上有些不同。帝王更多地表现为一种拜神求仙的寄托，以求得道升天，长生永远。这一思想体现在造园上便大抵是在池中设传说中的蓬莱等仙山，比如《史记·秦始皇本纪》中说秦始皇以长安作为都城之后，“引渭水为池，筑为蓬、瀛”。《汉书》中说汉武帝在建章宫的太液池中设蓬莱、方丈、瀛洲诸山，“象海中神山龟鱼之属”。南朝刘宋时的宋文帝在建康拓修玄武湖，初时也拟在湖中建方丈、蓬莱、瀛洲三神山，后因大臣的劝谏而中止。北魏在迁都洛阳之后，重建华林园，北魏宣武帝在天渊池中新建蓬莱山。隋炀帝继承帝位后，在东都大兴土木营造西苑，开挖周围10余里的人工湖曰“北海”，海中筑蓬莱、方丈和瀛洲三山，各高出水面10余丈。这一求仙拜神的思想对日本早期的造园影响相当大，一方面因为日本早期的庭园基本上都附属于宫廷，在皇室理念中有一脉相通之处，在早期平城京、平安京宫城内的皇家园囿的构造中，上述中国的皇家一脉影响比较大，早期的寝殿造的园林中，湖（日本多称为池）中筑岛也是常见的布局。

另一方面，佛教和道教的思想这时已传入日本，而蓬莱、方丈一类的造园作派实际上也杂糅了佛、道的因子。而东晋以后大量出现的私家园林和寺院的庭园，往往追求有限天地中的雅致闲适，因此在空间结构上日益缜密严谨，山水布局巧妙得体，在“纡余委曲”中寻求人与自然的浑然一体。《洛阳伽蓝记》中说景林寺西“有园，（中略）形制虽小，巧构难比。加以禅阁虚静，隐室凝邃，嘉树夹牖，芳杜匝阶。虽云朝市，想同岩谷。”（《洛阳伽蓝记校释》中华书局1987年，第65页）这一路的思想，为以后唐宋明清时期的私家园林所延承，对镰仓时代以后日本的造园风格影响颇大。私家园林的特点是比较具有文人气，不追求皇家苑囿的宏阔壮伟，而是或在有限的空间中精心构画，巧作布局，在模山范水中获得无穷的艺术情趣，所谓“壶中天地”就是其精神的写照；或是借助自然的山水来延展自己庭园的视觉空间，讲求人与天地交融、浑然合一的哲学境界。平安末期以后，皇室衰败，贵族势力萎靡，特别是随着禅宗的传入和净土宗的兴起，日本出现了不少出色的庭园，而室町时代可以说是日本造园史上的黄金时代之一，幕府将军个人的宅邸和寺院的庭园中都有一批佳构，尤其是出了一位杰出的造园家梦窗疏石（1275—1351），使日本的造园达到了很高的水准，我在上文中已有述及，此处不赘。

不仅是造园思想，在造园的技法上中国的影响也不可小觑。以中国为主的东亚式庭园与西洋庭园的一个很大的区别，是尽可能地接近自然的原本状态，使人在人为的庭园中也尽可能地有一种置身自然的感觉，从而达到与自然互相感应、互相交融的境界。因此在造园的宗旨上是模山范水，求其自然率真，而摒弃人工的划一整齐，在具体的手法上大抵采用凿池、筑山、引水、叠石这样几种手法。白居易53岁时在洛阳购了一所旧宅加以改建，拟作退老之地，他的设想是“十亩之宅，五亩之园，有水一池，有竹千竿”。即使庭院狭隘，池水必不可少。据白居易的《池上篇》记载，自西面引伊水入池，故曰西溪，池中有三岛，各有桥相连，池的周围错落有致地筑有亭台楼榭，池水是整个庭园的主要构成。白居易为此写过一首《池上作》的七律，诗云：“西溪风生竹森森，南潭萍开水沉沉。丛翠万竿湘岸色，空碧一泊松江心。浦派萦回误远近，桥岛向背迷窥临。澄澜方丈若万顷，倒影咫尺如千寻。泛然独游邈然坐，坐念行心思古今。”在一方池水中体悟到了无穷的乐趣，这样的庭园，称之为水景园亦不妨。这种凿池引水的做法在中国园林最初传入日本时，就一起流播到了日本。最典型的就是上面说到的“寝殿造”的结构中，在南面必凿筑一泓池塘，然后将水源引入池内，这样就在整个庭园中形成一条曲曲弯弯的小溪，窄者2—3尺，宽者6—7尺，日语中将此称之为“遣水”，似可译为“曲水”，规模大的，也可在此举行曲水流觞。有的庭园史家解释说，京都夏天酷热，引郊外山泉或溪流入园，可使人有清冽之感，减少暑气，同时也平增许多风情（上原敬二《日本式庭园》）。日本最早的住宅建筑史著作《家屋杂考》（1842年，泽田名垂著）对此解释说：“有些庭园无池而仅有曲水，依地势而定，作庭记谓无池而仅有遣水者，当在水边叠石以增野趣，又谓曲水的宽度当依地形的宽狭而定，二三尺四五尺皆可，家园宽广且引水亦多者，亦有见六七尺者。”但在平安时代以后，庭园中的曲水日趋少见，今日仅有少量遗迹，上原敬二据文献和遗迹推测说，当时大概是将水从东面引入，水流自东向西，流过庭园间，穿过廊檐，曲折委婉，水流不深，水中叠置石块，水边植有花木，并可闻泠泠水声（《日本式庭园》46页）。

上面所例举的白居易在洛阳的宅邸，除引水凿池外，为了营造自然的流水声，他利用叠石的手法使引水高低错落，从而发出自然的潺潺声：“凿凿复溅溅，昼夜流不息。洛石千万拳（白居易叠造的石景），衬波铺锦绮。”晚唐乃至宋以后，太湖石引起了人们普遍的喜爱和关注，南方的园林中以太湖石垒筑各种景观屡见不鲜，其中以形状各异的假山最为常见。“假山”一词大概出现在唐代，郑谷有一首《七祖院小山》的诗说“峨眉咫尺无人去，却向僧窗看假山”。重森三玲在《日本的庭园》中说“假山”一词主要是与镰仓时代以后随禅宗同时传入的北宋画一起传到日本的（第11页），江户时代的《家屋杂考》中解释说“假山即为筑山，又称立石，意为于庭中叠组岩石。”假山在镰仓以后至室町时代的数百年间曾颇为盛行，但现在假山一词在日本基本已废弃不用，一般称为筑山。

这一手法后来在室町时代的枯山水和江户时代的茶庭中得到了进一步的发展，形成了日本自己的特色。宋以后的中国园林，尤其是南方的园林，筑山叠石多采用具有“漏、透、瘦”特点的太湖石，但日本没有太湖石，因此筑山叠石的手法和造型就与今日我们在中国园林中常见的叠山理水有较大的不同。虽然中国和日本对于叠山理水都非常讲究，都有一套富有东方审美意趣的作法，但据我的陋见，清代以后中国筑山叠石中的艺术内涵似乎在减弱，更多的倒是一些匠人气，而日本的枯山水和茶庭中的叠山布石，却透发出几分禅意和画思，耐人细细玩味。

在日本的庭园史上，生活的时代相当于中国元代的禅僧梦窗疏石，是日本最伟大的造园家，他的造园思想、审美理念和技法可谓一直影响到了今天的日本人。由于融入了更多禅的空灵和悟想，又结合了日本的自然地理特点，从梦窗疏石开始，日本的造园明显地走出了一条自己的路。今天人们能看到的佳构，几乎都是镰仓时代末期以来的遗存，而到了室町时代，已达到了很高的境界，江户时期日本古典园林达到了绚烂的最高峰。这种绚烂，不是灿烂，而是浑然圆熟，使最初来自中国的造园思想和技法在日本达到了一个崭新的境界，由此体现出来的美的意蕴，是我个人极为喜欢的。我接下去要描述的修学院离宫、桂离宫和仙洞御所，可以说是江户时代日本庭园的杰出代表。

修学院离宫位于京都的东北郊，在比睿山的西面山麓。之所以叫修学院离宫，是因为这里原本有一座名曰修学院或修学寺的佛寺，最早是睿山三千坊之一，也存在了很多年，14世纪的时候好像慢慢荒芜了，留下了一个地名曰修学院。江户时代的1655年旧历3月，当时的后水尾天皇到位于岩仓的长谷御殿去，途经这里，觉得此地山明水秀，又倚靠比睿山，就想在此建造一座山庄。这里稍稍说一下后水尾上皇。他在15岁的时候，就接受了父皇的禅让，即位做了天皇，并娶了江户幕府第二代将军德川秀忠的女儿做了皇后，实际上也就成了德川将军的女婿。因此在很多方面都受到幕府的掣肘，在他33岁的时候就不得不把皇位让给了他与德川将军的女儿所生的幼女，自己做了上皇。我前文曾多次说到，所谓上皇就是名义上已经退位实际上仍是皇室中心的人物。后水尾天皇或上皇是一个爱好读书、雅好文艺的人，有很高的艺术鉴赏力，通茶道、花道，生前有诗歌集《鸥巢集》行世。但贵为天皇或上皇，他想要在比睿山麓建造一所离宫，在财政上必须依靠江户幕府资助。最后如愿以偿，于1656年开工兴建，3年后落成。据说后水尾上皇亲自参与设计，亲自督阵，这一座离宫，也是他的心血之作。就面积而言，大概是我所参观过的日本园林中最大的一处。现在的离宫，占地54万5 755平方米，树林面积3万7 940平方米，庭园面积8万6 731平方米，分为上离宫、中离宫、下离宫（又称为上、中、下茶屋）三处庭园，不过当初只有上下两处，中离宫是在后水尾上皇去世以后，把邻近的一座寺院林丘寺归并进来的。

修学院离宫和下文要叙述的桂离宫、仙洞御所等皇家的山庄，与16世纪末期至17世纪初期的所谓桃山时代的美学趣味有较大的差异。“桃山时代”这个词其实是后来使用的，桃山说的是桃山城，是丰臣秀吉在京都南郊建造的伏见城的异称。伏见城周边种植了大片的桃树，在伏见城衰败之后，反而形成了一片鲜花盛开的桃花林，因而伏见城又被叫作桃山城。后来美术史或文化史上就把丰臣秀吉和德川家康时代的文化或审美趣味称为桃山文化或桃山时代的艺术。它的基本特点就是较多地体现了武家好大喜功、追求华美的趣味，在绘画和建筑上强调装饰性，色彩上偏于绚丽艳美，产生了不少体现这一风格的艺术作品。而17世纪中后期营造的这些皇家的山庄或离宫，则大多回归原来平安时代的公家（宫廷贵族）趣味，重在优雅、闲逸、精致，因而它的建筑，较多地采用了“数寄屋造”的风格。“数寄”是一个非常日本式的词语，它具有风流、风雅、不拘一格、在简朴中寻求内在风韵的意思，而所谓的“数寄屋造”（“造”是某种建筑式样、风格的意思），与“草庵风”相近，不讲求固定格式，尽可能表现出自己的个性和趣味，选用不加工或少加工的材木，在外观上体现建材的原始性，于简单中体现洗练，于素朴中透现风雅。原则上，数寄一词与华美无缘。这跟我们一般所理解的皇家趣味有很大的差异。无论东西方，历史上的皇家大都追求宏大、繁复、华美、绚丽，而日本的公家，则更在意雅致和优美。

宫内厅京都事务所指定我参观修学院离宫的日期和时间是2010年11月24日上午11点到12点20分，逾11点便不可进入。那天早上8点，我从居住的六甲山半山腰上的寓所坐巴士到山下的神户六甲车站，乘坐“阪急”轻轨电车抵达京都市中心的乌丸，然后换乘地铁到达京都市北部偏东的松崎站。这条线路，从坐车上来说，只需换乘一次，不烦，但是从松崎站出来，沿着北山通向东至修学院离宫，大约还有3千米以上的路程，偶尔行驶过的巴士，差不多要一小时一班。好在那天天清气爽，有淡淡的阳光，不冷也不热，我又喜好步行，连续坐了两个小时的巴士、轻轨电车和地铁，丝毫没有疲惫感，又沿着行人稀少的北山通快速行走了半个多小时，依然元气淋漓。大概在10点45分时，来到了修学院离宫朝西的总门。已经有不少人等在那里了，基本上都是日本人。

总门的门柱用的是整棵的原木，门扉和两边外墙是用高高的原色竹子紧密无缝地围建起来的，这样的构建法，日语称为“木贼贴”。现在的总门建于大正时代（1912—1925），历经一百来年的风雨沧桑，颜色已颇暗旧。进入门内，有一块用箭头显示的木牌，上面用汉字写着：参观人休所。英文是waiting room，看来还常常会有欧美人过来。入口处，有一棵高大的枫树，红叶正是最好看的季节。已而来了两位离宫的工作人员，一位60来岁，一位50来岁，西服，领带，头发梳得很整齐。60来岁的是讲解员，口齿伶俐，发音清晰。50来岁的是参观队伍的管理者，负责断后（后来才知道，这一角色的正式身份是皇宫警察），不让参观者随意乱走，不能有人落在队列后面。我们前面看不到上一批的参观者，后面也没有人，就50个人，成为一个队列。这样的安排，对于参观者最大的好处，就是永远不会有熙熙攘攘、人头攒动的喧阗，登高远眺，几乎都不见一个人影，然其弊病是，无法一人独自闲走，随意徜徉。

依照安排好的行进路线，我们先参观下离宫。从中门进入后，就是下离宫正式的庭院了。原色的木门，竹子围起的墙垣，门檐上的屋顶，也横亘着几竿竹子。下离宫的主建筑，是被称为下茶屋的“寿月观”，为数寄屋风格，现在的建筑是1824年重建的，木板屋顶，门楣上有一块木匾，镌刻着三个白色的楷体字“寿月观”，据说出自后上文上皇之手。屋内是原色木板的天花板和榻榻米，梁、柱均为原色的杉木料，共有6个房间，后水尾上皇到这里来时，一般就居住在此。内有江户时代的名画家岸驹的四面水墨障壁画《虎溪三笑》，还有一个被称为“违棚”的高低错落的装饰架，其他就几乎没有任何装饰了，很难想象，这里竟然是天皇在离宫内的住所。屋宇外侧的“缘”，勉强可译为檐廊，由木板铺设，距离地面约三四十厘米，冬日可在此负暄，夏季可在此纳凉，与一般的民居似乎并无异样。唯有在寿月观另一侧的“御幸门”的原色门楣上，有一个非常雅致的、略显金色的花菱纹，光色深浅不一，极为耐看。这才显出了些许皇家的高贵来。

时值深秋，苍松翠柏之间，各色枫树都进入了最佳的观赏期，或鹅黄，或金黄，或橘黄，或亮红，或艳红，或朱红，传说中的京都红叶，竟然是如此色彩斑斓。那天天气也无懈可击，蔚蓝的长空上有一些云絮漂浮，空气中氤氲着秋日草木的芳香，石板路上，落叶缤纷。

修学院离宫

从下离宫往中离宫的路两边，是高巍的松树，因而被称为松树林荫道。让我更为讶异的是，道路的两侧，竟然是毫无修饰的原生态的稻田和菜畦，不是一小块的点缀，而是一大片一大片，据说田野的面积有7万9 663平方米。稻田都已收割，还有一片水田里插着秧苗，我不详是否稻秧。菜畦那边，有几位上了年纪的农妇正在忙碌，犹如寻常的田间。后来知悉，这些田地都是宫内厅买下后包租给附近的农民种植的，收获基本上也归他们所有。他们进入离宫时，需出示证件，当然，到了后来，彼此都熟稔了。这让我感到有点兴奋，在一座皇家的离宫内，居然还有这么广袤的农田，居然还有寻常的农妇在这里忙碌，不远处，是树色斑斓的山冈，周边完全就是一派乡间的田园风光。这很让我感到意外，也让我感到欣喜。

中离宫原先并不在后水尾天皇的山庄构想中，它是上皇的大女儿朱宫光子公主（日语称为“内亲王”）所构筑的朱宫御所（后被称为羽音御所），最后又被改为一座名曰林丘寺的尼姑庵，到了近代以后这里被划归修学院离宫，寺内的部分建筑归还皇室，又加以整修，成了今天的中离宫。

中离宫内比较值得观赏的是客殿与“乐只轩”。客殿建于1677年，感觉上比较高大轩敞，屋檐向前延伸很长，坐在外侧檐廊的“缘”上，似乎无须担忧遭到雨淋。有意思的是，“违棚”的墙面上，张贴着色纸，上面书写着吟咏此地景物的诗歌，隔扇（襖）的下部，做成了一片蓝色和金色相交的菱形图案，用整块杉木做成的门户上，画着数尾水墨色的鲤鱼，鲜动灵活，所有这一切，使得整个屋内，处处洋溢着一种雅趣。“乐只轩”，取自《诗经》中的“乐只君子，万寿无期”。浅黄色的外墙，瓦房，似乎要比“寿月观”考究些，屋脊有纹饰，隔扇上也有图绘，但总体的感觉依然是相当素朴。气象格局上，难以与德川将军在京都下榻的二条城相媲美，却更耐看，在品格上，我觉得高于二条城。那里还有几幢“土仓”，下面是黑褐色的木板墙，上面是涂成白色的土墙和瓦屋顶，在淡蓝色的天空和缤纷的各色树木的映衬下，犹如图画一般。

修学院离宫中，最精彩的或许是上离宫。从御成门进入后，向右折入山道，沿长满了苍苔的石阶往上走，两边几乎都是密集的树林。在造园上，它其实是想营造一个暂时的幽闭的空间，待你走到了一定的高度后，让你获得一种豁然开朗的喜悦。在高度大概150米的山冈最高处，回首一望，令人惊喜的美景展开在眼前。

山巅上有一建筑曰邻云亭，这里的亭并非欧阳修所说的“有亭翼然”的那种仅有梁柱、四面敞然的凉亭，而是一组建筑。原物已经烧毁，现建筑是1824年重建的，也有两百年了，也称为茶屋。有大小两个房间，一间称为“洗诗台”，在此可一览整个上离宫的景象，利用羽音川的溪流围堰修筑的浴龙池，整个地展现在眼前。广大的水面上筑岛三个，分别曰中岛、三保岛、万松坞，彼此间有桥相连。从邻云亭上放眼望去，景象绝佳，水光波影之外，周边绵延起伏的北山、爱宕山、西山等山峦，层层叠叠，依次在眼前展开，与离宫内的景物浑然融为一体，从这一意义来说，修学院离宫也是一处借景极为成功的营造。庭园内色彩不一的各色树木夹杂其中，风朗气清中，犹如一幅绚美的画卷。离宫内的树木，大抵皆经过修剪，造型秀美。而此时，你不只是在赏画。深秋或初冬的清冽的空气，连着山林的草木清香，在你身边流荡，所有的市尘喧嚣，全都被屏蔽在外。

已而从邻云亭的另一端下来，沿着石阶往下走，就听到一阵激越的水流声，原来有一个瀑布，曰“雄滝”，但只是一个小瀑布，气势并不雄大。这时眼前出现了一座秀美的廊桥，曰千岁桥，两端石块垒起的桥墩上，各有一个亭，连接两个亭的是一段短短的廊桥，一端的屋顶上还饰有一个造型别致的金铜色凤凰。中岛上有一组建筑曰“穷邃亭”，是离宫内唯一的当年留下的原物，有两个比较大的房间，木匾上的“穷邃”两个字也是出自后水尾上皇的手笔。层林尽染的山冈下，浴龙池的一隅，栽有一片荷花，亦可称之为荷塘，此时荷叶早已残败，寒秋之中，竟也有几分颓废的美。

修学院离宫内的廊桥

整个离宫内，完全没有诸如中国的故宫、法国的凡尔赛宫、英国的白金汉宫、德国的夏洛滕堡宫一般的壮伟建筑。这里的房屋，摈弃了一切的砖石，几乎所有的建筑在外观上都只是木结构的茅屋或瓦屋，不识者还以为是普通的乡间民宅。而所有的一切，其实都是匠心营造的结果。如果要了解什么是日本的公家文化，或公家风格的庭园，那么修学院离宫和桂离宫等不可不看。

5年之后的春夏时节，我在京都大学的修学院会馆居住了将近半年，距离修学院离宫，大约有七八分钟路程。有一次傍晚散步，走到离宫前，只见苍茫的暮色中，大门紧闭，四周悄然无人。居住在修学院附近这么多日子，也可谓是近在咫尺了，竟然再也无缘入内，不然里面的新绿夏荷，一定也是很醉人的。

永远的桂离宫

两天以后，又去看了桂离宫，依然是秋高气爽的晴日。上文已经提及，我最初知晓桂离宫，是源于德国建筑设计家布鲁诺·陶特写的《永远的桂离宫》一文。读后印象十分深刻，由此萌发了欲去一访的念头。后来询问了不少日本人，自然人人都知晓桂离宫，但竟然没有一个人曾经去过，原因就是轻易无法入内，据说本国人预约的抽中率很低。我很珍惜这次机会，绝对不可迟到，否则也许会抱憾终生。

或许是由于布鲁诺·陶特的鼓吹，或许是由于它本身的价值，桂离宫在西方世界的名声很大，多年来一直入选《米其林日本三星园林》，在美国的日本庭园专业杂志*Sukiya Living Magazine, The Journal of Japanese Gardening*中，2003—2019年连续17年被评为日本园林的第2位。日本人很看重西方对日本的评价，因而在日本，桂离宫可谓人人知晓，有关桂离宫的书籍，也是层出不穷。但由于入园的限制，真正踏入园内的人不是很多。

桂离宫的营造，要稍早于修学院离宫，但真正形成现在这一规模的，也是在后水尾上皇的手里。最初提出建造构想并着手开建的，是智仁亲王。据说他也是一位学养很好的人，曾跟着著名的歌人细川幽斋学过歌道，又潜心研读《万叶集》《古今和歌集》《源氏物语》等日本古典，可以说是当时日本宫廷文化的代表人物。他想起平安时代及以后，有不少王公贵族曾在“桂”这个位于桂川之畔的地方营建过别庄，也有意在此地建造一个休憩的所在，于是就在1615年开始构建“瓜田茶屋”（这是后来古书院的原型），大约在1624年的时候，一个规模不大但格局雅致的山庄就建成了。可是在1629年智仁亲王去世后，这里就慢慢荒芜了。到了1641年，他的儿子智忠亲王开始了第二次的营建，至1649年完成了新的桂山庄。智忠亲王去世后，在后水尾上皇的主导下，又进行了第三次的修建，于1663年才形成了今天的规模，差不多历经50年。建造的资金，相当一部分来自江户幕府第三代将军德川家光的援助。今天的桂离宫，在1976—1982年间，进行了大规模的解体修缮，即格局、风格、基本建材和内饰都是当年的，工程的完成则是在现代。

无论从哪里去桂离宫，公共交通都有些不方便（自驾也有停车的问题），附近没有轻轨站和巴士车站。那天上午，我依然从六甲坐了阪急电车，在“桂”站下车，然后向西北步行约20分钟。好在天气相当好，步行也很惬意。桂离宫参观的人数限定在35人一组，参观时间为一小时，因为空间相对要小一些。依然还是两位有点上了年纪的男子来接待参观者，一位讲解，一位断后。

我们从“黑御门”进入，基本风格与修学院离宫的总门差不多，但门的上面没有屋檐。然后穿过“潜门”，来到一个称为“外腰挂”的地方。“腰挂”在日语中是坐或坐处的意思，也就是在正式进入山庄之前在外面等候休息的地方。如果不仔细留意，或许会以为这只是一个山乡小路旁供行路者小憩的凉亭。茅草屋顶，梁柱皆是未经任何加工的带着树皮的树干，屋顶的天花板，

桂离宫模拟草书的布石

模拟楷书的布石

也是干草和原木做成，极为简朴（当然这是有意为之）。唯有供人小坐的长凳部分，做得十分平整，后水尾上皇莅临时，也是坐在这里。在此，你看不见整个庭园的风景，会有各种树木将景观遮蔽起来。

然后要走一段长17米、称为“延段”的石板路。这“延段”也是一件艺术品，是经过精心策划的，宽仅2米，右侧用三块狭长的长方形花岗岩铺就，其余的空间则用各种不同形状的石块铺设，称为“行飞石”，营造出书法中行书体的布局。游客面对脚底下的布石，仿佛是在欣赏一件行书作品。在后面，还有两段精心布局的石板路，一是用切割得比较工整的石块叠合在一起，犹如书写中的楷书，另一段则模拟草书，石块的形状灵动活泼，这也真是有闲阶级才有的玩心（日语中有“遊び心”一词，不是一般的玩，而是雅玩的意思）。

然后庭园的大部分景观就在你眼前展开了。几乎所有的亭台楼阁，都围绕着一个称为玉水池的小池来构建。池水引自近旁的桂川，池水清浅，水深大概在1米左右吧，可以直视池底，有数尾锦鲤在游泳。池的一头，有一片鹅卵石形成一个尖角伸向水面，犹如海边的一个岬角，岬角的顶端，配置了一个石灯笼，想要营造海角灯塔的意境。不远处有一栋船型的草屋，不同于中国的石舫，而完全是用材木和茅草造就的，称为“舟屋”。

跟着年长的导游往前走，前面比较重要的一处建筑是“松琴亭”，依然不是普通中文意义中的“亭”，而是一组建筑，建在6米高的假山上，东西北三面临水，是茅草葺顶的草庵风，日语中又可将此称为茶屋，在书院造的基本结构中融入了许多“数寄屋造”的元素。东屋内挂着一个木匾，上书“松琴”，据说是智仁亲王的兄长、后来的阳成天皇书写的。非常简朴的外观内，其实也有相当考究的内饰。在第一间与第二间相连接的隔扇（襖）上，精心贴上了用和纸制作的白色与鲜亮的蓝色相拼的方形图案，感觉十分摩登。另外，还有江户时期著名的画家狩野探幽用水墨绘制的《花鸟图》。作为一处茶屋，松琴亭内还有供储水、清洗的“水屋”，和可烹茶的石炉等。

建筑在池水中央中岛上的“赏花亭”，也是赏景的好所在。它位于岛上小土岗的顶部，距水面6米高，春夏秋冬四季相异的景色，可一览无遗。赏花亭下面的北侧，还有一个小小的船码头，可由此将小舟荡向水面，虽然池面不算广，也可稍稍有一点泛舟的感觉。中岛的西面另有一栋屋宇曰“园林堂”，这是离宫内的一处佛堂，里面安放了各种佛像，还有智仁亲王当年向其学习和歌的老师细川幽斋的画像和幽斋给亲王的书简等。

在整个离宫中，我个人比较喜欢的一个所在是“月波楼”，位于玉水池的西北面。月波两字，取自白居易的《春题湖上》中的“月点波心一颗珠”。白居易的诗，自其手抄本《白氏长庆集》传入日本后，一直深受日本各阶层人士的喜爱。他应该是在日本传诵最为广泛的一位中国诗人，在《源氏物语》中，他的诗句出现了20多次。月波楼屋顶是木板铺设，采用四面坡的样式，屋角呈现内收的曲线，白纸糊的格子门和可开合的“雨户”（用于遮挡风雨的可撑开或移动的木板门户），看上去极为洁净。这里是赏月的佳处，临水的一侧，有一个向水面凸伸的栈桥一般的木

桂离宫内的月见台

台，曰“月见台”。月见台是将原本的“缘”延伸成一个木板搭建的露台，贴近水岸。星月之夜，在此盘腿趺坐，观赏清朗夜空的各色光亮，一勾新月或是一轮圆月，从树丛中或楼阁上冉冉升起，高悬中天时，在水中投下倒影，感觉应该相当不错。若身边再置放一壶清茶，有三两同伴，也真是人间仙境了。

现在的出口是中门，原本我们应该从中门进入参观的，但实际的路线则安排成从中门出来，若从中门进入即可接触到庭园的精华所在。当年从中门进入的陶特这样写道："我们穿过了中门，终于来到了御殿的前院。起初玄关被高高的树篱遮挡了，没看见。走了几步后，由不规则的石块铺设的道路带着些庄严的神情弯弯曲曲地通向素朴的玄关。宽广的玄关，简净至极，纤尘不染，却具有端庄高雅的品位。"（日文译本《日本美の再発見》，岩波书店，1972年，第142页）这里连在一起的一组建筑分别是古书院、中书院、御新殿等，其内在装饰和里面书画作品的价值，也许在修学院离宫之上。在中书院的隔扇和壁面上，分别绘有江户时代著名的狩野派画师狩野探幽的《山水图》、狩野尚信的《竹林七贤图》、狩野安信的《雪中禽鸟图》等，在今天都是国宝级的作品了。

桂离宫的占地面积，大约只有修学院离宫的八分之一，却能让人在有限的空间中感觉到无限境界的精巧构筑，可谓是日本最为典型的成熟的回游式庭园。它的主调是平安时代的公家文化，同时又汲取了武家和禅宗的审美趣味，尤其是把“数寄屋造”的风情发挥到了极致。就庭园和建筑而言，桂离宫应该在修学院离宫之上，但有时候我也嫌它太过精致，太过人工，修学院离宫的那种与自然山水融为一体的乡野风情，似乎更让我醉心。

仙洞御所的红叶

根据宫内厅京都事务所给我的安排，参观仙洞御所的日期和时间是在参观桂离宫当天的下午1点半到3点。因而从桂离宫看完出来，还有比较充裕的时间在外面吃午饭。

仙洞御所不算离宫，实际上除了仙洞御所之外，现在还包含着大宫御所，最初这两个地方也有密切的关联，现在已经合二为一了。它既不是离宫，也不是皇宫，那么到底是一个什么样的存在呢？我在本书的上篇里就讲到，11世纪下半期的白河天皇，肇始了日本政制史上一个非常独特的体制，即出于各种原因，天皇在还是壮年的时候，就把皇位禅让给儿子或弟弟，自己做上皇，迁居至另外一个地方。这个地方一般叫某某院，天皇就在那里继续操纵或参与皇权的运作，历史上就把它叫作“院政”。上文屡次叙及的创建了修学院离宫等的后水尾天皇，因为1627年发生的“紫衣事件”，而受到了来自江户幕府的极大压力，不得不在1629年33岁的时候，把皇位让给了他与幕府第二代将军德川秀忠的女儿所生的3岁的幼女。所谓紫衣事件，就是后水尾天皇敕许有关的僧人可以穿着紫色的僧衣，结果幕府认为这是大逆不道，废除了天皇的敕许，相关的大德寺僧人也遭到了流放。这就使得后水尾天皇非常尴尬，最后不得不退位，成了上皇。但是，上皇要有一个去处，他要另外有一个居所。于是幕府就安排在御所（即天皇皇后等皇族所居住的皇宫）的西南面，营造一个供上皇居住的地方，这就是1630年落成的仙洞御所，面积在75 000平方米。之后，幕府就命令在幕府内担任要职的小堀远州出任仙洞御所的“泉石奉行”，具体设计和指导庭园的建造。小堀远州是江户初期首屈一指的造园家和茶人，他在造园和茶道各领域都有深湛的造诣，同时又精通文学和禅学。他营造的园林，后来都成了日本的名园。1636年，仙洞御所内的庭园也建造好了。那么大宫御所呢，大宫指的是皇后皇太后，女眷们也要有一个雅致的住所，因此几乎在同期也在仙洞御所的北侧建造了大宫御所（当初叫女院御所），面积在16 000平方米。原本两者的主殿之间有一条长廊相连，后来用一条濠水相隔，再后来两者就连为一体了。如今合起来的面积应该在91 000平方米了吧，比桂离宫大一些。

说起来，包含大宫御所在内的仙洞御所的历史境遇，要比修学院离宫和桂离宫惨多了。因为紧邻天皇皇后居住的御所，处于都市的中心，所以屡屡被卷入各种大火和兵燹。从1662年开始，先是遭遇大地震，后来又被大火烧毁6次，1864年的禁门之变中被焚毁之后，里面的主要建筑就再也没有重建。禁门之变后，被烧毁的天皇等居住的御所再次重建（这就是今天人们看到的京都御所），1867年在原本女院御所的所在地建造了供英照皇太后居住的大宫御所。1869年首都自京都迁往东京，1872年住在大宫御所的皇太后也迁居东京，将大部分的东西都带往东京（1683年原先的殿堂也大部分被拆毁了），这里就无人居住了。以至于翌年举办的第2届京都博览会的会场就设在这里，还成了各种飞禽走兽的展示场。差不多到了第二次世界大战之后，仙洞御所才作为一处园林慢慢恢复起来。

说实在的，那天吸引我的，自然不是建筑，而主要是庭园，更准确地说，是园内绚烂的红叶。在修学院和桂离宫内我已见到了此生所寓目的最美丽的红叶，但仙洞御所的红叶更让人震撼。这里，稍微说一点日本人赏花观叶的历史。

现在，春天去日本赏樱，秋天去看红叶，差不多已成了中国人日本之旅的一种流行。其实，世界各地，气候环境虽各不相同，但在自然中发现美、寻求美、欣赏美的审美欲求，是随着人类的文明史共同演进的。相对而言，这也是在温饱等基本的物欲得到满足之后的更高一个层次的追求，因而在古代，赏花、游宴、歌咏之类的雅事，大都局限在王公贵族的生活圈。在日本，赏花的游乐在奈良时代开始出现（那时主要是赏梅），平安时代渐趋盛行。到了室町时代，第三代将军足利义满曾将他在京都的宅邸室町殿异称为“花之御所”，可见那时赏花已成了上流社会的风雅事，后来又产生了较为典雅的北山文化和东山文化。而从历史记录上来看，16世纪末期丰臣秀吉在京都的北野和醍醐寺举行的“花见”大会，才促进了一般民众郊外游乐的雅兴。以樱花为主要观赏对象的“花见”，大抵是在江户时代中期才在都市的社会各阶层中成了普遍性的娱乐休闲活动的，如今樱花中最为常见的品种“染井吉野”，是在19世纪初期才在江户的染井村嫁接培育成功的。这样说来，如今春季风行的全民赏樱，也不过两三百年的历史。同样，观赏红叶习俗（日语如今称作“紅葉狩り”）的源头，或许也可到古代去探寻，但成为一种全民性的雅好，大概也是江户时代兴起。

京都多寺院，多神社，多皇家的园囿，三面环山，市内又有鸭川、桂川两大河流，再加之一千多年古都文化的积淀，就使得各种自然的花草树木染上了一层人文的风雅。确实，当一丛丛淡粉的樱花和色彩斑斓的各色秋叶以寺院的屋甍、佛塔，神社的鸟居、殿堂和庭园的茶屋等为背景时，或者这些花草树木有清流池水相伴时，就更有一种难以言说的风韵。在京都，几乎每一处稍有规模的寺院、神社和园林，不是赏樱的胜地，就是寻求美艳枫叶的名所。樱花的烂漫，我曾有过多次的体验，而红叶的艳美，以前也稍有领略。这次修学院离宫、桂离宫和仙洞御所的深秋之行，恰好都是云淡风轻的晴日，又时值最佳的季节，可以说是在日本最为畅快尽兴的几次观览，其中尤以仙洞御所最令人陶醉。

与修学院离宫等一样，仙洞御所内的参观路线也是宫内厅决定并由年长的讲解者引导的。我们从西北面的大门进入，所有的行进路线都以园内的人工湖为中心。事实上，仙洞御所最精彩的景观就在名曰南池和北池的这片水域周边，南池和北池之间有一条水道联通，南池没有岛屿，北池则有蓬莱岛和葭岛两个小岛，中岛有桥与东西两端连接。岸线做得蜿蜒曲折，这就使得岸边的景色富有变化和趣味。因为留存的建筑很少，富于变化的岸线和各色桥梁就成了重要的看点，当然，最迷人的还是那色彩深浅不一、绚烂缤纷的红叶。

穿过一个小门，是一个原来大宫御所的南庭，地面铺着白砂石，左右两边分别种植着一株白梅和一株红梅，周边是松树，南边是一片竹林，构成了所谓松竹梅的意境。在日本人早期的审美中，中国的影响无疑是巨大的。再往前走几步，北池的水面就在眼前展开了，右手边有一个船埠，一长条切割得比较方正的石料铺在水边，可泊舟，往年坐一叶扁舟荡向水面，就是从这里出发的，现在已不可靠近。沿北池的北岸再绕到东岸，在伸向水面的半岛上架着两座桥，一曰土桥，一曰石桥。土桥应该是木桥吧，拱形，木制的栏杆，只是地面上铺的是砂石，栏杆的外侧长着茂密的草，看不清底下是什么。石桥的造型也很有意思，平直的两块条形石板伸到中间，旁边再有两块条形石板继续伸向对岸，不可径直向前，要在中间换到左旁的石板上走，这是大正时代（1912—1926）架设的，也是做出些变化，弄出点花样吧。

然后从北池的南岸往西走，南边就是南池了，中间有一条水道联通两个池，架在水道上的是红叶桥，对面的土坡就是红叶山，其实刚才一路进来，就不断出现了红叶的景象，到了这里达到了一个高潮。红叶桥也是一座木桥，地面上也是砂石铺路，四周遍植枫树，不只是孤立的单株的枫树，多为连续的几株，形成了小片的枫树林。此时到了最亮丽（我觉得此时只有亮丽一词可以描述）的季节，深秋午后灿灿的阳光照射下来，团团簇簇的红叶透发出鲜艳的光晕，有的树枝斜斜地伸向水面，在水中投下了或火红或金黄的倒影。水面大概一直在及时清理，几乎没有落叶漂浮，只有几个羽毛很好看的野鸭，在池水中惬意地浮游。但在岸边缓缓的土坡上，色彩各异的厚厚的落叶堆积在地面上，无人践踏（这里不许游客自由走动），又形成了一种独特的风景。泥土的气息连着落叶的芬芳，让人很实在地感受到了秋的意蕴。

从南池的西岸，再经架在南池蓬莱岛上的八段桥（勉强有点像八曲桥），走向南池的东岸。八段桥是石桥，桥上是藤架，4月的时候，低垂的紫藤花一定很美。从桥上向南眺望，小小的葭岛上倒是没有芦苇（葭是芦苇之意），却有一棵修剪得十分漂亮的巨松，本身就是一幅美丽的图画。

行程过了大半，在仙洞御所的南端，终于见到了一处建筑，曰“醒花亭”，名字让我十分喜欢，平素都说醉花，这里却是醒花。依然不是汉语意义中的亭，实际上是一间茶室，1808年重建的，也许是地处南端吧，在后来的几场大火中幸免于难。原色的木户，朱褐色的外墙，数寄屋造等风格，又融入了若干书院造的元素。我只能在外面从拉开的移门处向内张望一下，只见里面有一块木匾，录写了李白的几句短文：“夜来月下卧醒，花影零乱，满人矜袖，疑如濯魄于冰壶也。”醒花亭的名字，即出于李白的上述文句。这几个字，有说是出于明代郭子章之手，也有说是文徵明题写的，具体不详。

然后沿着石径向北走，在快到出口的地方，见到另一处建筑“又新亭”，据说是1884年由贵族近卫家赠送，从其自家的宅邸移建到这里的。也是一间茶室，数寄屋风格，木板屋顶上铺设茅草，木户，泥墙，屋外是低低而疏落的竹篱，栅栏式的竹门，真的很难想象这是贵族或皇家庭院内的建筑。

我暗暗庆幸自己运气不错，不仅有机会观赏了这三处皇家苑囿，且都赶在了美丽的红叶季节，由此，对日本人的审美意识，也有了实际的体味。在日本，不仅是王公贵族会优游岁月，凿池筑桥，一般的民众也酷爱自然，喜欢莳花弄草。我曾在长野县上田市的郊外乡居一年，北窗外是一户农家，小小的院落，收拾得整洁可爱，四季都栽植着一些花卉，几棵树木修剪得风姿绰约。随便走过住家或商户，尤其是咖啡馆吃茶店，门前必定摆满了色彩斑斓的各色花卉，每每使我驻足留恋。1859年曾在长崎担任过英国领事的荷吉逊（C.P.Hodgson），在她的《长崎信札》中写道："每家店铺都有一个美丽的小庭院，种着几棵修剪整齐的枞树、杜鹃和百合等，而且在小小的池塘中栽植着些水生植物，池中央有一股泉水喷涌上来，有很多的锦鲤在游泳。这使我感到十分欣悦。因为由此我知晓了他们具有一种可说是精致的趣味，不是我原先所想象的那种野蛮人。"年轻时在日本差不多待了10年的郁达夫后来在《日本的文化生活》中写道："日本人的庭园建筑，佛舍浮屠，又是一种精微简洁，能在单纯里装点出趣味来的妙艺。甚至家家户户的厕所旁边，都能装置出一方池水，几树楠天，洗涤得窗明宇洁，使你闻觉不到污秽的熏蒸。"（《郁达夫文集》第4卷，花城出版社，1982年，第158页）

这里补充一句。上述的三处皇家园囿，原本都是必须事先申请预约，自2016年7月开始，留出了当日报名的名额，每处各有60—70名的名额可在当日申请入内，先来先得。这倒是比我那个时候方便多了。

茶、茶道、茶屋和茶室

在京都诞生的“日本茶”及茶道

日语中有个词曰“日本茶”，实际上就茶的种类来说，世界上应该没有日本茶。按照茶的加工工艺，茶可以分为不发酵的绿茶、全发酵的红茶（普洱茶大致也可归入这一类）、半发酵的乌龙茶，等等。当然也有些独特的制法，比如花茶，融入了各类花（茉莉花、桂花、玉兰花等）的原料，将茶香与花香融为一体，但基本上还是属于绿茶一类。也有用产地来命名的，如西湖龙井、黄山毛峰等，但只是产地不同而已，本质上都属于绿茶。英国红茶、斯里兰卡红茶，也只是红茶的产地不同而已。由此说来，日本茶实际上就是一种绿茶，就其制作和饮用方式的不同来说，又大致可分为抹茶和煎茶两大类，而它的原型，都在中国。可以说全世界的茶，都是从中国传开去的。日本也是如此。

中国人种茶和吃茶（最初真的是吃）的历史非常悠久，差不多有两千余年，但作为一种饮品在全国普及开来，应当在唐代。

不过，唐代或者说《茶经》时代的中国人的制茶和饮茶方式，都与今天的我们饮用绿茶或乌龙茶的形态大相径庭。我们今天所饮用的是叶茶，即将采摘的茶叶在大锅内炒干后储藏若干日，注入沸水后就可品饮。而唐宋时期的祖先饮用的是饼茶，即将采摘后的茶叶放入甑内再置于锅中蒸，蒸后趁热捣碎，然后在一定的模型内拍压成饼状后放入焙坑内烘焙，形状可圆可方，干燥后储存（这种制法和形态，在普洱茶上还有留存）。饮用之前，先要用火全面烤炙，然后将饼茶掰成小块，碾碎，待釜内的水烧至初沸时，加入盐调味，再至二沸时，用竹夹在沸水中搅动，随之投入碾好的茶末，待到茶汤“腾波鼓浪”时，即可饮用了。虽然《茶经》中对茶叶的产地、季节、水源、炉火的火候等都已相当讲究，但这茶的滋味与今人所喝的肯定大异其趣。当然，与今人所熟识的炒青相近的茶似也有存在，比如唐代诗人刘禹锡在《西山兰若试茶歌》中吟咏道 :“宛然为客振衣起，自傍芳丛摘鹰觜。斯须炒成满室香，便酌砌下金沙水。”不过，这类茶应该不是主流。到了宋代，茶的制作和饮用方式基本还是沿袭唐代，即属于紧压形态的团茶和饼茶，宋王朝曾将福建的建安等地作为贡茶的产地，向朝廷进贡幼嫩芽制成的龙凤团茶等。宋代将团茶或饼茶称为“片茶”，并已经有了在制作上蒸而不碎、碎而不拍的所谓蒸青和末茶（现在一般写作“抹茶”），又可称为散茶。所谓末茶，是在前代工艺上的进一步，即将烘焙后的茶叶用银或熟铁制的茶研碾磨成粉末状。饮用方式与唐代也稍有不同，宋代中期以后，已经不放盐和其他调味品，而纯粹是品尝茶的真味。在饮茶方式上，出现了点茶的形式。点茶就是当水煮沸后，将沸水注入茶碗时一边用竹制的茶筅将茶汤搅出均匀细微的泡沫（昔日称之为汤花），谁的汤花紧贴盏沿时间长谁就获胜，反之汤花先散退的则为输者。这后来演变成了一种饮茶游戏，即斗茶。相对于朝廷贡茶的团茶形式，民间饮用的不少已是散茶或是末茶。元代虽然是蒙古人统治，但饮茶的习俗并没有受到影响，散茶或是末茶的比重进一步加大。虽然贡茶还是沿袭了以前的团茶，但民间饮用的多为散茶和末茶。元代中期刊印的《王祯农书》和《农桑撮要》等农书中，涉及制茶的部分，主要论述蒸青和蒸青末茶，很少或根本就不提及团茶了。朱元璋建立了明王朝后，实施轻徭薄赋的政策与民休息，觉得作为贡茶的团茶制法太过烦琐，于是"罢造龙团，唯采茶芽以进"，于是散茶获得了全面的发展。更具有革命性的是，制茶的主流方式从蒸制改成了炒制，1609年刊行的罗廪撰著的《茶解》中说："炒茶，铛宜热；焙茶，铛宜温。凡炒只可一握，候铛微炙手，置茶铛中，扎扎有声，急手炒匀。出之箕上，薄摊，用扇扇冷，略加揉挼。再略炒，入文火铛焙干，色如翡翠。"这一炒茶技术，一直延续至今。今日中国人的制茶技术和饮茶方式（尤其是绿茶），是对明代以来的传统的延承。

根据自己的一点粗浅的知识，我认为中国的茶文化传入日本，大致经历了平安时代前期（9世纪初前后）和镰仓时代中期（13世纪初前后）两个比较大的阶段，而茶树的普遍种植和饮茶习俗的真正形成，则是在第二个阶段之后。一个共同点则是，它的落脚地都在京都，而茶文化的传播者，都是日本僧人，与佛教有着密切的关联。

在日本官方的史书、840年完成的《日本后记》中明确记载了嵯峨天皇（786—842年）到近江国滋贺巡幸时，在梵释寺（在琵琶湖边，距当时的平安京很近）受到大僧都永忠亲手煎茶奉献的历史。大僧都永忠是一位高僧，在775年随第十五次遣唐使来到中国，在长安的西明寺生活了30年，于805年回到日本，被授予地位很高的大僧都称号。嵯峨天皇显然对永忠的献茶之举颇为赞赏，对茶的滋味（或者说是饮茶的行为）甚为喜爱，下令在京畿地区（即平安京周边）广泛种植并向宫廷进贡。在这一时期的日本汉诗集《凌云集》等中，也频频出现诸如“肃然幽兴处，院里满茶烟”“吟诗不厌捣香茗，乘兴偏宜听雅琴”这类吟咏饮茶或煮茶的诗句。

令人有些费解的是，原本很受日本上层喜爱的饮茶文化，自9世纪下半期开始，就渐趋衰落，乃至于到了绝迹的地步。再一次地将茶传入日本，不仅广泛种植，并且著书宣传的，是镰仓时代中期的荣西和尚。在禅宗传入日本的部分，我对荣西已稍有叙述，这里就茶的主题，再作一点展开。差不多与传播禅宗具有同等重大意义的，是荣西从中国带来了茶树的种子和饮茶的习俗。荣西主要是在禅寺中体会吃茶经验的。自唐代中期开始，饮茶在寺院中就开始普及，茶的提神醒脑的功能早已为人们所熟知，而此时正是禅宗在中国兴盛的时期，禅寺里为了防止和尚坐禅时睡意袭来，也倡导饮茶，并且形成了一套规矩或者说是礼仪。荣西不仅从理论上了解禅院中饮茶的作法，应该在日常生活中也亲眼看见、亲身体会了寺院内饮茶的种种习俗。非常有意思的是，在浙江一带（荣西两次来中国都生活在浙江的天台山和天童寺一带）饮茶或喝茶都不称饮或喝，而说吃茶。荣西后来通过他撰写的《吃茶养生记》，给日本人带来的一个新词语就是“吃茶”。

荣西1191年乘坐中国商船第二次入宋回国时，是在今天九州的佐贺县一带登岸的，登陆后立即就将茶籽播撒在当地。1194年在博多（今福冈）开创了圣福寺（一说崇福寺），在当地又移种了茶树。1207年，已经来到京都并开建了日本第一座禅寺建仁寺的荣西，又将茶籽赠送给了华严宗的高僧明惠上人（上人意为德高望重的僧人），这茶籽估计已经是在日本的土地上收获的。此事在《拇尾明惠上人传记》中有比较详细的记载，说建仁寺长老（指荣西）向明惠进茶，明惠不详此物，询于医师，答曰可遣困、消食、健心，然而日本本土尚不多见，于是寻访茶籽，得两三株，遂将此播种在自己所居住的拇尾，果然有提神醒脑的功效，于是劝众僧服用。另有一说为建仁寺的僧正御房（亦指荣西）自大唐国携来此物，将茶籽进奉明惠，于是植于拇尾。拇尾位于现在的京都市右京区梅田，如今是秋季观赏红叶的名胜地，明惠在此建有高山寺。大概拇尾的气候和土壤都很适宜于茶树的生长，尔后拇尾的茶就成了正宗茶、上品茶（日语称之为本茶）的代名词。在《异制庭训往来》中记述了当时（约14世纪下半叶）日本主要的一些产茶地，其中以京都附近的拇尾为第一，京都周边的仁和寺、醍醐、宇治、般若寺等为其次。如今的日本茶中，京都的宇治茶的名声仅次于拇尾茶，甚至更为一般人所知晓，也曾有“宇治茶是出于明惠上人之手”的说法，但一直缺乏确凿的证据，归根结底，还是宇治的水土宜于种茶的缘故吧。总之，京都的茶，在全日本都是声誉最高的。

荣西除了将茶籽自南宋带入日本，并传来了中国宋代的饮茶法之外，他在日本茶文化史上最可彪炳史册的，恐怕是他所著的《吃茶养生记》（原文为汉文）了。这部书非常详尽地论述了茶的养生功效，他一开卷就开宗明义地说：

“茶者，养生之仙药也，延龄之妙术也。山谷生之，其地神灵也。人伦采之，其人长命也。天竺唐土同贵重之，我朝日本亦嗜爱矣。古今奇特仙药，不可不摘也。”

然后书中又用了大量的篇幅，反复说明茶的药用功能，特别是对于心脏的好处，因为荣西认为心脏是五脏之首：

“日本不食苦味，但大国（指中国——引者）独吃茶，故心脏无病亦长命也。我国多有瘦病人。是不吃茶之所致也。若人心神不快时，必可吃茶。调心脏而除愈万病矣。”

在上卷的第六部分“明调茶样”中有如下记述：

“见宋朝焙茶样，朝采即蒸即焙，懈倦怠慢之者，不为事也。其调火也，焙棚敷纸，纸不焦样。功夫焙之，不缓不急，竟夜不眠。夜内焙毕，即盛好瓶。以竹叶坚封瓶口，不令风入内。则经年岁而不损矣。”（《栄西　喫茶養生記》，東京講談社，2001年，第78—88页）

从这段记述制茶的文字来看，荣西在中国所接触到的以及传到日本的已经不是唐代的饼茶和宋代进贡给朝廷的团茶了，而是末茶，即烹煮饮用时还需要用茶碾磨碾成粉末状的末茶（唐代也用茶碾，但这里已没有压榨成型的工艺，而是直接将焙干的茶叶碾磨成粉末）。从制成的茶的形态上来说，与平安前期传入日本的茶已经有了较大的差异。即镰仓以后开始饮用末茶，而非早期用姜、盐等调味的煮茶。以后种茶和饮茶就逐渐由西向东，传遍了日本列岛，并在掌权的将军和上层武士中兴起了斗茶的颇为奢华的茶会。

茶道这个词的诞生是相对比较晚近的事，它在当初被称为“侘茶”，又被称为“茶汤”。“侘”在日文中的解释有三种：一是“烦恼、沮丧”；二是“闲居的乐趣”；三是闲寂的风趣。茶中的“侘”，主要取第三种释义。“侘”字古汉语中也有，意为失意的样子，现已不用。在日语中，原本也是失意、沮丧的意思，后来在连歌中渐渐演变为一种闲寂的美，与茶联系在一起，就使茶上升到了一种空灵的哲学境界。那么顾名思义，“侘茶”应该是一种具有闲寂情趣的饮茶文化。这种新的饮茶精神不再追求豪华的楼宇、争赢斗胜的刺激和呼朋唤友的热闹，而是非常注重内心的宁静和愉悦，体现了对自我、自我与他人、个体与社会、人与自然关系的理解，既比较完整地包含了日本人的价值观，也比较集中地体现了日本人的审美意识，而这种新的饮茶精神的核心部分便是禅。这样的新的饮茶精神及相应的礼仪规范等大概就可以称之为茶道。日本近代美术教育的创始人之一冈仓天心在用英文写成的《茶书》(*The Book of Tea*)中称茶道是一种审美的宗教，它不只是具有审美的意义，而且还包含了宗教、伦理和天人合一的思想，它在日常的俗事中找到了一种审美的价值。“茶汤（或译为茶之汤，在日语中是日本茶道的代名词——引者）是禅的仪式的发展”，“正是这种发源于中国的禅的仪式发展成了15世纪的日本的茶汤。”(《茶の本》，村冈博日译，岩波书店，1992年，第37页）差不多可以说，日本茶道是禅宗精神在饮茶程式和礼仪上的一种表现。

茶道在日本的发生、发展和完成，主要经过了三个人的努力，一个是村田珠光（1423—1502），是他首先创立了茶道，一个是武野绍鸥（1502—1555），茶道在他手里有了很大的发展，还有一个就是声名最响的千利休（1522—1591），他最终全面建立了茶道的体系和宗旨，现在日本三大茶道宗派的里千家、表千家和武者小路千家三派，都是千利休一脉的沿承。

村田珠光很早就出家做了和尚，后来到京都大德寺跟随著名的一休和尚（1394—1481）去学禅。一休赠送给珠光一幅中国宋朝僧人圜悟克勤的墨迹，作为入门的明证，后来这幅墨迹被珍视为茶汤开祖的墨宝。珠光大概在一休那里悟到不少禅的真谛，他尤其欣赏一休视富贵如粪土的平常心，他自己对当时的浮华世风也十分反感。他决心将茶事从奢华的世风中解放出来，而使其成为常人修身养性、提升品性的一种方式。总之，珠光后来被传为“侘茶”的创立者。珠光认为，不完全的美是美的一种更高的境界。这一审美意识对日后日本人审美理念的最后形成发生了很大的影响。

武野绍鸥是室町时代晚期（又称战国时代）的茶人，虽是商人家庭出身，却喜好文艺，年轻时钟情于一种叫连歌的上下联唱的日本诗歌。1525年他25岁的时候来到京都，拜当时极有名的文化人三条西实隆为师，跟他学和歌。此时正是下京茶汤相当兴盛的时候，于是他在此学茶参禅，这一时期积累的学养日后在“侘茶”的营造中都逐渐体现出来了。后来他在京都营造了一处茶室曰大黑庵，茶室的“座敷”（和室中的小客厅）改为四帖半，墙面只是俭朴的土墙，木格子改成竹格子，地板只是稍施薄漆甚至只是原色。他将枯淡美引入茶汤中，在将书院茶发展为四帖半的草庵茶的过程中发挥了指导性的作用。绍鸥后来又到和泉南宗寺跟大林宗套学参禅，从而开创了茶人参禅之风。最著名的是，他还提出了茶禅一味的主张，将茶与禅融为一体，或者说在茶中注入了浓郁的禅的精神。由此，在他的努力下，初步形成了一种极具禅意的、崇尚简素静寂的“侘茶”。

在整个日本茶道史上，千利休的名声最为显赫，他被看成是茶道的最终完成者，茶道在他手里，才最终成为一种道。与绍鸥一样，他也出生于堺，并且是绍鸥的入门弟子。他本来姓田中，千是通称，但后来他的子孙都以千为姓。利休是一个在感性和悟性方面都非常出色的人，在茶事的实践中，利休形成了一系列完整的“侘茶”的理念和具体的程式。“侘茶”在利休那里的具体表现就是“草庵茶”。利休推崇的“草庵茶”，“将心味归于无味”，真的具有很浓郁的禅意。为了洗去讲究格式法式的上层武家茶会的贵族风，他把原先4帖半的茶室再加以缩小，一举改为2帖（不到4平方米），以追求主客之间更加近距离的交流。一直保存至今的京都妙喜庵的待庵，相传是利休的作品。从外观上看，实在是非常不起眼的一间小茅屋，而且没有门，只有一个低矮的躏口，人必须弯腰或屈身才得以进入，其目的是让人有一种紧张感，以拂拭人的世俗性或日常性，来使人的精神上升到一个新的境界。利休后来的继承者，往往都将他抬举得很崇高。利休本人虽然对禅具有较深的参悟，却似乎并不是一个淡泊名利的人。当时的一代枭雄织田信长旌旗浩荡长驱直入京都之后，利休就有意亲近信长，信长便起用他担任茶头。不久另一个枭雄丰臣秀吉率兵崛起，平定了天下，于是利休又成了秀吉的亲信，担任了他的茶堂。但丰臣秀吉显然无心追求“闲寂枯淡”的境界，他更在意称霸天下的权力和炫目辉煌的排场，于是1586年在宫中小御所内营造了贴满金箔的黄金茶室，里面装饰了纯金打制的一套台子茶具。在1887年10月于北野天满宫举行的一场规模空前的大茶会中，利休等人是主要的角色。丰臣秀吉既有雄才大略，猜疑心也很强。利休受到了宠信，也就有了些狂妄。1589年在为其亡父做50年忌的时候，出钱在大德寺山门上增建一层，并在楼上安置了自己的木像。这不免引起了秀吉的猜忌，于是下令利休返回到自己的家乡堺，并对利休的行动处处加以限制。利休终于意识到自己触怒了独裁者，于是在70岁时悲怆地自刃身亡。利休一生浸淫于茶事中，也有了很高的修养，留下了不少足以供后人学习的言行，最终却未能看明白世态炎凉，心境不能完全平静，时时有浮躁之举，说来也很有些讽刺意味。

千利休一脉的茶道文化，后来由他的子孙延承，形成了今天京都的“三千家”。他的孙子千宗旦于1648年在京都建造了“今日庵”，仅有三平方米左右，窄小素朴，为其晚年的隐居地。他拒绝了江户幕府请他做茶道示范的邀请，比其祖父更为彻底地坚持了“侘茶”的精神。此后，宗旦的第三个儿子宗左继承了利休的茶室“不审庵”，自立门户，因其居住在上代传下来的屋产的外面部分，因而这一流的茶道称为“表千家”。而宗旦的第四个儿子宗室则继承了宗旦的“今日庵”，又自立一流派，因其居所在传统老屋的里面，称为“里千家”。宗旦的另一个儿子宗守则自己创建“官休庵”，严格遵守宗旦的家风，这一流被称为“武者小路千家”。以上就是日本茶道界影响最大的“三千家”，名义上，都遵奉千利休为始祖。如今，以“里千家”的势力最为兴盛。另外，每一家的历代“家元”即宗师或曰掌门人，都沿袭最初创立者的名号，以体现其一贯性。现在这一“家元”制度已经扩展至花道、剑道及其他各类传统的演艺界。2015年夏日的一天傍晚，我到京都相国寺西面偏北的寺之内街一带去寻访里千家的今日庵和表千家的不审庵，也许是时近黄昏，也许是平日就是如此，两个地方均是大门紧闭，闲人不可入内，我只是感受了一点外面静穆的墙垣和附近的几家茶具店。

茶道所需的茶道具

严格地说，在千利休手中最后完成的茶道是日本本土的产物，虽然在形成的过程中，受到了中国文化明显的影响。中国古代对茶的种种讲究，还只是一种茶艺，而非现代意义上的茶道，倒是明代以后，随着叶茶的兴起，在江南一带，饮茶染上了浓郁的文人趣味，在茶具的选用和饮茶的情趣上，更多地与琴棋书画融为一体。但这种由饮茶体现出来的文化情趣依然不能归之于茶道。虽然日本的茶道在形成的过程中明显地可感受到中国文化的痕迹，武家的“唐物数寄”推崇的就是中国的书画，茶具的种类和样式也沿袭唐宋的物品，禅宗的精神更是直接来自中国，但将禅与茶连接在一起，在茶中寄予了人生的哲理，并通过茶来透现出比较完整的审美意识，显然是日本人的创造。茶道形成之后，茶已经不单单是一种饮品，从茶庭的设计、茶庵的营造、茶室内的格局和装饰、茶具的选用到点茶的方式、茶礼的制定，都建立起了一套完整缜密细致的规范，乃至于有《山上宗二记》《南方录》《宗春翁茶道闻书》和《茶道旧闻录》《茶汤古事谈》等多种茶道经典的问世，“敬、静、寂、和”的茶道精神的确立，都说

抹茶与茶果子

明了日本的茶道有自己的源流。

不过，对于日本的茶道也不必过于溢美。室町时代的将军的茶会乃至江户时代的“大名茶”，或者说是后期富裕商人间盛行的各种茶会等，都染有浓厚的物质色彩和游乐消遣的成分。通过茶道的形式来修身养性、砥砺品性、感悟人生的自然大有人在，但仅仅将其视作友朋间的交游形式，甚至借此炫耀摆阔的人也为数不少。即便标榜“敬、静、寂、和”的三千家等，也存在着将千利休等过于神圣化、茶道的演示方式过于程式化，以及对于茶具等形式性的东西过于讲究的弊病，反而容易丧失“侘茶”本身的真精神，把握不当，便易误入歧途。

早期日本从中国传入的茶，时代是在南宋，茶的形态主要是抹茶，茶道上所使用的茶，也是抹茶。宋代的茶，在中国本土几乎已经消失，现在一般中国人所饮用的茶，我上文已讲到，主要是明代开始普及的叶茶或散茶。洪武二十四年（1391年），朱元璋嫌饼茶或团茶太费功夫，下令停止团茶的制作，全国普遍推行散茶或曰叶茶，开始时还是蒸青法，后来为保持茶香，而改为炒青。明人许次纾的《茶疏》中就已专门立了一章《炒茶》，这一制作方法一直延续至今。明代中叶以后，散茶或叶茶也以各种途径传到日本，其中重要的一条途径是江户前期的1654年中国的隐元和尚，他在将黄檗宗传到日本的同时，也将散茶的炒制法和饮用法带到了日本，京都的万福寺当时就成了煎茶（日本为了区别传统的末茶，将新兴起的散茶称为煎茶）茶艺的传播中心。江户中期（18世纪），有一个叫高游外（本名柴山菊泉）的卖茶翁，青壮年时曾多次出入万福寺，受煎茶的影响甚大，晚年在京都的东山营造了一所通仙亭，专营卖茶，由此集聚了一批讲究趣味的文人，也借此传播了中国的文人茶。卖茶翁去世后，人们在万福寺天王殿的南面建立了一家卖茶堂以祭祀他。卖茶翁晚年时，大阪出身的大枝流芳写了一本《青湾茶话》，这是日本第一部论述煎茶的著作。卖茶翁自己在74岁时也写过一部《梅山种茶谱略》，论茶谈艺。随后，在文人中间对抹茶的批判之声渐起，煎茶一流的茶道也慢慢兴起，其中比较著名的人物是花月庵田中鹤翁，对煎茶制定了一套礼式，融入了较多的文人趣味，由此开创了煎茶道花月庵流，一直流传至今。如今，日本人只是在传统的茶道上仍使用抹茶，而在一般的日常生活中，都普遍饮用冲泡式的煎茶。只是茶的制作，还是中国明代初年的蒸青法，而不用炒青，蒸青的茶叶也碾得比较细碎，泡茶时不将茶叶放入杯中，而是另置一茶壶（日语称“急须”），在壶口备一过滤网罩，茶叶放入后，再将沸水注入，因此汤色青碧，但茶香不如炒青，这也是现代中日两国在绿茶饮用上的一个比较显著的差别。

内涵繁杂的茶屋

茶屋这两个汉字，在中国人看来非常简单，就是喝茶的地方，中国人很容易将此理解为中国的茶馆。我原来也是这么认为。后来才慢慢知道，它的形式其实非常多元，它的内涵相当地繁杂。

《日本国语大辞典》对茶屋一词的解释有这样几个：① 销售茶叶的店铺；② 茶室的一种；③ 路旁和街边的一种可供人坐下喝茶休息的茶店；④ 京都一带的“游里”（大致可以理解为青楼街）为客人叫来“游女”（出卖色相的女子）和艺妓（一般只表演歌、舞、器乐演奏等的艺）玩乐的店家；⑤ 在茶屋里为男性提供服务的“茶屋女”的简称；⑥ 江户吉原（以前一条较大的青楼街）一带将客人带往青楼去的人；⑦ 江户时代剧场内供看客在幕间休息饮食的地方，也称为“剧场茶屋”；⑧ 在相扑的表演场内向看客提供酒食或销售门票的组织，也称为“相扑茶屋”；⑨ 向食客提供饮食的地方，也称为“料理茶屋”。

而在京都，除了⑧相扑茶屋没有外，其他的意义都存在或存在过。这里主要说一下③④和⑨，②另外专门讲述。上述几个类型的内涵，中国的茶馆一般都不具有。

③这一类型的茶屋，大约起源于室町时代的1400年前后，每逢初一十五，都会有大量的信众去寺院参拜，于是就有些会做生意的人，在寺院前摆起了茶摊，一杯一文钱。当年京都东寺外的茶摊就比较有名，这是日本茶屋最早的形态。当年人们的旅行，都是靠双脚行走，日本甚至很少有骑马的，也罕见轿子，于是在一些重要的大路上（日本称之为“街道”），会有些人在那里设茶摊，供人小憩。那时人们会在重要的节日或有祭祀活动的日子，去寺院和神社参拜，于是就有人在附近摆出一些茶摊，供人解渴休息。到了江户初期，就逐渐形成了一些固定的茶屋。京都今天依然还有好几家历史悠久的这一类茶屋，不过供应的不只是茶，还有各色富有京都特色的食物。

比如八坂神社南门进口处鸟居右侧的“二轩茶屋”，是这一类茶屋的典型。据说最初那里有两家（二轩）茶屋，现在留存下来的是中村楼，仍称为“二轩茶屋”。茶屋的建筑也是古色古香，涂成黑色的木板墙，门口置放一把竹制的和纸伞，挂一个写有“抹茶”字样的白色灯笼，深藏青的暖帘（一种挂在店家进门处、写有店招字样的布帘），里边是原木的格子台，也就很能撩起一点日本风情了。二轩茶屋的招牌物是田乐豆腐和稚儿饼，这其实都是非常乡村的食物。所谓田乐，是一种在田间表演的舞乐，田乐豆腐就是将老豆腐切成长方块插上竹签后，在上面抹上味噌（一种厚厚的豆酱），在炭火上烤热即可；稚儿饼则是有甜味的浅色味噌馅的糯米饼。这些完全都是庶民的食物，也富有传统的日本气息。

在京都，还有一种店名曰“茶寮”，也可以喝点茶，但主旨不在解渴，只是一碗浅浅的抹茶，配以该店所产的“和果子”。“和果子”中，当以京都的果子最出名，又称京果子。在很摩登的京都火车站的二楼，有一家外观用传统风的木格子装潢的小店，曰“京都茶寮”，当然这里没有优美的风景，只是川流不息的旅客的一个小小的驿站，可让人稍微坐一下。我曾进去过一次，里面的氛围当然没有二轩茶屋那样的风情，但和果子或者说京果子做得很精致。绿茶分为薄茶和浓茶两类，浓茶稍贵。抹茶有冷热两种，凉的抹茶可谓是完全创新了，用的是造型别致的、有点像琉璃的浅绿色的玻璃碗，上面还有一点雅致的花草图案，看着就让人欢喜。有一种果子，做成了向日葵的形状和色彩，吃果子时，用一支很有质感的竹签，让人觉得很京都。喝过抹茶的人都知道，抹茶只占陶碗中的三分之一，色翠绿，味苦涩，并不足以解渴。一碗抹茶加一两种和果子，价格在1 000至1 500日元左右，可在匆匆的旅途中稍得小憩。

靠近清水寺的五条坂，有一家名曰“东山茶寮”的店铺。在店名前，还加上三个字“甘味所”，是，这是一家甜食店。也有抹茶，不过不喝茶，是用抹茶做汤汁，里面放入团子似的甜食，名叫水馒头。另外还有各色布丁、抹茶冰淇淋、赤豆年糕等，颇受女生的喜爱，却不是一个喝茶的地方。

京都府天桥立小街上的吉野茶屋

被称为日本三景之一的天桥立，在京都府北面的日本海沿岸，地处宫津湾的南部，是京都远郊的游览胜地。我曾在2015年的5月和8月去过两次。天桥立的小镇上，有4家茶屋，分别是吉野茶屋、彦兵卫茶屋、千岁茶屋和勘七茶屋，都很有年头了，几乎都是挨着的，门面的装潢也非常相近。似乎以“吉野茶屋”最为出名，临观光街，也是江户时代以来的老铺，木屋，底楼是店面，楼上大概是住家。门口挂着一排红灯笼，也有红伞。我去的时候是在春夏，店门敞开，榻榻米的地面，须脱鞋入内，可瞥见里面一圈铺着红毯的宽大的凳子，围着中间的一张长方形木桌，顾客可在此闲坐小憩。里面还有设计得颇为别致的茶室，将传统和现代的元素巧妙地融合在一起，铺着玻璃板的木桌边，摆放着几张深紫色的坐垫式的圆形软凳，素朴典雅。供应的食品，是该店特制的“智慧饼”，因为附近就有一座寺院曰智恩寺，供奉文殊菩萨，而文殊菩萨是智慧的象征，智慧饼名称由此而来。日语中的“饼”，并不是中国的扁平圆形的饼，而是一种糯米制品，大都呈团子状，一般里面都有馅，大抵都是细豆沙，也有把豆沙盖在团子上的。“智慧饼”卖得不便宜，两三个小团子，五六百日元，会同时提供一杯煎茶（大麦茶、绿茶或玄米茶），抹茶则需另外加钱，有趣的是这里还卖抹茶冰淇淋和刨冰，也不算纯粹喝茶的地方。

再说一下“茶屋”词义中的⑨，那就是纯粹的料理屋，不是饮茶的所在。在上文中我说到了曼殊院，就在我居住的京都大学国际交流会馆不远的乡间，紧邻曼殊院，有一个很小的神社曰辩天社。几乎与辩天社连成一体的，是一家“辩天茶屋”，我去过两次。位于东山山麓，从一条坡道折入，走过一片农田和稀疏的房舍，就坐落在郁郁葱葱的东山山麓，周边一片寂静。第一次去，正是惠风和畅的4月中旬，浅黄色的平房在周边明亮的新绿的衬映下，越加显得素朴典雅。进门须脱鞋，进得屋内，是纯然和风的装饰，不是榻榻米，有桌椅陈设，人们可以坐着用餐。名曰茶屋，现在供应的却是饭食，以新鲜的豆腐衣为招牌。京都的豆腐，历史悠久，制作精良，已经蜚声日本国内，豆腐衣也很受人喜爱。新鲜的豆腐衣，就是在一个较大的平底锅内，将浓稠的豆浆煮沸，然后将上面结成的一层衣用长长的竹扦撩起来，当场可食用，只需蘸一点点上等的酱油即可。我在浙江天台的一家农家风饭馆尝过，入口滑爽，有清新的豆香。辩天茶屋的吃法，却是将乳黄色的较厚的豆腐衣层层卷起，切成一段段，放入一个红色的漆碗内，浇上自制的调味汁，也相当可口。店内除了新鲜的（日语称之为“生”）豆腐衣外，还供应荞麦面和乌冬面，还有日本式的红豆年糕汤，就是没有日本的绿茶。

京都曼殊院旁的辩天茶屋

在天桥立见到的“千岁茶屋”，也跟茶没有关系，实际上它是一家吃荞麦面的店铺。那天我也觉得奇怪，店招上写的是茶屋，却看见店门口一间敞开的小屋内，有一个三十来岁的戴着眼镜的年轻男子，额上扎着一条白毛巾，穿着白色的厨师服，正全神贯注地用擀面棍在做手工荞麦面。据说其创业于江户前期的1691年，已有300多年历史了，屋内装潢洁净舒适。因为是手工荞麦面，所以价格也不低廉，普通的一份差不多1 000日元，配上炸大虾的“天妇罗”要1 450日元了。这样的店家，门面还是茶屋，却完全不是一个饮茶的所在了。

京都府天桥立小街上的千岁茶屋

不过辩天茶屋或是千岁茶屋基本上还是低消费的，主要是供曼殊院和辩天神社参拜者或是来天桥立的游客小憩、用个便餐的。还有一些挂着茶屋店招的，实际上却是高级料理店，差不多是料亭的水准了。

从我那时居住的京都大学国际交流会馆往西北走六七分钟，有一家店铺名“平八茶屋”，已有四百年的历史了。距离睿山电车修学院站较近，东侧靠马路，进门也在路边。听起来似乎有些吵，但店堂却要从古色古香的、上面筑有茅草屋顶的类似寺院山门的入口进去。再走一段路，路是石板铺成的，入口之内即是庭园，竹木扶疏，参差的绿荫挡住了车流的喧哗声。正是和暖的春日，店内取开放的形态。店的西侧，就是高野川，在日本曰河，在中国人看来就是一条比较大的溪流，前几日连续下雨，充沛的雨量带来了充足的水流，从上游淙淙流下，在落差处发出了清越的响声。在绿树掩映之下，听着清澈流水的泠泠声，没有美食，心也醉了。平八茶屋有些高档，主打怀石料理，且必须预订。价格每人从12 000日元至20 000日元不等，另加消费税和服务费，在怀石料理中算中等的价格。主要供应三种样式，最出名的是“若狭怀石”。“若狭”是地名，是一个位于京都府与福井县交界的海湾，靠日本海，那里的甘鲷比较出名。捕获之后，立即在冰鲜的状态下运到京都市，或者将其剖开，去除内脏，用一点盐稍加腌制，同样在冰鲜的状态下运到京都市。后者因为施加了一些盐粒，其肉质更加紧实，些许的盐分使鱼肉中的蛋白质转化为氨基酸，鲜味更足，而新鲜度丝毫不减。这套怀石料理中，还有一道炙烤甘鲷，保留鳞片，用煤气火和炭火分别加以烧烤，使其鳞片达到金黄色，脆酥可食。另外一种是季节怀石，推出当令的美食，樱花季节就以樱鲷和竹笋为卖点。所谓樱鲷，是春天捕获的一种红色鲷鱼，带有鲜亮的桃红色，在日本就被看作是樱花的色彩（樱花本身有许多种），春雨后的鲜笋，也是人们的最爱，樱鲷春笋饭，就是一种绝配。其他还有河鱼怀石。京都市本身不靠海，但有许多溪流，且紧邻琵琶湖，自古以来有不少河鱼出产，其中主要是生长在溪流中的香鱼以及鲫鱼和鲤鱼。河鱼怀石的价格相对低一些，日本人还是喜欢吃海鲜。如此这般以怀石料理为主打的料理屋，店名却叫茶屋，想来也是有些好笑。不谙此中奥秘的中国人，见到店招，很可能以为是一家茶馆，可以坐下来喝杯热茶，以消解旅途的疲乏，却是误解了。

还有我在讲述下鸭神社的神前婚礼时曾述及的下鸭茶屋，那就完全是一家高级的料亭。周末基本上是承接婚宴的，那里的消费，每人都在20 000日元以上了，切切不要因为在神社里逛累了，看到茶屋的店招就轻易往里边走。当然，倘若你腰缠万贯，那就一切随意了。

最后，说一说茶屋词义中④的一类，那就跟茶的距离更为遥远了。早年（差不多是16世纪末期）这一类的茶屋，完全是青楼街的产物，或者那个时候说起茶屋，差不多有一半是这一类的词义。京都最初的青楼街，称为“游郭”（后来这一词语传到了江户、大阪和长崎等地），最早真的是有郭，即围起来的外墙的。1640年前后，在今天京都车站西北面，也就是西本愿寺的西侧，形成了一个名曰“岛原”的、东西南北200米见方的游郭，并逐渐演进出一套圈内的规矩和经营业态。历经几百年的岁月，岛原早已衰败，那一带的青楼街也早已不复存在（建筑还保存了一小部分，代表性建筑“角屋”被列为国家重要文化遗产），但当年的规矩、业态今天依然在祇园一带延续。当然公然的卖春应该已经没有了吧，只是以女子为演艺的主角、主要取悦于男性的性质，数百年来还是一如既往。

要了解这一类茶屋的实态，需要行内人士的引介，估计消费也绝不会轻松。很遗憾，我迄今尚无实际的体验，但作为京都传统文化的一个不可或缺的领域，我试图通过对相关文献的阅读，来做一个尽可能无误的叙述。

与昔日相比，由于人们娱乐形式的多样化和都市形态的现代化，传统的花街无疑处于一个衰退的状况。由于业界的努力和人们，尤其是异乡人对日本传统文化的兴趣，目前在京都还保留着五个花街，分别是祇园甲部、祇园东、宫川町、先斗町、上七轩，大部分集中在祇园区域、鸭川的东岸，而以祇园甲部的规模为最大。即便如此，目前真正在出场表演的人数，大概也就将近300人，分为艺妓和舞妓两类。艺妓主要是吟唱和器乐演奏，年纪偏大，舞妓则以歌舞为主，表演者都是年轻的姑娘。艺妓和舞妓的表演场所，称为“御座敷”，往往会有酒席相伴。而日常教育、培养和管理她们的机构，叫做“置屋”，有一个年长的女子（日语称为“お母さん”）主持经营这样的置屋。想要成为艺妓或舞妓的十几岁的女孩便通过报名、审核的程序进入置屋，置屋要负责她们的日常吃住、基础培训，添置昂贵的表演服装，再送她们去专业的歌舞机构接受系统的训练。祇园南街、距离建仁寺不远的“祇园甲部歌舞练场”就是这样一家规模较大的训练机构。而“茶屋”或是“御茶屋”是干什么的呢？御茶屋就是置屋与御座敷之间的中介，甚至可以说是主导机构，御茶屋的经营者一般也是女性，需要有非常专业的审察力和广泛的业界人脉。客人需要什么样的表演和服务，首先来与茶屋接洽，然后根据客人的需求来选择安排哪一家置屋的哪些艺妓来表演，选定什么样的表演节目，确定什么样的服务，选择哪一家御座敷来作为表演场所，在一定程度上，它掌管着置屋甚至御座敷的生杀予夺的大权。当然它也有自己的生存压力，第一它要建立起自己良好的信誉，即由御茶屋来安排的表演一定要获得客人的喜爱，让客人得到满足，不然客人以后就不会再委托这家茶屋；第二，它自己要非常专业，它要了解各家置屋的情况，掌握每一位艺妓和舞妓的成长及目前的水准和特长，它的选择必须要体现出行业的专业眼光，同时也要充分了解每次客人的具体需求；第三，它要与相关的和服店、花店、道具店以及料理屋等都要建立熟稔的业务联系，表演场的安排、布置，它都要参与，客人一般都会需要酒宴，而茶屋和御座敷本身是不烹制料理的，就要请附近口碑好、价格公道的料理屋届时提供可口的酒食。按惯例，客人自己不可越过茶屋直接去联系置屋和御座敷，必须通过茶屋。而作为中介协调机构的茶屋，彼此之间的竞争也是十分激烈的，比如在祇园甲部，这样的御茶屋就有64家，目前京都五大花街共有御茶屋147家（这部分内容，主要参考了井口贡等编著《京都·観光文化への招待》的第十三章《京都花街と舞妓の文化経営》，ミネルヴァ書房，2012年；原田伴彦编《京の暮らし》中的第九章《京の色町——島原と先斗町》，柏書房，1981年）。这样的茶屋，不仅跟喝茶完全没有关系，与饮食也基本绝缘了。为何要叫茶屋？或许是因为江户时代为客人提供色情或非色情服务的就是茶屋，以前将提供色情服务的称为“色茶屋”。

再顺便说一下，目前来到各家置屋，打算要把今后的青春岁月献给舞妓职业的姑娘，大都来自京都以外的地区，尤其以九州鹿儿岛地区为多。她们大抵在初中毕业的15岁左右，背井离乡来到京都，经过严格的面容、天资的审核之后，就被接纳到各家置屋里，开始接受培训，内容包括形体训练、舞蹈技能、吟唱、三弦等乐器的演奏等。一般在两年之后就可出场参与表演了。表演所得的收入，则由置屋、茶屋、御座敷三家分成。这一行业，在接受客人预订的时候，都要遵守一个规矩，就是谢绝生客（日语是“一見さんお断り”）。即必须有熟客带来，或经可靠的熟客介绍，自己贸贸然提出要看表演，要有舞妓来陪侍，一般都会被婉言谢绝。

但是一般的大众，也可以欣赏艺妓和舞妓的表演。各个花街，每到春季，都会推出各种日本传统的舞蹈表演，统称为“春之踊”，大致是4月1日开始的一个月。比如祇园甲部，就有很著名的“都踊”；宫川町有“京踊”；先斗町有“鸭川踊”；上七轩有“北野踊”。踊一般指的是日本传统的舞蹈。祇园的都踊，起源于1872年的第一届京都博览会，以后就一直传承了下来，形成了一年一度的重大表演季。祇园甲部的“都踊”的表演场所，

竖着“都踊”宣传灯的祇园街头

在歌舞练场，“鸭川踊”在祇园角。到了秋天的11月，有一个月的表演，祇园甲部的名称是“温习会”。主题大都是表现春夏秋冬四季的京都景色和日常风俗，服饰华美，灯光艳丽，演唱者则身穿深色的和服，必定都会弹奏三弦。这些演出都对外公开发售门票，但实行会员制，必须成为会员后才可在网上购票。现在很多人（包括外国人）都是通过旅行社组团来观看的。这部分的营业收入已成了花街生存的重要途径，京都市政府也将此作为一项推展日本传统文化的项目予以积极的扶持。

在祇园一带，经常可邂逅一些年轻的舞妓在街上碎步走过，那大抵是去参加排练或训练，或是去某一处御座敷表演。据说都是16岁左右，有时也看不清年龄，因为脸上涂了太厚的白粉，嘴唇中间抹了鲜艳的口红，原本一张张青春活泼的脸，差不多都失去了个性，仿佛带了一个面具，只有一双小眼睛，在灵动地闪烁着。

说起来，日语中的茶屋，实在是包含了多重的意思，表现了多元的形态。同为汉字国家，我们中国人，切切不要看到日语中茶屋这两个汉字，就以为是茶馆了呢！

茶室和茶庭

这部分，来谈一下《日本国语大辞典》中关于“茶屋”的第二个释义：茶室。同时兼谈一下茶庭。

很多年以前，我在阅读竹贯元胜写的《京都的禅寺散步》一书时，发现几乎在每一座禅寺内，都设有两个栏目的介绍，一个是茶室，一个是庭园。庭园我大概还能理解，为何在寺院里都会有茶室呢？后来慢慢明白了，禅是日本僧人从南宋的中国系统地传来的，茶也是禅僧从南宋的中国带来的（煎茶或者说叶茶的制作和饮法是明末的隐元和尚从中国传来的），日本茶道的形成，与禅宗具有极为密切的关系，在一定程度上甚至可以说是禅的思想和精神通过茶的体现。

不过在茶传入日本后的14世纪中叶到15世纪中叶前后，那时茶会的主办者多为将军、大名等上层武士，举行茶会的地方，称为会所（日语的汉字就写作“会所”）。为了显示自己的风雅，会尽可能多地摆设和显示从中国带来的书画作品（当时被称为“唐物”，被视作稀罕的珍品）以及考究的装饰，参加者也大都穿戴绫罗绸缎，一身的荣华富贵。还时兴从宋代中国传来的斗茶，会所内语声喧哗，气氛热闹。这样的茶会，被称为“婆娑罗寄合”，主要是上层武家的聚会。后来这样奢华的排场，逐渐被当局禁抑。作为对这一奢华的反动和反省，便有茶人认真习禅，逐渐创制了茶禅一

茶室

味的草庵茶，形成了日后的茶道。

到了千利休的时代（16世纪后期），草庵茶已完全成熟。然而用作茶室的草庵，并不是随意搭建起来的，而是精心构建制作的，初看宛如乡野茅屋，其实处处都有匠心，只是在外观上洗去了“婆娑罗寄合”的华丽。我在叙述京都的禅寺、皇家离宫甚至是北野天满宫的部分，都屡屡提到了茶室，修学院离宫的上中下三处建筑甚至被称为上中下茶屋。可见到了江户时代的前期，在日本的中上层社会中，习茶、自家举行一些小型的茶会，已经是一个普遍的风雅事了。考究一点的，围绕茶室，还有一个专门的庭院，称为茶庭。

就江户时代初期完全成熟并一直延续到今天的日本茶室而言，它一般要具备两个基本要素，第一是能让茶道得以展开的建筑空间，第二是具备“茶具足”的烹茶、饮茶的基本设施和用具。

就建筑空间而言，可以是草庵，也可以是书院造（关于书院造，上文已有叙述）的格局，也可以在书院造的基础上融入数寄屋造的元素，而以书院造为最常见的样式。书院造是15世纪末出现、16世纪成熟、17世纪初普及的最为典型的传统日本住宅的样式，中层及以上阶级的住宅，在书院造的住宅内，必定有一个称为“座敷”的空间。“座敷”指的是铺设了榻榻米的客厅，其功能类似于旧式中国的客堂，但样式迥然不同，一般无桌椅之设（到了近代出现了矮桌），主客均席地而坐。现存最早的早期“书院座敷”，是室町幕府第八代将军足利义政建于1486年的慈照寺东求堂的同仁斋。义政为了表示不讲求世俗的尊卑高下，特

里千家茶道演示

意将其取名为同仁斋。这是一处铺设了4张半草席大小（约有9平方米）的“座敷”，足利义政应该在此举行过小规模的茶会。4帖半的小屋，历史上还是隐居者遁入山间所居住的草庵的格局。后来，4张半（或曰4帖半）面积的“座敷”，也就成了“侘茶”，也就是茶道演示的较为通常的茶室格局。

光有空间还不够，这里要举行小型的茶会，也就是要做茶道的演示，它还必须具备“茶具足”。所谓“茶具足”，就是专门用于烹茶、点茶、分茶和饮茶的器具。饮茶习俗本身既然是从中国传来，初时茶具的样式、种类和构成当然也是以中国的物品为范本，以中国的物品为上品。就其样式和构成来说，比较完整的是带有台子（日文的汉字就写作“台子”，不是普通的桌子，日语的念法为daisu，明显受到江浙一带发音的影响）的一套，一般包括置放茶叶的四方茶盒或茶罐，水指（盛放水的有盖器皿），建水（供使用过的水倒入的器具），风炉，铁釜，供插杓用的瓶状器具，竹茶杓，夹炭火的金属火夹，置放茶碗的托台，茶筅等。这里的器具，除了中国宋代出现的茶筅外，其他在唐代陆羽的《茶经》中都有述及。这也意味着，到了15世纪末和16世纪的日本，饮茶已不只是荣西和尚在《吃茶养生记》里所鼓吹的解渴或是药用的功能，它已演变成了比较完整的一套礼仪和规矩，已经包含了不少程式化的因素。

直至今天，这样的建筑格局和做茶用具，依然是日本茶室的基本特征。当然，也有一些茶室做得有点极端。比如前文述及的千利休所设计建造的待庵。我个人觉得这好像稍稍有点过了。在今天的日本，像待庵这样的格式，已经难以成为主流了。

有条件的话，光是这样一个室内的空间，还不能营造出茶道的整体氛围，这就需要一个称之为“茶庭”的相应的庭院或庭园。有关日本的庭园，我在之前已多有叙述，这里不再展开，这里主要说一下茶庭与一般庭园的不同点。如果拥有比较广大的空间，那么在茶庭的进口处，会设有一个“待合腰挂”，就是有屋檐的可供客人坐着等候的地方，屋檐上一般以茅草葺顶居多。然后有一个小童带客人走向茶室。通往茶室的道路，就比较有讲究，它不是一般的石板路（当然更不能做成现代的水泥路或柏油路），而是在泥地上布满形状大小各不相同的石块（称为“飞石”）。这布局和石块的选用都十分讲究，石块要讲究材质、造型和颜色，布石要显得灵动，同时充满禅意，它等于是进入茶室的序曲，已经开始在营造茶文化的氛围了，甚至可以说它本身就是茶文化的一部分。茶庭的植物，也有讲究，要疏落有致，显出茶的意境，另外，不可种植花卉，除了绿色，不可有缤纷之色，以免使人目迷五色，心有旁骛。进入茶庭后，心就必须完全沉静下来，专心于一点。

我个人参加过几次这样的茶会，心静下来感觉就会很好。有几次，茶室都把障子拉开，可以望见屋外的绿色，尤其是在九州高松栗林公园的一次，户外景色绝佳（实际上我是心有旁骛了）。在京都倒是没有茶会的体验，但有好几次一个人在禅寺茶室内的闲坐，盘腿趺坐，似乎感觉更好。说到茶会上的坐，原则上必须正坐，实际上是跪坐，席地屈膝，两脚垫在臀部下。这样的正坐，如果没有自幼的专门训练，实在是非常地艰难，不只是艰难，差不多是难以做到，更难以持续。

日本的茶文化研究家久松真一在《茶道的哲学》一书中说："茶道是一种综合性的文化体系，其中包含了艺术、道德、哲学甚至宗教。茶道吸收了文化所有领域中的养分，然后创造了一个文化体系。建构了这一体系的茶道文化中体现了日本独特的性格。"（《茶道の哲学》，东京讲谈社，1985年，第52—53页）我个人对此有深深的共鸣。日本的茶道，绝不是一个饮茶的简单行为，它已演变或升华到了一种接近于哲学的生活艺术，在茶里同时融入了建筑、书画艺术、插花艺术、陶瓷器艺术和造园等诸多因素，我们从茶室和茶庭的营造中，亦可充分感受到这一点。

陶瓷与漆器的世界

五条通的陶瓷器大集市

我也不记得自己是什么时候爱上了陶瓷器。应该是1992年在东京的时候吧，那时偶尔去逛三越、高岛屋等高级百货公司，在最上层会有一个茶具、餐具、酒具的区域，那些制作精良的陶瓷器具，质地的温润，图绘的雅致，每每让我爱不释手。中国原本是世界上陶瓷器最灿烂的国度，可是由于历史的原因，至少自我出生以后，市面上就没看到过精美的陶瓷器产品，我少儿时，上海似乎连正规的博物馆也没有。一般家庭所用的，都是蓝边大碗，粗瓷，景德镇也堕落了，那个时代尊崇工农，一切以底层的审美为标准，以粗糙坚牢为佳品。说实话，在去东京之前，我都没有看到过像样的陶瓷器具，是日本，让我对陶瓷器有了新的认识，以后就渐渐留意起来。

据矢部良明监修的《日本陶瓷器史》的说法，日本的陶器烧制已有了12 000年的历史。大概在9000年前的绳文时代，日本列岛上粗陶器的烧制已经渐趋普遍，但在长达约一万年的岁月中，日本本土的制陶技术只能烧制温度在一千度以下的质地比较粗劣松散的“土师器”。5世纪前后经由朝鲜半岛带来了新的制陶技术，产生了“须惠器”。“须惠”这个词的发音是sue，日语中“陶工”的“陶”字念法就与“须惠”完全相同。现在日本的陶瓷器史上说须惠器的制作工艺是从朝鲜半岛传来的，从传承的途径来说大概是不错的，但是我怀疑传来这些技术的人很可能是汉人或是汉人的后裔。5世纪左右有大批来自半岛和大陆的移民来到日本，大和政权将这些移民按他们的技能分别编成各个部，其中有一个从事陶艺的称之为“陶部”，这“陶部”的“陶”字便念作sue。须惠器与这以前用低温烧制的陶器（日语曰土器）确实不一样，它是一种将耐火度高的黏土制品放入窖窑中经千度以上的高温烧制后做成的结构细密、质地坚硬的硬陶器具。简而言之，日本早期陶器烧制技术的飞跃性提高，得益于大陆和半岛的先进技术。

唐朝的时候，虽然中国的越州青瓷传到了日本，但当时日本人无法烧制出与青瓷媲美的瓷器，他们只是在原来三彩技术的基础上，又吸取中国的灰釉技法，烧制出了灰釉陶器。这些灰釉陶器与越州青瓷相比，毕竟要显得粗粝得多。进入镰仓时代后的13世纪初期，在邻近现在名古屋的爱知县濑户地区，陶器制品的烧制蓬勃兴起，揭开了日本陶器业新的一幕。这一地区烧制的陶器被称为“濑户烧”，因为其制品的品质优秀，而且在16世纪之前，这里是日本唯一的一个施釉陶器的产地，所以在日语中，“濑户物”成了上等陶器的代名词。但是，日本人在很长的时期里，一直未能掌握中国在北宋时已经非常圆熟的瓷器烧制技术。

一直到了江户初期的1616年，在丰臣秀吉进攻朝鲜时从那里俘虏过来的朝鲜陶工的帮助下，日本人第一次烧制出了瓷器，这在日本陶瓷史上是一次革命性的跃进，从此日本进入了瓷器时代。日本瓷器的诞生地在今天佐贺县的有田，因而有田的瓷器名闻天下，而出口欧洲时，是通过附近的一个港口伊万里，所以在海外又称“伊万里烧”。到了江户后期，日本的瓷器烧制，已经与中国并驾齐驱，到了明治时代，渐渐赶上了中国。二战以后，日本的陶瓷器，一度达到了世界的顶级水平，出现了许多优秀的陶瓷器制作家，各地皆有著名的陶瓷器产地。

多年前，一位住在尼崎市的日本朋友知我喜爱陶瓷器，赠我一个清水烧的瓷杯。白里泛青或青里透白的底色上，绘的是平安时代末期，即12世纪中后期的《鸟兽人物戏画》的一部分，这部画作被誉为日本漫画的滥觞，最大的特点是用白描的线条画出了拟人的各类动物与人一同嬉戏玩耍的场景，充满了诙谐滑稽。绘图外，还在印章式的长方形方框内，印有高山寺三个字，另贴了一个小小的金纸标签，上有清水烧三个字。这个杯子，瓷胎较薄，用指甲轻轻敲击，泠泠有声，放在橱内，无论是色还是形，都极为寻常。

在今天，说起京都的陶瓷器，清水烧好像是最出名的。然而实际上，京都虽然从8世纪末的平安时代以来，就一直是日本的京城，但在陶瓷器的烧制方面，起步是很晚的。据说在8世纪的时候，曾有一位名曰行基的僧人在当时平安京东山的清闲寺开过窑，但没有任何遗迹留下来，后来也没有任何传承。京城内的王公贵族日常所用的陶器，都是各地流通过来的。一直到了17世纪初期，也就是说是进入了江户时代以后，才有一个名曰三文字屋九右卫门的人，在鸭川之东的东山山麓粟田口（今天京都青莲院附近）地方，开建了烧制陶器的窑。其生产的陶器，被称为粟田烧，日后在东山山麓的羽音、清闲寺、清水一带陆续出现了一批窑，那里出品的陶瓷器统称为“京烧”，尤以清水烧名气最大。

在粟田烧上做出了比较大贡献的，是一个名叫野野村仁清的人，他专门去了制陶水平很高的濑户（今爱知县境内）去学制陶技艺，回来以后就创造了一种名曰“色绘”的陶器。今天还有一件名为“六角段重”的作品珍藏在京都文化博物馆内，看图片，确实是一件相当精美的艺术品。到了18世纪初的时候，又出现了一位名曰尾形乾山的制陶家，他在今天京都市中京区二条通寺町西的地方开建了一个窑，销售自己烧制的陶器。他的兄长尾形光琳是江户时期光琳画派的代表画家。他就与兄长合作，借助他的绘画技能，将其运用到陶器设计上，拓开了一个新局面，赢得了很多买家，他的作品被称为“乾山烧”。但当时的消费者，多为王公贵族和富裕的商人，一般民众难以企及。到了18世纪的下半期，清水坂、五条坂、八坂一带，有越来越多的人加入陶窑的开建和陶器的制作行业，并建立了彼此互助的行业公会组织“烧屋中”，形成了兴盛的陶器烧制产业，产品也完全进入了一般市民的生活中。说起来也令人觉得有点匪夷所思，1616年在九州诞生的有田瓷器，其技术到了19世纪初才传到京都，也就是说，到了近代的19世纪，京都才有了自己烧制的瓷器。这样说来，我刚才提到的日本朋友送给我的清水烧瓷杯的制作，其历史至多也不过200年而已。在19世纪的上半期，京都迎来了一个陶瓷器制作的高潮期，涌现出了奥田颖川、青木大米等一批优秀的陶艺家。奥田颖川据说是中国移民的后裔，是他在京都首次研发出了白瓷，并尝试在白瓷上绘制各色花卉和图案，带有中国瓷器的风格。然而，进入明治时代后，随着皇室以及一大批王公贵族的东迁，京都陶瓷器业元气大伤，失去了一大批高级陶瓷器的主顾。以后一直是起伏不定，时好时坏，到了战争期间，一切都陷入了衰败。

二战结束后，百废待兴。1950年代以后万象更新，整个社会充满了活力。京都的陶瓷器业也进入了一个黄金时代，以清水烧为代表的“京烧”，在日本的陶瓷器界赢得了很高的声誉，成了高级陶瓷器的代名词。随着工业的发展，污染问题也日益威胁着古都的进一步生长，尤其是清水坂、五条坂一带发生了几次窑火引起的火灾，平日烧窑排出的废烟也污染了周边的环境。那一带的居民和寺院频频向政府方面提出抗议和交涉，于是，原本在东山山麓的一批窑不得不关闭，而将窑址集中迁往京都东南郊的山科地区，在那里建立了一个清水烧园区，还有一部分转移到了宇治那里。原来的清水坂、五条坂一带，则集聚了十多家陶瓷器商家，不仅经营京都的陶瓷器，还形成了日本全国的一个陶瓷器集散中心。在东大路五条通西入北侧，若宫八幡宫的鸟居外面，竖着一块石碑“清水烧发祥地 五条坂”，表示这一带当年是清水烧的发祥地。近年来，那里还建起了京都陶瓷器会馆、清水烧之乡会馆等，都是免费入内。可以说，今天京都的东大路与五条通交汇的一带，已经成了全日本甚至是全世界陶瓷器爱好者的天堂。每年的8月7—10日，还会举行一年一度全国性的五条坂陶器（原名就只是陶器，实际上既有陶器也有瓷器，甚至后者居多）大集市，令人想来都会怦然心动。

如今已很难用一句话来说清京烧或清水烧的特点，因为实际上京都的陶瓷业是后起之秀，后来居上，汇聚了一大批如痴如狂地投身于陶瓷器设计制作的优秀人才。因此它吸收了日本各地的制陶制瓷工艺，在战后又较多地汲取了诸如德国、英国等欧洲诸国的烧瓷技术，成了全世界陶瓷器精华的一个荟萃或集大成。但是它仍然保持了一个传统的特点，那就是拒绝机械化的流水线，每一道工序和图案的绘制，都坚持手工操作，保持了一个比较高的品格和品质，也使得京烧一直是高级陶瓷器的一个代名词。

清水烧的部分作品

2015年我有机会在京都待了半年，有幸遇上了8月份的五条坂陶器大集市。8月9日那天，晴空万里，骄阳似火，京都的炎夏也是名不虚传，但依然未能挡住我的脚步。坐了206巴士到五条坂这边下来时，已近上午10点了。炎炎烈日之下，沿街摆出了上百家的临时店铺，一家紧挨一家。

这里的陶器大集市起始于1920年。为何日期要定在8月7—10日呢？原来这里附近有一座“六道珍皇寺”，远近也很有名。它在每年的8月7—10日要举行一个“六道参拜”的大型活动（日语叫“行事”），就是在每年盂兰盆节的时候迎接精灵（实际上是祖先的亡灵）的祭祀活动。每年逢此时节，就有很多人来参拜，祭祀祖先的亡灵，在大和大路通靠近四条那里，这几天里可谓是人头攒动，参拜者摩肩接踵。在这里经营陶瓷器的业者就想，何不趁此时节将人流同时吸引到这里来，以五条坂为中心举行一个同期的陶器集市？于是就诞生了这样一个大集市，到2020年，恰好100年。在8月 7日那一天，由附近的若宫八幡宫发起一场祭拜陶祖的“行事”。原本那家神社其实与所谓的陶祖并没有什么关系，因为这一带陶瓷业的兴盛，就在1949年也开始尊奉神话中的陶祖椎跟津彦命，在那一天要抬着“神舆”在街上巡礼一周。所谓神舆是神灵栖息的载体，上百个人热热闹闹轰轰烈烈地走一圈之后，集市就算正式开始了。主办方是一个名曰“京都五条坂陶器祭运营协议会”的民间组织，要来此地临时开店摆摊的陶瓷器商或各种陶窑的烧制者可事先来申请。现在实际的摆摊者每年总在350家到400家之间，就陶瓷器集市的规模来说，全日本第一（其他据我所知还有每年春季的有田瓷器集市，也有相当的规模，我也曾专程去那里寻访，但毕竟地处偏僻，交通不便）。

那天我先逛了几家原来就有的陶瓷器店家，大部分商品都打七折。茶碗、茶杯、茶壶、茶托，多为瓷器，瓷胎洁白，或是有若泼墨画一般的大朵花卉，色彩饱满；或是用工笔细细的描绘，留有院体画的痕迹。日本人的食器完全不拘于某一形态，除圆形椭圆形之外，叶片状、瓦块状、莲座状、瓜果状、舟船状，四方形、长方形、菱形、八角形，对称的，不对称的，人们想到的或是想不到的，店铺内都有陈列。描绘在食器上的，可以是秀雅的数片枫叶，几株修篁，也可以是一片写意的波诡云谲，一整面现代派的五彩锦绘。但总的来说，色彩大多都素雅、简洁，少精镂细雕，少浓艳鲜丽。有一家店（惜忘其名）内，有一位年近60的男子，在台灯的光亮下，正全神贯注地在一个小碟上描绘着图案，我在他身边注视良久，他都没有抬起过头，仿佛周边热闹的世界于他是不存在的。

五条通是一条挺宽的大路，两边都摆满了各地窑师的作品，他们自己设计，自己烧制，自己来做卖者。有一位小哥，年近40，一件洁白的圆领短袖汗衫包裹着壮实黝黑的身体，脖子上系着一条藏青底色白色花纹的短围巾，样子实在是帅。上去跟他聊了几句，得知他来自九州佐贺县的唐津，从事陶瓷器的设计和烧制已有近20年。唐津烧在日本的陶瓷器中也有一席之地，那里当年有不少来自朝鲜的陶工，帮助当地的陶工将制陶制瓷工艺推进了一大步。有一个摊位，卖的物件类似中国的青花瓷，但是我要说，比中国传统的青花瓷要好看很多。瓷体细腻温润洁白，蓝色的图案精细繁复，整体上却是简洁透气，留有一定的余白，绝无视觉上的任何压抑感。拿在手上反复端详，真是不忍释手，最后买了几个盘子，记得好像是2 500日元一个。旁边一个摊位，卖的是类似建盏的曜变茶碗或曜变盘碟，紫黑或紫褐的底色上，

京都陶瓷器集市上的部分展销品

是宛如满天繁星般的幽幽的灿烂，在不同的光线下会显出微妙的变色。稍贵，一个5 000—8 000日元，再仔细一想，其实也不贵。那天，还是忍不住买了4万多日元的东西，稍贵的和廉价的都有，也有几个小木碗，纹理实在好看。只是那天实在太热，在户外几乎难以久站。其实在4天的集市期间，每天都有夜市，到晚上10点，恐怕晚上来会好一些。我心想，时节如果不是酷暑的8月，而是暮春或仲秋，一定会惬意许多吧。

2019年的6月，我还去过一次宇治的一家陶窑，曰“朝日烧”，就在风景秀丽的宇治川的东侧，与平等院隔河相望。朝日烧与京都的其他陶窑一样，也起始于江户初期。“朝日”这一名字，是小堀远州题写给陶窑的第一代作陶人的。小堀远州是江户初期杰出的造园家、茶人和陶艺家，因而朝日烧被定为“远州七窑”之一。当时宇治茶已经名闻遐迩，京都也是茶道盛行之地，因而朝日烧早期以烧制茶器为主，从第一代到第三代所制作的茶碗、水壶或曰水瓶等茶具，受到了各地的大名、京都的王公贵族和茶人的喜爱。明治以后，首都迁往东京，京都一下子就没落了。王公贵族纷纷随天皇一起迁徙，有权有钱的人大半离开了京都，以前的主顾大都不在了，做出来的陶瓷器无人问津，朝日烧陷入了困境。有一个时期，朝日烧的当家为御所的复建工程烧制屋瓦，甚至在宇治川上做起了船工，以此渡过难关。后来比较庶民气的煎茶广泛兴起，比较亲民的煎茶道在中产阶层中受到了欢迎，于是朝日烧也开始烧制煎茶道的茶具，慢慢度过了艰难期。此后世道动荡，窑业也是起伏不定，一直到了战后复兴期，朝日烧也迎来了产业的春天。如今它主要面向中层或以上的阶级，产品以抹茶的茶道和煎茶道所使用的茶具为主。陶窑主要有两种类型，一是新型的煤气窑，另一是建在山坡下的传统的陶窑。那天先去看了朝日烧的产品陈列馆，就在风光旖旎的宇治川边。那天风和日丽，阳光并不炙人，江风拂来，颇为惬意。外观非常简单的一幢平屋，屋内也是简明洁净。陈列的各色茶碗，除了一部分之外，大多比较平平，而价格上觉得偏贵，看上去较为普通的一个小茶碗，标价27 000日元，一个比较看得上眼的，标价32 000日元，也许，我毕竟是外行，不谙其中的奥妙。

“朝日烧”的部分陈列品

离开陈列室，行不多远，就来到了朝日烧的工坊，那完全是生产的现场了，有两个煤气窑，但没有开工，里面放置了不少半成品。一位工坊内的资深生产者给我们做了详尽的讲解，一个陶窑口上，像神社的拜殿那样结扎着“注连绳”（一种交缠起来的稻草绳），陶工们在开窑前都要做参拜仪式，祈求陶祖或者陶神保佑，这一习俗一直持续到今天。就陶艺来说，一定要自己躬身实践，才会有深切的体会。我只是对制成的陶瓷器有兴趣，具体的制陶工艺，就完全是门外汉了。

漆器老铺“象彦”

应该是时代和我自小生长的环境的缘故吧，在很长的一个时期里，我对漆器一直很陌生。直到1988年的夏末，一次有机会到扬州去，在扬州的工艺品商店里看到了大量的漆器工艺品的陈列，初步了解了螺钿、雕漆、彩绘等几种漆器工艺。1992年在东京的时候，一位日本朋友赠送给我一本漆面笔记本，封面是黑底彩绘的漆器工艺制作，华美而雅致。这差不多是我第一次触摸到日本的漆器制品，也是我喜爱日本漆器的开始。

中国漆器品的出现，至少有8000年的历史了，明证之一是浙江萧山跨湖桥遗址出土的漆弓。河姆渡遗址出土的漆碗，据说也有7000年以上的历史。战国时代中国的漆器工艺已达到了很高的水平，到了两汉，研制出了一种称为“夹苎胎”（后演进为

“脱活干漆”）的工艺，涌现出了大量精美的漆器制品。我曾在湖北省博物馆看到过战国曾侯乙墓出土的彩绘漆棺，在湖南省博物馆的西汉马王堆出土文物中，见到过完整的食案、漆碗、漆勺、漆杯等一整套漆器食具。魏晋时期，漆器制作在中国曾有过短暂的衰弱。到了南北朝时期，随着佛教在中国的传播和兴盛，佛像的塑造、佛器的制作等，促进并提升了漆器的工艺水平。至唐代，又形成了成熟的螺钿工艺，以及在两汉的金银箔贴花工艺的基础上发展起来的金银平脱工艺。宋代可以称道的是雕漆工艺的成熟，以后又历经元明清，一直延承和发展到今天。

日本的漆器史，以前比较强调的是在大约7世纪时从唐朝传入的漆器工艺的影响下日本漆器的起步，但在最近几十年的考古发掘和研究中，发现在5500年前的绳纹时代，岛上的先人就已在使用漆器的梳子，甚至在北海道发掘出了9000年前的使用了朱漆的装饰品，遗憾的是2002年这批出土品不幸被烧毁，因而这一历史证据就无法成立了。考古的发掘品虽然显示了漆器在列岛上的悠久历史，但由于整个日本文明在东亚区域是相对后发的，漆器在整体上并未被广泛使用，与大部分地区的日常生活似乎也没有什么密切的关联。

日本比较普遍的取漆、制漆以及漆器工艺的发展，大概还是在7世纪的飞鸟时代（古坟时代的晚期），由于遣隋使（607年开始）和遣唐使（630年开始），加之此前佛教的传入，在佛像和佛具制作、宫廷生活中的装饰需求的刺激下，漆器工艺获得了长足的进步。法隆寺内一件被称为“玉虫橱子”的佛具上有一幅《舍身饲虎图》的密陀绘，被认为是比较成熟的漆绘。兴福寺内的一尊使用了脱干漆的技法雕塑的阿修罗像，被认为是8世纪的杰作。现存的稍后制成的鉴真和尚塑像，也使用了脱干漆的工艺。今天珍藏于奈良正仓院内的从唐代中国携来的紫檀螺钿五弦琵琶，给日本的螺钿工艺树立了一个精彩的样本。迁都平安京以后开启的平安时代，精美绚丽的漆器制品迎合了宫廷及权势贵族的喜好，其制作工艺又上了一个新台阶，诞生了让日本人自豪的“莳绘”新工艺。“莳绘”是在中国描金工艺的影响下，日本人的一个创造。简单来说，就是在漆面上描绘花卉图案，趁其还没有干的时候，用金银粉和其他的色粉均匀地涂抹上去，来表现出想要表达的花样，基本的手法有“高莳绘”“平莳绘”和“研出莳绘”三种，施用的漆色底面也有“尘地”“平目的”“梨地”等好几种，同时也可与螺钿、切金、平文等其他工艺同时使用。

平安时代中后期（12世纪）的“片轮车莳绘螺钿手箱”（日本国宝）就是将莳绘与螺钿工艺相结合的珍品。1124年完成的中尊寺内的金色堂（日本国宝），施有非常绚烂的金莳绘、螺钿等华美的装饰，试图通过如此华丽的美术技法，来营造出一个令人向往的极乐净土世界。14—15世纪的室町时代，从中国传来的堆朱、雕漆、鎗金等漆器工艺，都得到了完满的传承和发展，形成了具有日本特色的漆艺，几乎今天日本所有的漆器工艺在这个时代都已出现。丰臣秀吉去世后，他的亡妻于1606年在京都的高台寺为他建造了室内全由漆器工艺装潢起来的灵庙，采用被称为“高台寺莳绘”的装饰，用的是平莳绘的工艺，在绘制的图案上撒上细细的金银粉，再慢慢研磨出来。采用了这一类工艺的饰盒、用具等，后来被长崎的荷兰商馆看中，出口到了欧洲，得到了欧洲人的赞叹。一时甚至用japan一词来表示漆器，今天的英文词典中，仍有这样的词义。江户时期，是日本传统文化最为灿烂的年代，出现了青森的“津轻涂”、石川的“轮岛涂”、岐阜的“春庆涂”等出色的漆器工艺品，日本的漆器工艺，差不多达到了一个顶峰。如今，漆器已完全浸渗到了普通日本人的日常生活中，漆筷、漆碗、漆杯（以酒杯为多）、漆盘、漆盒等，可谓比比皆是。我自己也在日本买过一些，价格则是高低皆有。

京都自平安时代以来一直至近代，一直是日本的都城。一千多年来，皇室、最有权势的贵族、武将和高级僧侣、富商等都集聚于此，是全国最具有消费能力的地方，因而也催生并促进了漆器工艺的发展。上文提到的高台寺灵莳绘，就是典型的一例。16世纪末期到19世纪上半期，是京都漆器最为成熟的年代，本阿弥光悦和尾形光琳是京都漆器制作史上最为杰出的两位代表。近代以前的日本很多艺术家，往往都是通人，在艺术的诸多领域里几乎无所不晓无所不通。本阿弥光悦就是如此，他对书法、制陶、漆器的莳绘、茶道等皆有出色的贡献。漆器上，他制作的《舟桥莳绘砚箱》，被列为国宝，现珍藏于东京国立博物馆。尾形光琳主要是一位画家，是绘画领域中比较富有装饰性的“琳派”的创立者，我在京都陶瓷器的部分就已提到了他，他的审美理念和绘画技法被运用到了陶瓷器和漆器的制作上，对当时和后世影响甚大。茶道兴起后，带有禅意的审美也影响到了京都漆器的设计和制作，在绚丽中还透现出枯淡和简素等具有“侘”“寂”的意蕴。与其他地方的漆器相比，京都漆器在总体上往往具有胎体更薄更轻，绘制更为纤细洗练的特点，因此一旦被称为“京漆

江户时代中期京都出身的漆绘画师永田友治的作品，摄于美秀美术馆

器”，往往就蒙上了高雅精致的光晕。

京都今天仍有许多家历史悠久的漆器老铺。在京都市，还有一个京都漆器工艺协同组合的行业机构，专门负责行业间的组织、指导和协调事务。我对漆器，纯粹只是一点点肤浅的业余爱好，无暇、也没有资格深入这一领域内做些专门的调查，在街头闲逛时，曾稍加留意，个人印象较深的，是总店在中京区寺町通二条上那里的“象彦”。

这是一家开在一条几乎不热闹的街上的店铺，只有一个门面，远远望去，好像也没有什么醒目的店招。走近，右侧进门处挂着由三块布组成的“暖帘”（类似于店招的半截布帘），橘红的底色上，中间有两个接近篆书体的汉字“象彦”。走到里边，进深很深，大约有近30米，明亮而柔和的灯光下的陈列台上，恰如其分地摆放着各色商品。从门口狭窄的楼梯走上去，上面还有一层。这是一家外观上非常低调的店铺，但看了一下介绍，它的商品只在诸如京都高岛屋百货、东京高岛屋百货、三越百货、伊势丹百货等日本顶级的百货公司内才设有专柜，大概就可知晓它在业界的档次了。看了一些资料，得知“象彦”创业于江户时代前期的1661年，创办者彦兵卫（以后这一名称一代代传承下来），最早名“象牙屋”，通过在长崎的中国商人和荷兰商馆，做一些象牙制品的贸易，同时开始制作和销售漆器，尤以莳绘作品闻名于世，皇家也长期订购他们的漆器制品，因其品质优秀，1801年被宫廷授予“莳绘司”的称号。1918年“象牙屋”的店名改为“象彦”，“彦”字取自创业者的名号，同时在京都的冈崎公园旁边开出了“象彦漆器陈列所”，还兴办了“京都莳绘美术学校”。除了二战期间陷于困境之外，360年来，经营一直还比较顺当，有好几位经营者，自己本身就是出色的莳绘创作家，留下了诸如“羽衣莳绘砚箱”等可名垂青史的杰作。

店里陈列的商品，主要是艺术化了的日常用品，诸如茶碗、饭碗、酒杯、小碟，置放和果子的造型独特的略带弧形曲线的长方形盘子，置放金银细软的漆盒等。店主人还带我们到二楼，拿出了当年先祖制作的“松岛手箱”，这是江户时代的作品。松岛是日本三景之一，在今天的仙台市北侧，这件作品的底面是金色的波浪，中间是波涛之中金褐色的岛屿及岛上的苍松，应该有三百来年了吧，弥足珍贵。一楼的物品，虽说是日常用品，却绝对也是高级的艺术品，价格都不低廉，一套5个有盖的汤碗（这种汤，日语曰吸物，比味噌汁要高级），价格22万日元。我看上

“象彦”漆器店的部分陈列品

的一套12个的冷酒杯，图案体现了1—12月不同季节的意象，黑漆的底色上绘制了色彩不一、图案各异的图绘，实在是好看，且体积又小，携带方便，每一个的价格在9 000—12 000日元之间，倒也不是完全买不起，想想还是不舍得，结果放弃了。现在想来，即使不是全套，我至少应该购买几个的。

拿扬州的漆器工艺品商店（2018年深秋我又去了一次）陈列的物品与“象彦”相比，我觉得整体的格局、商品的陈列形态、销售的商品，两者之间的差距巨大。扬州的商店是国营的，面积极为广大，现在坐落在老的扬州宾馆的东侧，周边环境看上去古色古香，但整体的感觉却是有些粗糙，灯光的设计和调配还是几十年以前的格局，商品一律都在玻璃柜台内，客人看起来很费力。而其出售的商品，虽然也有一些不错的物品，但整体的水准比较低。虽然价格也相对要低很多，但无法鼓荡起有眼光的顾客的购买欲望。而“象彦”的漆器，较之陈列出来的扬州漆器，无论在艺术设计、图案的绘制上，还是在漆器的制作上，都给人一种高雅精致的感觉，一看就让人爱不释手，当然，价格也要贵很多。

日本或许曾有悠久的漆器制作历史，但真正进入艺术境界，无疑得益于6—8世纪时从中国传来的先进的制作工艺和佛教艺术。时至今日，我个人认为中国漆器的整体水准已在日本之下（应该也有部分精美的制作）。近年来，一些有志的中国艺术家，尤其是青年艺术家，在传承和创新上皆有出色的成就。2018年我曾在福州的三坊七街购买过一个漆盘，价700元，虽然不及“象彦”的作品，但也可以拿在手上赏玩了。

京都的食物

京野菜

有位居住在奈良的日本朋友带着一点酸酸的口吻对我说，京都人做买卖可真在行呀。他说这句话的背景是，奈良（平城京）和京都（平安京）都是历史悠久的古都，作为都城而言，奈良在先，京都在后，可如今去京都观光的游客是熙熙攘攘，奈良的东大寺一带白天还有些人，一到了晚上就如同鬼城一般冷清。仔细想想，好像确实如此。还不仅仅是观光，京都人借着一千多年的古都历史，往往喜欢在很多物品的前面，贴上一个“京”的标签，以此来夸耀京都出产的物品之上乘、优质。比如我上文述及的“京烧”（京都产的陶瓷器）、“京漆器”就是其中的两例，下文要叙述的“京野菜”“京豆腐”“京料理”等，都是如此。这绝对不是古已有之的词语或说法，在权威的《日本国语大辞典》或《广辞苑》中查不到这样的词语，在维基百科中这些词条很多也找不到，但是不仅所有的京都人都在堂堂皇皇地使用，且所有京都之外的日本人也都明白。你在京都街头闲逛，随处都可看到类似的词语，相对于其他地区的京都人的这种内心难以掩饰的优越感，就在这些前面冠以“京”字的词语中尽显无遗了。而这些词语或概念，其实大多是京都人在近代以后，甚至是二战以后创制或者说是炮制出来的。

或许大家都已经知道，“野菜”一词在日语中是蔬菜的意思。所谓京野菜，一般的理解就是京都出产的蔬菜。但是问题来了，京都能够种植生产的蔬菜，日本的其他大部分地区也能够生长（近代以后正式归入日本的北海道和冲绳因其地处一北一南，与此前日本本土的气候土壤还是有较大的差别），为何“京野菜”就能冠盖全日本呢？我想大概有两个原因吧。

第一是由于笃信佛教的历代天皇（那时的天皇还具有相当的权威）倡导不杀生，日本大概从8世纪中期开始禁止肉食，而日本原先的家畜养殖业也没有充分地建立起来，因此一直到19世纪中叶，日本人基本上是不吃肉的。除了极少数飞禽和山里狩猎时获得的野猪、麋鹿等（飞禽可以进入中上层社会的“献立”，即食单，但野猪等则完全禁食，唯有僻远的山民可以偷偷食用），因而蔬菜就成了十分重要的食材。

第二是，当年发布的不杀生的禁令，仅限于四足的动物（不过日本以前也一直没有成规模的家禽养殖），江河湖海中的鱼、蟹、虾、贝类等并不在禁食的范围。但京都位于东西北三面临山的盆地之中，以古代的地理概念和物流能力来说，无论是与南边的太平洋沿岸，还是北边的日本海，都有遥远的距离，以当时的物流运输条件而言，新鲜的海鱼海虾极为难得。唯有东面的琵琶湖还算比较近，但毕竟也隔着山峦，在19世纪后半期琵琶湖疏水开凿之前，鲜活的河鲜也不可能频频出现在餐盘（日语曰“膳”或“箱膳”，用来盛放饭食，日本在近代以前没有餐桌）上。海鲜基本上都是腌制品和鱼干之类，河鲜偶尔会有供应，这就更加凸显了蔬菜作为食材的重要性。

就蔬果的种植条件而言，京都还是比较优越的，虽然冬有严寒夏有酷暑，但四季总体比较温润且分明，有桂川和鸭川、宇治川等河流，水源比较充沛，土地尤其是北边的土地比较肥沃，而寒暑的温差大，也有利于酿成一部分蔬果的美味。那时一些大的佛寺，往往都拥有广大的土地，会在属于寺院的土地上自己种植蔬果，以供日常食用，因而，后来被称为典型的、优质的“京野菜”的，不少都是出自寺院的栽培。包括蔬菜在内的作物，要提升其品质和抗虫害等的能力，优秀品种的培育和改良、优渥的土地、精耕细作的栽培方式大概是最主要的必要条件。京都作为一座具有上千年历史的古都，长期以来一直是皇室、王公贵族、有权势的上层武家、高级僧侣和各地大名的汇集之地，尽管基本上没有肉类，又缺乏鲜活的海鲜，但他们在食物上的需求，显然要高于一般的庶民阶级，于是形成了宫廷料理、寺院的精进料理（素食、素斋）、茶道的怀石料理等具有京都特色的料理形态。在这样的情况下，口感或鲜嫩、或清香、或爽脆的蔬菜就渐渐地被培育出来了。

那么，到底什么样的蔬菜可以被称为“京野菜”呢？要制定一个内涵和外延都十分明确的范围标准，还真不是一件容易的事。为此，1958年3月，京都府政府将“京野菜”的概念定为

“京都的传统蔬菜”，并作了如下的四点定义：

（1）明治以前引进种植的蔬菜；

（2）产出的地区包括京都府所辖的所有区域；

（3）包含竹笋在内的蔬菜（但不包括菌菇类和马齿苋）；

（4）包括目前还在种植和已经灭绝的品种。

符合上述四项条件的，可称为京都的传统蔬菜。目前符合这一定义的，现存的有35个品种，已经灭绝的有2个品种，共计37个。此外，还有3个品种相当于“京野菜”。这样一个定义的特点，就是有些品种未必是京都固有的，但只要符合了上述的条件并按照京都特有的栽培方法来种植，也可认同为“京野菜”。然而问题是，明治以后，又有许多新的蔬菜品种被引进来，比如番茄、土豆、生菜、花椰菜、西蓝花、卷心菜等，如果在京都被培育出了优良的品种，结出了丰硕的果实，又该如何认定呢？这些，政府、行业界（京都农业协同组合、公益社团法人京都故乡产品协会等）和消费者等出于不同的立场，都有不同的理解，于是在1988年，经各方协调商议，又制定了一项新的分类法，在“京野菜”中提出了“京都品牌产品”的新概念或新名称。这一品牌产品的认定，由民间的公益财团法人京都故乡产品协会来具体实施，并从2006年开始对于富有理论知识和实践经验的从业者进行“京野菜大师”的资格认定，由这些蔬菜大师来传授检验和种植知识。截至2015年，被该协会认定的品牌产品有30种，符合如下的条件：

（1）在形象上具有京都的感觉；

（2）虽不具备第一个条件，但需要扩大销售的产品；

（3）要确保合适的上市量；品质规格要统一；相对于其他产地而言要具有优越性和独自性。

此外，“强调京都生产的认证体系”，对品牌产品还有如下几点要求：

（1）减少农药和化肥的使用，采用对环境友善的种植法；

（2）由认证检查员对种植状况和种植流程的书面记录进行检查；

（3）该农产品通过信息公开可以查看到种植者的模样。

而京都农业协同组合所认定的“品牌蔬菜”与上述又有些不同，标准也相当严格。目前他们所认定的品牌“京野菜”有如下19种，分别是：圣护院（产地名）圆萝卜、圣护院长萝卜、慈姑、京水菜、京笋、京壬生菜、万愿寺（产地名）辣椒、贺茂圆茄、带菜花的青菜、山科（产地名）茄子、丹波（产地名）黑大豆、鹿谷（产地名）南瓜、九条（产地名）葱、金时胡萝卜、伏见辣椒、山药、长柄芋艿、堀川牛蒡、京芜菁（俗称大头菜）。而被认定为一般“京野菜”的则有芋艿、番茄、茄子、胡萝卜、洋葱、甘薯、豌豆、芦笋、白菜、菠菜、笋、黄瓜等，差不多一般的蔬菜都列在里面了。其实，我的理解是，除了品牌蔬菜外，现在一般在京都种植出产的蔬菜差不多都可以被认定为“京野菜”了，像番茄、芦笋、胡萝卜等几乎都是明治以后才引进到京都种植的，并非传统的“京野菜”。这样看来，京野菜的概念还是有点混乱，且京都故乡产品协会与京都农业协同组合的认定品目并不一致。不过，据我很有限的知识，上述列出的19种，应该已是家喻户晓的“京野菜”了。京都故乡产品协会认定的品种，都会贴上专门的认定标识，还是具有一定的权威性的。由此看来，“京野菜”与其说是古已有之，还不如说是在历史的基础上重新培育制造出来的。京都人希望贴上“京”这个标签后，能够提升本地蔬菜的知名度和含金量。这样说来，京都人善于做生意，此言不虚。

我在京都居住了差不多半年，除了中午在京都大学的食堂用餐外，至少每天晚上都自己购买食材，自己烹饪做饭。从京都大学到居住的修学院国际交流会馆，大都是步行回家。沿途经过的各色超市以及住处附近的食材超市，大概也有十来家，几乎都买过食材。累积起来，我在中国和日本已有几十年的买菜做菜经验，觉得日本销售的鱼虾类、牛肉、猪肉（日本产的更佳，进口的也可以）以及菌菇类，品质相当好。鸡肉非常一般，类似中国走地鸡、我们江南这边叫散养鸡或草鸡的，几乎没有（日本有“地鸡”一词，类似于散养鸡，但滋味也一般）。蔬菜大抵还可以，但品种的丰富程度不如中国江南一带。像上面举出的一些“京野菜”甚至是品牌蔬菜，滋味确实不错，但也不必神话，个别的也十分一般，诸如水菜等，只适合放入汤内，无法做炒菜。包括京都在内的日本绿叶菜品种，远远少于中国江南，现在倒是生菜、甘蓝菜、小番茄等，食用已相当普遍，多用于蔬菜色拉，而这都不属于传统的“京野菜”。

我曾在超市里买过“贺茂茄”，贴有标签，当然价格要贵不少。之所以被称为贺茂茄，是因为它的种植地当初主要在今天京都市北部贺茂川西南部一带。贺茂川我前面在下鸭神社的部分稍微有提及，它发源于北部山脉，在出町柳这个地方与东北面流过来的高野川交汇成一条稍大的河，就是著名的鸭川，其实贺茂川与鸭川在日语中的读音是一样的。在1950年代之前，贺茂川一带还多是农田，以菜畦为多，那里出产的茄子是圆形的，个头不大，肉质紧实，皮色紫亮，品质上乘。1950年代中期以后，那儿渐渐被开发出来，成了中档的住宅区和一些大学的所在地，实际上现在贺茂茄的种植区主要已转移到了京都市北部、同属京都府的龟冈那里去了，但名称仍然叫贺茂茄。我是江南人，江南这边的茄子是长条形的，尤以杭州茄子品质为佳，颜色也好看，是浅紫色的。1979年去北京念大学，发现那里的茄子竟然是圆形或椭圆形的，大感惊讶。日本的茄子大半也是长条的，但贺茂茄是圆形，差不多是正圆形，个头较北京见到的要小一些，直径约在8—10厘米。贺茂茄在京都常见的一种做法是加入味噌汁调味的“田乐”的做法，我不是很欣赏。我喜欢一种叫“扬出”的做法，把一个圆茄切成六等份，在沸水中焯一下后沥干水分，然后用油煎成金黄色后捞起，再加入鲣鱼花等熬制的鲜汤、一种称为“味淋”的甜酒和若干生抽（日语叫“薄口酱油”）调味，再放上萝卜泥、葱段、鲣鱼花，样子很好看，茄子肉质甜糯，十分可口。

不过我买来后做的是中国的麻婆茄子，将贺茂茄切成斜刀块，先在锅内放入油，油热后放入切好的蒜末姜末，煸出香味，再放入肉末略炒，再放入茄子煸炒，加上从中国带来的老干妈牛肉辣椒酱、生抽酱油、少许水，盖上锅盖使茄子煮熟，再放入少许糖，淋上一点醋，用水淀粉勾芡，撒上葱花装盘即可，也非常好吃。

京都话里，有一个词叫“御饭菜”（念成obanzai），翻译成中文，差不多就是下饭菜吧，而这个下饭菜，在京都，主要的意思就是由蔬菜做成的普通民众的菜肴。2018年1月，我趁着寒假刚刚开始，与家人去京都旅行，住在与乌丸通交界的三条通上的三井花园酒店。入住后就到附近去寻找饭馆吃晚饭，在一条小巷内看到一家店，名曰“京菜味 野村”（野村用草书体的平假名书写），这里就是吃“御饭菜”的店家。灯光柔和而明亮，店面不大，整洁而干净，原色的木桌木椅，一个长长的玻璃柜内陈列着几十种“御饭菜”，可随意搭配挑选。晚餐有这样几种套餐，我要的是一份小豪华套餐（日语叫“プチ贅沢セット”），一个原色的木盒内分成12个格子，里面有12个浅蓝、浅绿、桃红等各色玻璃小碗（日语一般叫“小钵”）放入自己选定的12种小菜。那天除了有一个虾之外，其他都是蔬菜，包括豆类和卷寿司状的食物，另有一碗豆腐衣（豆腐衣软滑爽口）的盖浇饭、一碗味噌汁，这一套称为“雅御膳”，含税价格1 620日元。女儿要了一份普通的经典套餐，一个原色的木制托盘内放着6个瓷质小碗，里面也是自己选定的食物，其中有一个斜切的豆腐衣包很诱人，另有一碗味噌汁，米饭有两种可选，一是白米饭，一是杂谷饭，女儿要了似乎是红米加其他什么杂谷一起煮的米饭。套餐价格800日元，如果将米饭换成豆腐衣盖浇饭，价格是960日元。颜色搭配都很好看。真的是一次品尝“京野菜”的体验，蔬菜基本上都是煮的，不用油炒，居然每一种都做得很可口，虽然没有鱼肉的肥腴，却有蔬菜的清香，吃完以后觉得口齿清清爽爽。《菜根谭》里有一句话，曰“咬得菜根，则百事可做”。我们倒也没有修炼心灵的想法，但蔬菜确实也有它独特的鲜、甜和香，需要一颗平常心，静下来细细品味。而食材，也并不限于“京野菜”。

“京菜味　野村”800日元一份的“御饭菜”

京豆腐

日本的豆腐是从中国传过去的，虽然现在有不少日本人以为豆腐是日本的固有之物。

豆腐是一种起源于中国、在东亚受到广泛喜爱的食物。不过，关于豆腐的问世，一直存在两种不同的观点。一是淮南王刘安创制豆腐说。说起来有些不可思议，这一说法的始作俑者，竟是在时间上距离淮南王一千多年的南宋思想家朱熹。朱熹在一首《豆腐》诗的自注中说“世传豆腐本乃淮南王术”，日后的史家大都沿用此说。明初的叶子奇在《草木子》中说：“豆腐始于汉淮南王刘安之术也。”明中晚期的李时珍在《本草纲目》中也鹦鹉学舌般地说："豆腐之法，始于汉淮南王刘安。”一直到今天，很多相当有影响的学者依然坚持此说，但他们均无法举出令人信服的考古或者文献的佐证。因为自汉代至唐代的史料中都没有有关豆腐的明确记载。中国是一个文献相当发达的国家，真有豆腐这一食物，不至于见不到只言片语。另一说法是豆腐大概出现于唐代末年和五代时期，在宋代尤其是南宋普及开来。生活于五代和北宋初年的陶谷撰有《清异录》一书，里面有大量有关饮食的内容，其中记载说："时戢（戢为人名）为青阳丞（在青阳做县官），洁己勤民，肉味不给，日市豆腐数个，邑人呼豆腐为‘小宰羊’。”（北宋·陶谷《清异录》卷上官志门“小宰羊”条，中华书局1991年）这是中国文献上有关豆腐的最早纪录。但是，豆腐在唐末和北宋年间是否已经普及，似乎也难下定论。由南宋初年的孟元老撰写的、记录了北宋京城汴州（开封）生活的《东京梦华录》，生动地描绘了汴州城内繁荣的饮食业，可是竟然没有出现“豆腐”这一词语。一直到南宋，关于豆腐的描述才逐渐见于书刊。南宋诗人杨万里曾撰有一篇《豆卢子柔传》（即豆腐传）。南宋人林洪在其所撰写的《山家清供》中记载了两款豆腐菜肴“雪霞羹”和“东坡豆腐”，前者谓："采芙蓉花，去心、蒂，汤焯之，同豆腐煮。红白交错，恍如雪霁之霞，名‘雪霞羹’。”（林洪《山家清供》卷下“雪霞羹”条，中国商业出版社，1985年，第83页）南宋吴自牧撰写的描绘都城杭州的《梦粱录》（成书于1275年左右），对杭州街市上出售豆腐菜肴的店铺也有些记载，比如："更有酒店兼卖血脏、豆腐羹、爊螺蛳、蛤蜊肉之属，乃小辈去处。”还有一处记载是：“又有卖菜羹饭店，兼卖煎豆腐、煎鱼、煎鲞、烧菜、煎茄子，此等店肆乃下等人求食粗饱，往而市之矣。”（吴自牧《梦粱录》卷十六，收录于《东京梦华录（外四种）》（周峰点校），文化艺术出版社，1998年，第255页和260页）在他的笔下，似乎豆腐只是贩夫走卒追求一饱的粗食。值得注意的是，几乎与《梦粱录》同时代的、也是描绘杭州繁荣生活的《都城记胜》《西湖老人繁胜录》《武林旧事》等都没有出现有关豆腐的记载，是豆腐不登大雅之堂呢，还是豆腐尚未成为家常菜肴，一时难以下定论。

这一说法不仅可以在中国历史文献上得到有力的证实，还可以从朝鲜半岛和日本的历史文献上获得佐证。现存最早的、成书于1145年（中国南宋初年）的高丽王朝编撰的史书《三国史记》和成书于13世纪下半期（南宋末年）的、由僧人撰写的《三国遗事》等均无任何有关豆腐的纪录。但是记载自1392年至1863年间李氏王朝历史的《李朝实录》中已经有了豆腐大约在宋代末期传入朝鲜半岛的纪录。这一情形也同样出现在了日本列岛。早年在京都帝国大学攻读动物学、后来在大阪学艺大学担任教授、改为研究食物史并卓有建树的著名学者筱田统曾撰写过一篇功力颇深的《豆腐考》，据他的研究，日本最初出现类似豆腐字样的词语是永寿二年（1183年，中国南宋年间）正月二日奈良春宫若宫的神主中臣佑重的日记，这一天在“奉献御菜种”的部分有“春近唐符一种”的记载。在翌年的正月二日中也有“则安唐符一种”的记载。“唐符”在日语中的发音与

"豆腐"完全相同，且出现在"御菜种"的部分，因此他怀疑可能是豆腐，但并不能下定论。明确有豆腐两个字出现的最早纪录是延德元年（1489年）刊行的《鹿苑日录》。此外，被推定成书于南北朝时代后期至室町时代初期（1380年左右）的《庭训往来》中有"御斋汁者豆腐羹"的字样，如果该书的成书年代能够确证的话，那么1380年左右应该是见诸日本文献最早的记录了。在14世纪末起至15世纪末的这一百来年中，日本的文献中多次出现了类似豆腐或是可以推定为豆腐的纪录，比如"白壁"等。还有一个词语是"田乐"，"田乐"有两种解释，一是田间的歌舞表演，筱田统所举出的文献绝不会是这一意思；另一是将抹上豆酱（味噌）的豆腐放在火中烧烤的食物（我在上文"二轩茶屋"的部分有述及），这是一种很庶民化的食品，如果后一种意思能够成立，那么在15世纪豆腐已经是比较普及的食物了（筱田统《豆腐考》，芳贺登等监修《全集 日本的食文化》第三卷"米·麦·杂谷·豆"，雄山阁，1998年，第243—245页）。刊行于室町时代末期的《七十一番职人歌合绘》中，有一幅清晰的制作豆腐的图绘，这说明到了16世纪的时候，豆腐的制作已经成了一种专门的职业，从中也可看出人们对于豆腐的需求。到了江户时代中期的1782年，甚至出现了《豆腐百珍》以及日后续出的《豆腐百珍续编》《豆腐百珍余录》这样的料理书，那时的日本人已经可以将豆腐烹制成上百种料理了。

从各种文献来看，比较具有说服力的是，作为一种成熟食品的豆腐在中国出现于唐代末年，在北宋时期逐渐增多，在南宋时期则已完全普及，然后在南宋末年和元明时期广泛传入朝鲜半岛和日本列岛。可是，有一个现象说起来也让我们中国人感到不悦，即在英语词典中，豆腐一词却是日语的发音tofu，且标明词源来自日语。因而包括日本人在内，世界上很多人都以为日本是豆腐的发祥地。

好，把话题再回到京豆腐。顾名思义，京豆腐就是在京都制作的豆腐，原则上应该是日本豆腐的一种。京豆腐这个说法，也是京都人自己炮制出来的，具体的炮制者是京都府豆腐油扬（“油扬”在日语中是油炸的意思）商工组合。2007年8月日本政府特许厅（相当于我们这边中央政府的专利局）已批准了它提出的“京豆腐”作为一个地域团体商标的登记，能使用这一商标的，要符合如下三个条件：一是京都生产的；二是百分百使用日本的国产大豆；第三是豆浆的浓度要达到13brx（我不知道brx是什么意思，遍查不得）。这样的定义似乎要比京野菜清晰不少。顺便说一下，2016年日本的国产大豆使用比率是7%，如果去除用于榨油的大豆（多为进口），仅计算用于制作大豆食物的话，大豆的国产使用率是24%，因而国产大豆就有些金贵。在今天的日本，除了少数欧美名品之外，国产品总体优于、贵于进口货。因而，被认定是京豆腐的，身价就要高于一般的豆腐。京都人还强调，京豆腐除了百分百使用国产大豆之外，还因为京都人仍然坚持传统的工艺，一丝不苟，精益求精，且京都的水更为优质，所以才诞生了不同凡响的京豆腐。而京都人最引以为自豪的，就是当地的“汤豆腐”和豆腐衣。

除了日常在京都的超市内购买食用京豆腐之外，我在外面也有过几次体验。

2015年5月的某日中午，京都大学的一位副教授带了高丽大学来的韩国学者和我一起去了大学附近的“莲月茶屋”。这是一家地处东山之麓、紧邻佛寺知恩院的料理屋，就在青莲院门迹旁边。似乎有些冷僻，外墙是原色的木栅栏，进门处也是木制的门檐，挂着麻布的暖帘，竖写着“莲月茶屋”。门旁的木栅栏上，有一块原色的木板，写着“豆富料理”。“腐”写成“富”，也是故意的吧。进得门来，有一株树龄当在五百年以上的极为粗壮高伟的银杏树。料理屋的建筑，也只是素雅的平屋。因有预订，我们占了木格窗边的一隅，可望见绿树葱茏的庭院。那天我们选的是每人3 999日元的套餐，杯盘餐碟的精巧自不待言，那天印象较深的，是一款状如奶酪的豆腐，色如凝脂，入口有明显的琼脂感。还有就是京都著名的“汤豆腐”，只是一锅用山泉水烫热的

京都的汤豆腐

豆腐，切成块的白色豆腐躺在黑色的铁锅内，上面撒了些许绿色的菜蔬，食客就将豆腐舀出，蘸一点用上等酱油和“出汁”调制的佐料（也可什么都不蘸），然后放入嘴里，细细品味其内在的豆香，清清淡淡，却可体味到食材原本的滋味。

2019年的6月也有几次在京都吃豆腐的体验。一次是在游览了位于京都北部山林中的佛寺“三千院”之后，步行几分钟，来到了午餐的所在地“芹生”。这是一家颇为优雅的温泉旅馆，供客人暂离城市的喧嚣到此地来休闲一两日。这里地处山中，远离市尘，有松涛、溪流和鸟鸣。日本的旅馆（不是西式酒店宾馆），一般都提供早晚两餐，这两餐都是非常考究的，因而旅馆必定雇有上好的厨师，制作的饭食均为和食。这家旅馆还设有餐厅，白天更多的是接待来三千院的观光客，食物不错，价格相对公道。我们那天用的，是“草菜味怀石”，食材多为京野菜和该旅馆自己的菜园里收获的新鲜蔬果，当然也有鱼鲜和肉食，另外很重要的一款，是汤豆腐。一个煤气炉上是一大锅清水豆腐，感觉上比“莲月茶屋”粗糙一些，各自用漏勺将豆腐舀入自己的碗内，蘸柚子醋或特制的蘸料吃，也有一种吃法是什么也不蘸。我也试图仔细品味京豆腐特别的豆香，也许是我生性愚钝，感觉上与一般的豆腐也无多大的差异。“芹生”算是一家不高不低的店家，那天的午餐是每人5 500日元，价格也是不贵不廉，其他菜肴还不坏，汤豆腐却是一般般。面向团体客或大批量顾客的饭食，菜肴也就难以精致吧。

在我住处附近的修学院车站一旁的一家超市内，出售的豆腐都是京豆腐，但也许它用的未必是百分百的国产大豆，所以标的名称是京都豆腐，或是都豆腐。就像中国有老豆腐和嫩豆腐一样，日语的名称分别是“木棉豆腐”和“绢豆腐”，绢在日语中就是丝绸的意思，所以绢豆腐贵在细腻顺滑爽口。两种豆腐的价格大约在76—96日元之间，量比中国的盒装豆腐要多，我不记得多少克了，总之做一顿菜绰绰有余。我在日本除了烤鱼和蔬菜色拉之类，大都还是做中国菜。绢豆腐多半做麻婆豆腐或是虾仁豆腐，或是日本式的凉拌豆腐（日语曰“冷奴”，将豆腐切开后淋上一点上等的酱油，撒上几许鲣鱼花即可）。木棉豆腐大都是做家常豆腐，将豆腐切成长6厘米左右、宽4厘米左右、厚1厘米左右的块，在放入一点油的平底锅内两面煎黄后盛出，再用一点余油将姜末蒜末煸出香味，将上了浆已经入味的肉片滑熟后盛出，放入从中国带去的黑木耳和日本超市内卖的笋片（在上海可用时鲜的茭白片，日本没有，中国北方也没有）用一点点油炒一下，然后放入煎黄的木棉豆腐，放入老干妈辣椒酱，生抽酱油或是日本的薄口酱油，放入一点水盖上锅盖焖煮入味，最后放入已滑熟的肉片（肉片放早了口感会变老），放一点糖（江南人还是喜欢带一点甜味），用一点水淀粉勾芡，最后撒上葱花出锅装盘，就可以上桌了。我要说，日本现在的豆腐总体上比中国的好吃，没有豆腥气，却保留了豆香，绢豆腐更是细腻滑爽，品质上优于中国豆腐。至于在中国的市场或是食堂饭馆内可见到的那种黄黄的、加入了咸味的所谓日本玉子豆腐，或许是我孤陋寡闻，我在日本本土一次也没有见过。

对于京豆腐，我不敢有过多的恭维，我觉得日本各地的豆腐都很好吃，未必是日本的国产大豆就好，进口的大豆品质优秀的比比皆是。很多年以前，我曾在天台县城里的一家乡土饭馆吃晚饭，木头的八仙桌长凳条，那里做的豆腐衣，现做现吃，捞出的豆腐皮挂在一根细细的木杆上，食客可随时取用，蘸一点酱油即可送入口内，一样的滑爽清香，滋味并不亚于京豆腐。日本人现在有点过分迷恋国产品，其实也大可不必。

京料理

京料理这个词，就像京野菜一样，确切的意义很难把握，事实上，它也是一个后人炮制出来的词语。若把它理解为具有京都特色的料理，那自然是不错的。但是，日语中还有另外一个词，叫“乡土料理”，即富有当地特色的食物或菜肴。一般打出乡土料理旗号的，往往是较为偏僻的山岳地区。利用当地特有的食材诸如山菜、菌菇、谷物等，以传统的方式烹制而成的料理，这样的乡土料理，我在日本各地也有过些体验。但是，若把京料理也称作乡土料理，京都人也许会不开心。因为乡土料理尽管有特色，却是有点土，大多是在乡村，而京都是京城、王都，王公贵族和权势人物的集聚地，不能列入一般的乡土。为了让人觉得京都的料理具有一种皇家气、贵族气，于是就在当地的料理前，冠上一个“京”字。如此的称谓，在全日本，大概也是绝无仅有的。镰仓和江户都做过幕府政权的所在地，但好像没有听说有什么镰仓料理和江户料理的（其实现在有很多被称为传统日本料理的食物，不少是起源于江户，比如寿司中最常见的用手捏出来的“握寿司”等），东京后来成了日本的首都，也有150年以上的历史了，好像也没有听说过有什么东京料理的。

那么，到底什么叫京料理呢？后人总结出来说，京料理是在京都原本的5种料理形态的基础上的一种集大成。这5种料理形态分别是：

（1）大飨料理。大飨，就是宫廷中的招待酒宴，一般是作为廷臣的王公贵族接待天皇或皇室高级成员时举行的宴会，那当然在礼仪、排场、格式上都是很讲究的，但是我在上文中曾讲到，在以前交通和物流都很落后的情况下，即便贵为京城，新鲜的海鲜食材等几乎没有，飞禽之外的肉类又不能登堂，因此规格虽然很高，礼仪也很讲究，东西却未必好吃。

（2）精进料理，也就是中国的素食素斋。京都多寺院，僧人不可食荤腥，于是就在蔬果，后来还有豆腐、麸等豆制品、面筋制品上下功夫，在调味料上可使用海鲜干熬制的鲜汤。

（3）本膳料理。这是14世纪室町时代渐趋形成的一种上层武家人士用来宴饮酬酢的料理，有所谓三次的敬酒礼、二之膳、三之膳等繁复的进食程序，而其食物的内容，种类还是比较少的。烹饪手法也并不多样，是武家社会对公家宴会的一种延承和改良，它对后世的婚丧宴席具有一定的影响。

（4）怀石料理。怀石料理的起源说法不一。有说主要是起源于佛寺。寺院中不管何种宗派，一般皆有过午不食的规矩，一日两餐。但是下午甚至晚上仍然要诵经做功课，难免会有饥饿感。于是就有人想出一个办法，用洗净的石块烧热后搁在怀里（大概主要是胃腹部），胃腹部受热后可以减弱饥饿感，于是将这种石块称为“怀石”。后来寺院里允许晚上诵经前后吃一些诸如糕饼馒头面条之类的简单食物，这样的食物就被称为怀石料理。再后来，茶道兴起，在进茶前主人会准备一些糕饼团子等简单的食物，这样的食物就被称为“茶怀石”。这样的茶怀石到了江户时代后，逐渐在上层阶级中演变成了一种待客的宴会料理，因而又被写作会席料理。怀石料理和会席料理在日语中发音是一样的，到了江户中期，人们便把这两者合为一体，互相通用了。

（5）“御饭食”料理。“御饭食”我在京野菜的部分已经说过，是一种以蔬菜为主要食材的庶民料理。

虽然列出了5种，可是我仔细考察了一下，除了“御饭菜”和精进料理之外，其他的基本内涵还是中上层社会的宴席料理，而其食物的内容，除了江户时代的怀石或会席料理变得比较丰富之外，大都乏善可陈，其共同点，主要是讲究上餐、用餐的礼仪规矩，食物制作得尽可能精良，食器尽可能讲究。这些内涵，大概在今天的京料理或者说整个的日本料理中被继承了下来。至于食物的内容，在近代以后，已有了很大的扩充（增加了肉食），烹饪的方式也日趋多元。以我的理解，所谓京料理，就是在京都的料亭、料理屋里烹制的，尽可能使用京都食材的，比较讲究、有点高级的日本料理吧。

就我自己的个人体验而言，最富有京都特色的料理，从内容上来说，或许是豆腐料理和“御饭菜”，就形式来说，是鸭川边及北部溪流地带的“川床料理”。豆腐料理上文已有叙述，这里再讲一家“南禅寺顺正”。

说起吃京豆腐的店家，紧邻南禅寺的“顺正”或许是最出名的了。那天坐车到那里时，暮色已有些浓了，黑褐色的南禅寺大门还打开着。“顺正”在外观上与其说是一家料理屋，不如说更像一座庭院，四周有石块垒砌的围墙，正门是一座高丽门样式的中国宋代风格的木门，带有瓦屋顶。门口稍远处有灯箱招牌，写着“名物 汤豆腐”，汤豆腐三个字不是写汉字，而是行草的日语平假名。顺正的店名，源于江户时代开设在这里的“顺正书院”。顺正的网上主页上介绍说，豆腐最早是日本奈良时代（710—793）随遣唐使从中国传过来的。这完全是不可靠的说法，我刚才运用文献已经说明，遣唐使时代的中国应该还没有豆腐，日本的奈良时代更没有豆腐。世界上有相当多的民族，都喜欢拉长某国、某地、某物的历史以自诩自夸，这或许是人性的一个弱点，

以吃“汤豆腐”著称的京都南禅寺门外的“顺正”

或许是因为缺乏自信而虚张声势的一个表现吧。

严格而言，顺正不是一间料理屋，而是一家料亭。所谓料亭，说到底当然也在料理屋的范畴里，只是高级的一种。称得上料亭的，第一料理必须精致，食器必须高档，服务必须体贴周到，提供的一般是怀石料理；第二环境必须讲究，一般必定在某一庭院里。这些，顺正完全够格了。大门进去后，是一条清幽的石板路，两边是剪裁得体的灌木植物。从一平屋建筑转入里面时，眼前出现了一泓池水，这时突然下起了雨，骤然落下的雨点在水面上激起了一处处涟漪，硕大的锦鲤却是自由无碍地在清澈的水里游弋。走过架在池水或溪流上的石板桥再往前，就是我们进餐的那栋平屋。

屋内另有一方水池，池隅有一个亮着灯的石灯笼，由竹竿引入的溪流在另一节的竹竿口缓缓流出，淙淙的水声让人想到了清冽两个字。脱了鞋（在日本，保持鞋袜的干净似乎很重要），走过一段榻榻米的走廊，来到了用餐的大房间。榻榻米的地面，设有“床之间”，挂着一幅挂轴，上写“瑞祥龟龙”四个字，字体有点龙飞凤舞，我不大喜欢。“床之间”的左侧，有一个禅寺中常见的火灯窗，两侧是格子窗或格子移门，很日本。可此时，眼前出现了一个很不日本的景象。榻榻米之上，安放着一张张长桌和有扶手的软椅。这完全是西餐厅的格局。最初在榻榻米的和室内用餐，是在一个“坐蒲团”上席地而坐。后来现代日本人（以后又有越来越多的外国客人）已不习惯席地坐（臀部坐在双脚上的正坐更是痛苦），于是经营者就想出了一个设计，矮矮的食桌下面做成一个地坑，人坐在榻榻米的坐蒲团或无腿椅上，脚却是可以搁下去的，既保持了日本式的格局和氛围，又获得了西洋式的舒适。可顺正眼下的格局，却让我感到很别扭。我问了店家的人："是否因为今天有许多中国客人而临时如此摆设的？"回答是，很多年前开始，一直是这样，日本客人也是如此。阿弥陀佛！我不知这是一种进步还是拙劣的改良。坐在椅子的高度上看"床之间"的装饰以及格子窗户，日本味已经减去了一大半，至少我的感觉是如此。

那天的晚餐，是"京会席 云水"，每人价格大约在1万日元，是一种比较实惠的怀石料理。首先上来的是一杯店家自己做的抹茶豆奶，然后是放在一个玻璃盅内的抹茶索面，面上放了一些切成小块的秋葵、山药等。稍后上来的是一个长方形的黑漆木盘，谓"梅雨季的前菜拼盘"，一个葫芦状的容器内是一颗杨梅，另有一段押寿司（撒了芝麻的米饭上不是通常的青花鱼而是星鳗），一小段天妇罗，已经凉了，还有一片像是烤熟的青椒，漆盘内还有一盒叶片状的容器，里面似乎是放入了芝麻酱的鸡蛋糕，还摆放了两片绿色的枫叶做点缀。下一道菜是当季鲜鱼的刺身小拼盘，不过该店没有用刺身这个词，而是用了"造"。这里所谓的"造"，就是把食物做成一个造型的意思，确实挺好看。食物放在一个扇形的上了釉的陶盘内，一撮萝卜丝做成一个小高地，上置一片紫苏叶，两小片金枪鱼的大脂放在紫苏叶上，再配上白色的目鱼和半透明的两片鲕鱼，另置一朵黄花，色彩和形态相当悦目。接下去还有许多道菜，值得一提的是一条烤香鱼（日文写作鲇），这是一种长在溪流中的长不过十几厘米的小鱼。夏天是它的季节，日本人习惯站在溪流中垂钓，钓得后用竹签或铁钎插上，不洗，不去内脏，只是抹上一点盐。那天这条香鱼装在一个画满了竹匾的圆形陶盘内，感觉上像是放在竹匾上，烤鱼下面点了几片叶子，平添了几分野趣。还有两小段烤河鳗，却是做成了罕见的“醋物”，一块拍碎的黄瓜，一小段蘘荷，都浇上了生姜醋，这也算是顾及了季节的用心。梅雨时节也算是入夏了，“醋物”还使人感到清爽，平添食欲。顺正主打豆腐，晚餐上豆腐也是必需的。那天是现做的豆腐衣，一个大口的陶锅内是正在煮沸的浓豆浆，待最上一层结起来之后，就可用一根细长的竹签撩出来蘸一点酱油吃。最后还有一小碗米饭，一碗味噌汁，一碟渍物（酱菜），还有甜点、水果。

我在这部分不厌其烦地描述了“顺正”的环境、食物的摆盘等，实际上，称得上料亭的环境、所用的器皿（日语写作“器”，念作utsuwa）、食物的摆盘（日语写作“盛り付け”，念作

“顺正”的一款料理

moritsuke），在包括京料理在内的日本料理中，构成了极为重要的元素，如果离开了这些而仅仅只有食物的话，“和食”一词就不成立了。

我在京都期间，某日日本大学的高冈教授与他在大阪供职的女儿一起来京都游历，邀请我到“绫小路通”高仓西入的一家名曰“京料理およね”的料理屋吃晚饭。我坐巴士到四条通上的大丸百货附近下来，从高仓通拐入向南，在小巷内走了一段，看见有一幢很小的木屋，就一开间的门面，两层，外墙是原色的细纹木板，偏左一侧有一扇移门，上有一个写着店招的白色灯笼，酱红色的布帘。这是一家小店，但在经营京料理方面颇有名，食客必须预约。我们三人就在吧台式的座席上落座，没有菜谱，只有三种价格的套餐，高冈教授订的大概是每人8 000或1万日元的，酒水另计。里侧有包间，散客一般就坐在吧台上。一对五十来岁的夫妇掌勺。日本料理又称作“割烹料理”，其中“割”也极其重要。很多菜肴，就是从冰柜里把食材拿出来，切割一下，装盘，端到客人面前，无须烹调，但刀工和摆盘十分讲究，食器也很考究，挑剔的食客对所有的这一切都很在意。这家店环境自然算不上料亭，日语中称为“小料理屋”，即在一般料理屋与料亭之间。用餐的空间也不算宽敞，吧台式的座位仅有7席，但食材十分新鲜。那天没有菜谱（日本料理的菜谱曰“献立”，念成kondate），我也不详具体有些什么菜。一开始上来的是一个木盒，内分六格，每个格内是形态各异的食器，有一个南瓜状的，掀开盖子才知道里面是什么。生鲜的“造”放在一个十边形的陶钵内，都是金枪鱼的大脂或中脂，入口即化。那天已是6

月下旬，我们喝的是冷酒（日本酒下一节再叙），口感甚佳。席间，我们三人可随意聊天，还可与店主夫妇自由搭话，气氛相当惬意轻松。在食材上较多地使用了诸如贺茂茄、圣护院萝卜等京野菜，在烹制上却说不出有多少京料理的特点，但若说这是非常地道、非常纯粹的日本料理，那是确切无疑的，就食物而言，超过顺正。顺正现在做的多是观光客和团体客的生意，就像在中国吃婚宴一样，菜都是事先做好了大批上桌，食物的温度和精致度难免会打折扣。像这种小料理店或是规模较小的料亭，针对小众客，"割烹"都在你面前进行，是真正享受美食的所在，价格也能接受。

要说最能体现京料理特色的，我觉得还是"川床料理"吧，好像除了京都，其他地方没见过。所谓"川床"，就是在河面上或紧靠河面的地方营造出来的可以餐饮的空间，日语中的"床"，是铺设木板（也可再加上榻榻米）的地面，近代以前的人就席地而睡，所以日语中的"寝床"（nedoko），未必真的有床，只是一

京都鸭川边上鳞次栉比的川床料理屋

个专门睡觉的所在。京都的川床料理屋主要营建在哪里呢？一个是三条至五条的鸭川边，且多半都在河流的西侧，东侧基本上没有，另一个在东北部的贵船一带。

川床料理是在江户年间兴起的。那时丰臣秀吉所兴建的将京都城围起来的土墙“御土居”已逐渐拆毁，被定为“洛外”的鸭川一带，也与“洛内”融为一体了。在春夏秋三季，鸭川一带成了市民们游乐的所在，春日赏花，夏日纳凉，秋日看红叶。18世纪前后，歌舞伎的演出剧场就在四条河原町紧靠鸭川的地方（今天依然如此），旧历6月祇园祭的季节，人们也多在河边消遣。一些商家看到纳凉也是个好生意，就沿着鸭川的河边搭建起了一些凉棚，有些伸入河滩甚至是河面上。王公贵族和富商们，就三五结伴来到此地纳凉赏月，饮酒作乐，于是就诞生了川床料理。北部的贵船地区，地处山中，树荫浓密，多潺潺溪流，夏季的温度要比京都市区低好几度，一直是王公贵族修建避暑山庄的首选。夏日在溪流边饮酒赏月，自是无限风流（日语中的“风流”一词，保留了古汉语的词义，意为风雅、富有风情等）。在京都居住期间，我也有幸对两地的川床料理，有了一点体验。

鸭川河畔的川床料理屋，是一种怎样的风景呢？如果你站在四条大桥上向北面的西侧眺望，可见沿河的店家在东面的河滩上用木结构或钢架梁密密匝匝地搭建出了鳞次栉比的宽敞的凉台，四周围有栏杆。这凉台，就是川床了吧。人们或席地而坐，或通过桌椅饮酒进食，形成了京都夏日独有的风景，用日本话来讲，就是京都夏日黄昏的风物诗。

2015年8月初的一个傍晚，与一位朋友请上海过来的朋友吃饭，选择四条鸭川边的川床料理。我们没有预订，网上看了一些，却也拿不定主意，就从河边往西折入先斗町街，有相当一部分川床料理店的店面开在这条南北走向的小街的东侧。由于大半店家的席位都已预订了，我们就选了一家名曰“多から”的店，选了每人7 500日元的“京会席”的套餐，酒水另计。脱鞋进入“川床”，木板铺设的地面上还铺了红地毯，有坐蒲团，席地而坐，有小矮桌。料理照例有刺身，食材比较一般，金枪鱼只是赤身而没有大脂中脂，但“煮物”的食材有冬瓜（冬瓜在日本算有点稀罕）、万愿寺的辣椒、贺茂茄子，带点甜味，很好吃。还有一条盐烤香鱼，下酒最佳。那天印象比较深的还有海鳗料理，海鳗料理大概全日本算京都做得最好。取海鳗的中心段，剔除大骨小刺，将鳗鱼肉做成菊花状，另加海鲜清汤（没有丝毫的油腥），为装饰，雪白的状若菊花盛开的鳗鱼肉上，还用食物点缀出一簇红、一晕绿。这家店的食器很普通，没有精致高级的感觉。想来也是，7 500—8 500日元的价位，不可能奢望高级。川床料理的魅力，或许食物不是最主要的，川床才是。正是夕阳西下、晚霞最灿烂的时分，河面上的凉风，吹散了白昼的暑气，河对岸的东山，苍苍茫茫的翠色，被夕阳染成了金色，又渐渐地褪去，在暮色中留下了逶迤起伏的山际线。由凉凉的溪流酿成的晚风，吹拂在身上，真有说不出的惬意。怪不得这一带的川床料理屋，日日顾客盈门。

还有一次，是在京都北部山里的“洛云庄”，也是贵船地区，但稍稍靠西，在西贺茂山区。我看了一下地图，差不多在龙安寺的正北面，当然距龙安寺大概还有20多千米的距离。这一次是京都大学人文科学研究所的教职员组织“白牛会”筹划的亲睦会，所长山室教授热情邀我一同参加，我当然乐意。因我非“白牛会”会员，缴纳的参加费是8 000日元（含酒水）。几十位参加者中，就我一个外国人。日期在7月16日，那天恰好有台风来袭，白昼起风雨渐大，可是好不容易筹划起来的一次全所活动倘若取消，大家一定会觉得很扫兴，于是决定“雨天决行”（这是一个日文词）。傍晚6点在研究所门口上车，向西北驶去。此时铅灰色的云块压得很低，风有点大，雨倒没怎么下。汽车渐渐驶出市区，经过一些农田后，就开始爬坡进山了。山道有些窄，弯弯曲曲，一路上行，路边几乎没有什么人家，天色也越来越黑了。此时此刻，一个人恐怕真不敢在山里行走。将近一个小时，抵达目的地“洛云庄”。

这是一家主要在春夏秋三季吸引客人的山中旅馆，同时供应京料理。现在好像已经倒过来了，真正在山里住宿的客人已经很少，大多是开车到这里来进餐，尤其是夏日。这真是一个好所在，真正的是在山里，一条湍急的溪流在岩石间奔腾而下，形成了高高低低的落差。洛云庄就建在溪流边甚至是溪流上，一栋纯然的大凉台式的木头建筑架在岩石上，上有屋顶，四面敞开，在此饮酒进食时，可怡然欣赏清澈的溪流在岩石上发出的激越的声响。白昼的话，周遭应该是一片葱绿，即便是炎夏之日，山里的空气依然是十分的清凉。此时暮色已降，户外已笼罩在一片夜色中，凉台式建筑的木桩下亮起了映射的灯光，五颜六色，使人仿佛置身在一个奇幻的童话世界里。凉台上也铺着红地毯，木制的长桌，软椅，也可倚靠在木栏杆上对着喧腾的溪流声发呆。那天的料理照例还是盐烤香鱼、烤河鳗的“醋物”“茶碗蒸”等，冰镇的啤酒喝得很爽，谈话也十分愉快，但是最令人心醉的还是山里的环境。此时风也小了，雨也停了，只留下雨后清冽的空气，饱含着丰富的负离子，在山里四处荡漾，让人完全忘却了这是7月的盛夏。

如果偶尔来京都旅行，不便预约或寻找，又想比较合理地品尝一下京料理，我推荐京都车站北大门外不远处的“醉心”。那里地段好（交通方便），环境也不坏，料理做得较好。有一天从东福寺回来，到京都站时差不多已是下午一点，就到里面吃午饭。我不记得是什么定食（套餐）了，一个黑红色的托盘（日文曰“膳”）内有一个原色的木盒，内分六格，左上格内是三种刺身：金枪鱼的赤身、目鱼和三文鱼，一样有紫苏叶和萝卜丝，另有一个刺身酱油的小钵；中上格内是一个菊花状的小碗，内有三片冬瓜；右上格内是大虾和南瓜片、茄片的天妇罗，另备有一撮萝卜泥，供放入蘸料内；左下格内是一块扇形的、撒有黑芝麻的米饭；中下格的小碗内是一些黄瓜片和两片烤肉；右下格的一个方形盘子内有些丰富，一个宝蓝色的小钵内是放入了小海米的青椒，一个用海带做成迷你粽子状的“煮物”，一个大虾，一小块鸡蛋糕，一个蘘荷。托盘内另有一小碗天妇罗的蘸料，用黑漆碗盛放的“吸物”（一种不同于味噌汁的清汤，比味噌汁略高级），一杯麦茶，总价1 500日元。中国人常常调侃日本人吃东西像小孩办家家。以上的一份套餐就是办家家的典型，我个人很享受。

还有一次在这里请一位朋友吃晚饭，点了“鳢（海鳗）怀石”，每人5 000日元，那就是一套颇为讲究的怀石料理了。以海

“醉心”午餐

鳗为主体，因是夏日，为了给人一种泠泠的凉爽感，器皿多用玻璃，菜肴具体不一一列举了，整体感觉入口都非常清爽，食器和摆盘也颇为讲究（在川床料理的“多から”和洛云庄之上）。性价比颇高，当然环境不如料亭，但也绝对不坏，依然有一种很隆重的怀石料理的仪式感。我个人觉得，“醉心”是一家性价比颇高的料理屋。

京都的酒

京都地区酿酒的历史，至少可以追溯到平安京建立之前。日本最早成书的半是事实半是故事传说的《古事记》（712年）的应仁记中有这样叙述：

“又秦造之祖，汉直之祖，及知酿酒人，名仁番，亦名须须许理等，（自百济）参渡来也。故是须须许理酿大御酒以献，于是天皇宇罗宜是所献大御酒而御歌曰……（原文为汉文）”

这段用日本式的汉文写成的文字不大容易看懂，这里稍作解释。这里的天皇，《古事记》上称之为应神天皇，历史上也许实有其人，但应神天皇的名称应该是不存在的（现在一般认为天皇的名称最早出现于673年即位的天武天皇时代），不少历史学家认为应神天皇应该相当于历史上倭五王中的倭王赞，生活在5世纪，在位期间与中国南朝的宋有朝贡往来。秦造之祖、汉直之祖，指的是经由朝鲜半岛渡海而来的自称是秦代和汉代后裔的移民，他们传来了大陆和朝鲜半岛的先进文化。我在前文中曾说到，平安京建立之前，京都一带最早的先民之一，是从中国或经朝鲜半岛来到日本的汉人后裔，在今天京都的西北部，仍有一个称为“太秦”（日语念作uzumasa）的地名，号称秦时来到此地的移民就被称为“秦人”（日语念作hatahito）。这些人在太秦地区建造了京都最早的佛寺广隆寺和最初的神社松尾大社。有意思的是，当时秦人的首领就叫“秦酒公”（应该是以秦酒公为首的这批汉人传来了新的酿酒技术的缘故吧），广隆寺就作为秦氏本族的寺院而被建立起来了。也因为秦酒公的关系，由秦人建立起来的松尾大社，祭祀的主要神灵之一就是酒造大神（另一是松尾山神），以致到了后来，松尾大社就成了日本人祭拜造酒祖神的所在。由此说来，京都实在是一个与酿酒历史渊源极深的地方。

当然不是说5世纪之前日本列岛就没有酒。成书于3世纪末的中国史书《三国志·魏志·倭人传》中对当时日本列岛的风俗情形有这样的记载：“始死，停丧十余日，当时不食肉，丧主哭泣，他人就歌舞饮酒。”这说的是人死后丧葬时的习俗。还记载说：“其会同坐起，父子男女无别，人性嗜酒。”这里记述的应该是3世纪前半期的事，说明那时列岛上就已经有比较普遍的饮酒习俗。不过也许那时酿酒的技术还比较原始，秦酒公等移民带来了当时大陆比较先进的技术，大大提升了列岛原有的酿酒水平，因而被后人供为造酒祖神吧。794年平安京建成后，宫廷内设有“造酒司”，主掌“造酒司”的官吏就是汉人后裔的秦氏家族。

当然，以前日本酒都是酿造酒，原料是稻米（以番薯为原料制作的蒸馏酒“烧酎”的制作技术是17世纪时从琉球传入九州南部的），这一类酒称为“清酒”。京都酿酒业比较兴盛的时期是室町时代，据1415年的酒屋名录，京都城内外的酒屋合起来有342家，类似于商标的“铭柄”（meigara）也是这时候诞生的。1467—1477年间的应仁文明之乱，大大损伤了京都的元气，造酒业也随之衰弱下来。一直到丰臣秀吉在南部的伏见地区建造了伏见城之后，又借着淀川的河运，这一带才逐渐兴盛起来，成了京都重要的酿酒地之一。到了江户时代的1657年，伏见地区的酿酒商达到了83家。同时，这一时期也诞生了江户时代最著名的日本酒“滩酒”（nadashu），主产地是今天兵库县的神户一带。18世纪开始，当时很有权势的贵族近卫家族庇护其麾下的伊丹（今属大阪府）所产的酒，就禁止京都本地的酒上市，严重抑制了京都本地的酿酒业。到了1833年，造酒商锐减到了27家。1868年初，在伏见这个地方又发生了拥护幕府与反对幕府的两军的战乱，包括造酒业在内的工商业大受摧残。一直到了1878年以后，西南战役结束，社会安定，京都的酿酒业才逐渐得以恢复。又加之1889年连接东京和京都的东海道铁路开通，促进了物流的发达，京都的酿酒业再度繁盛起来，迄今已达到了几乎与“滩酒”并驾齐驱的程度。而其主要的产地，就是南部的伏见。

在酿酒工艺方面，江户时代出现了一个重大的改进，就是碾米技术的提高。原本碾米的方式主要是利用杵和臼所进行的舂米，是人工的脚踏式，效率比较低，获得的大米的精白程度也比较低。大约在18世纪中叶起，渐渐成为日本酒名产地的位于大阪湾北岸、今日兵库县靠武库川河口一带的称为滩的地方，在峭立的六甲山下的芦屋川、住吉川等的上游地区，水流湍急，水力资源丰富，于是利用水车碾米的方式渐渐得到了推广，不仅大大节省了人力，而且大米的精白程度也较以前有了很大的提高。米酒的品质如何，当然牵涉到各种酿造工艺和水，但是稻米的品质以及米的精白程度也是相当关键的。兵库县南部名叫“滩”的地方，生产名闻遐迩的高品质的播州米，很久以前就是美酒的产地。19世纪30年代又在沿岸的地下发现了适宜于酿酒的硬水，于是这一带就逐渐成了日本最出名的酿酒地，称为“滩五乡”，大抵在今日神户一带，而“滩酒”也就成了名酒的代名词。

由此看来，决定日本酒品质的，主要有三个重要元素，一是用作原料的稻米的品质；二是水；三是酿酒工艺。以此三点来衡量，如今日本的大部分地区都有好酒，某一地区的酒垄断全国市场的时代早已过去。由于京都的古都地位，以伏见为主要产地的京都酒，无疑拥有优质日本酒的地位。

我初到日本时，看到酒店或超市中出售的清酒标贴上写着

“大吟酿”“吟酿”“纯米酒”，有的则没有标明，也搞不清这到底有什么区别。后来读了一些文献，慢慢理出了点头绪。现在日本的清酒，根据其原料和制造法以及1990年日本政府方面颁布的《清酒的制法品质表示基准》，大致可分为两大类，一类是“特定名称的清酒”，另一类是“特定名称以外的清酒”。第一大类的酒再加以细分，则有吟酿酒、纯米酒和本酿造酒三类。这第一大类一般称之为高级酒。第二大类加以细分，还可分为加入酒精后使其增量的酒精添加酒和除酒精之外再加入其他调味液（如葡萄糖、饴糖以及乳酸、谷氨酸等混合在一起的物质）的增酿酒两类。增酿酒目前没有单独销售，它必须与其他酒类掺合在一起才可作为商品上市。目前这一类的酒主要是将用蒸米、酒曲和水酿成的纯米酒再加入酒精和调味液使其量增加到三倍，也就是说是一种调合而成的酒。第二人类一般称为普通酒，多数人日常饮用的日本酒，以这一类偏多。

我所感兴趣的是被称为高级酒的三类酒，即吟酿酒、纯米酒和本酿造酒。这三类酒目前在所有日本清酒（包括普通酒）中所占的比率分别是吟酿酒3.4%，纯米酒（包括纯米吟酿）7.7%，本酿造酒19.4%。也就说，吟酿酒的产量最低，处于最高级的层面。那么，区分这三类酒的标准是什么呢？主要是用于酿酒的大米的精白程度，也就是原料成本的高低。按照《清酒的制法品质表示基准》，吟酿酒又可分为大吟酿和吟酿，区别还是在于大米的精白程度。用于酿造大吟酿的大米，必须在糙米的基础上进行反复的碾磨精白，最后只取其50%以下的核心部分用作酿酒的原料，也就是说糙米将有一半以上被碾磨损失掉；吟酿酒则为60%以下；纯米酒和本酿造酒的取用率是70%以下。按照目前日本的酿酒工艺，大米的精白程度越高，酿制出来的酒就越清冽醇美。这是因为糙米外层的部分含有比较丰富的蛋白质和脂肪成分，这对于米饭的营养来说是很重要的，同时也会增加口感的丰富性，但是在酿酒的过程中，容易产生各种杂味，影响到酒的纯度，因此需要将其碾磨掉。当然，这在米价相当昂贵的日本来说，会增加不少酿酒的成本。

按照规定，被称为吟酿酒的除了在原料米的精白率（即糙米经碾磨精白后留存下来的比率）上必须达到50%—60%以下外，还有一个重要的指标是必须经过缓慢的低温发酵。普通酒是在气温15度的状态中经过20天的发酵，而吟酿酒必须在10度的温度中经过30天的发酵。为何要使用这样的工艺并经过30天的缓慢发酵呢？是为了能酿制出吟酿酒所独有的透发出水果香味的吟酿香。这种吟酿香只有在低温状态下才能慢慢酿成。若是纯用大米酿制的吟酿酒会在标贴上标明纯米大吟酿酒和纯米吟酿酒，而没有纯米标志的，就可能是酿造吟酿酒。现在中国的一些日本料理店中每人200—400元可以任意饮用的日本酒，基本上都是掺入了酿造酒精的比较低档的日本酒。

从一个品酒师的视角来看，日本酒还可以根据它的酒香分成四种类型。第一种是香味比较浓郁的类型，虽然是用大米酿制，却有明显的甘甜的水果香味，这一类酒的代表是大吟酿酒和吟酿酒；第二种是口味清爽、口感清凉的清酒，甚至是清冽如水的感觉，这类酒多为“生酒”，“生酒”在酿成之后不经过加热杀菌的工艺，存放时间较短；第三种是具有大米原本的香味，带有明显的米酒特色，这一类就是最常见的“纯米酒”；第四种是储存时间比较长、酒质比较醇厚的“古酒”，具有浓烈的复杂的香味。之所以会形成以上四种类型，当然是原料米、水质、酵母、酿造处理、酿酒师的技术等多种因素叠合在一起的结果。

说了半天，话题几乎都集中在日本酒，京都本地的酒涉及不多。其实，只需把京都酒理解为日本酒的一种就好了，只是产地在京都而已。评判京都酒的优劣，基准还是我上文提到的几种。作为京都酿造的“铭柄”，比较出名的有纯米大吟酿“玉乃光”，是一种用京都所产的酒米“祝”为原料的上等酒，目前位列京都酒的第一位。京都大学山室教授每次来上海赠给我的都是“玉乃光”。宜在秋冬季烫热（日语谓之“燗”或“熱燗”）后饮用，口感更佳。其他位列前茅的有纯米大吟酿“英勋”、纯米大吟酿“泽屋松本”、纯米大吟酿“月桂冠”等，都产于伏见。而带有京都地名的则有纯米吟酿“京姬”、纯米“京都五山之四季”、纯米吟酿“聚乐第”（丰臣秀吉在京都建造的大宅第名称）等。

在距离繁华大街四条通很近的佛光寺通和室町东附近的“京都酒藏馆”，是一个品尝京都酒的好所在。那里既是一个品酒的佳处，也是与酒一起体味日本料理的餐饮店，且价格相当公道，花5 000日元，就可充分品尝多种京都佳酿，也有可口的菜肴佐餐，真是一个让人酒足饭饱的好地方，同时又可借此了解各种京都酒。

最后说一点饮日本酒的酒温和酒具。传统用于喝日本酒的酒具，主要是用来斟酒的“德利”（tokuri）与喝酒的“盃”

（sakazuki），最初多是陶器的，也有木制和漆器，后来有瓷器。春秋两季喝常温的较多，冬季或天气寒冷的时候，可以烫热了喝，也就是上面说的“熱燗”，感觉很温暖，酒香也会更浓郁。当然这样的喝法，中国更早，白居易有一首五绝：“绿蚁新醅酒，红泥小火炉。晚来天欲雪，能饮一杯无？”喝的应该是烫热的酒。夏天宜喝冷酒，尤其是日本的“生酒”。对，日语的汉字就写作冷酒（reishu），酒温在5—8度为佳，和白葡萄酒差不多。喝冷酒，现在多用玻璃酒具，也是小酒壶和小酒杯，壶口和杯口会有浅蓝或浅绿的冷色调色彩，酒杯上也会有精细的花纹图案，或者是水晶状的车刻玻璃杯。这些都会比较贵，比一般的陶瓷器酒杯贵不少，但情调相当好，轻轻碰杯的时候，泠泠作响，宛如风铃声。喝酒，就像吃饭饮茶一样，品味的并不仅仅是容器里的内容，容器本身也是食物或饮料的重要部分。所谓文化，大概就是这样来的。

日本酒与酒器

京都的“渍物”

一个樱花盛开的四月初的午后，我独自来到外地或外国游客来京都必定要去的祇园一带闲走。在热闹的四条大街，临街有一家风格雅致的店铺，在优雅的灯光的照射下，店门口的绿色植物在春风中摇曳生姿，女店员穿着素雅的和服，笑容满面地迎接着每一位来客。进入店内，才发现这里是专门卖渍物也就是酱菜的店铺，叫“西利”。酱菜店居然开在了寸土寸金的观光地段，而且如此地风雅清幽，恐怕大部分的外国人都会感到些许惊讶。

这一小节想叙述一下京都的“渍物”，也就是一般所理解的酱菜（当然渍物不只是以素菜为原料，鱼类也可以，但一般理解的大致与中国的酱菜相当）。“渍”，就是浸渍的意思，将食材放在盐及其他物质中长期或短期浸渍，经过发酵或不完全发酵或不发酵，最后制成的食品，因乳酸菌或其他成分的功效，形成特别的风味和养分，在南方，我们一般称之为酱菜，北方多称之为咸菜。难道酱菜也有专门来谈论一下的必要？一开始我也这样想，但后来深入了解一般日本人的生活，就会感到渍物在日本人的日常饮食中所占据的位置，实在要远高于我们中国人的酱菜。最高级的日本料亭里所供应的怀石料理中，最后必定有一小碗米饭和一小碟渍物端上来。到京都来旅行的日本人，不少会选择京都的渍物作为馈赠佳品。很难想象，在中国人的高级宴会中，竟会出现酱菜，也极少有中国人会用酱菜作为礼品。

渍物或者说酱菜当然不是日本人的发明。作为一种发酵或者保存食品，在世界各地都屡见不鲜。中国腌制食物的历史更为悠久，但不像日本人那样几乎奉为一日三餐的必需品。日本式的早饭，必定有渍物相配，咖喱饭也会加上几片染成红色的腌萝卜；日式中华料理的套餐，每每会配上一小碟榨菜；至于每一份日式便当或日式套餐，在菜肴中一定会有渍物；唯有西式料理，一般没有渍物。在京都等地有多家历史悠久的专门店铺，在每一家食品超市中都有专门的渍物区。这恐怕在全世界都是颇为罕见的。

现在日本渍物的种类，从用于腌制的材料来说，有盐渍、酱油渍、味噌（豆酱）渍、醋渍、粕（酒糟）渍、糠（在日本多用米糠）渍等数种，其中除了酱油诞生于江户初期之外，其他的各种渍物，也都有上千年的历史了。至于腌制的食材，主要是根茎类和叶菜类，腌制的时间从一两年到一两天甚至几个小时不等。

最具有日本特色的渍物要算是梅干了。梅子原产于中国，梅干的历史在中国至少可以追溯到两千多年前的战国时代，马王堆的出土文物中，有一个装满了梅干的壶。中国的稻作文明传入日本后，梅子等东亚大陆的谷物和果物也渐渐随着人员的交流被带到了日本列岛。至少平安时代，日本人已经在食用梅干了。梅子最初无论在中国还是在日本列岛，主要都是用来制作醋的，后来人们发现烤过的梅子还具有治疗腹痛、解毒、排虫的功效，梅子也就成了汉方药中的一剂药材，后来在日本渐渐演变成了用于佐餐的梅干。做梅干的梅子，选用6月后成熟的梅子，摘下后用盐腌制，然后晾晒三天，因其盐分很高，可以保存很长时间。大约到了江户时期，人们开始用红色的紫苏叶与梅子一起腌制，于是梅子也被染成了红色，这就是今天人们所看到的梅干都呈现出红色的缘由。过去一般的日本人生活穷苦，带到田头或工厂学校的便当，只是在白白的米饭上放一个红色的梅干来下饭，后来人们就戏称为“日之丸（太阳旗）”便当。如今盐分这么高的梅干已经不受欢迎，战后生产出了一种“调味梅干”，将腌制后晾晒过的梅干再放在水里浸泡，使之减去盐分，种类也多了起来，用海带一起腌制的称为“昆布（即海带）梅”，用鲣鱼花调味的称为“鲣梅”，也有的加入了蜂蜜的称为“蜂蜜梅”。但是梅子依然保持了它独特的强烈的酸味，这种主要由柠檬酸导致的酸味，刺激味蕾，促进食欲，且有益于健康，因此梅干今天依然是日本人最喜爱的渍物之一。在日本，古代的纪州，也就是今天的和歌山县是日本最主要的梅子产地，尤其是南边町生产的梅子，因其个大肉厚而被誉为梅子中的佳品，名为“南高梅”，做成的梅干要比一般的贵不少。我在超市中见到，标为“南高梅”的，300克价格是800日元。我慕其名，曾带回来一盒，用以佐餐。每餐一枚足够了，咸中带酸，酸中有甜，强烈的柠檬酸使人无法多食。只是中国人吃饭（我在家主要吃晚饭）一般还不习惯食用渍物，我往往忘却，结果一盒梅干，还有三分之一没吃完就过了保质期，最后不得不舍弃。

京都是日本渍物的大本营，它的一些老字号店铺在全国都享有很高的声誉。像我在开头时提到的“西利”，它的总店位于著名的西本愿寺边上，巍峨的一幢楼，走入里面，仿佛进入了百货公司。事实上它在京都最高级的百货公司“高岛屋”内也设有门店，其他诸如岚山、清水寺、平安神宫等观光地都有它的连锁店，甚至在东京的热闹地带日本桥也开设了分店。它不仅出售各色渍物，也供应与渍物相关的食物。甚至还有渍物怀石料理，菜肴无非都是渍物，标价2 700日元，摆设得相当好看，各色渍物间的色彩搭配、盛放器皿的精心选用，都使得原本并不怎么高级的渍物达到了艺术的境界。也有渍物“食放题”（畅食），配有渍物寿司，每人1 500日元，小孩减半，人们在这里，就是品尝各种渍物。日本人已经将渍物做到了如此的境界，真让人啧啧称奇。“西利”是做得比较高调的。还有一些历史比“西利”更为悠久的老字号（日语称之为“老铺”shinise，这个词也很耐读），例如开张于江户元禄十二年（1799年）的赤尾屋，没有“西利”那么多的门店，主要凭借自己悠久的历史和卓著的声誉，向全国做配送的生意，各种渍物的盒装组合，价格大致在3 000多到5 000多日元，另加送费。“成田”也是一家“老铺”，创业于1804年，在上贺茂的总店，就像是一家高级料亭，两家分店也分别开在高级百货公司的高岛屋和伊势丹内。他们的商品，除了现场出售外，更多的是通过物流的渠道接受订购，向全国广泛发送。如今则多了网购的渠道，几乎规模较大的渍物商铺都在网上开设了在线销售。但仍有些老铺不追求规模效应，他们孜孜不怠地秉承着先祖留下的传统，坚持手工制作，坚持传统的发酵方式，工期虽长，价格虽高，却依然赢得了那些高级料亭的青睐。比如祇园地区的老铺“村上重”，他们的商品很多是专门供应那些恪守着品位的高级料亭。

京都渍物的三大代表，就是“酸茎”（sukugi）、“千枚渍”

（senmaizuke）和“柴渍”（shibazuke）。

“酸茎”的食材是冬天收获的芜菁的变种，俗称酸茎菜，根块和茎叶都可食用。收获之后先用盐水浸一晚上，然后抹上盐，在户外放上7天，再移入室内搁置8天使其发酵后，就可食用。茎叶的颜色接近龟甲色或饴糖色，根块部则呈现出淡黄的乳白色。将茎叶切细，根块切片，就成了一种带有特别酸味的渍物。时间越久，其酸味也就越浓，非常刺激食欲，喜好的人爱不释手，不习惯的人会觉得稍稍有一股异味。酸茎含有较丰富的乳酸菌和食物纤维，对舒通肠胃有良好的作用。

相对而言，似乎“千枚渍”的名气最响。千枚渍的食材是芜菁，中国江南一带俗称大头菜，其肉质较圆萝卜来得细密紧实。京都的千枚渍主要原本产于京都的寺院圣护院的田产中，后来将其种植在京都其他合适的土地上，一般就称为圣护院芜菁，其生产时期在当年的11月至来年的3月。其做法，最初是由一个名叫大黑屋藤三郎的御用厨师在1865年研制出来的，在腌制前，就将其切成薄片，一个芜菁要切成一千片那么薄，千枚渍的名称据说就来源于此。当然事实上并没有那么薄。将切成片的芜菁，装入一个桶内，用盐腌制后，控除水分，然后用优质的海带一起腌制，制成后，因乳酸发酵的原因，就带有芜菁原本含有的甜味、乳酸发酵的酸味和海带的鲜味，于是变成了人们喜爱的一款渍物。二战以后，为了适应人们的大量消费，就加入了砂糖、醋和调味料来制作，实现了大量生产。京都做千枚渍最有名的店家，是江户末年辞去御用厨师之后的大黑屋藤三郎取其名字的两个字开设的“大藤屋”，后来就成了制作千枚渍最正宗的店家。

京都北部的大原，遍布着大大小小的渍物店

“柴渍”又称为“紫叶渍”，其发音在日语中一样。它的食材主要是茄子，后来又有黄瓜和蘘荷。制作方法是将茄子和红色的紫苏叶一起用盐腌制，紫苏叶的红色慢慢将茄子染红，食用时切成小片。它名称的来源又有一段小故事。平安时代末期，一度主掌政权的平家被源氏家族打败后，平清盛的女儿，一度贵为高仓天皇皇后的平德子也不得不藏匿到京都郊外的大原。大原这个地方盛产紫苏，当地的村民将本地腌制的、加入了紫苏的茄子呈送给她，平德子非常喜欢，就将它命名为“紫叶渍”。代代相传，后来就成了京都渍物的名产。它的腌制时间原本很长，差不多要花费一年，由乳酸发酵产生的酸味，引得了全体日本国民的喜爱。只是现在的制作方法，主要不是靠乳酸发酵，而是加入了醋，因此它的滋味应该与往昔有所不同。也有人坚持老的制作方法，尽管时间成本较高，但更具有传统的价值。如今人们将传统方法腌制的“柴渍”或“紫叶渍”，冠名为“生柴渍”或“生紫叶渍”。数年前，曾经很红的明星山口美江出演食品厂商富士子“渍物百选”的电视广告，一句“好想吃紫叶渍啊!”风靡了全日本。

日本各地都有不少渍物的老铺，数京都的店家最有名，像创业于明治三十五年（1902年）的大安本店，创业于大正六年（1917年）川胜总本家，以及稍后的“谷彦”“长濑”等，店铺都开在江户时期或明治时代的老房子内，有的甚至还有幽雅的庭院，竹木扶疏，很有风情。大多数老铺，坚持不使用现代的化学合成剂，尽可能延承昔日的做派，因此尽管价格稍贵，但依然人气很高。在今天的京都，旅游景点销售的物品未必千篇一律，但渍物的店招则是比比皆是。从市中心的锦市场、祇园，到清水寺、银阁寺等，通往景点的小街两侧都有几家甚至十来家渍物店，甚至在相对偏僻的北部大原那里，也是如此。一次去三千院，沿途走过一条颇有风情的坡道，沿街也开了好几家渍物店。除了像“西利”等少数连锁店之外，大都是独家制作、独家售卖的业态，比如锦市场那边推出的“打田渍物”、银阁寺那边的“小松”、三千院那边的“川胜”，等等。

我特意去过一家京都的老铺“加藤顺”，在二条通折进去的一条小巷内，靠近鸭川了。我在叙述京都渍物的书籍上看到了这家铺子，一看地址，距离京都大学不太远，就步行去寻访。走过去，大概二十几分钟，在一条非常僻静的小巷子内，还真的有点不好找。一幢假二层（有两层屋檐，实质上是平房吧）的小房子，寂寞地伫立在街角。两层屋檐间，镶嵌着一个黑白的渍物图案。黑白色的图案，现在真的很少见了。下一层屋檐的下面，有一个固定的白底黑字的横条幅，上书“京渍物 加藤顺”；再下面，是一大块紫褐色的暖帘，中间是一个框了圆圈的“加”字。门口摆放了一些绿色的盆栽植物，地面上洒扫得干干净净，纤尘无染。我拉开细格子的移门，并不宽敞的店堂展现在眼前。原色的木壁，原色的木制货架，摆放着该店家自制的各色渍物。只有一个店员，50多岁，应该是店主，见我进来，有些惊讶，想与我搭话，又欲言又止。我也只是静静地察看着各色货物，然后举起相机，那店员见状，立即上来阻止（或许，他把我看成竞争店家的调查员了）。我笑着对他说，我是一个外国人，只是对京都的渍物有兴趣，没有任何其他用意，他紧张的神情才稍稍缓解，但仍然表示不能摄影（此时我已拍了一张，至今店内的照片也就留存了这一张）。“加藤顺”做的渍物，除了上文举出的京都三大样之外，特色在于两个，一是结了菜花的小油菜的腌制物，为别家所罕见，另一个是笋的渍物，有红笋和白笋两种。店家介绍说，只用当日清早挖出的嫩笋，用沸水焯一下之后，加以适当的腌制，生脆清鲜。食用的时候，切成薄片或自己喜欢的形状即可，佐以酒或茶，或者倒过来说，饮酒或喝茶时，佐以稍加腌制的嫩笋，都是绝配。我买了一袋，红笋和白笋合在一起，2 808日元。

相比较而言，中国大陆的许多老字号，1949年以后经过各种各样的改造，旧日的传统大都已经风化飘零，当年的老房子也基本被拆除，真的成了如烟往事，想来不免使人唏嘘。

日本的渍物中，有一种被称为“浅渍”（asazuke，未必是京都的，也说一下），中国江南一带称为“暴腌”，就是腌制的时间比较短，许多尚未进入乳酸发酵的阶段，因此一般没有酸味（当然近代以后加入了醋则是另外一回事）。因其腌制的时间短，食材的颜色就比较生鲜，吃口也比较爽脆，带有一种特有的清香，在日本又被称为“香物”，或者“御新香”。随米饭一起上的，大多为“香物”，但不可久放。比起长时间浸渍的渍物，我个人觉得“御新香”在口味上只是有些咸，内蕴不够，也没有乳酸发酵后产生的独特的酸味。

学艺撷英

京都大学的体验

京都大学在中国有相当高的知名度。京都大学有11名毕业生和教授获得了各类诺贝尔奖，就这一点而言，在亚洲的所有大学中，无出其右。在各种大学的排名榜上，京都大学有数次名列日本第一，超过了东京大学。

1897年6月，根据当时的《帝国大学令》，日本设立了京都帝国大学。在此前的日本，真正具有大学名称的，就帝国大学一所（前身是1877年建立的东京大学）。因京都帝国大学的设立，原先的帝国大学改为东京帝国大学。以后日本又陆续按地域在国内设立了九州帝国大学（福冈，1903年）、东北帝国大学（仙台，1907年）、北海道帝国大学（札幌，1918年）、大阪帝国大学（1931年）、名古屋帝国大学（1939年），日本本土总共有7所帝国大学。庆应义塾虽然在1890年就设立了大学部，但正式被认定为大学，是在1920年；东京专门学校在1902年改名为早稻田大学，1920年被国家正式认定为大学。战后的1947年10月，京都帝国大学改称京都大学。

京都大学与复旦大学在1990年代初期就建立了正式的校际学术交流关系，21世纪初还在我供职的复旦大学日本研究中心楼内设立了京都大学上海事务所，京大校长长尾真教授专程来上海参加了揭牌仪式。两校的关系一直很密切，不过那时主导的是京都大学的经济学部，我对经济学完全是外行，因此也一直没有参与两校间实际的学术活动。虽然因公因私的缘故去了好几次京都，很久以来，却从来没有踏入京都大学的校门，直到2010年的10月。

那时我正在神户大学任教，因为正在研究20世纪上半期日本文化人与上海的关系，请相识很久的京都大学人文科学研究所的山室教授帮我在所内的图书室借几本书。山室教授借好后问我，“是寄过来还是怎么样?”我想还是自己去一下，顺便也可访问一下耳闻已久的京大。山室教授在电话中指示我到了京都车站后乘坐206巴士到百万遍站下来，他来接我。“百万遍”这个地名我以前在阅读吉川幸次郎（京都大学毕业后长期在京都大学担任教授，是20世纪日本最杰出的中国文学研究家之一，有全集27卷）的《留学之前》中看见过，文章记述了他在京大附近百万遍的一家中国小饭馆“东海楼”里跟中国留学生学中文的情形。我当时就觉得“百万遍”这个地名很好玩，去了解了一下，才知道这里有一座净土宗四大本山之一的知恩寺。1331年的时候，京都发生疫病，寺内的第八代住持奉后醍醐天皇之命在7日之内诵念100万遍阿弥陀佛，后来疫病果然平息，天皇就赐

“百万遍”为知恩寺的寺号，后来百万遍就成了这一带的地名。那天山室教授带我参观了人文科学研究所以及京大的校园，就校园而言，似乎也没有特别的印象。

2014年底，山室教授告诉我可尝试申请人文科学研究所翌年4月开始的为期半年的研究教授资格。后来很幸运地在教授会议上获得了通过。稍后提出了住宿申请，以抽签的方式得以入住修学院附近的京大国际交流会馆。这半年的京大体验，使我对京大以及京大的人文科学研究所有了较深的了解。

1897年建立的京大，校址是原来的第三高等学校，鹊巢鸠占（当然京大不是“鸠”）后，三高就迁往与京大一街之隔的南面（1949年以后，三高并入京大，这里也就成了京大的一部分，称为吉田南校区）。因此，京大的主校园原来是三高的地盘。以后又向北部扩张，将与主校区一街之隔的今出川通以北至御荫通为止的一大块区域归入京大，为理学部和农学部的所在。1950年，在宇治接收了原日本陆军的驻地开设了京大分校，成为自然科学和高精技术研究所的集聚地。2003年，又在西部的“桂”开设新的校区，将工科、技术科学的学科和研究所迁往那里，医学部、药学部及附属医院则在主校区西南面的东大路通的西侧。我活动的区域主要在主校区，今出川通以北的校区则几乎每天都要步行经过。

作为战前的帝国大学，京大自建立之初，就一直受文部省的直接管辖，然而它从创立的那一天起，就力图实行教授治校，摆脱行政对大学的钳制。中国现代著名的政治学家和法学家萨孟武（著有《西洋政治思想史》《中国政治思想史》等），年轻时

（1920年前后）曾在日本留学11年，大半在京都度过，从三高升入京大。他后来在回忆录中写道："在日本各大学，尤其是帝国大学，是采取教授治校之制。教授由国家任命，一经任命，除自己辞职之外，绝不可中途罢免。大学的讲学是极自由的。宪法一课，有的教授主张主权在民，另一位教授无妨主张天皇至上。经济学一课，我还记得，河上肇主张马克思主义，而田岛锦治则采用正统学派说。学生选课完全自由。……校长由教授会选举，每三年一任，但往往连选连任。……校长与学生毫无关系，学校没有集会，连毕业典礼、校庆纪念也不举行，因此，我们看见校长的机会差不多没有。各学部部长（即各学院院长）亦由各该学部教授选举，身负重名之人往往不愿就部长之职。……学校的自由空气是很浓厚的，学生有各种组织，学生的思想也极复杂，有的主张社会主义，甚至主张马列主义；有的赞成国家主义，甚至赞成军国主义，学校皆不干涉，听他们自由发展。总之，在民国十一二年间，亦即日本大正十一二年间，日本思想界是多姿的。"（《学生时代》，广西师范大学出版社，2005年，第154—156页）不过，到了1920年代末期，政府当局就加紧了对大学的管制，经济学教授河上肇（著有5卷本的《资本论入门》等）不仅在课堂上公开宣讲马克思主义经济学，还实际参与了社会主义运动，于是文部大臣就在1928年4月要求京大校长对河上肇提出辞职建议。河上肇开始拒绝了这一建议，后来迫于无奈，不得不离开了京大。自1920年代中期开始，日本当局对以日本共产党为首的左翼势力（京大一直是重要的据点）频频予以打击，在全国范围内对日本共产党发动了三次大逮捕，由此左翼势力几乎被扫荡殆尽。到了1930年代的中期前后，日本的法西斯势力日益猖獗，对知识界的迫害从左翼扩展到了自由主义思想。京都大学的教授对此虽屡有反抗，但随着日本对外侵略战争的日趋升级，对内的压迫也越加严厉，到了后来，京大也陷入了万马齐暗的黑暗时代。一直到战后，在美国占领军的主导下，日本终于成了一个民主国家，京大也重新获得了学术的自由。战后，京大始终是日本思想自由和学术独立的一个典范。鉴于战前的痛苦经历，在后来制定的京都大学宪章中，非常强调学术和教学的自由自主，同时追求和谐与理性，希望京大成为人类精神活动的一个世界性的卓越平台。我自己在京大期间，也切身感受到了这样的氛围。

我半年所在的人文科学研究所，是一个与我的研究领域非常贴近的研究机构，已有90多年的历史了，它是由三个研究所整合而成的。最初的母胎是东方文化研究所，而这一研究所的前身是1929年在外务省的资助下设立的以研究中国文化为主体的东方文化学院京都研究所，1938年成了一个独立的京都大学东方文化研究所（东方文化学院东京研究所后来则演变为东京大学东洋文化研究所），1939年还在大学内设立了一个规模不很大的人文科学研究所，1946年校内又成立了一个以1934年民间建立的德国文化研究所为基础的西洋文化研究所。1949年，京大将上述三家研究所合并成立了新的人文科学研究所，现在共有20个专业领域的80余名专职研究人员（教授和准教授）、10余名事务人员。有意思的是，所有的研究教授和副教授只从事专门的研究，不担任大学的任何课程，也不指导硕士和博士研究生。

京都大学人文科学研究所最早的所在地，现在人文所的东亚人文情报学研究中心

在面向今出川通的本部校区北侧，有两个进出口。靠百万遍的西北口比较大，差不多是校区的主要进出口，俗称百万遍门，人员多半从百万遍门进出，这里距各路巴士站比较近。而实际的正门在南面，朝向“东一条通”，这是一条相对冷僻也不算宽敞的道路，车辆要从这里进出。面向今出川通的还有一个东北门，比较小，也有点偏，但隔着今出川通对面就是北部校区的大门。从这里进来，进门右侧就是一栋地面为四层楼的钢筋水泥建筑（地下还有一层），样子比较呆板，方方正正，这就是人文科学研究所的所在地。这栋楼原本是工学部的，后来工学部迁往桂校区，就留给人文所用了。人文所原来在校区外东北部的一栋极有风情的洋楼，现在成了人文所下面的东亚人文情报学研究中心。一楼有人文所的事务室和所长室，还有较大的报告厅，可举行一定规模的学术讨论会。其他还有部分空间好像现在工学部仍在用，是隔开的。坐电梯往上，二楼主要是研究所的图书室，坐

内部的电梯还可以通往三楼的图书室书库。本校的教职员和研究生可凭证件借阅，本科生和校外人员需提出阅读申请。我个人觉得，这边的藏书相当丰富且十分珍贵，因为建所的历史已十分悠久，京都在战时也没怎么受到损害，大批20世纪初期积累下来的图书就一直留存到现在，这些都可以自由借阅，少部分珍贵的版本已做了缩微胶卷。对我而言，这里犹如一座宝库一般，每每可以在寂无一人的书库内盘桓数小时。我在这里大概借了几百本图书。三楼和四楼的大部分，是各研究教授的个人研究室，较大的房间可举行包括教授会议在内的各种会议。

我的研究室在四楼，朝南，外面是一个不像庭院的空间，还辟出一块地方供停车，还算安静。从窗户望出去，掩映在一棵大树后面的，是一栋由白色的花岗岩和红砖建成的欧风洋楼，竣工于1917年，差不多一百年了，现用作工学部的土木工程学教学楼。研究室比较宽敞，铁制的书架大半是空的，我借的和买的图书只占了一小部分。屋内有可供洗漱的水池和烧水壶等，另备有茶具，这些跟我以前在神户大学的研究室差不多，而窗台下有一张黑皮的双人沙发和一张大茶几，这是在神户大学时没有的，午饭后我就在这里睡午觉。走廊的对侧有一个复印间，电脑可连线打印机，也相当方便。复印间有一大排北窗，有一天雨过天晴，在这里可清晰地望见北郊蜿蜒起伏的山峦，层层叠叠，宛如水墨画一般，打开窗户，雨后清新湿润的空气流荡进来，不由得让人做一个深呼吸。对这里的研究条件，我感到一百分的满意。我不能说我是每天最后一个离开研究所的（但一般比事务人员都要晚），但我差不多是最早进入研究所的人之一，我抵达的时候，事务室的门多半还没有开。而且我差不多敢说，我大概是所内唯一一个几乎每周七天都到学校里来的人。我以前在神户大学、长野大学和山口大学以及国内的复旦大学时也是这样。在我，已完全习惯了。

建于1893年的京都大学正门

安定下来以后，我就在本部校区里四处走走，熟悉一下校园的情况。还是从南边的正门开始吧。正门不大，建于1893年，那还是三高的时代，其时京大还没有设立。由石块和红砖砌成，经修复后，现在已完全恢复了当年的模样。进门有一个不大的广场，正面即著名的钟楼（日文曰“時計台”），建于1927年。门口有一棵巨大的樟树，补种于1934年，亭亭如盖，也是京大的一道风景。第一次进里边，是2013年3月到京都大学来开会时，午餐后东道主渡边教授带我们进来参观，深色的地砖，白墙，白色的爱奥尼亚式廊柱，高大的窗户，古典风的吊灯，显得厚重而有风范。里边有一个校史展示室，当时印象颇深。钟楼的西南面，是一幢两层的红砖楼，古色古香，竣工于1889年，原为石化教室本馆，是目前京大校园内最古老的建筑，后来汤川秀树、朝永振一郎等多名诺贝尔奖得主曾在此做研究，因而别称“诺贝尔奖楼”。在校园的西端，还有一栋两层的灰白色洋楼，建于1903年，曰“尊攘堂”，应该是取自“尊王攘夷”之意吧，是他人所赠建，用来收藏当年尊王攘夷时代的风云人物吉田松阴的遗墨等。校园内还有好几尊早年校长的铜像，静静地矗立在钟楼的一隅，让人追想大学悠久的历史。

在京大，除了人文所之外，我最爱的地方有两个，一是图书馆，一是食堂。京大的图书馆不仅外观宏大，且藏书丰富，设施完备，使用方便。在我所使用过的十多所日本的大学图书馆中，京大的大概排在第二位（我最喜欢的还是早稻田大学）。我所需要的图书，大部分人文所内即可得，但整体上毕竟校图书馆更齐全，且不定期地还要在这里翻阅报纸和杂志，坐在里边，明亮而安静的氛围就很让人陶醉。那年夏天，为写一篇日本高中历史教科书中有关日中近代史叙述的文章，还去了几次吉田南的图书馆查阅（人文所自然没有，学校综合图书馆内也没有）。吉田南校区与本部仅一街之隔，也就是后来三高的校园，1949年后归入京大，成了人间综合学部的所在，也有一座独立的图书馆，有关教育的书籍多半集中在此。在这里借到了十几种高中历史教科书。还有一本，印象颇深，是萱野长知的《中华民国革命史秘笈》，1940年出版，里面收录了许多面世极少的照片，包括民国要人给他的题赠及书函的手迹，世上已很罕见了，弥足珍贵。萱野长知早年曾深度参与孙中山在日本的革命活动，与宫崎滔天交往深厚。辛亥革命爆发时，应黄兴、宋教仁的电邀，与北一辉等迅速赶往武昌。1912年受邀参加中华民国临时政府在南京的成立仪式。后来孙中山在东京成立“中华革命党”的时候，曾将党章党证等托他保管。抗战全面爆发的1938年，萱野长知曾以日本当局为背景，以民间人士的身份与当时国民政府行政院长孔祥熙等斡旋和平之策。晚年以参与者的立场撰写了这一本近代中国革命史的著述，立场或有偏颇，史料却相当珍贵。

若无要事，我几乎天天在人文所的研究室，白昼总在中央食堂吃饭（周末关闭，我便转往北部校区的食堂）。我在日本的大学，大概也吃过十几家食堂，就餐厅的宽敞明亮及食物的多样性而言，东京的东洋大学本部食堂可推第一，但京大的中央食堂也是我的最爱之一。日本的大学食堂，都由一个全国性的“大学生活协同组合”（简称“生协”）运营，总的风格大体相近，但各家的经营还是有差异。京大中央食堂距人文所比较近，步行五六分钟。从外观来看，真是一家不起眼的食堂，且在地下，从一个坡道走下去，里面的空间相对也比较狭隘，一到午饭时间，就有几个管理人员出来引导就餐者分列排队。在一个不宽敞的走廊里，队列还真有点复杂。有简易的隔离带分开，地板左侧上贴有黄条的，是盖浇饭和咖喱饭的队列；中间贴有蓝条的，是面类（包括拉面、乌冬面和荞麦面等）的队列；右侧是自取式饭菜的队列。我一般排右侧的居多。这里对饭食稍作叙述。主菜中，我很喜爱吃的，有汉堡牛肉饼加黑醋的调料，含税272日元（在学校食堂里吃饭，也必须支付消费税），松软鲜香，每周总要吃上两回；炸鱼排（翻译为鱼排似乎不妥，原文是“白身魚フライ”），绝对新鲜的海鱼，鱼刺全都去除了，松软可口，两个（形状其实是长圆形的），浇上酸奶汁，也是我的喜爱物，257日元；炸猪排加黄金汁，也往往让人欲罢不能，298日元；炸鸡排配一点生的卷心菜丝，浇上加入了柚子胡椒风味的蛋黄酱，298日元。还有中国风的八宝菜等（我很少吃中国风的菜肴，我自己可以做得更好）。副菜有微辣的放入芝麻酱的煮茄子、芝麻拌菠菜、酒味煮鸡肝等，价格均为86日元，不过量很少。汤类，一般只有两三种，通常是味噌汤和“豚汁”（一种放入了猪肉片、萝卜丝等蔬菜、用味噌也就是大酱调味的汤，料很多），其他还有小碗的凉豆腐、棒棒鸡丝、芝麻酱拌牛蒡丝等，则是放在玻璃门的冰柜内，自由取用。米饭有大碗（大碗也不大）小碗两种，内容有白米饭和杂谷饭两种。盖浇饭也做得很可口，咖喱饭一般，主要是价格便宜，280日元而已，但是几乎没什么内容物，吃完后容易饿。面类我很少过问，偶尔尝尝。一顿饭，大概在450—500日元，600日元就有点奢侈了，可以有撑的感觉（在日本吃饭，没有人会有剩余）。不像中国的大学食堂，日本所有的大学食堂，外人皆可进来，大家都是现金支付，有少数人用专门的卡，要特别去办，有点麻烦（我在神户大学时办过卡，在那里待了一年）。我就一直用现金，虽然也有点麻烦。食堂内的餐厅，比东洋大学小多了，但一样的干净，绝无汤水洒落的油腻感。说实话，我在京大食堂用餐，觉得很享受，虽然品种不算多，偶尔也会有吃腻。人文所出去的大门口外，每到午饭时分，就有阿姨来卖盒

京都大学中央食堂内景

饭，400—500日元一份，不愿意走路排队的，可在此购买。我也吃过几次，觉得味道还是食堂的好。很奇怪，食堂的空间虽然不宽敞，高峰时间有点拥挤，但一直是秩序井然，无喧闹之声。回到上海后，一直很怀念京大中央食堂的饭菜。

在京都大学半年，参加了不少学术活动，演讲会、报告会、讨论会，这里不述。但有两次非学术的活动，让我印象很深。我在京大的2015年，正是战后70周年。这年夏天，安倍内阁炮制了加入集体自卫权内容的《安全保障法案》，试图在国会通过（最后因为联合执政党在两院占多数席位，还是通过了），但遭到了一定程度上秉承了良知的民主党以及共产党的强烈反弹。安倍内阁的这一举动，也遭到了大部分日本民众的强烈反对，连续数日，国会大厦前聚集了上万示威抗议的民众。7月中旬的某日，我在京大的校园里看到了一则海报，内容是7月14日将于京都大学经法本馆内举行紧急学术报告会。我一看主要的演讲者有人文科学研究所所长山室信一教授，以及立命馆大学的君岛东彦教授和学生团体关西SEALDs的代表。山室教授是一位学术成就极高的著名学人，专攻日本和东亚政治思想史，出版有专著《作为思想课题的亚洲》《近代日本的知与政治》《宪法9条的思想水脉》《亚洲的思想史脉》等十几种，2009年获得了政府颁布的紫绶勋章。他不是一个左翼人士，但他秉持知识人的良知，坚决反对将日本导入战争歧途的安保法案。他离开了书案，直接投身于实际的社会运动，多次参加示威游行，发表街头演说。这次的紧急学术报告会，山室教授是主要的发起者之一。我觉得自己应该去参加一下，一方面对山室教授等人表示一种支持和声援，另一方面也很想去体验一下现场的感受。那天晚上，阶梯报告厅内座无虚席，有四分之一是年轻的面孔，这在以前是很罕见的。那晚，山室教授第一个登台演讲，言辞犀利而态度沉着，声调不高而铿锵有力，从学理的角度坚定地批判了新安保法案的错误，赢得了台下四百多人的热烈掌声。他告诉大家，征集反对的签名，目前已获得了学界一万多人、市民两万多人的签署。当时日本的宪法学者几乎都表示安保法案违宪，诺贝尔文学奖获得者大江健三郎、著名的漫画作家和电影导演宫崎骏等纷纷表态反对安保法案，连四名年逾七十的自民党大佬也按捺不住地召开记者会，对安保法案表示了明确的反对，称这将会把日本引入战争的歧途。各家媒体7月份的舆论调查表明，超过60%的民众明确表示反对安保法案，安倍内阁的支持率也因此大幅度下跌。这次紧急报告会让我感到，尽管战后日本的战争罪责未得到彻底的清算，右翼的力量也有一定程度的增长，很多人对过去战争的历史依然有些混混沌沌，但绝大多数日本人都认识到主权在民、保障基本人权与和平主义这三点是战后宪法的精髓，渴望和平是日本社会的主流。

另一场活动是在8月底的一个周六，山室教授假人文科学研究所四楼的一间大会议室举行一场“守护宪法九条，守护孩子”的报告会，听者大半是三十几岁的年轻妈妈，小半是她们的孩子，还有些白发苍苍的老人。这完全是一场面向社会、与普通日本人互动的报告会，山室教授以自己的著作《宪法9条的思想水脉》为基本，向大家讲述了和平的重要性，防止战争的必要性。防止战争，就能避免我们的孩子成为炮灰，避免妻离子散、家破人亡的悲剧重演。会场上，有的妈妈抱着孩子，有的则让孩子小范围内随意走动，气氛轻松，而大人们的表情都很认真。我当时就想，在日本的一所顶级的大学里，一个纯学术的研究所的会议室里，一位顶级的学者与70来位年轻的妈妈和她们的孩子们，在就一个学术之外的严肃话题展开轻松活泼的对话，这恐怕也是京都大学独有的风景。这一体验和感受，也是我半年京大生活的重要收获之一。

同志社大学的红砖洋楼

我应该是没有资格写同志社大学的。我没有在那里听过一次课，也没有在那里讲过一次课，甚至连正儿八经的学术活动也没有参加过一次。我在同志社大学几乎没有任何像样的体验。那我为何要写同志社大学？第一，我对它的创始人新岛襄（1843—1890）怀有浓厚的兴趣，第二我实在喜欢主要由红楼组成的大学校园。日本建在城市中心的老牌大学，大都面积狭窄，空间局促，没有什么像样的校园（东京大学、京都大学、早稻田大学差不多也是如此），而后来有些或在郊外或在山上建成的新大学，校园风景或许还不坏，学术水平大都一般般，历史也都比较浅，难以令人有憧憬的冲动。同志社大学的本部校区，当然面积也不广大，却是我所见过的日本最有风情的大学校园之一。

这是一所最早由日本基督教徒创办的带有教会色彩的大学（最初的历史可以追溯到1875年）。与中国的教会大学几乎清一色都是由西洋人创办的情形不同，日本的教会或带有基督教色彩的大学差不多有近一半是由日本人自己创办的（比如还有1900年创建的津田塾大学、1946年创设的樱美林大学等）。这就让我很感兴趣，为何缺乏基督教传统的日本，会有日本人自己创办的基督教大学？而同志社大学内那些成片的近代西洋风的红砖楼，也实在有些让我着迷。京都是一座积淀着深厚日本传统底蕴的古都，为何能在这么早的1875年，就能出现这样一所完全洋风洋气的学校？对此做一些粗浅的考察，或许也有助于我们辨析近代以来中日发展轨迹的异同。这里还是从创建者新岛襄说起吧。

新岛襄于1843年，即江户时代的晚期出生于江户（今东京），父亲是今群马县内安中藩的藩士，应该是中层阶级出身。他少年时有两个教育背景值得注意，一个是汉学，这差不多是那个时代大部分中上层阶级的子弟都要接受的教育；另一个是兰学，兰学是在18世纪时兴起的、以学习荷兰文为媒介的欧洲新知识的学问。1854年初，佩里海军准将率领的美国东印度舰队打开了日本的国门，由此，西洋的势力带着它的先进知识和技术渐次在日本登陆。1860年，新岛襄进入幕府开办的军舰操练所学习洋学和数学，并遇见了在那里任教的中滨万次郎。1841年，还是少年的万次郎，因为海难而漂流到了当时荒无人烟的伊豆群岛上，后被美国的捕鲸船救起，被带往美国并在那里接受教育，在美国生活了十来年，后来回到日本。因他在海外的履历、英语能力和掌握的一些近代数理知识和航海技能，而为当局所重用，新岛襄从他那里了解了许多有关美国的知识，成了他后来决心偷渡美国的重要契机。1863年，他放弃了兰学而转为英学（近代早期的日本有"英学"一词，主要是指以英文为媒介的欧美新知识），并产生了对美国的向往和对基督教朦朦胧胧的好奇和喜爱。大概就在这一时期，他读到了《圣经》的汉文译本（我想，应该是从中国传来的、由英国在华传教士麦都思（Walter Henry Medhurst）主译、中国人王韬协助翻译、出版于1854年的汉译本《圣经》吧）。于是他决定要去"可以自由传播福音的国家"。可当时江户幕府自17世纪初开始实施的锁国政策还没有完全取消，未经幕府当局准许，几乎任何人都不可前往海外（1860年咸临丸的美国之行、1862年千岁丸的上海之行，都是幕府官方派遣的）。无奈之下，新岛襄决定偷渡。他先设法坐船去了日本第一批对外开港的函馆（当时写作"箱馆"，日语的发音一样），在那里继续学习英语，经友人的帮助，他联系到了一艘计划驶往上海的美国商船，获得了美国船长的许可。于是在西历1864年7月潜入商船内偷偷前往上海，按计划这艘船再经由长崎经太平洋航线驶往美国。他担心返回长崎时被日本当局发现，就在上海换乘了另一艘美国商船经东南亚、欧洲再跨越大西洋前往美国。新岛襄以携带的一把日本刀作为礼物赠给船长，并答应以在船上不取薪酬当船夫为代价，获得了坐船的许可，幸好船长一路待他不薄。

整整一年以后的1865年7月，新岛襄随商船到达了波士顿。船长把举目无亲的他介绍给了船东夫妇。这对夫妇不仅富有，而且热情善良，为新岛襄求学和对基督教的执着所感动，决定帮助他，安排他进了马萨诸塞州的菲利普斯中学，并让他住进了美国人的家庭。1866年12月，他在美国接受了基督教洗礼，正式成为一名基督徒。1867年他从中学毕业后升入艾默斯特大学攻读理科，并在1870年从该校毕业，获得理学士的学位。这是日本历史上第一个在美国的大学毕业并获得学位的日本人（中国最早的是容闳，1854年在耶鲁大学获得文学士学位）。新岛襄大学毕业后又进入一所神学校学习，希望成为一名牧师。1871年，新岛襄见到了出任日本驻美公使（当时的正式官职是少辨务使）的森有礼，此时幕府早已被推翻，明治政府已成立，通过森有礼的斡旋，新岛襄被取消了偷渡的罪名。不久，以明治政府的高官组成的欧美使节团来美国访问，新岛襄一路陪伴，担任翻译，并随他们去了欧洲。之后新岛襄又回到了美国，1874年完成了神学校的学业，正式成了一名牧师。新岛襄决心回到日本去，在日本开办一所学校，传播基督教的精神。这一年的11月，他回到了横滨。

经反复考虑，他决定将事业的舞台选在京都，他已了解到，京都当局积极举行商品博览会，对外表现出了开放的姿态。当时就任京都府知事的槙村正直（此人我在本书的第一部分中叙述过），对他兴办学校的想法还比较支持，只是当时京都佛教界的势力还很强大，对一种新宗教的传播，持强烈的排斥态度，因此槙村正直与他约定，希望他不要在学校公开宣讲《圣经》，可将此作为修身课的辅助教材。于是在1875年11月，在京都市上京第22区寺町通丸太町某人的一半宅邸，开办了同志社英学校（所谓"英学校"，就是通过英文的学习来汲取西方新知识的学校），最初的教员是他自己和另一名美国人戴维斯，学生才8个人。翌年初，他与接受了洗礼的30岁女子山本八重举行了西式婚礼，这一年他自己32岁，从此以后，八重成了他事业的得力助手。这一年，新岛襄将学校移到了相国寺门前，这里原先是萨摩藩的宅邸。他在这里建造了两栋校舍和一间食堂，学生也大为增加，这也就是今天同志社大学主校区的开始。这一年的10月，他夫人八重与一位美国夫人一起在京都御苑内开办了女子塾。第二年4月，新岛襄在此基础上获准开办了京都历史上第一所私立女校——同志社女学校。

1880年开始，新岛襄决定开办一所以基督教精神为砥柱的大学，但这需要许多钱财，于是他就利用自己的人脉，同时向各界宣传基督教的精神，积极募集办校的资金，当时政界的重要人物井上馨（时任外务卿）、大隈重信（担任过大藏省事务总裁，后创办了早稻田大学，出任内阁首相）、岩崎弥之助（三菱集团的创始人之一）、涩泽荣一（日本现代企业之父、将于2024年发行的1万日元纸币的肖像人物）等都对他表示了积极支持。

1884—1888年间，彰荣馆等一批红砖洋楼相继在现在的主校园落成，这几幢楼现在都成了日本国家重要文化遗产。1888年11月，全国重要的杂志报纸上刊登了《同志社大学设立宗旨》。然而新岛襄本人却在1890年1月因患胸膜炎去世，年仅46岁。

之后在日本和美国各界的支持下，在今天面向御苑的今出川通校区里，相继设立了理化学馆、政法学校、理财科和政治科。1912年，原来的神学校和专门学校合并成立同志社大学，1920年政府正式批准其为大学。在新岛襄去世30年后，他的梦想终于实现，这里也凝聚了他夫人孜孜不倦的努力。如今，同志社大学已成为一所文理商工医等各个学科齐全的综合性大学，在关西地区的私立大学中，位列第三，京都市的私立大学中位居第一。

2005年5月，我去南通市参加涩泽荣一与张謇比较国际研讨会，遇见了同志社大学的国际交流部长、社会学教授冲田行司，他表示非常希望与复旦这样的名门学校建立校际交流关系。此前我已知晓同志社大学的历史及其在京都的地位，便回应说，乐意促成此事。后来我将同志社大学的意愿及该大学的历史向校方作了报告，半年多以后，果然如愿以偿。2006年，校长八田英二教授率领同志社大学访问团来复旦签署协议，在晚宴上特意向我敬酒致意。一个偶然的机会，使我成了复旦大学与同志社大学建立正式学术关系的媒人，对此我自己也感到十分欣慰。

2015年7月的某日下午和2018年1月某日的上午，我没有与同志社大学校方的任何人联系，独自来到了今出川通上的校本

同志社大学内建于1884年的彰荣馆

部，在校园中随意游荡，感受了夏冬两季不一样的风景。从偏在右侧的正门进去，举目望去，比比皆是红砖洋楼，从一层到五六层不等，而19世纪末与20世纪初所建的校舍，大抵都是两层左右。暂且按年代顺序稍稍浏览一下吧。

位于校园西门附近的彰荣馆是校园内第一幢红砖洋楼，竣工于1884年（只比重建的京都皇家御所晚20年而已），为明治中期留下来的非常珍稀的日本早期西洋建筑，由美国人格林设计（早期的红楼基本上都是由他设计的）。整体两层，两层之上的中间部，还建有一座塔楼，曰钟楼。这还是名副其实的钟楼，既有一个撞击的教堂式大钟，在上面还有一个时钟，每天早晨礼拜时间一到，钟声就会响起。彰荣馆的东北侧，是1886年建成的礼拜堂，是日本现存最古老的砖瓦礼拜堂，是一层的哥特式建筑。正面后部是人字形尖顶，正中间有一个圆形的玫瑰花窗，两边是上部呈拱形的长窗，台阶上的正门上部也呈拱形。礼拜堂虽不宏大，却有一种坚实厚重的历史感，距今也有130多年了。再往东是一幢显得比较高大的两层红楼，名曰“哈里斯理化馆”，竣工于1890年7月。是由一位名叫哈里斯的美国人捐建的，也是同志社大学工学院的发源地，如今已成了一座纪念新岛襄的旧物陈列馆和美术馆。从正门进来不远处，还有一幢看上去就颇为古老的有些宏伟的建筑，拱形的正门上有一个露台，左侧另设有一个礼拜堂，右侧是一座高高耸立的钟楼。这座房子由美国人克拉克夫妇捐建。这位克拉克（W.S.Clark），就是当年曾在艾默斯特大学教新岛襄化学、后来应聘来到札幌农学校（北海道大学的前身）担任教导主任的美国教育家，在日本有很高的知名度，他当年对日本学子说的一句话“Boys, be ambitious”（年轻人呀，要胸怀大志），镌刻在北海道大学内为他所建的铜像石座上。我缓步走到这座楼的正门前，只见门口挂着一块木牌，写着“克拉克纪念馆”。再往内，有些华贵的木门上有一块匾，用带有篆体风的隶书写着“神学馆”三个字。这里最初曾用作神学馆，现在大学内已另建神学馆，这里就改为克拉克纪念馆，楼

同志社大学内的克拉克纪念馆

内还有基督教研究中心。当年厚实的木楼梯、走廊上挂着的克拉克等人照相上的面容，都让人感受到了一百多年前的历史风貌。上述的这4座建筑，现在都成了国家的重要文化遗产，具有较高的地位，也足以彰显同志社大学悠久的历史。后来新建的各种教学设施，大抵都沿袭了19世纪的风格，显得典雅端庄。

有意思的是，同志社大学虽然是一座基督教风味浓郁的西洋化的大学，但后来陆续所建的各栋红楼，起的名字都蕴含了中国古典的内蕴，诸如"启明馆""致远馆""明德馆""宁静馆""博远馆"等。宁静和致远两栋楼名，为日本近现代著名人物德富苏峰所起，皆出自诸葛亮的《诫子书》。

来到京都，若要看看大学，京都大学和同志社大学可以去走走，都在市区，且两者相距不远，在同一条大街上，今出川通。顺便说及，截至2018年，京都市拥有38所大学，市内人口中，每10人中有1人是大学生（包括外地来京都求学者）。

2018年1月某日的下午，我还特意去看了新岛襄的旧邸，就在御所外侧的东南部，邻京都历史资料馆。那天下午我先去探访了鸭川边的赖山阳的旧宅"山紫水明处"，然后沿丸太町通向西步行至寺町通右拐，行100米左右就找到了旧邸。这里就是同志社大学最初的英学校的旧址，后受美国友人的捐助，在此建造了一栋两层的小楼，新岛襄夫妇生前一直居住在此。我从外面的大门进入，右侧另有一栋比较考究的两层楼房子，是同志社新岛会馆。我向里面的事务员说明了来意，一位50岁左右的男子亲切地把我引导至旧邸，帮我打开门之后，说可自由参观，出来时再跟他说一声。我先端详了一下旧邸的外观。这是一幢具有北美殖民地风格的小楼，二层的三面有阳台，楼外植有几棵松树，其中的一棵已相当高大，都有精心修剪。踏入里面，基本上是西式的感觉，有写字桌的书房，放置了沙发和茶几的客厅，过道上有一架体积有点大的老式风琴。灯具好像是煤气灯，家具多为西式。另有一间和室，榻榻米，有“床之间”，挂着一幅书画，还有一幅当年朝鲜友人题赠的书法作品，写的是汉字汉文。浴室和厕所还是老式的，一个木桶和木制的蹲坑（当年还没有抽水马桶）。所有这一切，据说都是当年的原物。屋内展出了新岛襄的遗书和与德富苏峰等往来的信函真迹。现在这栋楼被列为京都市文化遗产，平素对外开放，但半个多小时内，似乎一直就我一个人。

隋唐前后，日本汲取了中国文明的许多内容，但一直没有采用科举制度。江户时代，以寺院为中心的教育机构“寺子屋”遍布全国，为数不少的一般民众也有相当的读写能力。明治以后，政府模仿西方的教育制度，在城乡普遍推行义务教育，民间也兴办了各色学校，而由日本的基督徒创办的、贯穿了基督教精神的大学——同志社大学可谓是开风气之先，甚至早于欧美人。比同志社晚一些的，有卫理公会派美国传教士创办的青山学院（1878年，后演变为青山学院大学）、美国传教士创办的关西学院（1889年，后演变为关西学院大学）、美国基督教新教传教士创办的圣学院神学校（1903年，后演变为圣学院大学）、耶稣会创办的上智学院（1911年，后演变为上智大学）等。还有我在这部分一开始提到的由日本人创办的津田塾大学和樱美林大学等。这些教会学校在1920年以后，陆续被政府批准为正式的大学，一直到今天，仍在人才培养方面扮演着十分重要的角色，并建立起了自己卓越的声誉。

京都的博物馆和美术馆

在13世纪重建的、京都现存最古老最宏大的、木结构的屋宇内奉祀着1 001尊千手观音像的三十三间堂（正式名称为莲华王院）的北面，是一幢欧洲巴洛克风格的宫殿式建筑，厚重的石块，古希腊风的高大的拱形大门，门前广场中央的喷水池中，呈抛物线的喷水向四周散开。这就是京都市内第一座博物馆——京都国立博物馆。我那次是先去看了博物馆，然后穿过七条通来到一街之隔的三十三间堂的，仿佛经历了一次时光的穿越，从近代回到了镰仓时代的初期。

我在本书的上篇曾说到，京都虽是一座承载了一千多年历史的古都，然而当近代的大幕开启之后，京都在将轨道从前近代切换到近现代的新轨时，几乎让人感觉不到沉重的历史因袭，在经过了迁都东京的短暂阵痛后，立即调整了自己的姿态，以蓬勃的朝气欣悦地张开双臂迎接新的时代。1871年末到1873年间，由明治政府的领袖们组成的海外考察团在欧美各地旅行时，除了见到了近代的工厂、学校、医院、议会、银行和监狱等之外，还在维也纳躬逢了世界博览会，看到了欧美各国方兴未艾的近代博物馆和美术馆。近代日本人对于西方的好感或钦佩，并不止于“技艺”层面的“坚船利炮”，他还看到了坚船利炮背后的精神文明。因而，京都在很早的1871年就举办了京都博览会。不过在明治初年，日本近代化的重点在于“殖产兴业”和新的政治体制的建立，在这些成果初现端倪之后，日本人就立即着手进行教育与文化的建设。在宪法颁布三个月之后的1889年5月，政府就决定在日本全国营建三座博物馆：帝国（东京）博物馆、帝国京都博物馆、帝国奈良博物馆，并请了日本本土培养的片山东熊博士来主持设计。1895年10月，巴洛克风格的欧洲宫殿式的京都博物馆竣工，两年之后举行了开馆仪式，正式对外开放，这一年也是京都帝国大学成立的年份。这一建筑在1969年被定为国家重要文化遗产。1965年又建成了面积更为广大的现代风格的新馆。目前已有一万余件珍贵的藏品。顺便说及，中国第一座博物馆是1905年由民间实业家张謇所建的南通博物苑，张謇于1903年去日本访问，参观了日本第五届内国博览会并考察了包括博物馆在

建于1895年的京都国立博物馆

内的日本各项近代设施，深感博物馆对于提升国民精神素养的重要性，回国后便自己筹资开建了一座综合陈列馆，1912年改称南通博物苑。

2018年1月，在一个并不寒冷的冬雨天，我去看了京都国立博物馆。巴洛克风格的本馆只用于特别展，平素并不对外开放，正面的三座拱形的大门都关闭着。门前的草坪已经变成了枯黄色，高大的树木也只剩下了光秃的枝丫。淅沥的雨丝与喷涌上来的水柱交织在一起，使得空气更加湿润。

1966年新建成（其实也有50多年的历史了）的新馆，在展览的设施上完全导入了最新的技术和灯光等。一楼共有大小6个展厅，我去的那天，一楼有4个展示。最大的展厅内展出的是“日本的雕刻：神像与狮子、高丽犬”，神像为京都各寺院内珍藏的部分平安时代后期至室町幕府时期的佛像。若供奉在寺院中，在日常的光线下，恐怕其立体的效果不会那么凸显。京都博物馆的策展水准真是一流，在近似黑色的背景中，投射了恰当的灯光，使得塑像的表情毕现无遗，或庄严神圣，或沉静凝思，或慈祥恬淡，或趺坐，或站立，神情多姿，十分耐看。可惜管理人员严加看管，绝对不允许摄影。2—4三个展室是一个特集展览，展出的是同一个主题：“御所文化的继承——中世与近世的有职研究”。“有职”应该是一个日文词语，这里主要意为宫廷中担任要职的人物，展品多为宫廷用品，包括现在多在“雏祭”（女儿节）时期常可见到的“内里雏”（天皇皇后坐像）的原制品。一件江户时代晚期的“清凉殿御用屏风”引起了我的注意，日文用括号注明“大宋屏风”，英文则是Chinese Polo Players，共两帧折叠式的屏风，每帧6个画面，描绘的是宋代中国人打马球（毬）的场景。一帧为6人手持毬杖骑马状，一帧则是6人肩荷毬杖行走状，皆宋服，敷彩，从色彩的鲜艳度来看，大概是江户时代的日本人依据宋画描摹的。有意思的是，屏风旁还有一把椅子，应是宋代的风格（没有明代弧线状的椅背，更无清代的雕镂繁复）。近代前，日本人日常不用桌椅，这椅子多在王公贵族的少年男子举行弱冠礼的时候特别使用。第5展室是金工展示室，这次展出的是“梵音具”，有一面很大的铜铙及铜鳄口（敲击器），最初也传自中国，禅寺曰铜锣，其他宗派的佛寺多称铜铙。这里的展品是日本本土铸造的，铜鳄口根据上面所刻的铭文，可知是造于镰仓时代的1273年。第6展室是漆工，这次展出的是中国和琉球的漆艺。有一个琴棋书画图的螺钿盒子，黑漆龟甲地，是15世纪时中国明代的物品，颇小，制作却很精良。所有的这些展品，都让我想起了日本近代美术教育家、文化研究家冈仓天心说过的一句话：日本是东方文化的博物馆。除了展出佛像的大厅外，其他展室的管理相对松懈，我偷偷拍了几张照片。二楼三楼还有展室，就不再叙述了。

从20世纪初开始，平安神宫南面的冈崎逐渐成了一个京都市民文化休闲的区域。1903年开建了京都市动物园，1904年建成了一座占地8万多平方米的冈崎公园。以此为中心，后来陆续修建了京都市美术馆（1933年）、京都国立近代美术馆（1963年）。1933年的时候，日本大规模的对外战争还没有展开，国内的经济也摆脱了1929年自美国开始的波及全世界的经济大萧条，渐渐进入了一个较好的时期，于是关西地区的财界人士就捐资兴建了京都市美术馆。此前的京都国立博物馆首先是一个国立的机构，其次主要是历史文物的展示场，而日本美术作品在关西地区还缺乏一个像样的场馆，于是京都市美术馆应运而生。

日本近代美术，起步于19世纪后半期。1880年以后，陆续有美术家去欧洲留学，将油画、水彩画等引入日本，并诞生了较为独特的“日本画”（后来的东山魁夷、平山郁夫是其代表性的画家）。日本美术馆的历史，可以追溯到近代初期的1872年由文部省博物馆在东京汤岛的圣堂（即孔庙）内举办的工艺美术品展示会。在1877年举行的内国劝业博览会上设立了美术馆，这一设施在博览会结束后就成了帝室博物馆（后来演变为东京国立博物馆）。1930年由实业家大原孙三郎在仓敷开设的大原美术馆，是日本第一家以展出西洋作品为主的美术馆（2010年8月曾去那里看过）。1885年设立的东京美术学校是日本第一所近代美术教育机构（后来的弘一法师李叔同差不多是毕业于该校的第一位中国人），首任校长就是我曾数度提及的冈仓天心，该学校现已演变为东京艺术大学。

京都市美术馆建成后，就成了关西地区美术家们展示自己作品的一个难得的舞台。1945年9月美军进驻京都，这里一度被占领军接收，大陈列室成了美军的室内篮球馆。1952年美军撤离，这里恢复为京都市立美术馆，当年即举办了“开馆纪念京都名作展”，并在1955年举办了日本第一次外国作品展“卢浮宫所藏法国美术作品展”。以后又策划了“埃及图坦卡蒙王陵出土文物展”“京都美术工艺100年展”“京都日本画之精华”以及总共28次的“京都美术的昨天、今天和明天”系列展等各类富有影响的大型展览，奠定了京都美术馆的地位和声誉。2000年，面积更大、设施更为先进的别馆建成。2017年，京都的“京瓷集团”获得了对该馆50年的冠名权，定名为“京都京瓷美术馆”，并出资对其进行了大规模的整修，2020年3月工程完工，原来计划重新隆重开启，不巧遭遇新冠疫情，只能暂缓。

紧邻京都市美术馆、位于冈崎公园西南角的京都国立近代美术馆，最初的名称是国立近代美术馆京都分馆（本馆在东京），开设于1963年3月。此时战后日本经济的高速增长刚刚开始不久，最初是由1962年建成的京都劝业馆别馆改成的展馆，建筑样式乏善可陈。1967年6月，该馆独立出来，改名为京都国立近代美术馆。1984年，旧馆开始拆除，两年以后设计新颖、规模宏大的新馆建成，葡萄牙产的大理石组成的格子状的外墙、左右对称的正面大门、楼梯扶手的新颖制作、室内窗户的视觉设计等，都给人耳目一新的感觉。1993年，为纪念开馆30周年，接连策划举行了“藏品展示的世界工艺”“藏品展示的近代美术”等展览。无论是外观还是内涵，冈崎公园一带已经成了京都现代文化艺术的荟萃地。

还有一家博物馆，我个人比较喜欢，那就是京都文化博物馆。我第一次去是在2010年的9月初，在一次东亚传统文化国际工作坊的会议结束后，由京都大学的一位教授安排我们参观的，当时就留下了不错的印象。这座博物馆与上述的几家不同，并无开阔的门前广场或前庭，挤在窄窄的三条通和高仓通角上，距我2018年1月去京都时下榻的三井花园酒店仅几步之遥。某日下午，我一个人再度来到此地，独自仔细再看了一遍。这家博物馆在外观上非常吸引我的是旧馆，即原来的日本银行京都支店（分行），由东京火车站的设计者辰野金吾等设计，1903年开建，3年后落成。英国维多利亚时代的样式，墨绿色的铜板顶，红砖墙，花岗岩的拱形门檐，花岗岩的屋檐和窗沿，细部都有精巧的装饰，虽只有2层，却显得颇为宏伟高大，屋顶上都开有窗户，已被列为日本的国家重要文化遗产。展馆的主体是1988年9月建成的新馆，地上7层，地下1层，两个馆内部相连。旧馆纯粹是让人来领略明治时期京都的洋楼建筑，无须门票。现在楼内已成了一个巨大的彼此打通的空间，一直到最高的穹顶，一览无余，要知晓一百多年前京都旧时的洋馆，这里可谓是一个上佳的范本。我对新馆的感觉一般，空间的设计和灯光的配置，只是平平而已。不过我对里面陈列的内容还是兴趣浓郁。当年平安京复原图的照相版、室町时代的京都城的格局、江户时代的面貌，以及近代以后的演变，都有清晰的图解，虽然比东京的“江户东京博物馆”上的展示品要粗糙一些。还有根据当年的绘卷制作的镰仓至室町时代的京都市民生活的日常场景图，也令我伫立良久。江户时代完成的纸本着色的《洛中洛外屏风》，也做成了很大的照相版，展品本身虽无甚文物价值，却使日常难以集中观览的各种有关京都的图本绘卷等清晰地展示出来了。总的感觉是，这里虽然号称博物馆，但真正有价值的藏品却是寥若晨星。后建的博物馆大抵都是如此。地下一层，设计了一条江户时代的小街，开出了一些吃食店和礼品店，设计得也颇有情调，可是几乎没有什么客人，也许这一带地面上就有许多风情万种的小店。是，走出博物馆，这一代都是密集的棋盘格式的小巷，诸如柊家旅馆、俵屋

京都文化博物馆旧馆原来是日本银行京都分行的建筑

旅馆、老书铺“鸠居堂”、石黑香铺等，虽然大多也是在江户末年的战火之后于明治年间重建起来的，不过依然可以一窥江户时期老京都的风情，那天我就是徜徉在这些街巷间流连忘返，一直到灯火亮起来后。

当人们在衡量一座城市的先进性或是它的魅力度时，除了其自然环境和城市布局的合理性、人们生活的舒适性和便利度、产业和流通业的发达程度等之外，它拥有多少良好的教育机构、医疗设施、影剧院、公园，还有多少美术馆、博物馆、陈列馆等，也都是极为重要的指标。尤其是后者，它已经越出了人基本的物质需求和一般的娱乐需求，是人们追求更高精神生活的一种体现，一座城市拥有多少高水准的大学和优质的博物馆、美术馆等，恐怕是显示这座城市精神文明水准的具象指标。在这一点上，京都足以与世界上任何一座先进的大都市相媲美，在这座人口只有140万左右的城市中（以人口的规模而言，尤其在百万人口的城市比比皆是的中国人看来，京都甚至都算不上是一座大都市），存在着197家大大小小的博物馆和美术馆（截至2011年2月的统计，据《京都　観光文化への招待》木下达文撰写的第14章“今昔博物館事情”），而如国立京都博物馆等，则已完全可以跻身世界上最为璀璨的博物馆行列。

只是非常汗颜的是，终究是由于自己在京都还只是短期的逗留，且也不是日日有闲，涉足的博物馆美术馆，只是寥寥十来家而已。有一次路过乌丸通上的京都国际漫画博物馆，虽然我已过了对动漫迷恋的年岁，但也很想去观望一下，不巧刚刚关门了。以上的叙述，只是择其要者，或许可以由此管窥蠡测其一二。

顺便提及，包括京都在内的几乎日本所有的美术馆和博物馆，无论是国立、市立和私立，都是要门票的，票价大抵在600—1 000日元之间，遇到特别展，会更贵，且一般不允许拍照。这些，都不如目前的中国。

白川通素描

北部的街景

15年前我翻译过一本吉本芭娜娜的小说集《白河夜船》(“上海译文”出版，15年间出了3种不同的版本)，那时并不清楚书名的来由。在京都待了半年，才知晓原来还真有一条“白河”(现在通常写作“白川”，日语中读音相同)。据说昔日有人去京都旅行回来，别人问起白河如何，那人就答说是坐着夜船经过白河的，酣睡中未及欣赏两岸的景色。后来白河夜船就成了熟睡状态的代名词。现在的白河源自南禅寺的琵琶湖疏水路，向西北流经银阁寺西侧，最后注入高野川，有一段河畔的石径，就是著名的“哲学之路”。

这部分要写的“白川通”，是一条名称源自白川的大街以及沿街的风景，确切地说，是我对京都半年期间的居住体验和日常生活的记述，指归仍然是通过我个人有限的生活场景，来考察京都的表象和内里。我所居住的京都大学修学院会馆，大门便对着南北走向的白川通，由此往南行至“今出川通”，西面不远处就是京都大学本部，行程约有三四千米。我在会馆住定以后，除了炎夏之日外，几乎每天步行于京大和会馆之间，对于京都庶民的日常，也就有了一些切身的体验。

我在抵达京都之前，通过抽签的方式获得了位于京都市东北部的京都大学国际交流会馆的居住资格，但要4月8日方可入住，而按规定，我应该在4月1日前抵达京都，于是就通过京都国际日本文化研究中心的朋友在那里的会馆里先住了8天。8日那天一清早，我带了行李转乘巴士、轻轨和睿山电铁到达修学院站。出站是一条名曰北山通的道路，向东与白川通相交形成了一个丁字路口，向西则一直通向大德寺那里。

从北山通的一个侧门进入京大的国际会馆，那是一个非常好的所在，若从白川通的大门进去，有一个很大的庭院，可供人泊车。面朝大门的是一长溜的两层楼建筑，这里主要是会馆的大堂和公共空间，居住区是一栋五层楼的公寓，与两层建筑相连，有电梯上下。一位年近五十的女性管理员热情接待了我，办理了

京都大学国际交流会馆正门外

有些复杂的手续后，入住4楼的一个两居室的小套间。两间均朝南，两个阳台，一间卧室兼书房，另一间则是厨房兼餐厅和起居室。房租每月43 000日元，水电等另算，应该是很廉价的。阳台外有几棵高大的樱树，可惜花期刚过，地上落英缤纷，嫩叶已经绽出，遮蔽了大半的阳光。屋内打扫得很干净，床单和枕巾每周可免费调换。基本家具和电器也有配备，但是没有锅碗瓢盆，没有电饭煲，没有热水壶。

我开始慢慢熟悉周边的环境。从朝着白川通的正门出去往南，在北山通的丁字路口有一家百元（日元）均一的商店（可惜我离开前关闭了），我在那里购买了各种杯碗盆盘和大小勺子、筷子、锅铲、手巾抹布及其他的一些日常用品，大部分商品均为100日元一件。修学院站附近，有两家小型食品超市，日常食品和新鲜蔬果大体都有，我购买了鸡蛋、牛奶、面包、果汁及油盐酱醋等各种调味品。看了一下地图后，下午我就沿着白川通往南步行去了京都大学。在街的西侧发现了一家二手商店，于是归途时在里面选购了一个较小的夏普平板电视机（约9成新），12 000日元，一个小号电饭煲，3 000日元，一个可烧热保温的水壶500日元，另外要加消费税和运费500日元（离开京都时，我以总共3 500日元的价格把三件电器卖给了二手店）。我对店主抱怨说，怎么买旧货也要消费税啊？店主带点狡猾带点幽默地回答说：“那你去向安倍首相抱怨吧！”我另在白川通上的一家“LIFE”超市内购买了一个日本制的平底锅，搭着二手商店送货的小卡车回到了住处。当晚，我就可以自己在电磁灶上做菜了，吃饭时，就可以看电视了。对我来说，电视机是在日本生活必不可少的物品，我对日本、日本人的了解和日语的学习，差不多有一半来自各类电视节目。我每天晚上，差不多要看4个小时的电视，同时备一本电子词典（再以前是一本厚厚的纸质词典）。

屋内可以听到睿山电铁在轨道上行驶的声音，电车驶经北山通道口时，也会传来道路封锁的叮叮叮的鸣响声，不过似乎都有些遥远，并不令人觉得吵闹。就像我很多年前居住在长野县上田市的远郊时，远处半小时一次咯噔咯噔驶过的轨道电车声，有时候竟成了一种破除乡野冷寂的温暖的人世声音。

修学院站或者说这一段的北山通，是一个僻静、偏远的地区，差不多是京都市区的最北端了。一条高野川（鸭川上游的一部分）自东北向南潺潺流过。高野川上的松崎大桥靠车站的东面一段，还有些商店，也有上下电车的乘客，有些小热闹。过了桥向西，就几乎少有人迹了，偶尔驶过的巴士，差不多要一小时一班。有一次我到京都府立植物园去，等不及巴士，就一路走过去，走了半个多小时，除了沿途的两个地铁站（松崎站和北山站）周边外，很少有住宅和人迹。北部是松崎丘陵，有东山和西山两座山冈，海拔在150米左右，再往北则是绵延不绝的山峦了。每年的8月16日，在京都送别夏日的“大文字烧”的活动中，西山和东山上分别会点燃“妙”“法”两个大字。

如此僻静的这一段北山通，它南侧却有两家店铺给我印象颇深。一家是在松崎大桥往西1 000米左右，名曰“圣马可”（Bakery Restaurant Saintmarc）的餐馆。没想到在如此冷僻的地段，居然有这么一家非常地道的西餐馆。一栋带有庭院的高大的平屋，走进屋内，一长排面对绿色的落地窗户，装饰性的红砖墙，木头的天顶，简洁的风格令人联想到了北欧。这家店的特色是自家烘焙的新鲜出炉的各色面包，配以合适的西餐，有几种套餐，价格大抵在2 500—4 500日元之间，面包任选任吃，还配一杯葡萄酒和一杯咖啡或其他饮料。红白葡萄酒都冰镇到最佳的酒温，酒杯餐盘都颇为考究。服务生身穿剪裁得体的黑色西裤和背心，戴黑色的领结，谦恭有礼。曾经与朋友在此吃过一次晚饭，深感日本人做事的一丝不苟，也体会到了京都人在传统中透发出的摩登做派。另一家是地铁松崎站旁的茑屋书店。茑屋书店近年来在中国已有很高的知名度，尤其是东京代官山店，差不多成了店铺设计的一个典范。没想到在如此偏远的北山通上竟然也有这么一家，成了附近的人们日常购书购物用餐喝咖啡的好所在。近来听说不知为何关闭了。

北山通我最远走到过贺茂川上的北大路桥，贺茂川由此向南，在下鸭神社的南面与高野川交汇在一起，合成了京都市内最有风情的鸭川。大桥的背面，就是京都府立大学和京都府立植物园了。好，再回到白川通。

从地图上看到，距我住处不远的北面，有一个宝池公园，是围绕一个名曰宝池的天然湖泊或池塘而兴建的规模甚大的山水公园。一个暮春的傍晚，我稍早从大学回来，小歇之后，沿白川通向北行走，一直走到睿山电铁的宝池站转向西，跨过高野川上的山端桥，从宝池儿童乐园外围的道路，再沿着与高野川分叉开的一条溪流向西行走，这里完全是乡野的景色了。这里虽然名曰公园（从1964—1992年陆续建成），也有颇为完备的设施和养护，但整体上更接近天然的山林。恰好是暮春时分，周遭一片郁郁葱葱，空气极为清新。大约走了半个多小时，来到了公园中心的宝池。这是一个形成于江户时代的天然水池，由山上的溪流和地下的涌泉汇积而成。水面颇为开阔，约有五分之一的西湖大小，时值夕阳西下，披着晚霞的山峦倒映在水中，令人想到了湖光山色四个字。沿湖有跑步道，不过路面铺设的都是颇为粗粝的砂石，脚踏上去的感觉并不舒服。距宝池稍远的北面，是1966年建成的国立京都国际会馆，当年也许是一栋颇为摩登的建筑物，现在已有些老旧了。另有一次是夏末的清晨来到此地，正下着雨，水上差不多有一点烟雨迷蒙的感觉了。那一带的山峦间，升腾起了白色的岚气，在周遭氤氲开来，空气中充满了负离子。公园内有一片“樱花林”，树龄都有几十年了，春天的时候一定是一片绯红色的云。夏末的那一次，归途沿着高野川的西侧走回来，连夜的雨水，形成了充沛的水流，因溪流的落差，发出了激越而清冷的水声。沿河有一些人家，甚至还有一幢五层的新式公寓，路上却几乎没有什么人。两次的宝池散步，都令人十分惬意。

雨中的京都北部的宝池

向南，向北

白川通在京都，算是一条颇为宽广的大街了，双向四车道，中间种植了一长溜高高的榉树。四月初时才萌生了一点新芽，到月底就成了一片繁茂的新绿。两侧则是树枝几乎都被剪裁了的银杏树，只有中间才有一簇绿叶，始终未能成为一片遮阳的绿荫。我不解为何要做如此的剪裁。大街的东面，是通称东山的绵延起伏的山峦，四月中旬以后，层层的新绿替代了原本苍苍的山色，只有郁郁葱葱四个字可以形容。有时候大雨初霁，湿润的岚气，在重峦叠嶂中冉冉升起，形成了如梦如幻的白色烟霭，使自幼生长在水泥森林中的我，内心充满了无限的喜悦，甚至有一点陶醉。

从4月到6月，我几乎每天沿着白川通向南，步行到京都大学人文科学研究所去。6月末开始，太阳已经很烈，即便早上8点出发，也已完全有日晒的炎热感了。我不得不改乘睿山电铁到出町柳，但是从出町柳到人文所，也要走15分钟左右。晚上离开大学时，一般都在6点以后了，夕阳大抵已经西落，我仍然每日步行回会馆。步行的距离，单程大概在3.7千米。走路一直是我喜欢的，但第一不要太晒，第二不要有风雨，第三不要有负荷。

我出门早，一清早沿街的商店几乎都没有开门，有时可见到早来的员工在店门口清扫、洒水，给盆栽的鲜花浇水。在御荫通附近的白川通上，有一所北白川小学，定时可以见到三五结伴的小学生，在一个妈妈模样的家长带领下上学，经常可以看见他们在路口等信号灯，绿灯亮起时，就由一名大人带着他们穿过马路，绿灯的时候是非常安全的。日本的孩子上下学，一般先在附近的一处集聚，然后沿途再带上就近的其他孩子，由一名经家长商定的孩子妈妈负责一周的接送，彼此轮流，放学时也是这样。这样，每个孩子的家长大约两个月左右轮上一次，接送孩子绝对不会占去很多的精力。

沿着疏水的一条小路几乎没有汽车，被称为疏水的其实是一条水渠，水清而浅。路两边是浓密的树荫，我行走的半年间，一直是蓊郁一片，遮蔽了炎炎的日光。北部校区的东北端是一个大运动场，很早就有男女学生在那里玩球类，不时传来喊叫声。京大的校园，大树不少，但没有成片的树林和宽广的草坪，算不上美丽。北部校区的一段路，必定会经过汤川纪念馆。汤川即汤川秀树，京都大学教授和基础物理研究所所长，1949年因原子核理论获诺贝尔物理学奖，也是日本第一位诺贝尔奖的获得者。1952年在基础物理研究所的楼内设立汤川纪念馆。我已在楼前经过无数次，门前的一尊汤川铜像也早已摄入相机内，但一直无缘入内，因为我总是在每日9点之前就到达研究室，而纪念馆要在10点才开门。临回国前，终于有一次过了10点经过此楼，决定入内看一下。大概平时参观者不多，纪念馆的兼职管理员听我说明来意，慌忙去拿了钥匙打开房门，亮起灯光。所谓纪念馆，也就是几间房间，有详细的年表式的生平介绍和不少图片，还有当年的奖章。对于他的学术成就，我是毫无知识也无多大兴趣，但他用毛笔书写的一些信函吸引了我的目光，还有一本他自己题签的《蝉声集》，相当地雅致。我知道汤川除了量子物理方面的著作外，还写过诸如《思考与观测》《自我发现》等影响不小的随笔集。最里面的一间，是他当年担任所长时的办公室，整面墙的书橱旁，是一个不大的会客区，另一面墙上悬挂着汤川自书的横匾“学而不厌”，楷书，墨色浓重，苍劲有力，让我感到了一位杰出的物理学家深厚的人文情怀。

京都大学汤川秀树纪念馆内陈列的汤川秀树的手迹

白川通上非常富有风情的是，在民宅和商店之间，有几处菜畦和稻田，种植着一些芋艿和西红柿。五六月时，夕阳西下，蛙声四起。到了八月，稻田的秧苗早已长大，一片青葱，恍然间，仿佛置身在乡野之中。而东面不远处，就是东山，满眼翠绿，使我这个都市人尤其觉得欢喜，既可得城市之便，又有些田园山林的野趣。

白川通的两侧，多是两至五层的住宅，限于景观规划，不允许建造高楼。而其底层，则断断续续开出了许多家店铺。我个人对于吃食比较有兴趣，就自己的体验，来说几家。

距住处较近的有一家历史颇为悠久的京都料理屋“茶又”，店面是非常不起眼的青褐色，若不是在外面摆放着白底黑字的“茶又”招牌，一般人还真难找到。店堂虽不宽敞却是十分洁净，供应的是简约而精致的家庭料理，且价格相当实惠。它每天的菜谱，用小黑板写在外面，主要食材是蔬菜和海鲜，没有肉。我自己尝过的是午饭。基本是米饭、赤味噌汁（一种深色的大酱汤）和暴腌的酱菜（日文称为“御新香”，但这家店写作“香物”），然后列出两种可以选择的菜肴，一种是放入海鲜汁的煎鸡蛋卷（出し巻き）配味噌煮青花鱼；另一种是油炸的半熟鸡蛋（有点类似温泉蛋，底下有一点配菜）配三文鱼刺身。可从中自选一种，先到先得，加税999日元，米饭可随意添加。晚上的套餐品种比较多，价格在2 000—3 000日元，另外供应酒，这差不多已经接近简式的怀石料理了。因为价格公道，菜肴也做得比较地道，很多人慕名远道而来。

再往南，有一家单开间的门面，这就是赫赫有名的京都拉面的代表“天下一品”的总本店。拉面是19世纪末由中国传入的汤面演变而来，最早叫“中华荞麦面”（中華そば），因其面条较细，状若日本的荞麦面，故有此名称，战后渐渐称为“拉面”（日文用片假名写作ラーメン，没有汉字，读作ramen）。拉面按其汤料的调味，大致分为三大类，一是酱油拉面（东京是原乡），一是盐拉面（九州是原乡，尤其是原称为“博多”的福冈），再有就是味噌拉面（北海道是原乡），盐拉面的汤大抵用鸡骨、豚骨加入洋葱、香菇等熬制，一般汤色混白，有肉香又带点果蔬的甜味，在中国颇受欢迎。“天下一品”的面基本上属于盐拉面一类，尤以面汤滋味的浓厚而著称，在京都已经开出了27家门店。而位于白川通（近北大路通路口）上的这家，是“天下一品”的发祥地，号称总店，却只有小小的单间门面。中午和傍晚，门口几乎一直排着队，各种肤色和年龄都有。有一次在相距很远处，有几位看上去是东南亚的游客用英语向我问路，拿着一张写着英文的纸片，我一看就是“天下一品”，告诉了方位之后，询问他们来自何方，答曰“菲律宾”，居然声名远播海外。其实“天下一品”的创始人原本是一名破产电气公司的员工，为谋生在1971年开了一家拉面摊，几经努力，研制出特别的面汤，又租借了一个门面，以鸡骨和十来种蔬果熬制的浓稠汤料大受食客追捧，一举扬名。近年来又在面上放上韩国风的泡菜，增加了鲜香的辣味，就像博多的一兰拉面一样，结果很受欢迎。如今在日本全国已开出了近百家连锁店，但为了保持

白川街上“天下一品”总本店

总店的优越地位，有些品种仅限于总店，因而这里几乎每日顾客盈门。

靠近银阁寺一侧有一家“蟹道乐”的连锁店，“蟹道乐”在日本可谓是家喻户晓，在中国也有相当的知名度，以吃蟹著名，大阪道顿堀总店那个会动的样态夸张的大蟹，就是它的标志。如今“蟹道乐”遍布全日本，在京都有三家，就面积而言，白川通上的那家似乎规模最大。有一次京都大学的山室信一教授在那里宴请我和一位新来的台湾学者。店里的餐室，大抵为榻榻米的格局，也有桌椅。蟹是绝对的主角。一个颇大的竹编的匾箩内，中间有一个黑陶制的船型的盛器，内有用蟹肉做成的小寿司等，榨出柠檬汁淋在上面，滋味鲜美而别具一格。在一个精致的玻璃器皿内，是用蟹肉制成的糕状的食物，还有几个劈成两半的大蟹脚，可将里边的蟹肉轻易地剔出。最精彩的是蟹肉饭，当场在一个黑铁制成的釜锅中现煮，饭熟后，放入预先配置的丝状的蟹肉，拌匀后食用，这样的吃法，我也是到了日本以后初尝。有各种套餐，我曾在市中心新京极上的京都总店自己吃过一回，中午的价格大抵在4 500日元左右，绝对能够大快朵颐，算来并不贵。

白川通上还有一个我比较喜欢的地方，是专门卖酒的超市性的连锁店，日文用片假名写作リカーマウンテン，还原成英文，应该是Liquor Mountain吧，直译是“酒山”。这家修学院门店，外观像是一座欧洲的城堡，里面真是饮酒者的天堂。各类酒应有尽有，大致分为洋酒、日本酒和啤酒三大类，洋酒又分为烈性的蒸馏酒（威士忌、白兰地、伏特加等）和酿造的果酒（葡萄酒等），日本酒也分为酿造的清酒和蒸馏的烧酎两类，几乎集齐了所有主要的品牌，光葡萄酒就号称有1 000种，威士忌有500种。不仅是酒，还有各种其他软饮料和下酒的食品，比如国内相对比较陌生的各种干酪等。价格大抵都比较合理，关键是选择的余地非常大。我以前在日本其他地方也见到以出售酒类为主的商店或市场，但以购物环境、品种丰富来说，这家店真是令我流连忘返。目前在京都府内已开出了38家，在日本其他城市也有连锁店。相对而言，中国这样的酒店（真的是酒店）似乎还非常罕见。

就像日本的许多地方一样，白川通上还有好几家诊所。其中有一家牙科诊所名曰“修学院齿科”，隶属于医疗法人“白美会”，我几乎每天从旁边走过，没想到还真有了光顾的机会。临回国前不久，一颗大牙摇动，吃饭咀嚼大受影响，不得已入内拔牙。走上高高的台阶，推开门只是一间小小的候诊室，入内要脱鞋换拖鞋。看牙医要先预约，挂号处的护士让我填了一份详细的表格，然后跟我约定了一个时间。第二次如约而往，我看了一下这天当值的大夫，竟然是“白美会”的理事长，不禁内心一阵窃喜。不一会被叫进了诊疗室，一看理事长还是一位很有风韵的中年女子。她见我进来，将带着的口罩微微掀下，露出了甜甜的笑容，算是一种礼貌的致意，身旁有一位年轻的助手始终跟随着她。器械的先进、医术的高明自不待言，最让我感动的还是上乘的服务。始终是轻声细语，动作熟练而轻柔，每一次将座椅抬起或放下都事先小声关照，每次结束之后必定对我微微一鞠躬，说一声“您辛苦了，请多保重”。后来为了治疗，又来过几次。我真是后悔，早知如此，应该在刚到京都时就来这里诊治我这一口“满目疮痍”的坏牙，修补或者配装假牙，如今到了临回国前才来造访，真是追悔莫及。

白川通上，还有六七家咖啡馆，或大或小，南北欧风格都有，有一家则在门口挂出了大大的美国国旗。一般是中午开始营业，有一家名曰DONQ的，主营面包，一直亮着温馨的灯光，有早午晚三餐供应，价格在800—1 800日元左右。我早上经过时，已经有些中老年的食客坐在落地玻璃窗的店内消磨时光了，也许他们觉得在家里待着实在过于寂寞。顺便说一下，京都虽然是一座古都，给人的感觉好像偏保守，其实我在本书的上篇就已说到，近代以后，京都是一个开风气之先的所在，明治大正年间的洋馆洋楼，京都或许是保存得最多的一座城市（东京大半毁于1945年的美军大空袭）。据2014年发布的一份统计，京都府共有咖啡馆2 406家，每100万人有914家，在日本47个都道府县中据第8位。全国的咖啡馆数为70 454家，在整个饮食店家数中占比为11.5%，而京都府的占比为18.0%，为全国平均数的1.5倍。若以每户人家每年喝咖啡的费用计算，京都市为7 301日元，在全日本都道府县的首府及指令都市（大概相当于我国的计划单列市）中位居第8，超过了横滨和大阪。因而，在京都随处可见咖啡馆，就像白川通上的DONQ所体现的那样，咖啡馆并非年轻人的天地，一半以上的顾客是中老年人。

书店与书市

新书店

2015年之前，差不多也去了京都近30次，但基本上没有静下心来好好逛过书店。最初的几次，自然只是走马观花式的所谓旅游，匆匆走一下景点而已，且大多数都是别人安排，自然没有时间也没有闲心来逛书店。后来的几次，多是参加会议，会见朋友，或是去自己想要看的地方，差不多都是直接奔向目的地。途中有经过旧书店，匆匆入内，翻览一下，买过几本，印象都不太深了。直到在京都有半年小住的时候，才有了去书店看看的欲念。

我在日本真正的购书，差不多是从1998年开始的。此前1992年曾在东京住过一年，就在旧书店云集的早稻田大学附近，也常去书店看看，可那时阮囊羞涩（或者说是不舍得花钱），只买了一些很廉价的书籍，一般阅读还可以，做研究则价值不足。以后有几年一直晃晃荡荡，未能潜心学术。1998年在长野大学教书一年，利用图书馆，读了不少书，居住在乡野，铁路沿线的车站有一些小书店，记得购买过家永三郎的《日本文化史》等十几种书，偶尔去东京，再去早稻田那里怀旧，这次觉得如同老鼠跌入了米缸，心悦不已，可是怕带，只选购了四五种而已。后来去东京，总要抽出半天去神保町逛逛，每每总是买到手提不动为止。大阪梅田车站附近，也开着几家旧书店，也许是地段金贵，书价比早稻田、神保町那里贵不少。梅田的纪伊国屋书店也是必去的，只是浏览的多，购买的少，因为新书贵。2005年夏秋，在山口大学教书三个月，山口只是一个人口十来万的小城市，书店不多，竟然也有一些很不错的，陆陆续续也买了30来本。2010年在神户大学教书，是购书较多的一年。有若干研究费，可购书，但离开时必须交还给大学，而我是必须带回去的，于是全额自费。那一年参加了几次旧书市，欣喜地购到了一些自以为很有价值的书籍（这些经历记录在了以前写的《神户古旧书市淘书记》内），一年下来，加上复印的资料，竟然装满了好几个纸箱，归国时不得已只能坐船回来，请“宅急便”帮忙先运到码头去，因为太重，连服务态度一直很好的搬运员工也啧有烦言，结果上船前还是支付了超重费。

这次在京都大学，也有若干的研究费，且与神户大学不同，购买的图书无须交还给大学，归国时可自行带走，这让我多少有些喜出望外。学校的研究费，只是给你一张有定额的卡，到外面购书，还要办理报销手续，比较烦，因而大半都在大学的生协书店选购或委托他们购买，可通过卡来划账。“生协”，我在京大食堂的部分已说及，是“大学生活协同组合”的简称，是一个为大学师生服务的经营性机构，类似中国的大学“后勤”事务，均由该机构来办理，他们完全是服务的姿态。京大的“生协”，自己经营一个书店，在校本部外的西侧，要出校区穿过东大路通，在西部大讲堂那里。那天下午，我经人指点，走进书店所在的大楼，拐到里边，豁然出现了一家中型规模的书店，列着二十几排书架，分门别类，容易寻找。校内的书店，一般外人不知晓，顾客不多，十分安静。我一眼就看上了好几种图书，那个时期，我对昭和前期的日本史有些兴趣，购买了川田稔著的三卷本的《昭和陆军全史》、秦郁彦的《旧日本陆海军的生态学》、中村英隆上下两卷本的《昭和史》，还有《石桥湛三》《西园寺公望》《德富苏峰》等，用卡支付，再到人文科学研究所的图书室请他们查点确认，结账。后来我就在亚马逊网上搜寻自己所需要的书籍，做一个书单，然后发邮件给“生协”的书店，请他们进货。书籍进来后，他们再发邮件给我确认，然后择日去书店取书。现在好像更方便了，可在线上购买，他们好像可以把书籍送来，但那时每次都是我自己去取的，要当场在书店内划账支付，而看到一大堆自己想要的图书，内心总有很大的满足感。当然研究费金额也有限，不可随心所欲，只能选择自己比较需要的。那时我留意战争时期日本知识人的表现，寻找当时一些人的战时日记，购买了山田风太郎的《戦中派虫けら日記》和《戦中派焼け跡日記》、清泽洌的《暗黑日記》《杉浦明平　暗夜日記1941—1945》《芹泽光治良　戦中戦後日記》、高见顺的《敗戦日記》等，也买了几本要人的回忆录，诸如重光葵的《外交回想録》《岡田啓介回顧録》、藤田尚德的《侍従長の回想》等，九一八事变时担任关东军司令的本庄繁的《本庄日記》和今井武夫的《日中和平工作　回想と証言1937-1947》。这本书的早期版本曾以《今井武夫回忆录》的书名在中国翻译出版过，但这次所购是一部全新的版本，由高桥久志和今井武夫的儿子今井贞夫监修，补充了许多珍贵的文献并做了缜密的修订，很厚，精装本，要16 000日元。另有一本厚厚的《近代日本的海外留学史》，也是我感兴趣的。

在京大期间，说实话，我都没有怎么逛过新书店，我需要的新书，大抵都可通过京大的“生协”书店得到。倒是在此前后，去过几次大垣书店。

大垣书店恐怕是京都市内最大的连锁书店了，在京都府共有22家，绝大部分都在京都市内，此外在大阪府和神户市也有好几家店铺。这家开设于1942年的书店（我有点奇怪，在这个疯狂的战争年代怎么会有新书店开出）在战后许久的1970年代才开始获得发展，如今已在京都的书店业中稳居老大的地位。它的经营理念，我倒是觉得相当地实在，第一是要对包括出版社、销售公司、读者在内的顾客抱有感恩的精神；第二是要研磨提升自己的品性、反复钻研，保持坚定的信念和谦虚的顾及他人的态度；第三是要清楚地意识到自己的薪金是顾客给予的；第四是让公司成为员工觉得值得努力的职场。我想有了第一和第三点，对于顾客的态度就会体贴和谦恭，这恐怕也是大部分日本店家所抱有的理念。我去过京都市内的4家大垣书店。规模较大的是在靠近四条的乌丸通上，距地铁口极近，又位居中心市口，生意应该不错。去的时候大都顾客盈门。但有一次是在上午，我到了二楼，这里居然很安静。那时是在2010年，国内的大部分书店还比较老派，基本上没有供读者阅览的座椅，但大垣书店四条店的二楼，在靠街的落地玻璃边上，间隔有序地放着十来把靠背椅。那次我就是取了五六本书，独自坐在椅子上慢慢地翻阅，左侧便是连片的书架，乌丸通上行驶的汽车声，几乎都被厚厚的落地玻璃窗屏蔽了。我第一次在书店中有了惬意的感觉（纪伊国屋书店等均无椅凳，一两个小时下来会有点累，我在国内去的最多的是复旦大学附近的鹿鸣书店，那时也完全没有可放椅子的空间）。2018年我再次去怀旧，还是一样的格局。同在乌丸通上，靠近三条通，也有一家大垣书店，规模也不算小，那里就纯粹是一个买书的空间，我在那里除了买了不少有关京都的书籍之外，还买了《内藤湖南とアジア認識——日本近代思想史から見る》和《内藤湖南　近代人文学の原点》两本有关内藤湖南的书。为购买一本朋友托购的书，我还去过一次京都车站南面的、开设于大型购物中心“永旺”内的大垣书店，规模也比较大，与整个楼面的空间连成一体，选购也十分方便。但相对而言，我还是更喜欢书店自己的独立空间，似乎那样才更有书店的氛围。我去过最小的一家大垣书店，在京都车站的地下一楼，书的品种非常少，较多的是有关京都的书籍和杂志，但也不算丰富，空间小，选择的余地也相应地缩小了。

不过，无论在哪一家，服务态度都非常周到，最后都会问你，“要不要包上书皮纸？”我每次都会请他们包上，店员会极为娴熟地在几秒内为每一本书包上大垣书店专用的书皮纸，然后套上一个大垣书店专用的袋子，双手递给你，感觉很舒服。国内的书店，迄今为止好像都没有这样的服务，很多都是用几张废纸将绳子捆扎一下，既会伤害图书，也实在是太粗糙（复旦出版社开设的“经世书局”似乎一直是这样）。在我的印象中，我去过的上述4家大垣书店，都没有咖啡座，偶有文具销售，但主要都是卖书，大垣书店的连锁店中也有开设咖啡座的，只是我没有遇见。目前国内书店流行的那种桌椅为主、书架寥寥的客厅般的格局，日本倒是没有。书店毕竟还是要以售书为主，若有空间，也可适当地安置一些椅凳，如果占去了书架的空间，那就喧宾夺主了。爱书者来书店，毕竟主要是为了购书，书店没有必要变身图书馆。

旧书市

日本各地都有旧书店，这也让我好生喜欢，东京和京都尤甚。虽然到了今天，纸质书的市场因电子书的兴起而渐趋萎缩，纸质书的阅读者似乎也在减少，但纸质书仍然具有无法替代的魅力。中国以前也有不错的旧书市场，如北京的琉璃厂和上海的四马路，但1950年代以后，就日渐萎缩乃至几乎销声匿迹了，偶尔可见所谓的特价书店，那都是廉价消化库存积压的另类空间，并不是旧书的良性流通。20世纪初，日本诞生了真正的旧书业，在1960—1980年代达到了兴盛期，如今虽稍显衰色，可依然拥有大量的爱好者。大一些的城市（我所知晓的有东京、京都、大阪和神户等），每年都有定期或不定期的旧书市，我在神户时，曾去逛过两次，收获甚丰。

在京大的半年期间，也没有去特意逛旧书店，一来旧书多半可在学校的图书馆借到，需要的部分可复印，二来新书多半可通过“生协”书店购买到。去过几次的，就是京大本部百万遍门对面的“吉冈书店”，历史也很悠久了，两个门面，在旧书店中算不大不小，进去搜寻过几次，也有些收获。

对于京都爱书者而言，每年有春夏秋的三次盛会，即被称为“京都古书祭”三次大型旧书市。春季的一次在京都劝业馆内，日期在五月上旬，其最大的好处就是在室内，无风雨之虞。我在神户参加的两次也都是在室内，但京都的空间更大，汇聚的旧书也更多。可那一次或许是信息不畅，或者是我正忙于其他事情，竟然错失良机，事后知晓，为此懊恼良久。第二次是夏季，举办地就在距京都大学不远的下鸭神社内的纠森林区。这一年的日期是8月11—16日，我前后去了两次。第一天开张的时候就急着赶去了，在入口处看到竖着一块标示牌，上书“第28回下鸭纳凉

2015年度京都的夏季“古书祭”

纠森　古本祭　主办者京都古书研究会"，时间是上午10点到下午5点半，最后一天下午4点关闭。

这真是一个让人欣喜的场景。茂密的树荫间，原本是神社内一条大道（都是沙土路）的空间两边，排满了各家旧书店的摊位，很多还支起了白色的帐篷，爱书者从四面八方涌向这里，大家穿着夏日的休闲衣服，脸上都洋溢着欣悦的神情，仿佛是来参加某一个盛会。不是仿佛，就是古书的盛会。来逛书市的人，多为50—70岁的男性（中年人大概要上班，只能在周末来了），背着松松的双肩包（过一会儿大概就会满了），遮阳帽下露出了斑白的头发。也有不少30—50岁左右的女性，多是妈妈，有的挎着好看的白色帆布包，有的还带着孩子。还有几位美丽的少女，带着素雅的遮阳帽，清泠悦耳的语声，给书市平添了几分青春的气息。大约有来自京都本地以及大阪、神户、奈良、冈山等地的50来家旧书店参加了夏季的书市，读者的选择余地比一家书店大多了。有些旧书店是有个性的，比如偏重社会科学的，政治经济书籍居多，有的是人文的，历史哲学不少，有些荟萃了电影音乐，有的偏美术和古董，有的则以老地图见长，更多的则是通俗读物，文学作品最为普遍。全凭每个人自己的兴趣，随意翻阅，随意浏览，买一大堆也可以，一本不买也可以。有些人一来，就在各个摊位间四处搜寻，以期获得自己心仪的图书；有些人则在某个摊位前伫立良久，埋首阅读。这情景，实在是让我感到欢喜，有点像稍后几天我去逛五条通那里的陶瓷集市。我想，一个城市有了这样约定俗成、有历史积淀的文化集市，这个区域的人的文化生活也会变得相当滋润，这个城市人的文化品位也会渐渐提升，从而带来整个城市的良性互动。

书市还提供了简单而暖心的服务，在大道的中央，随机设置着几个宽宽的长凳，上面铺着绛红色的布，供人憩息，犹如茶屋外面的风景。书买多了，带在身边若觉得太沉，可免费寄放在一个地方，怕带回去不便，可以托工作人员寄到目的地，只要是日本国内，无论远近，一包或一箱均为700日元。书市还有简单的午饭供应，好像是一份400日元吧。在那里恰好遇见一位熟人，于是就买来了饭食一起坐在红布凳上用餐，吃完饭再各自淘书。那天我在书市里差不多盘桓了一天，购买了30来本书，无法带回，就请他们帮我寄到京大人文所，日后我总是要寄回上海的，住处附近没有邮局。

闭市的16日下午，我又坐了睿山电铁到终点站出町柳，再去看一下书市，或许闭市的下午能淘到更便宜的书。依然如第一天一样人头攒动，来淘书的人热情丝毫不减。那天下午天空不时落下一阵阵雨点，大家就在白色雨帐下避一下雨，雨点过后，继续翻寻。临近4点时，有些店家已经在拆除雨帐，收书装箱了，价格好像没有跌。日本人卖东西，一般不还价，收摊时，大抵还是原来的价格。他们一开始定出的价格，就是良心价，这让人觉得很放心。那天我又买了14本书。所购书的价格，贵的大约3 000多元，便宜的300日元左右，一般在1 000日元左右。两次购书，总共花费了将近5万日元，与后来在陶瓷集市上的花费差不多。这一次，我看他们都在纷纷收摊了，也就没有请他们寄送，自己提着沉重的14本书，行走了将近20分钟走到京大人文所，暂时先放在这里，日后再寄回上海。

我自行检点了一下，这两次所买的旧书，比较有意思的大约有这样几种：儿岛襄著的五卷本的《天皇》，将1925—1945年这20年中以昭和天皇为主轴的日本近现代史全景式地描述了出来，文献翔实，立论比较公允；秦郁彦著的《日中戦争史》，这是秦郁彦的成名作，后来也成了一部经典式的作品，屡次重印，是以日本人的立场，相对比较客观地展示了我们称之为抗日战争的全过程，后来又出版了修订本，修订本的立场增强了为日本辩护的色彩；松本健一的《評伝　北一輝》和美国学者威尔逊著的《北一輝と日本の近代》，北一辉是日本近现代一个十分复杂的人物，与黄兴、宋教仁一派的革命党人具有比较密切的关系，还撰写过一本《中国革命党及革命之中国》，受到吉野作造的好评，后因卷入“二二六事件”而被处死，新书买过他的《日本改造法案大纲》；4本有关冈仓天心的书，清水多吉著的《岡倉天心　美と裏切る》及斋藤隆三著的《岡倉天心》、坪内隆彦著的《岡倉天心の思想探し》、木下长宏著的《岡倉天心》。对于冈仓天心，我留意已久，还买过其他几种有关他的传记和回忆录，他的代表著作《东洋的觉醒》《东洋的理想》及《茶书》早有购得，他全集中与中国有关的部分也做了复印带回来，很想就冈仓天心写点什么，也一直未能如愿。还有几本书也颇有意思，一本是福田和也著的《地ひらく　石原莞爾と昭和の夢》，另一本是青江舜一郎著的《石原莞尔》。石原莞尔是九一八事变的策动者之一，日本陆军士官学校和陆军大学毕业后去德国研究军事，早在1920年代末期就预言日本与美国之间必有一战，曾官至陆军参谋本部作战局长，可是到了1940年代初却主张日本应尽力避免与美国开战，因与东条英机意见相左而被免职。我通过京大“生协”书店买过他的一本《最终战争论》。另一本是佐野真一著的《甘粕正彦　乱心の広野》，甘粕正彦又是一个有些扑朔迷离的人物，他的右翼倾向很早就强烈地表现了出来，借1923年关东大地震的混乱之际，将社会主义者大杉荣夫妇等残酷杀害，在监狱里待了3年后又西渡中国，积极参与伪满洲国的炮制，后来出任“满洲映画协会”的理事长，败战之际开枪自杀。李香兰（山口淑子）在她的回忆录中对他似乎评价不坏。我倒很想了解一下这个人物的真相。还有一本《十八史略》，此书是元代曾先志所著，将《史记》以来至宋代为止的各种官修史书浓缩而成，后来又不断有人为之补充修订，使其更为完备。原来只是一部作者名不见经传的民间编撰，却因为其言简意赅，文笔流畅，到了明代大为流行。汉文本在室町时代传到了日本，受到了日本朝野的欢迎。至江户时代，被各个藩的官学定为教科书，于是无论宫廷还是民间，几乎人手一册，成了学习中国历史的入门书，其影响甚于中国本土。我在研究谷崎润一郎与中国的因缘时，获知他最初有关中国历史的知识大抵都是从中习得的。可是这本书的原本在中国本土现在已极为罕见，我一直想要了解给予了江户时代和明治初期日本人巨大影响的《十八史略》到底是怎样一部书，恰好在京都的“古本祭”中见到了日本出版的版本，立即拿在了手里。

巷陌间的游走

新京极

这部分所选择的这三个地方，绝不是因为它们在京都有多大的代表性，而恰恰是因为偶然的机缘，我在这些地方走过。游走，或者是游荡，可能的话，最好是一个人，最好是漫无目的。几个人一起结伴的话，往往会彼此谈话，往往要顾及彼此不同的需求，因而往往会遗漏一些对自己而言是有趣的地方，往往也难以独自慢慢地体味。

新京极不是初游之地，以前与友人一起来过几次，只是随便走走，感受了一下气氛，未及细细体察。那天与家人一起在四条河原町的高岛屋百货公司7楼的“三岛亭”吃完午饭后，便分开活动，我一个人先回下榻的酒店，于是就从四条通那里走进了新京极。与锦小路并行的新京极，其实历史并不悠久。江户时代的三场大火，把这一带都烧得差不多了。它是在实际行使京都市长职权的参事槙村正直（后来做了京都府知事）的策划主导下，于

1872年将原来寺町通的东面辟建而成的，南起四条通，北至三条通，呈南北走向，总共500米左右，尔后逐渐成了京都市中心最繁华的小街之一，如今也成了游客的观光之地。

走进小街后不久，我就被右侧的一家名曰“京极井和井”的杂货铺吸引住了。说杂货铺好像太贬低了它，实际上这是一家销售京都特色商品的综合店铺，创业于明治时代的1902年，后来演变成了一家股份有限公司，旗下有好几家关联公司。“京极井和井”是体现它脸面的最大一家店铺，除此之外它还在京都车站、京都塔、新大阪、东京成田机场等开设了门店，还有一家专售竹制品的“定家”等。两层屋檐的京都町屋式的传统格子（外观是细长的木条）门户的格局，第一层和第二层的屋檐间，是一块用巨大的原木做成的店招牌，上面镌刻着稍小的黑色的“京极”两个字，和白色的较大的“井和井”三个字。一层的屋檐下垂挂着几个白色的方形灯笼，一切都让人感到有几分古色古香。这样的气氛走进店铺就更浓了。几个商品区域分别陈列着西阵织的织锦缎、酒具和茶具、竹制品、陶瓷器、折扇、香炉及香。其他物品也很吸引我，但我的视线定格在香炉和香上了。我知道“井和井”旗下有一家香彩堂，专门制作这一类商品。左侧的上下几排，放着形状各异、色彩不同的大小香炉，价格从4 000左右到40 000多不等，高级一点的香炉，还配有专门的原木礼盒。香也有原料、长短、粗细不同的几十种，还有放入了香物的各色锦囊香袋。京都因为有宫廷和无数的寺院存在，香的文化也由来已久，焚香沐浴和焚香默坐，也一直是王公贵族和僧人们净身和修行的方式，同时也是一种雅致的生活，以至于后来逐渐演进为

京都“京极井和井”内出售的各色香炉

香道，有专门的玩家和协会。我选购了一只清水烧的香炉和一盒“山紫水明”的五色香。香炉是深褐色的陶制品，用手工在上面刻画出白色的“鸟兽人物戏画”（日本友人赠我的一个清水烧瓷杯也是该系列图案的一部分），还贴着一张小小的金纸标签，是京都陶瓷器协同组合联合会印制的“京烧·清水烧”。名曰“山紫水明”的五色香，分别是“嵯峨朝雾”“紫野夕霞”“祇园之华”“岚山月影”“加茂溪声”（前面的两个字，都是京都名胜的地名），各12支。价格虽然不能说低廉，但制作都十分精美，服务也极为周到（包括包装），细细想来，也不可谓贵。其实我对香或者香道完全是外行，只是被香炉的造型和图案以及熏香的气味所迷醉，也就附庸一下风雅吧。

走出店门，稍往前，同样的在右侧，就是很有名的锦天满宫。就面积而言，这真是一座很小的神社。坐东朝西，入口处挂满了白色的长灯笼，这都是附近的各家商铺奉呈的。从一个石制的鸟居进入后，右侧是一个卧伏的铜牛，被看作天神的使者，拜客都要来抚摸一下，竟然被摸得铮亮；左侧是一处涌泉口，谓之锦水，常年不涸，清冽甘甜，饮之祛病延年。而在正面就是一个与正殿相连的拜殿，风格与北野的天满宫相近，只是格局上要小得多。就历史而言，这里差不多也有一千多年了，常常是神社与寺院（欢喜寺）并列，后来就定格为祭祀菅原道真的天满宫了。1864年的战火之后，这一带重新建设为一条名曰新京极的商业街，天满宫的地盘也就大为缩小，成了目前这样的状态，但是因其历史悠久，又处在这样一个热闹的地带，来参拜的人几乎每天络绎不绝。大殿的北面一侧还排列着几座极小的拜殿，曰白太夫神社、日之处稻荷神社等，因而这里不仅可以保佑年轻学子升学顺达，还有商业兴隆、延年益寿、风调雨顺等各种“御利益”，于是走过路过的人，就进来拜一下。还可购买一个类似“绘马”的圆球形的“大愿梅”，写上祈愿文字封在里面，挂在殿前的一棵古梅（即大愿梅）上，可得神灵保佑，许多人对此趋之若鹜，更增添了高涨的人气。

再往前，有一家面馆，一个白底黑字的灯箱店招吸引了我的注意，曰“新京极御用极制棊子面处 更科本店”。引起我兴趣的是“棊子面”（日语念作kishimen）三个字。2005年5月随团去名古屋考察“爱知世博会”的时候，曾在名古屋城旁的一家面馆内尝过。“棊子面”的“棊”字，现在通常写作“棋”字，因而“棊子”即棋子。日本的一种含含糊糊的说法，是棋子面传自中国，但我还没有看到确切的文献记载。遗憾的是，在中国，棋子面现在几乎已无人知晓，不过明白无误的，至少，这三个字的源头，确确凿凿，是在中国，且历史极为悠久。1 400多年前北魏贾思勰所著的《齐民要术》中有记载："切面粥，一名棊子面，挼饼粗细如小指大，重萦于干面中，更挼如粗箸大，截断，切作方棊。"（《齐民要术》，江苏古籍出版社，2001年，第312—313页）南宋初年的孟元老在追述北宋都城汴州（今开封）的著作《东京梦华录》中的《食店》一节里，出现了"棋子、寄炉面饭"的食物，说明棋子面在北宋仍较常见。而在同为南宋人的吴自牧撰写的记述杭州的《梦粱录》的"面食店"一节中，更详细举出了"三鲜棋子、虾蟷棋子、虾鱼棋子、鸡丝棋子"等诸种棋子面。只是不详这种棋子面究竟为何形态，按《齐民要术》说的，应该是一种如长方形棋子模样的面片状的食物，但宋代的棋子面形状如何，不详。好，再来看一下新京极上的这家棊子面馆。这家面馆据说创业于明治时期的1874年，但并无明确记录，只是代代口头相传而已，说最初是一个来自尾张（今名古屋一带）的人开设的，店名中的"更科"，是长野县的一个地名，长野县（古称信州）是日本荞麦面的发祥地，也许是利用当时人们对信州荞麦面的喜爱来推销自己吧。所谓总店，实际上也无分店。这些姑且不论，还是把话题回到棋子面上。现在一般被认为具有名古屋特色的棋子面，形态是一种薄薄宽宽的面条，韧劲或许不够，但入口滑爽，容易浸入汤汁。据稽考，这样形态的面条起源于江户后期的芋川（现属于爱知县刈谷市，与名古屋相近），称为"芋川饂飩"，"饂飩"是日本乌冬面的汉字写法，这里大致是面条的意思吧。后来尾张藩的藩主喜爱在这种面条内加入雉子

（即野鸡或山鸡，日本自8世纪至19世纪中叶禁止肉食，但飞禽不在其列），后来便将这种宽宽的面条称为雉子（日语中“雉子”与“棊子”发音相同）面，中国古代曾有棊子面，于是就称其为“棊子面”，大约在江户末年和明治初年开始在名古屋一带广泛出现，一直沿袭至今，新京极的这家棊子面馆的源头应该在这里吧。在我看来，面条的形态与中国古代的棋子面是否一样不清楚，但“棊子面”这三个字至少是来自中国，或者说，在中国本土已经消失的棋子面，在今天的日本依然存活着，若如此，这倒是极有意思的事了。如今的这家棋子面馆，外观也是京都町屋的装饰，食物在中国人看来也是很简单。一碗宽面，标配是上面加一撮大葱，切开的炸油豆腐（日语称为“狐”，一般写作假名きつね，念作kitsune，因油炸过的金黄色与狐狸的毛色很相似，故名）盖在面上，另外一个标配就是一定会递上一个小瓶装的“七

新京极上的“更科”棋子面馆

味”，这在日本是常见的调味品。所谓“七味”是指红辣椒、山椒、白芝麻、黑芝麻、青海苔、紫苏、麻子磨成细小颗粒状的调味料，吃的时候撒在油豆腐上即可。棋子面实在是一种非常简单的食物，价格最贵的是用鲱鱼做浇头的，1 000日元，其次是鸡肉块和鸡蛋的（日语称为“亲子”），一般都只有600—700日元。

新京极快走到北边的尽头处，又看到一家老派装潢的店家，一看店名:“三岛亭”。心想，这不是刚才在高岛屋百货公司内吃过的店家嘛，怎么这里还有一家？再仔细一看，原来这家才是总店，创立于明治年代的1873年，也就是新京极刚刚建成的时候。三岛亭是以吃牛肉（现在主要是和牛）为特色的饮食店，我们刚才在高岛屋内的一家吃的是“寿喜烧定食”，一个人2 750日元，就中午的套餐而言，价格自然不低廉，但其标榜的是和牛，且味道确实不错，又在京都最高级的百货公司内，想来也要这个价格了。这里稍微说一下和牛或日本人吃牛肉的历史。日本自然很早就有牛，稻作传来以后，牛主要用作耕牛。8世纪前后历代天皇下诏禁食肉类，之后的一千多年里，日本人基本上也就不吃肉了。1854年美国海军准将佩里以7艘军舰打开了日本的国门，西方人开始大批在日本登陆，食用牛肉的习俗也随之进入日本。但一开始只是洋人吃肉，为此开建了少数的牧场开始饲养奶牛和肉牛。后来出洋归来的福泽谕吉等人，出于强身强国的目的，在报纸上强烈呼吁日本人吃肉。于是明治天皇和皇后在1872年率先示范吃牛肉，并由媒体做了报道，由此肉食的禁令在日本被解除，食肉的风习慢慢在日本扩散。在江户时期200多年的锁国时代，唯有长崎开辟了一个角落与中国人和荷兰人做贸易，因而长崎差不多是全日本最早开始吃牛肉的地方，当时称作“牛锅”。三岛亭的创始人三岛夫妇最初就是去长崎学的牛肉烹饪法，然后在1873年回到京都，创办了这家老字号店铺。迄今已是第五代，差不多是京都吃牛排、寿喜锅（经日本人改良或自创的“牛锅”）和牛肉涮涮锅最出名的店家。日本真正饲养食用牛的历史才不过一百多年，可是今天和牛差不多已成了世界上品质最上乘的牛肉，价格也相对较贵，在三岛亭吃一份以牛肉为主要食材的怀石套餐，中午的价格在8 000—15 000日元，晚上的价格在15 000—25 000日元之间，我们刚才吃的只是一份套餐而已。新京极的这家本店，店铺的外观和内在格局，都保留了当年的面貌，只是原来的坐蒲团改成了无腿的后背靠椅，腿脚也可伸到下沉式的空间内。店堂内还有一个精巧的小庭院，日语称为“坪庭”（tsuboniwa），以前稍微大一点的住户，都会在屋宇之间营造一个这样的露天小空间，种几棵树，垒几块石，引一点山泉水，或者做一个小的枯山水，得暇在此小憩，或饮茶闲叙，一定很有情趣。京都的“坪庭”尤为出名。

再往前走，就是新京极与三条通相交的街角了。当然，新京极和左近的锦小路上还有很多好玩好看好吃的店家，各位不妨按着自己的喜好慢慢去逛吧。

丸太町通

丸太町通也许不是一条太值得记叙的街道，只是那天我恰好在那里走过，且也有一些比较仔细的观察，也许从一段不是太为人们（尤其是外来的游客）所关注的区域，更可以了解到京都人原色的日常生活场景。

那天下午，我先坐车来到了河原町和丸太町通的交叉口，那天我的主要目的是探访赖山阳在京都的居所“山紫水明处”。下了车，看到一家门面装潢很夸张的吃食店，名曰“びっくりドンキー”（勉强可译为“受惊的驴子”）。双重屋檐的传统格局上是一整面的大玻璃窗，大玻璃外又竖着好几根粗大的铁杠，最上面是醒目的店招，写明这是一家汉堡牛肉饼的餐厅。我看了一下挂在门口的简要菜单，午餐除了各色汉堡牛肉饼套餐外，还有炸猪排的套餐。标明取自猪里脊的猪排净重180克，炸得松松脆脆的厚厚的猪排切成一条条，另配上生的卷心菜丝，一个炸大虾，半个小青柠，另配一碗米饭、一碗猪肉酱汤，含税840日元。我觉得性价比还不错，可惜已吃过午饭，不然很愿意试一试。其他的汉堡牛肉饼套餐大概在1 000—1 200日元。汉堡牛肉饼，我觉得京都大学中央食堂就做得很可口，价格比外面便宜多了。根据地图，穿过丸太町，问了一位70多岁的长者，说想去看赖山阳的故居。那长者恰好是这里的居民，热心地带我穿入小巷，再拐一个弯，来到了一处很不起眼的小门前，说，这里便是，不过如果没有事先的预约，里边没有人，平素也不对外开放。我谢过长者，心里知道参观是要预约的，需在两周前寄给他们往返明信片，得到同意后再确认时间，他们届时派人来此处等候。“他们”，指的是一般社团法人赖山阳旧迹保存会。我今天只是来碰个巧，万一运气好，这里有人，就顺便看一看，进不去，也就罢了。门口竖着一根石柱，上面刻着“赖山阳山紫水明处”，透过木格子门，是一条长长的石径一直通向前面，两边种着一些瘦瘦的小树，有高高的木壁与周边民居隔开，再往前，就看不见了。我根据长者的指点，再出小巷，从丸太町转到鸭川边，面向鸭川，在一排高高的树墙后面，露出了赖山阳故居的屋顶（瓦屋上再铺设茅草）和屋檐下的一小部分。赖山阳是江户末期日本有名的文人，在广岛长大，自幼接受了良好的汉学教育，后又去江户游学，多与儒者交往，对朱子学颇有研究，汉诗造诣尤深，后在京都定居，曾作《日本乐府》，一生以《日本外史》和《日本政记》驰名，对后来的“尊王攘夷”派影响甚大。我在上海买到过北大出版社出版的赖山阳的《日本外史》，用汉文撰写，仿照司马迁《史记》的体裁，记述了自源平两大豪族争斗一直到德川幕府成立为止的13个权势武家的盛衰史。赖山阳不愧为文章家，汉文写得酣畅淋漓，可诵可读。赖山阳来到京都后，十分喜欢鸭川西岸的这个所在，心生久居之念。他曾在自己所著的《耶马溪图卷记》中说:“山不得水，不生动；石不得树，不苍润。”（原文为汉文）而眼前的所在，远处是山色苍苍的东山，近处是流水潺潺的鸭川，于是在此筑居，布石植树，将自己的居所命名为“水明庄”，后来又增筑书房兼茶室，名曰“山紫水明处”。日本本土气候温润，雨量充沛，时常水汽氤氲，山色空蒙，远远望去，若有紫气烟霞，故有“山紫水明”一词，已成为形容日本自然景色最贴切的一个词语。我从图片中看到，赖山阳的居所，榻榻米的户外，原本眼前并无高高的树墙，近可观水声潺潺水流清澈的鸭川，远可眺逶迤起伏苍翠蓊郁的东山，真是一个山紫水明处。平时伏案著述，闲来与三五友人把盏畅叙，饮酒作诗，此乐何极！

赖山阳的旧居“山紫水明处”

离开赖山阳的旧居后，我又看了距此不远的新岛襄旧居（在同志社大学部分已有记述），然后沿着丸太町闲逛起来。新岛襄旧居附近的建筑物，有几块铭牌让我不禁莞尔：洛阳法律事务所、洛阳教会……我是知道京都“洛中洛外”的历史的，不然真的要怀疑自己的眼睛了。丸太町通的北侧是昔日皇居所在地的御苑，高墙深院，于是我就过了马路，来到南边一侧，向西行去。没走几步，就看见一家店铺，横在人行道的上方，伸出一块招牌，上书：美術諸道具，誠実買受，トヨダヤ。后面几个片假名可以还原成汉字“丰田屋”。原来这是一家买卖生活艺术用品的二手店，不禁推门而入。店主是一个70多岁瘦瘦的老头，正在回答顾客的询问。店里有点凌乱地堆放着各种西洋画、灯具、杯盘碗碟、乐器甚至玩具等。有趣的东西不少，价格也不怎么贵，但是带不回来。我在一堆旧物中搜到一个铜制的香炉，上面刻有花卉图案，外观有些暗旧。我拿在手里问店主多少钱，他回答说1 000日元，我又问，这是什么年代的物品？他答说应该是大正年间（1912—1925）的，我心想也有一百来年了，不算古董，也是一个老货了，1 000日元也不算什么钱，就欣然买下了。

出了“丰田屋”，再往西走，瞥见一家葡萄酒店，用西文写着店名Cave de Ebina。Ebina是日文“海老名”的西文书写，前面则是法语酒藏、酒窖的意思，或许可以翻译成“海老名酒藏”，据说最早的源头可以追溯到1843年。不过我知道，1843年葡萄酒基本上还没有进入日本，近代西方的葡萄酒进入日本，大约在1860年代以后，随着西方人在陆续开港的城市横滨、神户等登陆并形成小规模的聚居区（日语叫“外国人居留民区”，跟中国的外国租界不一样），葡萄酒开始有少量的流入。近代日本人感觉到葡萄酒的存在，是1867年，即明治时代开始的前一年，受到法国驻日公使的邀请，江户幕府派出了由将军的弟弟德川昭武为正使的代表团参加在巴黎举行的世界博览会的时候。其时法国近代葡萄酒的生产正处于蒸蒸日上的时代，波尔多地区的葡萄酒名扬海内外。当时的代表团中有一个叫田边太一的人，以公使馆秘书的身份一同参加了世博会的活动，随后又出访了欧洲诸国，算是在日本较早见过外面世界的人。回国后，田边在开埠后的横滨经营起葡萄酒进口生意，波尔多葡萄酒是主要商品。当然，由于价格高昂，能接触到这些高档葡萄酒的，只限于在日本的洋人、在鹿鸣馆内举行西式酒宴的达官贵人和少数富裕的知识分子。除了日本人经营的洋酒商行外，也有外国人开的铺子，但一直到昭和前期，葡萄酒的销售和饮用始终停留在中上层阶级。一般日本人真正认识葡萄酒，恐怕是在战后经济发展起来的年代，尤其是1970年代以后，随着日本社会的富裕以及日元的升值，进口葡萄酒的价格越来越亲民。到了2000年，总量达到了269千公升，其中进口的葡萄酒为166千公升，是25年前的将近24倍。人们不仅可以随处购买到法国、德国、意大利、西班牙、奥地利等欧洲国家的传统的优良葡萄酒，也可方便地品尝到美国、智利、阿根廷等美洲国家的葡萄佳酿，除少数的名品之外，价格大致与国产酒相当。国产酒中，三得利和山梨县产的葡萄酒占了相当大的份额。我在前文中曾提到了京都白川通上的一家大型酒店“酒山”，而丸太町通上的这家不起眼的Ebina，与一般的大型酒店又不一样。我走进店内，与店员聊了一会儿，了解到Ebina主要是经营法国葡萄酒，兼营一部分西班牙葡萄酒。它标榜自己是爱酒者的家用酒藏，店员都非常懂行，你只需说出你想购买的价位、口味偏好、饮用的场景，店员就能为你挑选出一款最合适的葡萄酒，或者你是用于某人的生日或是某个纪念年，他们也会为你选出一瓶恰好这个年份出产的葡萄酒。我看了一下，大部分的酒都储存在酒温可调控的玻璃冷柜内，绝对都是横放，这样既可保证酒的保质期，合适的酒温又可使该款葡萄酒达到最佳的口感。这就不是一般卖酒的店了，它将饮酒看作一种文化，使它发挥出最佳的附加值。古城京都，在吸收外来文化时，几乎完全卸去了沉重的历史因袭，同时又把一种外来文化提升到自己既有的精致品位上。这家小小的葡萄酒店，就是一个明证。

在丸太町通上走过麸屋町通这条小巷，街上有一家咖啡馆，曰Kawa Coffee，kawa或许可以还原成汉字“川”。这是一家门面很小的店铺，京都的町屋风格，新的原木制成的格子式移门，窗户下面是用原木做上去的菱形墙面，木纹清晰。这里主要提供很简单的调制咖啡（每杯417日元）和可加入甜甜的牛奶冻的咖啡（399日元）。令人有点不可思议的是，这家店还兼营皮革制品的维护及皮革小工艺品的出售。再稍往前走，有一条横街，大概是堺町通吧，巷内的屋宇多为京都町屋的风格。有一家，外边是两层屋檐，窗户外是用细木格子做成的围栏，原木的门户颇大，里面是一个小小的庭院，门口挂着白布的暖帘，上面写着不起眼的“café 奏”，字下面画了两只呆呆的鸟。我没有进去，看了一下门口放着的一块黑板，才知不只是喝咖啡，也有餐食供应。午餐在850—1 500日元，850日元的是一种每日更换菜谱的套餐。这一天的我从照片上看，有一份蔬菜色拉、一份牛肉土豆、一碗味噌汁、一大块盐烤鲑鱼和一碟渍物，当然还有米饭，可谓价廉物美。一种蔬菜炖牛肉的套餐是1 200日元。还有各种甜食、冰淇淋、酒类和软饮料，走累了，或许可以入内喝一杯。

开设在京都丸太町街旁一条小巷内的“café 奏”

拍了几张照片继续前行，又见一家咖啡馆，曰“茶房　如月”，除了咖啡饮料之外，也有简单的饭食，诸如蛋包饭、中东风味的大虾煮饭、什锦炒饭等，一个自制的抹茶蛋糕卷配一杯咖啡或红茶750日元。这里不是观光区，面向的客人主要是本地客。由此看来，咖啡已成了日本人至少是京都的日本人非常日常的饮料。另一点也说明了京都人的日常饮食已非常多元，纯粹的和食已不多见，大多是各地风味混合在一起的。这也就是日本人自己说的，今天日本人的日常饮食已经是“和洋中”三足鼎立了。

再往前，又在横街上见到一家町屋风的小店，曰“鹤”。这家的暖帘很有特色，两块亚麻布上画满了好玩的猫猫狗狗。这是一家出售、出借和服和帮客人穿和服的店铺。因和服面料和制作费的昂贵，至少一半以上的日本家庭并不拥有仪典上穿的正式和服（夏日穿的浴衣不在此列），有重要的仪式（诸如毕业典礼、婚庆等）时，大都是到专门的店家去租的，穿着也极为麻烦，要由店家的人帮你穿。当然，这些都是要钱的。“鹤”应该就是这样一家和服店吧。

然后走到了与丸太町通相交的南北走向的大街乌丸通，向左拐，沿乌丸通向南行。乌丸通是京都市内少有的两边均是十来层新式楼厦的商务街，干净，整齐，就是不大有京都的风味，相对而言，沿途好玩的店家也比较少。但是，行不久远，在现代的大厦下我看到了一家采用传统数寄屋样式做出来的店堂口，这就是“香老铺 松荣堂”的京都总店，在香的制作和香文化的推广上，松荣堂恐怕是日本数一数二的商号。它创立于1705年，至今已有315年的历史。他们制作的香，曾用在天皇即位大典的仪式上，也曾在1934年的芝加哥世博会上展销过，如今在东京、大阪、横滨、札幌等都开出了分号，并于1990年在美国科罗拉多州设立了美国的松荣堂。我这天也是偶然在此邂逅，于是就进去看看。走进店门，迎面挂着一块很大的木匾，上书“熏香”两个大字，走入店内，还有木制的桌椅，可供客人坐下细细品玩，一边类似“床之间”的墙面上，挂着一幅字“春风生四海”，一种雅的氛围油然而生。跟此前新京极的“井和井”不一样，这里只卖香，和少量香炉香台香袋，专业度极高。店内的环境也相当宽敞舒适。我在此选购了一盒由“京锦”“轩端”“金阁”“京樱”“五山”5种不同的线香组成的“京线香”，有的淡雅，有的浓郁，有的带些生涩，有的带些甘甜。我还没有入门，只是各种都体验一下，慢慢再沉入下去吧。日本的香，原料大都来自中国和东南亚，早期的技法，也都来自中国，但如今的调配和制作，则糅入了日本人的智慧，表现出了日本人的喜好和品位，在天然原料的基础上，添加了少量适当的人工香剂，使得气味更加怡人。

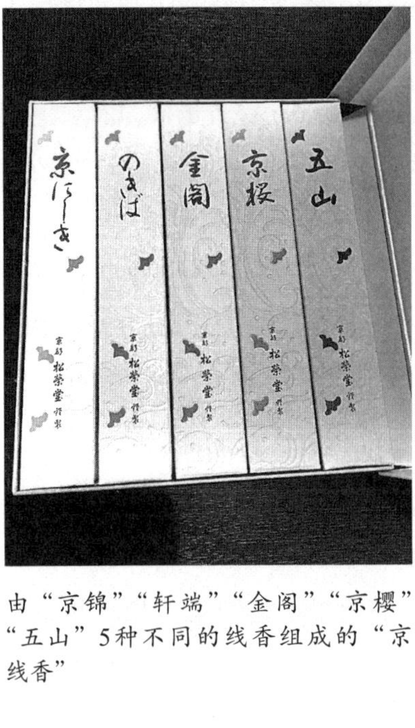

由“京锦”“轩端”“金阁”“京樱”“五山”5种不同的线香组成的“京线香”

柜台的正中，挂着一幅京都青莲院门迹的门主慈晃手书的“香十德”，都是汉字汉文，不妨抄录在这里："感格鬼神，清净身心。能除污秽，能觉睡眠。静中成友，尘里偷闲。多而不厌，寡而为足。久藏不朽，常用无障。"紧邻松荣堂的南侧，另有一家属于它的"熏习馆"，是一个传播、交流、研习、提升香文化的机构。在日本，至少在京都，香已经完全成了一种文化，正从原来王公贵族的殿堂和寺院的僧堂走入寻常人家的日常生活中。

三条通

三条通是昔日平安京东西向的九条大道之一，江户时代所建造的鸭川上的三条大桥，当年是自江户日本桥起始的东海道（江户时代兴建的江户通往日本各地的五条大道之一）至京都的终点。在江户时代，三条通也是京都各类钱庄、典当铺等汇聚的金融街。创立于江户时代的各种老铺，也大都汇聚于此。限于我自己的足迹，这里记述的三条通，主要是自乌丸通至河原町的这一段，以及周边。2018年1月下旬，我在京都有一周之旅，没有任何公务，没有任何访友会客的计划，纯粹是出于怀旧式的私人游荡。下榻于三条通上的三井花园酒店，来来回回，在三条通的这一段也就走过好几次。

抵达的当天，入住酒店时，天色已晚。在酒店的斜对面，有一栋有灯光投射的洋楼引起了我的兴趣，只见楼的内外，人影幢幢，也不知道到底是怎样的一个存在。有两天回酒店比较早，就进去观览了一下。原来这是一栋建于1920年，即大正年间的木结构洋楼。曾用作贸易公司等各种用途，2004年，由久和幸司建筑设计事务所将其改建成了一处全新的融合各种元素、各家店铺的综合性的商业设施，新起的楼名叫“文椿大厦”。外观完全保留了当年的风貌，但用砖石替代了原来的木造。正门朝向三条通的这一面并不很宽大，但走到里面，纵深很深，上下两层目前有12家有规模的店铺进驻。这12家店铺的经营内涵和理念、内饰风格和店员的样态，可谓典型地展现了昨天、今天和未来的京都。传统元素比较浓郁的有名曰“炉端　鮨　萤”的京料理店，一家叫“英太郎屋”的男子和服店，一家叫“嘻姜”的京烧肉店；将传统的京都元素与创新意念融合在一起的，有筷子与西餐刀叉的专门店“京都匙龟”，一家将传统的染织工艺以摩登的衣饰体现出来的艺术实验室“椿”；而西洋风的有复古风的酒吧“酒的美术馆”、意大利餐馆“乌丸DUE”、可欣赏西方古典乐的咖啡馆“Café星云”等等。虽然各色元素互相叠合、多姿多彩，却有一个共同点，即相当考究的选材、富有品位的内饰，一种京都人的洗练和精致，荡漾在每一家店铺。“炉端　鮨　萤”店名中的“炉端”，是日语“炉端烧”的简称，指在炭炉上烧烤鱼虾和蔬菜等食物或这种进食方式，完全是近代以前的；“鮨”即寿司的旧式写法，也就是说这主要是一家吃寿司的食铺，但店内选材之考究，食器之精美，摆盘之用心，脱去了一般的庶民性和日常性，多少使人产生了一种仪式感。今天冷藏链物流的发达，为食材的新鲜度提供了可能，因而这家“萤”寿司店，在选材的考究和店堂氛围的设计上，我的感觉几乎不亚于东京银座的寿司店“久兵卫”，而其价格，最多只是“久兵卫”的一半吧。而将极富传统意蕴的木制筷子（包括漆筷等）与西洋的不锈钢刀叉放在一起销售，也实在是出于京都人新颖的意念。“椿”则是在传统的染织工艺和图绘的基础上，推陈出新的一家艺术实验室，设计出的衣物，具有明显的传统内涵，而在样式上则是史无前例的耳目一新。这样的设计，这样的定位，这样的氛围，引来了大批30—60岁左右的绅士淑女。其价格大致在中位，以吃食店为例，大约比一般的街头店家贵20%左右，但置身其中的一种获得感，恐怕溢出了20%。换句话说，“文椿大厦”的顾客定位，就是口袋里略有小钱、知性和品位都比较高的成熟男女，而这也代表了京都这座城市的基本格调。

以三井花园酒店为中心点，西有大佑清卫门美术馆，北有京都传统工艺馆和京都国际动漫博物馆，东有京都文化博物馆。而在乌丸通至河原町这一段的三条通上，遍布了各色具有几百年底蕴的老铺与各色时新的咖啡馆、酒吧、时尚服装店，处处让人感到了新旧交织的图像，传统的积淀与时尚的动感在同一个街区内并行不悖，融为一体。

距离京都文化博物馆不远的与三条通相交的柳马场通（是一条完全无法通行汽车的小巷子）内，有一家专门吃鸡的食店曰“馳走いなせや”。2015年6月，几位原来相识的日本各大学的教授分别从大阪和奈良赶过来，在这里为我举行欢迎晚餐会（其实我抵达京都已经两个多月了）。那天我是从北边的丸太町折入柳马场通的，这是一条狭长的颇为安静的小巷，行不久，就看见一块店招，而店门则要从西侧一条更为狭窄的小巷内进去。这条小巷是店家专用的甬道，白色砂砾的地面上，整齐地铺设了几何形的石板，店家在石板上撒了水，打湿后的地面在刚刚亮起的路灯下发出幽幽的光亮，一直通到尽头的有两层屋檐的店门。甬道的左侧是一长排高高的木板，与邻屋隔开，年长日久，原色的木板已近褐色了。右侧更绝，是用长长的细竹竿分开的莎草，整整一面的蓬蓬松松的干草形成了一堵墙。那天吃的料理，就不记叙了，多是鸡，还有鸡肉的刺身，吃得我有点战战兢兢。因为鸡是杂食动物，有寄生虫，生吃不宜，我内心紧张，因而完全感觉不到美味。但进门的那条甬道，给我留下了极为深刻且富有诗意的印象，我甚至联想到了戴望舒的《雨巷》。

在三条通向东走过新京极的街上，我看到了一家町屋风格装饰的店家，曰“菊一文字”，下面另有四个大字“打刃物司”。这是一家制作刀具的老铺，说是在13世纪初的时候，有一个制作刀具的名匠，被当时的后鸟羽上皇称为“御番锻冶”，后被奉为刀具制作的元祖。他得到了皇家的恩准，允许他在制作的刀上使用菊花的纹样，并在菊花底下加上“一”字，以作为制刀人的标记。日本刀具的锻冶和制作，也有近两千年的历史了，最初是从中国传入的，

专门卖刀具的店铺“菊一文字”

以后又不断加以锤炼和改进，至平安时代的中后期，已达到了较高的水平，并从直体的剑演变为弯曲的刀，武士阶级兴起后，就成了作战和显示身份的重要工具。明代初期，中国与室町时代的日本展开了“勘合贸易”，日本向中国出口的物品中就有刀具，以其制作的精良和刃口的锋利而受到好评。江户时代后，天下太平，佩刀主要是武士阶级的身份象征。进入明治时代后，原先的“士农工商”的阶级差别被废除，武士的身份也慢慢消失，且不再允许原先的武士佩刀，由此，用于武斗的长刀就被禁止锻冶制作，传统的锻冶屋就彻底转为制作民间所用的各类刀具。随着近现代工业的发展，刀具的制作大多已不再是手工制作，但很多人依然喜欢手工锻冶磨制的刀具。尤其是传统的日本料理，极为讲究刀工，日语谓“包丁捌き”，稍有成就的料理人，必定备有自己的一套刀具，不同的食材和不同的料理都要使用不同的厨刀（日语谓“庖丁”或“包丁”），因而他们往往是向老铺刀具店定制，或在老铺内选购。还有一些诸如插花的师匠，对于刀剪也很讲究。日本的园艺极为发达且普及，一般人在自己的庭院内侍弄花草，也需要大小不一的各种刀剪，因而时至今日，刀具在日本依旧拥有一定的市场，这也是诸如“菊一文字”这样的老铺得以延续至今的重要原因。刀具的制作，也是京都市重点扶植的传统产业之一。“菊一文字”内销售的刀具，价格有些小贵，一般每一把在1—8万日元不等，我是完全外行，不谙其中的奥妙。某日在上海的一家日料店“町家”吃晚饭，厨师是日本来的，这家店以寿司出名。厨师就在我们坐的吧台式的座席前切割各种食材，一个木制的刀架上放着三把刀（手里还有一把），他说都是日本的刀具屋定制的，最便宜的2万日元，最贵的20万日元。果然是有讲究。

三条通上还有两家扇子店，一家曰“白竹堂”，另一家曰“大西京扇堂”，都是有数百年历史的老铺。扇子一般分两种，一是单柄的团扇，另一是折扇，前者是中国传入日本的，后者是日本传入中国的。折扇出现于平安时代初期的京都，据说起源于中国传来的竹简或木简，最初是扁柏木做的“桧扇”，后来演变成可展开的“蝙蝠扇”。早期只在寺院神社的仪典上使用，那时只是在单面有纸。镰仓时代的12—13世纪时传入中国，到了中国得到了很大的改良，双面皆贴有纸，在室町时代的大约14世纪末再传入日本，因而形成了目前日本折扇的形态。后来用在上层阶级的生活及演艺、茶道、寺院等各个阶层，再后来一般的庶民也可自由使用扇子，一直延承至今日。可以说，折扇完全是东亚的产物，除了实用价值之外，它还是东亚文化的一个符号性的存在。而京都，就是日本扇子的发祥地，今天日本扇子的90%是京都生产的。白竹堂创业于1718年的江户时代，最初开在西本愿寺那里，后来逐渐发展，近代日本著名的文人画家富冈铁斋为店家书写了“白竹堂”的屋号。“大西京扇堂”的历史要短一些，创业于1840年前后，一开始位于三条大桥附近，主要为南禅寺、知恩院等寺院提供扇子，后来在京都及日本树立起了声誉，销路遍及各地。在中国，扇子主要是男性使用，而日本女性也普遍使用扇子，所以日本扇子一般分为男用和女用，设计、尺寸、用材都会不一样。一把中等以上的扇子，在设计、选材和制作上都会相当用心，因而价格也相应上去了，一般在10 000—30 000日元，好的更贵。大多数中国人都以为折扇是中国的特产，日本客人来了，到上海城隍庙内的某某扇庄买一把扇子送给日本友人，觉得是一件挺有面子的事情，殊不知，今天日本扇子用材的考究和制作的精良，已在中国之上了。对一位绅士或淑女来说，夏日里手上伴有一把上等的折扇，不仅有实际的消暑功效，无疑还会增添姿色和风采。

京都传统的扇子铺“大西京扇堂”

我在三条通一带闲走，看到更多的是各色的咖啡馆，诸如Tully's Coffee、Coffee Lounge等，大都没有日文，直接用外文表示。还有各色餐饮店，以及许多家西式的饼屋，比如有一家曰Paul Boulangerie Patisserie（现场烘焙的法式糕点铺），直接就用法文写了，没有任何的日文，一般日本人也不解法文，也许店家觉得这样更有法国味。还有一些时尚的小店，也非常养眼。有一家店叫Hanry（也没有任何日文），外壳是一栋传统的町屋，夹在两幢稍高的楼宇中间，犹如两座山峰间的低谷。还保留着町屋的屋檐，但其他被彻底改造了，店面是一整面的玻璃，外侧两边的墙用大块的花岗岩砌成，屋内是红色的砖墙，外侧地上是黑色的大块石面。町屋成了砖石的世界，但屋内的两边侧面，使用了有些倾斜的原色木柱，形成了稍带人字形的造型。仿金属材料制成的宽大的门上，挂着三块长长的藏青色的布帘，而店内陈列的衣物和灯光，又完全是现代的。

日本人，或者说京都的日本人，就是这么善于将传统与摩登、日本与世界完满地交融在一起。三条通，再一次把这一点演绎到了顶点。

利用传统的町屋改造的时尚店Hanry

不算结语的结语

以上写了这么多的京都，实在是有些杂乱无章。在最后的一节里，我想把自己对京都的感觉和认知再梳理一下。对于这样一座有着深厚底蕴，而且今天仍然源源不断地散发出魅力的千年古都，尤其是它的文化，要用寥寥数语来做一个简单的归纳恐怕是很困难的，或者根本就是不可能的，但我还是想把自己的一点肤浅的思考写在这里。

如果可以做一个简单的形容的话，在我看来，京都就像是一个依然充满了强烈的求知欲和好奇心的年近50的绅士或淑女。他或她已经足够成熟，足够优雅，足够饱满，这种孕育于成熟的优雅，是简单的青春活力（难免会有幼稚）或风华正茂（难免会有冲动和鲁莽）所无法匹敌的。源于成熟的优雅，它的魅力几乎是所向披靡的。同时不可否认的是，一个人到了这个年岁，自然会有一点颜色的减退，一点肌肤的风霜。但关键是，他或她依然从内心焕发出涌动着生命力的求知欲和好奇心，这种求知欲和好奇心驱使他（她）去汲取一切美好的新元素，去变革，去创新，不拒绝一切有益的蜕变和更生，这也是为何到了20世纪以后，京都竟然会成为日本电影业的摇篮和动漫产业孵化器的内在原因。

同时，京都又是体现了日本民族性的日本文化的最大的温床和荟萃地。京都自然有其非常鲜明的地域特性，但我觉得，它更多的是浓缩地凸显了具有全国普遍意义的日本文化或日本人的民族性。对于日本文化以及日本民族性的讨论，此前日本本国以及日本之外的欧美和中国等已有了较为充分的展开，但就像用一两句话来概括一个人很困难一样，用简要的词语来概括一个民族或者其文化的特性，恐怕就更难获得有效的表述。本书的重点是写京都，但文化是本书的主轴，或者是作者的一个主要考察眼，这里试图以京都为一个主要的场域，来碎片地表述一下我对日本文化和日本民族的特性，或者说日本文化和日本民族在京都这一场域中集中体现出来的特性。所谓文化或者某一民族的特性，主要是以价值观和审美意识两个层面体现出来的。让我非常感兴趣的是，以京都为代表的日本人，往往在这两个层面上，都能将看似对立的两元，几乎毫无突兀地组合、融汇在一起，看似截然对立，实际在其底色上，差不多是一个整体，只是在表现上，会呈现出矛盾的两极。有一位学者用了“分身”这个词来加以概述，在一定程度上，是比较准确的。我以下的这些观察和思考，大多只是感觉式的，至少是完全不成体系的。

华丽繁复与简素质朴

曾经做过大阪大学校长的哲学研究家鹫田清一教授在《京

都的平热（正常体温）》一书中这样写道："西本愿寺与岛原（我在上文中曾述及，是江户时代京都最大的花街——引者注）。这两者之间的空间，是我小时候放学后玩耍的地方。极端圣与极端俗并存的这个地方，也可谓是一个异形的空间。在其一角，常常会遇见穿着打扮与常人不一样的人。这附近既有许多寺院的本山和其下属的小寺，而在它的另一边，是名曰岛原的游郭，有着出头号艺妓的'轮违屋'那样的茶屋，和'角屋'那样的杨屋（圆山应举和芜村等曾在障壁上画过的这些杨屋建筑，现在成了国家的重要文化遗产），穿着与众不同的人就生活在这里。头发剃得光光的，身上穿着这世上颜色最深的黑色僧衣的男人们。穿着这世上颜色最为鲜艳的、红色在脸上和衣物上到处显现出来的女人们。在这里，有着极端繁复的穿着和极端简约的穿着。"（《京都の平熱　哲学者の京都案内》，东京讲谈社，2016年，第230—231页）鹫田教授的意思是，京都这个地方，就并存着华丽繁复与简素质朴、世俗与脱俗这两个极端的层面。这里既有价值观的元素，也有审美的因子。

我在前文中曾经写过，日本文化，大体而言，由三个部分组成，一个是奈良和平安时代形成的体现王公贵族趣味的公家文化，一个是三个幕府时期表现出来的武家文化，再一个是佛家尤其是禅宗文化（当然还有神道和一般人的生活习俗中所体现出来的庶民文化）。公家文化是典雅，除了要营造净土宗的极乐世界的图景（京都郊外的平等院是其代表）之外，一般并不追求艳丽华美，镰仓时代的武家文化表现出来的较多的是刚毅与质朴，室町时代的北山文化和东山文化（其诞生地都是京都）则将公家、武家和佛家三者融合在了一起。16世纪末和17世纪初战国时代末期所产生的桃山文化，则在公家、佛家文化的基础上，突出了这一时期的武家嗜好华丽艳美的审美趣味，由于丰臣秀吉在京都营造的聚乐第、伏见城等不久就被毁坏，如今已难以一窥真相，但德川幕府在日光所营建的东照宫，从细部到整体都淋漓尽致地凸显了武家对“金光灿灿”的审美喜爱，这一时期诞生的西本愿寺的唐门，亦极尽金银奢华。我在上文中描写的净土宗永观堂御影堂内金灿灿的装饰，也体现了日本人这一脉的审美意识。而稍后诞生的早期歌舞伎和游郭文化，则较多沿袭了桃山文化的这一流脉，并将其染上了更浓郁的世俗色彩。这就有了人们所看到的艺妓穿着的极端繁复（每个人都要包裹着层层叠叠的好几套和服以及各种饰物），和脸上、颈脖上、胸背上部分涂抹的浓脂厚粉。在被推举的传统和服中，人们也常常会惊叹或赞叹金、银及各种色彩的极致应用。差不多在神社中成为主流的八幡造建筑样式，多用橘红色或朱红色的涂色，细部的装饰一般也都比较鲜艳。这大概是繁复华美一面的体现。

而在另一方面，公家和佛家的审美，在京都的皇家离宫和诸多寺院中则大多表现出了典雅与简素的一面。如果没有自己去看过修学院离宫、桂离宫等这些皇家的离宫以及江户末期重建的京都御所，我真的很难想象世界上还有如此素雅的皇室建筑和庭园。数寄屋的趣味，比原来就比较简朴的书院造更富于山野的意趣，材木连着树皮和树上的节瘤一起使用，梁柱大抵都是不施油彩的原木，木质的纹理尽显无遗，屋顶多为茅草或树皮葺顶。我去看过的大部分寺院，无论宏大或小巧，风格大抵朴实无华，屋檐大都平展铺开，绝少夸张的飞檐翘角，亦无彩色的琉璃瓦。内宫和离宫、寺院的本山，围墙大都是素色，几乎没有中国常见的宫廷黄或绛色红，僧侣的袈裟，也多为单一的深色。由千利休集大成的草庵茶，几乎摈弃了所有华丽的元素，将茶室的面积压缩到了四五个平方米，在茶庭中，扫除了所有的姹紫嫣红，将简素的风格推展到了极致。

这一脉的风格，也影响到了民间的审美。京都开业于江户时代或明治年间的商号，门前大都以藏青色或深褐色甚至白色的布帘做店家的暖帘，久经风霜的木制店招，任其漆彩剥落，只留下原色的木纹，也并不重新施加油漆。京都老街的町屋，也都是深色的格子门户；以前的仓库，就是黑白两色，风格也相当简约。陶瓷器的设计和烧制，固然也有美丽的图案，但许多只是单色的作品。江户初期以后，由小堀远州等倡导的不均等美的审美意趣，融入了诸多禅的意念，催生出了许多稚拙、歪斜或看似残缺的作品的出现，这样的审美意趣，在日本以外的东亚世界中几乎不存在。

但是，我们必须清晰地意识到，所有这一切的简素，都不是对自然本身的简单摹写，看似乡野的简朴，实际上都是精心制作出来的，这里面，恐怕有相当的文人气的水墨画做底蕴。换句话说，要体现出这些简，并不比制作出繁复华美更轻松。单色的陶瓷器或漆器，要精心赋予其明暗的变化和丰富的层次，或在单色上烧制或描绘出不显眼的星星点点的斑点，这样才不会使单色陷入平白的呆滞。草庵茶虽然在外表上扫去了所有华美奢靡的元素，但其实整个做茶的程序是十分繁复甚至是有些刻板的，对于茶具的讲究程度，也远远超出了圈外人的想象。

同样，大部分的华丽美艳，也不是一大堆色彩的简单堆砌，强调作品装饰性的狩野派和光琳派的画家，本身都是具有很高审美眼光的艺术家。且在狩野派、光琳派盛行的18世纪，京都还诞生了诸如池大雅、与谢芜村这样极具文人气的画家。与位居庙堂的狩野派等相比，他们的画作更富有散淡的在野气，更着重表现创作者自己的个性，在审美上也很好地平衡了狩野派等的装饰风格。今天大部分的女性和服的色彩花纹设计，虽然具有较强的视觉冲击力，但一般都不会有香艳的花里胡哨的设计，各种色彩和图案之间，大都蕴含着一种内的平衡感。今天日本人的时尚设计，可以说是兼具了雅与俗的两个流脉，透现出雅的冷色调是主流，表现热情与欲望的艳色也同样不会缺席，只是彼此的内在协调与平衡被处理得刚刚好。这也是日本的时尚设计在世界的舞台上广受青睐的原因之一。

繁复华丽或许更多地表现出世俗的、人欲的一面，简素质朴或许更多地表现出优雅、脱俗的一面，但它们其实都很日本，它是公家、武家、佛家文化在不同物象、不同场景、不同界面上的各自不同程度的表现或是融合性的表现。日本文化的基底，是由这三种文化共同组合而成的。俗和雅都会产生出相当的张力，雅在大多数场合会起到一种引领的作用，而俗则更富有动感和活力，这两种张力互为作用，最后达成了某种平衡。这方面，京都比日本的任何其他地方，都具有更典型的表现。事实上，京都是日本公家、武家和佛家文化最主要的发生地和最深厚的蕴藉地。

模仿与创造

在谈到日本文化的时候，很多人，尤其是很多的中国人，认为日本文化没有自己的主体性和独创性，在近代以前，它都是模仿中国，近代以后主要是模仿西方，而在二战以后更多的是受美国文化的影响。这样的看法，当然不是无中生有，却流于简单和肤浅，最大的一个偏颇是忽视了日本文化的主体性和它在模仿之后的创造性，正是这种主体性和创造性才使得日本文化成为日本文化。那么日本文化的主体性是从哪里来的呢？我在思考这一问题的时候，发现了一个可以用来加以比较的参照体——英国。

日本与英国在地理上的一个共同点，是它们都是位于欧亚大陆最边缘的岛国，日本位于亚洲的最东端，隔海与文明昌盛的中国大陆相望，英国位于欧洲的最西端，隔海与欧洲大陆相望。在它们各自的东面和西面，在大航海时代开启之前，几乎都是没有任何文明存在的浩瀚大洋，这就决定了在近代之前，日本只能与东亚大陆文明接触，英国只能与欧洲大陆文明交往。但日本与英国相比，有三个很大的不同。

第一，公元前300年左右日本列岛上的居民在与东亚大陆发生大规模的接触之前，没有农耕和金属文明，也没有城市甚至是有规模的村落。列岛上的文明，一开始主要是依靠先进的大陆文明提升的。而欧洲大陆的罗马人或罗马帝国进入英伦三岛时，岛上已经开始了农耕（小麦和大麦），并且诞生了铁器。也就是说，在与欧洲大陆大规模接触时，英伦已经具备了较高的文明水准。

第二，日本列岛在接受大陆先进文明时，都是以和平的方式进行的，农耕和金属文明传来，都是来自大陆和朝鲜半岛的移民以和平的方式传播的。以后一直到公元6世纪前后，出现过几次较大规模的移民潮，几乎都是民间的和平进入，至于后来的遣隋使和遣唐使及以后幕府时代的僧侣往来，更是和平的交往，没有一丝一毫的血腥。近代以前日本历史上唯一的一次遭到外族的入侵，是1274年和1281年蒙元裹挟高丽水军和江南水军对九州北部的进犯。虽然发生了战争，但外族并没有真正地登陆杀戮，日本也没有遭到外族的武力征服。也就是说，日本差不多是世界历史上极少数未遭到外来武力征服的国家之一，它的文明一直是在和平的状态中孕育、发生和演进的，这就保证了它对外来的文明，基本上都是主动而有选择性的汲取，也即几乎一直保持了自己的主体选择性。而英伦三岛，一开始在1世纪时遭到了罗马人几次三番的武力进攻，最后被占领和征服，被归入罗马帝国的版图。罗马帝国衰败后，则不断遭到北欧维京人的武装进犯，历时数百年。也就是说，欧洲大陆文明的进入，几乎一直伴随着血腥的武力。相对而言，罗马人明显地带来了比较先进的文明：语言、拉丁文字、政治制度、城邦、服饰、生活方式和稍后的基督教。所有这些为尔后的英伦文明奠定了基础，统一的基督教的传播，也为统一的英伦国家的创建提供了精神前提。维京人或者北欧海盗式的入侵，更多是以野蛮的杀戮掠夺方式，却也使得英伦更加融入欧洲大陆。总之，跟日本相比，在英伦三岛上，大陆文明更多地是以武力征服的方式进入的。

第三，虽然最初日本列岛上的居民也是通过一万多年前还存在的陆桥从大陆进入列岛的（也有少部分经海路从南方漂流过来），但在后来的一万多年中，形成了以绳文人为主体的原住民。后来有外来的弥生人以和平的方式移居列岛，与早先的绳文人通婚，之后又有数次“渡来人”的移民潮，大部分是技术先进的工匠及少数的读书人，不久便与列岛上的居民融为一体（比如平安京建都之前就来到这里的“太秦人”）。大约在6—7世纪，形成了大和民族，此后便一直在岛上繁衍生息，在比较独特的列岛环境中，形成了自己的日本文明。也就是说，日本列岛上，居民的主体基本上一直是大和民族。而英伦三岛，早先是罗马人进入，并在此殖民扩张。5世纪前后，又有来自欧洲大陆的盎格鲁撒克逊人的大规模移民。再后来是挪威、丹麦等维京人的长达数百年的武装进犯，一开始只是掠夺，后来则是定居和殖民。1016—1035年间，丹麦国王克努特（Cnut）兼任英格兰国王，并且成了英国历史上最伟大的君主之一。也就是说，英国人从血统上来说，完全是原住民和大陆外来人的混合体，甚至大陆过来的人在人数上要占到一半以上。因此，它的文明，虽然也具有岛国的特色，但与欧洲大陆基本上是融为一体的。

从对这两个各处于大陆两端的岛国的比较可以看出，日本文明的主体性和独特性更为明显，这是我考察日本文明或文化的一个重要视角。这里，主要以京都为一个考察的场域，日本人对于外来先进文化是如何模仿，模仿的同时又是如何改造和创造的，在这有限的篇幅中不能做系统的展开，只能做一些碎片化的论述。

京城的营造与尔后的筑城

在遣隋使和遣唐使之前，日本基本上没有像样的京城。以后才有藤原京、平城京、长冈京和平安京。在平安京的设计和布局中，都参照和模仿了当时中国隋唐的长安和洛阳，但除了南边象征性的罗城门之外，整个平安京没有营建城墙和城门。这是由于日本是一个岛国，它与中国大陆之间相隔的海域，宽广度要远远超过狭窄的英吉利海峡。以当时的情形而言，一无外敌之虞，二无内患之忧，大和朝廷是当时最强大的政权，且已统一了日本列岛，因而无须建造用于防御外敌的城墙。没有城墙，自然也就没有城门和城楼，这是日本历史上的京城与中国的京城及其他城市最大的不同点。即日本在模仿外来文化的时候，是有它的自主性的。然而，时代到了16世纪的战国时期，各地（当时称为“国”）领主拥兵自重，互相争地夺权，战乱频起。在这样的情形下，就诞生了主要用于军事防御目的的“城”，基本上不是中国城市意义的城，而是类似军事要塞同时兼具权势者住宅功能的日本独有的“城”。它的读音不是来自中国汉字的音读，而完全是本土的日语发音shiro。这样的城，最初建在地势险要的山隘上，后来因为比较僻远，不利于领主对自己领地的统治，就逐渐移向低矮的山冈甚至是平地上。平地上的城，为确保它的安全性，就要开挖城壕，修筑由大石垒起来的高高的墙垣，以及厚重的城门。这就有点类似中国古代的城了，但这不是一个市民生活的场所，甚至都不是衙门的所在地，只是领主或将军的居所。城的最上端建有天守阁（姬路城和后来复建的大坂城、名古屋城等就是这一类的“城”)。后来领主的家臣们就在靠近城的地方建起了自己的住宅等，一般民众也渐渐移居到城的周边，于是就形成了日本历史上的城下町。城下町是完全没有城门、城壕的，跟中国古代的城市格局不一样。丰臣秀吉掌权时，为了确定“洛中洛外”的界限，曾在相对狭小的京都周边建造过用土垒筑的“御土居”，但也不同于中国的城墙，且在丰臣秀吉暴病亡故后，御土居不久也瓦解了。因此，日本并没有产生过与中国古代的城池完全相同的城。“城shiro”是日本人自己的创造。

和歌山城

科举与学校

中国在隋唐时期逐渐形成成熟的科举制度，通过地方与中央的各级考试来选拔官吏，各阶级人士可通过官府设定的考试而一步步获得任官的机会。而教育机构，除了中央设有最高的太子监之外，民间人士一般通过民间私塾习得。唐时，日本虽有官府派遣的遣唐使16次来中国学习制度和文化，但始终没有模仿科举制，日本历史上也始终没有采用科举制。顺便说及，半岛的高丽王朝在958年设立了科举制度，越南因在938年之前一直在中国的版图内，故一直沿袭了此前已有的科举制度。日本未采用科举制度的原因，曾有诸多探讨。我认为7世纪时产生的上层贵族世袭的“荫位制”，即亲王以下五位以上的子弟、三位以上的孙子可世袭父祖的位阶的制度，是阻碍日本采用科举制度的主要原因。也就是说，大致从7世纪开始，日本形成了一个世袭的固定的贵族阶级，他们也是实际掌权的统治阶级，为了防止因科举制度而造成的阶级流动，也就是为了稳固自己的贵族阶级地位，而拒绝了有可能引起阶级流动的科举制度。但是为了培养中央政府和各级地方官府的官吏，也模仿了中国太子监的形式，在中央层面设立了“大学寮”，在地方层面设立了“国学”（当时称地方上的某一地区为“国”）。在设计和建造平安京的时候，在朱雀门外的东南部，专门建造了大学寮，隶属于式部省，开设有“明经”“明法”“文章”“算学”4个道，有相当位阶的子弟可入内学习。地方上的“国学”要低一些，优秀者也可升入“大学寮”学习。不过“大学寮”机构在后来的平安京大火中被烧毁，以后没有重建。平安后期，宫廷及贵族阶级的教育，主要通过私人传授的方式进行。宫廷之外，各寺院的僧侣是教育的主要担当者，15世纪时由室町时代的武将上杉宪实在足利（今群马县足利市）创建（一说复建）“学校”（名字就叫“学校”）时，所请的教员全都是僧侣。江户时代的17世纪开始，首先在各个寺院内，后来在寺院之外的民间，普遍出现了一种称为“寺子屋”（又称“手习塾”）的教育机构，庶民子弟可免费或者以很低的学费进入“寺子屋”学习最基本的读写算的技能。而在上一层，江户幕府设立了中央一级的名曰“昌平黉”的儒学教育机构。在地方的各个藩，则设立藩校，这些藩校大抵叫“明伦馆”“弘道馆”等，大都以中国和日本的古典为教材，全盛时期有各类藩校270所。庶民子弟进入“寺子屋”等这些教育机构，目的并不是参加科举考试而是获得基本的读写能力，这与中国有很大的不同。“寺子屋”和各级藩校的创设，是日本人自己的创造，中国并无类似的机构，因而至江户末年的19世纪中叶，日本已有相当比率的民众获得了较高的识字能力，虽然没有严谨的统计，但明显高于同时期的中国甚至是欧洲的部分地区，这是可以肯定的。也因此，19世纪后期日本政府推行模仿欧美的近代教育，在短时期内建立了小学、中学和大学的现代教育体制而无任何障碍，而在同时期的中国则困难重重，主要的原因之一就是中国还存在科举制度，通过学校教育无法获得功名和在官场中晋升的机会，没有人会热心推行学校教育。

日本人还拒绝了中国的宦官制度和女子缠足。

茶与茶道

在中国唐代普及的茶，根据文献的记录，在9世纪初已被随遣唐使来中国的僧人（永忠和尚、最澄和空海等）带到了日本，受到嵯峨天皇等上层人士的欢迎，在平安京的大内里（皇城）

中，甚至还可见到茶园的设置。但不久茶便在日本销声匿迹。一直到镰仓时代初期的12世纪末，才由两度来南宋学佛的僧人荣西再次带入日本，并通过在京都的种植，尤其是得到了京都拇尾的名僧明惠上人的积极支持，由京都逐渐推广到了日本各地。因此，饮茶是日本人对于中国茶文化的接受和模仿。但是，尔后日本人则把自中国传入的禅宗尤其是禅理和禅意融入饮茶文化中，经村田珠光、武野绍鸥、千利休三代茶人的不懈努力，最终在京都创立了茶道。日本的茶道是一个融合了禅的精神（也就是宗教和哲学）、书画艺术、建筑、庭园、饮食、茶礼茶规等诸种元素于一体的综合体，虽然这里面的许多元素（禅、茶礼茶规等）来自中国，但将其融合于一体并提升到“道”的形态的茶道，则是日本人自己的创造。日本的茶道，更多地包含了哲学和美学的内蕴，这样的茶道，以前的中国没有，今天的中国也没有。中国人今天所说的中国茶道，基本上还只是一种茶艺，与日本的茶道，本质上并不相同。可以说，在茶道的形成上，典型地体现了日本人的模仿和创造精神。

这一类的例子，还可以举出很多，限于篇幅，就简述至此。

守旧与创新

1991年初冬第一次到京都去，恰遇寒流南下，北风大作，灰暗的天空下，接待方让我们看的都是古寺旧庙，一片暮气沉沉，让那时一心向往高速公路摩天楼现代化图景的我，感到兴味索然。即使是今天，从关西空港坐车从南边进入京都，京都街市给人的感觉，依然是那么低矮、暗旧，甚是有些萧索。这很容易给人一个印象，京都是一个陈旧甚至有些破落的古都。又会让人产生一个联想，背负着一千多年历史因袭的这座古都，最多也就是一个可以探访旧迹之地，想在这里获得一点新知或新的图景，多半是要失望的。后来才觉悟到，京都还真是一座新旧交错、光影叠加、暮色与朝气并存的城市，在某种意义上来说，也是日本在精神和物质上的一个缩影。

中国历史上的古都，西安、洛阳、开封、北京……在留存了或多或少的一点历史积淀的同时，给人的感觉大都比较保守，因为曾有过灿烂的历史荣光，同时也背负着沉重的历史因袭，因而对于外界的新事物新气象，多是有些不屑、有些木讷、有些迟钝。可随着对京都知解的加深，让我感到惊讶的是，京都其实一直在寻求新的蜕变、新的更生、新的拓展。在平安京作为一座有形的都城湮灭之后，它仍然是一个孕育新的产业、新的宗教、新的文化的中心地，或者在它的首都功能被东京取代之后，它依然力图在绝处求生、颓中求变、在涅槃后重新飞翔。可以说，披着古都袈裟的京都，是全日本保守气最淡的城市之一。

在明治大幕开启之后，京都是日本系统地建立现代小学（1869年）最多最早的城市，是日本最早开设劝业场（1871年）和举办博览会（1872年）的城市，是第一个由日本人开设具有教会背景学校（同志社英学校，1875年）的城市，是最早开建现代水利工程（琵琶湖疏水，1885年）的城市之一，是第一座开通市内路面电车（1895年）的城市，是日本最早放映电影（1897年）的城市（在20世纪前期成了日本电影业的摇篮），也是日本最早开设博物馆和国立大学（1897年）的城市之一，是留存了明治时期建造的洋楼最多的一座城市。在战后，京都则成了日本精密仪器制造业最重要的基地之一（岛津、京瓷等），甚至，在1980年代前后，成了日本动漫产业的推进器和展示场，京都精华大学是全日本唯一开设动漫学部（学院）、动漫学科最齐全的一所大学！

2019年初夏某日的傍晚，随一波朋友一起去一家名曰UrBANGUILD（原文如此写法，包括京都在内的日本很多店家名只有西文，没有日文）的酒吧，看一场有点独特的“舞蹈”。记得地点在高濑川东侧的木屋町通上，一幢名曰新京都大厦的有些老旧的楼宇内，坐电梯上去，3楼。整个店内好像都没有窗户，黑幽幽的屋内，用射灯照明。我们订的是一个包场，啤酒和葡萄酒随意取用。酒吧的正前方，有一个舞台，幕布启开后，混凝土背景墙的下面，躺着一个光头、上身赤裸、下身穿黑色灯笼长裤的舞者，背脊上用红色画着一条线，手腕至手掌部分染成黑色。舞台上撒满了红色的花瓣。舞台照明聚焦在舞者的身上。舞台左侧，有一位演奏者以手风琴伴舞。在大家凝神静气的目光的注视下，有点蜷缩地躺着的舞者开始急促地蠕动，肩甲、背部的肌肉随着手风琴声在急速地抽动。一开始看不到舞者的脸部，不悉他面部的表情，一切只能从他的背部来感知。不知道舞蹈的主题，也不知舞者试图表现什么（或许也没必要知道），简练、清晰的肢体动作，仿佛让人觉得他痛苦地挣扎在地狱的门前。最后慢慢地蹲起，继续舞蹈，再站立起来，继续舞蹈，几乎一直是背对着观者，然而再侧面，偶尔闪出正面，也戴着一个黑色的面具。手风琴声时而如幽幽的呜咽声，时而如急迫的鼓动声。舞者随着乐声扭动着身体，舞技可以用精湛来形容，肢体语言表现得淋漓尽致，甚至可以说完美。20分钟后，舞蹈结束，舞者向大家鞠躬致谢，最后走下舞台，跟大家一起饮酒叙谈。他会英语，虽然不太好。

这场观舞的体验，让我感到有点小小的震撼。在我的个人经历中，这是一场全新的表演。它的名称叫舞蹈，日文汉字写作“舞踏”。日文辞典解释是：特指伴随着西洋音乐的西洋风的舞蹈。日本传统的舞蹈，一般称为“舞踊”，西洋式的舞蹈，一般用外来语dance，或者dancing，而这样具有强烈先锋色彩的舞蹈，我是第一次体验，且是在京都的中心地，江户初期开掘的高濑川河畔。虽然是西洋风的舞蹈，但我总觉得在舞动着的躯体中，有一些东洋风的因子在跃动。在古老的京都，我体味到了一种全新的样态，以及样态内全新的内涵。京都就是这样一座可以彻底卸去它一千多年的传统袈裟来欣悦地拥抱新事物、新精神的城市。

与此同时，京都也在竭力守护自己的文化遗产（虽然作为有形物的文化遗产在历次的战乱和大火中大半成了灰烬和废墟），因为这是它昔日的荣光。它一千多年的积淀，是日本传统文化大半的发祥地和荟萃场，也是它再次飞翔、谋求更生的新起点。“京”是一个可以让它自豪、闪光、发亮的标签，于是在近代前后，产生了诸如“京烧”“京漆器”“京野菜”“京酒”“京料理”“京豆腐”“京扇子”“京人形”“京果子”……这样的新词语，京都市在2007年将73种京都的产品定为京都市的传统产品，出台政策加以重点保护和扶持，差不多有一半的产品前面都加上了“京”字。虽然东京早已成为日本的首都，东京也有个“京”字，可东京人从来没有勇气在自己的物品前面冠以“京”字。依然顽强地伫立在京都街头的“菊一文字”刀具店、“白竹堂”扇子店等，以及著名的“西阵织”“友禅”等老字号，还有由旧式的町屋形成的昔日的小街，有时不免存活得有些苟延残喘，但喜爱它们的人们，包括诸多外国人，仍然把它们看作是老京都、旧日本的符号而加以珍视。如果这些符号都如烟云般消失，那么京都作为古都的内蕴，也就开始稀释和瓦解了。

如今，在京都看到得更多的，是我在前述的三条通上所见的Hanry那店家所表现出来的，在旧式町屋的躯壳（躯壳本身也是有精气灵魂的）内展现出的崭新的内涵，或是在三条通上的“春椿大厦”那样设计新颖、装潢摩登的新式店铺内，内涵却是传统日本料理的代表寿司或者男子和服，或是有着鲜明日本元素的新式女装。即把现代的、时尚的、崭新的元素与古老的、传统的、日本的元素重新组合在一起，使得彼此相得益彰，或使历史悠久的日本的东西在新的载体中获得新的生命焕发，或是外来的时新的东西通过传统的媒介融入本地的土壤中。京都人，或者说以京都人为代表的日本人，正在努力创造出这样一种亦旧亦新、既日本又西洋的新文化。当然，这样的努力和尝试，也会有失败的案例，比如我前文中述及的南禅寺门外的“顺正”料亭，在榻榻米上简单放置西式桌椅的做法，就显得很拙劣。

1914年出生、在日本文化和传统艺能研究方面成就卓著的林屋辰三郎，他撰写的一本《京都》，自1962年由岩波书店出版以来，一直长销不衰，差不多成了叙写京都的一部名著。我手头的一部1993年的版本，已是初刊本的第41次印刷了。不过从内容上来看，1962年或之前的京都，也算是老京都了，书里有一幅赖山阳“山紫水明处”的照片，拉开障子，望出去的鸭川对岸，还矗立着一根高高的烟囱，不免相当煞风景。这些，如今都已大为改观了。著名哲学家和辻哲郎有一部文艺气很浓的《古寺巡礼》，那里描写的场景倒是大抵还在。还有一本东山魁夷有文有画的《京洛四季》，也很好看，小小的一册，可轻松地放在行囊中。不知这些书是否出了中译本，通晓日文的读者，想要到京都去的话，倒是不妨找来看看。

我在京都，只有很浅的经历，涉足之处，极为有限，对于日本的了解，也是止于皮毛，希望这本书里，没有太多的外行话。